米沢藩刑法

古城　正佳

専修大学出版局

はしがき

米沢藩といえば、上杉鷹山で有名である。石高は一五万石の藩にすぎなかったが、さすがに謙信以来の伝統を有する藩であるだけに、いたずらに幕府に追従することなく、独自の刑法を発展させていた。

人が人を罰するということは、慎重になされなければならない。もし、処罰方針を誤れば被支配者達の不満が、政治体制に動揺を与えかねない。例えば、将軍綱吉治下で制定された生類憐みの令にしても、廃止されることなく存続していたならば、幕府はもっと早く倒れていたかもしれない。まさに、刑法のあり方は、幕藩体制維持にとって本質的な問題であったといえよう。したがって、藩刑法を研究することは、幕藩体制の根幹の一つを明らかにすることにほかならない。本書は、刑罰面、博奕を例としての犯罪処罰面、責任能力面、刑法の地域的適用範囲面等を中心として米沢藩刑法の姿を解明することを目的とする。

また、我々は通常江戸時代の刑法というと、幕府の『公事方御定書』を連想しがちであるが、幕府が決めた大枠の中で藩によってはかなり特異な刑法が行われていた。その中には、西欧型近代刑法受容の受け皿となる要素が含まれていた。明治維新後、刑法は早い段階で西欧型近代刑法が行われたが、近代の一つ前、すなわち江戸時代にそれに通じる要素が日本の刑法に育っていたと考えられる。それが何であるかを発見するためには、幕府刑法のみをみていたのでは足りない。様々な藩刑法も同時に考察しなければならない。この意味で、本書は、西欧型近代刑法受容前の日本の状況の一端を明らかにし、なぜ日本に西欧型近代刑法が定着していけたのかという問題の解明にもいくらかでも寄与しようとするものである。

目次

はじめに

江戸時代を代表する刑法は、幕府の刑法典である『公事方御定書』である。一方、各藩においては、一部の藩では成文刑法典を有するに至ったが、大多数の藩では、主として自藩の慣習法ないし判例法によるほか、必要に応じて幕府に問い合わせ、その教示によって刑事裁判、行刑を行った[1]。

大名の刑罰権及びその範囲について幕府が規定したものとしては、元禄一〇年（一六九七）六月に発せられた、いわゆる自分仕置令が、江戸時代を通じて唯一の成文制定法であった[2]。発せられた当時の自分仕置令には、当時が将軍綱吉治下であった関係で生類憐みの令が盛り込まれていたが、後に生類憐みの令を削除した法文が自分仕置令の正文として確定し、これが『公事方御定書』に登載された[3]。ちなみに、『公事方御定書』上巻五五に採り入れられた法文は次の通りである[4]。

元禄十丑年

五十五　私領仕置之儀ニ付壹萬石以上計江御觸書

一逆罪之者仕置之事

一致付火候者仕置之事

右之科人有之は、遂詮議、一領一家中迄ニ而外江障於無之ハ、向後不及伺、江戸之御仕置ニ准、自分仕置可被申付候、但、他所に入組候ハヽ、月番之老中迄可被相伺候、遠嶋可申付科ハ、領内ニ嶋於無之ハ、永牢或親類縁者等江急度可預置候、

この自分仕置令は、前段、後段の二部からなっている。前段は、逆罪、付火を犯した者の仕置という二項目の列挙であり、この部分は大名の手限仕置権の最高限を示している。これに対して、後段には大名の手限吟味権の範囲が規定されており、それによれば、大名が手限で吟味をなし得るのは、事件が「一領一家中」に限定され、「外え障」がない場合だけである。そして、自分仕置令前段は、後段と合わせてみるとき、大名は磔、火罪をも執行しうること、かつ、これらをなすにあたって幕府への伺を要しないことを意味した。すなわち、大名の手限仕置権は、刑種上、無制約であり、磔、火罪に至り得る、すべての刑罰を含むものであったのである。ただし、大名がその手限仕置権を行うにあたっては、「江戸之御仕置」に準ずべしという制限を自分仕置令は規定している。この制限が厳密に適用されていたならば、本稿で論じる米沢藩刑法の独自性は、幕府によって否定されていたと思われる。しかし、幕府は、藩が大体幕府法に準ずるを以て足るとしたのである。(5)

例えば、文政元年(一八一八)六月一六日、本多豊前守(駿河田中藩・四万石)より、幕府の寺社奉行に、領分の百姓に対する、重追放の方法を伺ったが、寺社奉行は答えて、次のように述べている。(6)

書面、重追放、軽追放仕置当之儀、御領主之仕来も無御座候は、重追放ニ当り候者は田畑家屋敷家財取上、軽追放ニ当り候ものハ田畑取上、一同領分払申付可然存候

これは、「御領主之仕来」がない場合、幕府の重追放にあたる場合も、軽追放にあたる場合も、田畑家屋敷家財取上と田畑取上との差はあるが、等しく領分払とすべきことを述べたものである。しかし、特にここで注目したいのは、「御領主之仕来」、すなわち、藩刑法が存する場合は、それに従うことを幕府が認

めていたことである。

米沢藩を含む各藩は、この幕府の自分仕置令の運用の範囲内で、独自の刑政を行っていたわけである。しかしながら、その独自性の程度は藩によって必ずしも同一ではなかったのである。米沢藩の場合は、その独自性が高かったといえるのであり、そのことは本稿の以下の記述で明らかにされると思われる。

さて、米沢藩は、出羽国（山形県）米沢に藩庁をおいた上杉氏が藩主となった藩であり、慶長六年（一六〇一）、関ヶ原の戦の処分として、会津若松一二〇万石から三〇万石となって米沢に入封した上杉景勝を初代藩主として成立した。三〇万石の領地は、出羽国置賜、陸奥国伊達・信夫三郡の全域に及んだが、寛文四年（一六六四）、三代藩主綱勝が嗣子を定めないまま急死したため一五万石に削封されると、置賜郡（屋代郷を除く）のみとなった。

米沢藩は、まとまった刑法典を制定しなかった。わずかに寛政四年（一七九二）二月に出された『博奕改革刑』が刑法典であるということができる位のものである。

しかし、米沢藩はよくまとめられた刑事判例集を有していた。この刑事判例集には、『御呵附引合』、『中典類聚』、『御裁許鈔』の三つがある。『御呵附引合』は寛永期から文化期まで、『中典類聚』は寛政期から天保期まで、『御裁許鈔』は天保期から慶応期までをそれぞれ扱っている。

ところで、一般に江戸時代の幕府・藩の刑罰は、初期においては残酷な刑罰が存在し、それが、次第に緩和ないし廃止されていった。そして、その変化を画する時点をいつに求めるかについて、石井良助氏は、幕府の刑法に関して、『公事方御定書』の制定をその時点であるとする。(7)

米沢藩の刑法の場合にも、残酷な刑罰の緩和ないし廃止という傾向は存在する。しかし、一般的な成文刑法典が作成されなかったため、刑法典の制定時期を基準とすることはできない。そこで、三判例集の収録対象時代を基準として、『御呵附引合』、『中典類聚』、『御裁許鈔』の各収録対象時代を、前期、中期、後期とし、本稿において米沢藩刑法を考察するにあたっての時代区分とすることにしたいと思う。

本稿で論じる米沢藩刑法に関する従来の研究としては、次のようなものがある。

布施彌平治「米沢藩刑法の特色」、鈴井正孝・武田正「江戸時代に於ける米沢藩の刑罰」、鈴井正孝「米沢藩に於ける追放刑について」、武田正「江戸時代における米沢藩の刑罰Ⅱ―『御裁許鈔』を中心として―」、同「寛政の博奕改革刑について―米沢藩の場合―」、同「米沢藩の博奕刑の改革」等である。(8) これらの研究により、米沢藩の刑法の概要、特に刑罰の種類とその内容がある程度明らかにされた。しかし、それらの研究において扱われなかった刑罰も存在するし、また、本稿において後に述べるようにそれらの研究による説明の中には再検討の余地を含むと思われる点もある。

さて、次に本稿の構成について説明する。後述するように『御裁許鈔』にのみみられ、『御呵附引合』や『中典類聚』にはみられない刑罰は多くはない。この理由としては、『御呵附引合』や『中典類聚』が収録している判例の時代に、米沢藩の典型的な刑罰は、ほぼ定着したことが考えられる。したがって、本稿の構成としては、まず、第一章で、主たる刑罰が確立された前期・中期に関して、それぞれの刑罰の特徴を解明し、幕府刑罰・他藩刑罰と比較する。そして、第二章で、それらに追加する形で現れた後期刑罰の特色を示し、三判例集を通じての問題として、米沢藩の領外追放刑・労役刑の適用状況について論じる。

以上により米沢藩刑罰の特徴を明らかにしたうえで、第三章では、近世において重要な機能を果たした身分に着目し、身分ごとの刑罰適用の特色を論じる。

そして、第四章においては、性別による刑罰の差違を論じる。

第五章では、視点を変えて、米沢藩が唯一刑法典を作成した博奕という犯罪類型に着目し、米沢藩の処罰を多角的視点から考察する。

第六章・第七章では、責任能力を問題にし、第六章で近世前期・中期の米沢藩の乱心者・幼年者の処罰を論じ、幕府や他藩の場合と比較するとともに、第七章において近世後期のそれらの者に対する処罰を考察する。

以上の論述から、米沢藩刑法の特徴がかなり明らかにされることとなるのであるが、そのような特徴を有する米沢藩刑法が他領民・大名預所領民に対してはどのように適用されたのかを論じるのが第八章である。

最後に、米沢藩は支藩を有していたので、第九章では、支藩に対する刑罰権を論じる。

以上の考察により、刑罰面、博奕を例としての犯罪処罰面、責任能力面、刑法の地域的適用範囲面等を中心として米沢藩刑法の姿を解明していくこととする。

第一章　米沢藩前期・中期刑罰

第一節　『御呵附引合』と『中典類聚』

本章においては、『御呵附引合』と『中典類聚』について詳しく述べることとする。なお、本稿においては、『御呵附引合』については、市立米沢図書館所蔵上杉文書整理番号四九六を収録したマイクロフィルムを使用することとする。また、『中典類聚』については、同上杉文書整理番号四八四を所収する米沢市史編さん委員会編『米沢市史　資料篇二』を使用することとする。

『御呵附引合』全二〇巻には、寛永一二年（一六三五）一〇月九日から文化一四年（一八一七）一〇月三日までの一二〇四件の判例が収録されている。しかし、『御呵附引合』冒頭に天明三年（一七八三）八月にはこの判例集の編集が完了している旨の記述があるのであり、天明三年九月以降の判例は後に追加されたものである。実際、『御呵附引合』冒頭の記述には、本判例集編集後も必要に応じて追加がなされるべきことが記されている。追加されたと思われる判例は、寛政五年（一件）、寛政九年（四件）、寛政一〇年（三件）、寛政一一年（一件）、文化一四年（二件）の一一件である。そして、これら追加分を除いた部分、すなわち『御呵附引合』本来の部分に収録されている判例で最も新しい判例は、天明元年（一七八一）一二月一六日の判例である。

『中典類聚』全二九巻には、寛政三年（一七九一）正月二日から天保七年（一八三六）一二月までの三一〇九件の判例が収録されている。

以上のことから明らかなように、『御呵附引合』と『中典類聚』に収録されている判例には時期的に重複する部分がある。前述のように『御呵附引合』の天明三年（一七八三）九月以降の判例は追加の部分であり、この追加分で最も古い判例は寛政五年の判例である。一方、『中典類聚』は寛政三年正月二日からの判例を収録している。そこで、本稿においては、寛政二年までの判例を『御呵附引合』時代の判例、寛政三年からの判例を『中典類聚』時代の判例と称することにしたいと思う。したがって、本稿においては『御呵附引合』の中の追加分の判例については『御呵附引合』時代の判例とはしない。ただし、必要に応じてその部分の判例についても参考として紹介する場合もあり得る。

さて、米沢藩刑法の犯罪にはどのようなものがあったのであろうか。それを明らかにするために、ここでは、『御呵附引合』と『中典類聚』のそれぞれにおいて、犯罪名がどのような項目に分類されているかをみてみたい。なお、『中典類聚』においては、犯罪名が大項目・小項目に分類されているので、ここでは小項目名を括弧内に記述することとする。

まず、『御呵附引合』の内容について記す。

第一巻「犯御法・抜参宮・通シ物・徒党・似・御欠所道具預」。

第二巻「心得違・麁抹・不念・紛失・田地・失火」。

第三巻「出勤遅成・不叶役目・名跡公事・上意違背・徒・油断」。

第四巻「狼藉・人勾引・酒乱・打擲・諠譁・口論・争論・宗派出入」。

第五巻「偽・語・私・慮外・乗打・乱心・悪口・我侭・不行跡」。

第六巻「牢抜・囲破・欠落・立帰・逃下」。

第七巻「私曲・姦曲・姦佞・引負・謀書謀判・掠」。

第八巻「不仁・不孝・不和合・毒害・親殺・人殺・過而人殺」。

第九巻「密通・相対死・横死・御蔵破・博奕・盗賊・強盗・火付」。

第一〇巻「雑」。


一方、『中典類聚』の内容は、次の通りである。


第一巻「殺害（人殺・親殺・妻子殺・人殺盗賊・博奕人殺・人殺出奔・毒薬・人殺自殺・密夫殺・人殺申掛・手打・過而人殺・人殺疑罪・毒薬疑罪）」。

第二巻「失倫（不孝・不貞・不慈・親類不和）・火付（火付・火盗・火盗囲破・火盗出奔・火付乱暴・火付申掛・火悪作・火付疑罪・火難）」。

第三巻「盗賊上（盗賊・御城内盗并諸役場）」。

第四巻「盗賊中（刀盗・土蔵破・強盗・逐剥・昼師・盗賊女色出奔・盗賊囲破出奔・盗賊乱暴諠譁・盗博・博奕出奔・囲破盗賊）」。

第五巻「盗賊下（盗賊出奔・立帰盗賊御境流通共ニ・盗賊女色・御呵中盗賊・飲食盗・小盗・盗物奪取・盗賊申掛・盗賊疑罪）」。

第六巻「勾引（女勾引・勾引盗賊・女通）・破牢（牢破・囲破）・落書（落書・張札・落書疑罪）・奢侈（衣服・家作）」。

第七巻「利慾上（私曲・引負・賄賂・押取・衒取・掠取・隠取）」。

第八巻「利慾下（揺取・拾取・金銭差引・借賃・貯冨鬮・催促・質物・売買・〆売〆買・取逃・非分申

懸)」。
第九巻「女色(女色・相対死・有主女密通出奔共二・暴淫・売女・女色出奔・女色喧嘩・私之夫婦・女色媒・渫瀆・女二立障)」。
第一〇巻「博奕(博奕・博奕宿)」。
第一一巻「博奕下(筒取・再犯・博奕宿再犯・数犯・博奕出奔・立帰博奕・博奕宿出奔・博奕女色・御呵中博奕・賭之勝負・博奕喧嘩・入博席)」。
第一二巻「乱暴(酒乱・礫打・酔狂・悪口・傷付・打擲・狼藉・徒狂・傷至死・立帰乱暴・刃傷)」。
第一三巻「偽功(偽詐・贋金・贋札・刀剣・諸書物・医薬・祈祷・為似横目)」。
第一四巻「失行(身分不相応・不行跡・無礼・違背・不叶役儀・非道・不勤・失言・不僧行・短慮・漏洩・不作行・欠御外躰・未練)」。
第一五巻「犯法上(御城内并御曲輪・御門限・御堀・山林并草木・出生不取揚・縁組人別・町在帯刀)」。
第一六巻「犯法中(諸勧化・度量衡・忌服・御留物・武器・御境・踊狂言并角力曲芸)」。
第一七巻「犯法下(百姓城下出・苗字・荷物・家屋敷・牛馬・漁猟・売薬・勤向・道路)」。
第一八巻「田穀(米穀・年貢・米札・俸禄・田畠)・産物(糸綿・青苧・蠟漆・蚕桑・筆紙)」。
第一九巻「犯禁(米通・酒糀・豆腐・魚鳥)」。
第二〇巻「出奔上(出奔・出奔立帰・吟味中出奔)」。
第二一巻「出奔下(御呵中出奔・有罪出奔・逃下・抜参宮・親族出奔)」。
第二二巻「諠譁(諠譁・負手疵・為負手疵・喧嘩出奔・夫婦喧嘩)」。

第二三巻「訴訟（訴訟・強訴）・争論（義絶・地論・郷党揉・跡式論・利慾争論・徒党・親類争論）」。

第二四巻「荷擔（荷擔・罪人宿并罪人立寄・罪人取逃・囲入差出・罪人取隠・盗物但、本人ニ無之者也、本人有之ハ盗賊之部ニ出ス）」。

第二五巻「乱心（乱心・狐魅）・横死（横死・自殺・傷人自殺・横死一件）」。

第二六巻「過失上（心得違・失火・麁忽・盗難・紛失）」。

第二七巻「過失下（遅引・油断・失念・算違・書損・差図違・不行届・酔飽・傷付）」。

第二八巻「自首・雑事」。

以上のことから、概ね、『御呵附引合』においては軽い犯罪から重い犯罪へと記述されているのに対し、『中典類聚』においては重い犯罪から軽い犯罪へと記述されていることがわかる。また、『中典類聚』の方が『御呵附引合』よりも分類がより緻密になっているということができる。

さらに、『中典類聚』には、六四条から成る凡例が付されている。従来この凡例についてはほとんど紹介されることがなかった。しかし、私は、この凡例の中には『中典類聚』を考察するにあたって有効な記述があると思うので、そのような記述を抜粋して以下に紹介することとしたい。

まず、第一条において、「是書」（『中典類聚』）は、判例探索の糸口を提供するのみであり、その罪の内容の一端を挙げてあり、犯罪の委細は原本にあたるべきであるとする。

第四条において、縁座・連座については、記載する場合もあれば記載せざる場合もあるとする。したがって、『中典類聚』の記述から縁座・連座に処せられる場合を検討することには困難が伴う。

第一五条から第六一条までは、人殺、火付等個々の犯罪に対する判例の記述についての注意事項である。

最後の第六四条においては、『中典類聚』が編纂された理由が次のように記されている。[9]

此書ノ根元ハ、官府ニ於テ御裁許ノ御詮議アル毎ニ、三大夫手許ノ御呵帳数十冊ノ翻閲ニ、多ク日晷ヲ費シ甚煩シキニ付、別ニ類聚ノ書ヲ編輯スヘキ旨、三大夫ノ内命ヲ受ケ、御記録所ニ於テ右三手許ノ御呵帳、并ニ御記録所・御日帳所ノ御裁許帳ヲ以テ編輯ス。乍去部類ノ分チ方宜シカラサルアリ。又、彼此混乱シタルアリ。冀クハ、見ル人亮察アランコトヲ。

すなわち、藩の最高責任者である三人の奉行（国家老）が重大犯人や藩の重臣・名家の処遇を評議裁決するにあたっては、先例を重んじてそれに準拠しながら公正的確な判断を迅速に下すことが求められたのであり、そのためにはこの判例の整理類聚が必要とされたのである。[10]

第二節　前期・中期刑罰

本節においては、米沢藩前期・中期刑罰について述べる。米沢藩の刑罰は極めて多様である。ここで、第一表において『御呵附引合』と『中典類聚』に出てくる刑罰をあげることにする。この表においては高橋豊氏が「中典類聚について」[11]の中で行った生命刑・身体刑・名誉刑・身分刑・領外追放刑・領内追放刑・拘束刑・労役刑・財産刑・その他という分類に準じることにしたが、これに対して、例えば鈴井正孝・武田正「江戸時代に於ける米沢藩の刑罰」の中で武田正氏は、刑罰を生命刑・身体刑・自由刑・栄誉刑（身分刑は、栄誉刑に含めて論じておられる。）・財産刑の五種類に分類している[12]。後者の分類は、石井良助氏による生命刑、身体刑、自由刑、財産刑、身分刑、栄誉刑という分類に準じたものである。しかし、この分類は、拘束刑に関しては、永牢、過怠牢という例外的な刑罰はあったにせよ、原則として牢屋にとじこめることを内容とする刑罰がなく、また、人足寄場への収容等を除けば労役刑があまり問題にならない幕府の刑罰体系においては有効であるが、そうではない米沢藩の刑罰体系においては、この分類では拘束刑と労役刑の独自性が埋没してしまう。したがって、本稿においては、原則として高橋豊氏の分類に従うこととしたいが、高橋豊氏が名誉刑に分類している刑罰は身分刑に含めることができると考えられるので、身分刑に分類することとする。

第一表においては、以上のように刑罰を分類したうえで、『御呵附引合』と『中典類聚』に出てくる刑

	共通する刑罰	御呵附引合	中典類聚
拘束刑	永牢・入牢・詰牢・蟄居・閉門・逼塞・囲入・遠慮・戸〆・禁足・押込・永慎・慎・預	座敷牢入・入蔵・自分遠慮	於遠在閑居・永蟄居・永逼塞・永囲入・永禁足・重押込
労役刑	定価屋渡		徒罪・御家中出奉公・出奉公・欠所奉公・御城下奉公
財産刑	田地家屋敷欠所等（田地・家・屋敷・家財・手道具が欠所の対象となる。また、欠所と同様な意味で取上・召上という用語が使われることもある。）・過料		
その他	屹御呵・以後心得	御詞之御呵・当分御呵・御呵	

（注１）「その他」としては、譴責処分的な刑罰として一つの範疇に分類できる刑罰のみをあげた。それ以外にも様々な形態の特殊な刑罰として、商店に対する営業停止処分や縁組禁止や永禁酒等多くのものがあるが、それらの刑罰は省略する。この種の刑罰は、そのほとんどの刑罰が両判例集の中で１件しか存在せず、両判例集の中の刑罰全体の中で占める割合は極めて小さい。

（注２）同一内容の刑罰と思われるものであっても、異なる刑罰名である場合には、原則としてそれぞれの刑罰名を記述することにした。但し、例えば「討首」と「打首」のように用いられている漢字が違うだけで同一の刑罰名であると判断できる場合等は、そのうちの一つの名称のみを記述した。

第一表

	共通する刑罰	御呵附引合	中典類聚
生命刑	磔・斬罪獄門・火罪・斬罪・討首・闇討・打捨・切腹	逆磔・死罪・解死人・斬罪切捨・切捨	
身体刑	断髪		焼印・入墨・焼印入墨・剃（薙）髪
身分刑	改易・苗字断絶・苗字取上・役儀召放・給地給米召上・隠居・嫡子除・欠所・退院	断絶・嫡子離・嫡子召放・嫡子放・父之家督不被仰付・召返・役離・人頭欠所・脱衣御国払（この刑は、領外追放刑としての面も有する。）	放館・紫屋江御渡・脱衣擯罰
領外追放刑	追払・本国帰	脱衣御国払（この刑は、身分刑としての面も有する。）	他邦払・御国払・御国出入差塞・御国出入留
領内追放刑	郷替・御城下払・在郷	御城下差塞・御城下塞・遠在江相退・元村帰・御城下住居不致筈・御城下上長井（「上長井」は地名。）御構・上長井塞・嶋田（「嶋田」は人名。）拘地成共不差置（この刑は、元嶋田の家来に科したもの。）・差遣	御城下出入差塞・村方帰・家元帰・親元帰り

罰を、両判例集に共通に出てくる刑罰、『御呵附引合』にのみ出てくる刑罰、『中典類聚』にのみ出てくる刑罰の三種類に区別して記してある。

以下本節においては、この第一表の中で特色のある刑罰を取り上げて論じることにしたい。また、同時に『御呵附引合』時代の刑罰と『中典類聚』時代の刑罰とについての比較を試みたいと思う。この比較に際しては、『御呵附引合』と『中典類聚』とでは、収録している判例数が異なる点が問題となる。そこで、この差違を補正して、両判例集を通して、各刑罰がそれぞれの判例集で適用されている度合いを共通の基準で比較することを可能にさせる指数の設定が必要となる。

第二表では、「適用指数」という数字を設定している。「適用指数」というのは、各判例で適用されているそれぞれの刑罰の数をその判例集の全判例数で除し、それで得られた数字のことをいう。この数字を用いることにより、各判例集で一判例あたりのそれぞれの刑罰が適用される頻度を知ることができる。なお、本章では『御呵附引合』と『中典類聚』について論じているのであるが、判例集間の数値の比較の便宜のためここでは『御裁許鈔』の分も含めて表示することとする。

（生命刑）

まず、生命刑で注目すべき刑罰として、逆磔に処した判例がある。この刑罰は、『御呵附引合』にのみ出てくる刑罰であり、『中典類聚』には出てこない。この刑罰が出てくる判例は、延宝五年（一六七七）一一月の次の判例である。(13)

逆磔　　　　　　　　　　　　　　御膳部組

延宝五年一一月中、親自体を殺害候付、右之通　　那和市兵衛

逆磔は、戦国時代的残虐刑のなごりであるといわれているが、米沢藩においても近世前期には用いられていたことがわかる。ただし、『御呵附引合』で逆磔が登場するのはこの判例においてのみである。

次に、生命刑の中には、闇討という刑罰がある。この刑罰は、『御呵附引合』、『中典類聚』両判例集に共通に出てくる刑罰であるが、闇討という刑罰名は、幕府・他藩の刑法にはみられない米沢藩独特の刑罰であると思われる。

従来、闇討という刑罰の特徴に関しては、「一〇〇メートル程歩かせて切り捨てる」[14]刑罰であるとか、「予告せずして斬り殺す」[15]刑罰であるとかいわれてきた。しかし、『御呵附引合』に収録されている判例の中には、死骸に対して闇討を科しているものがある[16]。死骸を歩かせることができないのは当然であるが、死骸に対する予告の有無も意味をなさない。したがって、これらの説は再検討を迫られることになろう。それでは、闇討という刑罰の特徴は何に求められるべきであろうか。

『御呵附引合』には、生命刑に関して死罪・斬罪・解死人・闇討・討首等の刑罰名が出てくる。死罪、解死人は幕府刑法における死罪、下手（解死）人と同一であったと考えてよいと思う。ところが、『中典類聚』においては、死罪、解死人という刑罰名は用いられていない。しかし、このことは、刑罰名は変わったにしろ、死罪、解死人に相当する刑罰がなくなってしまったことを意味しているとは考えられない。

死罪の方に関しては、斬罪について、「幕法の死罪に当り、屍体の様切などや見懲のため、屍を切りこまざいた」という見解が示されている[17]。この見解に立脚すれば、『中典類聚』においては、死罪のことは

斬罪と呼ばれていることになる。そこで、次に、解死人の方は何と呼ばれているのかが問題となる。

ここにおいて注目すべき事は、闇討を解死人である、または、解死人の一種であるとしている判例が存在していることである。[18] 次に、その判例を紹介することにしたい。

闇討　　　　　　　　　　　　　　　　　　　　　　　　　　　　和泉村
　　　　　　　　　　　　　　　　　　　　　　　　　　　　　　　小右衛門

享保二年八月九日、酒狂之上人違武兵衛差殺候付、解死人被　仰付、右之通

この判例により、少なくとも闇討が解死人の一種であったと考えてよいであろう。

なお、米沢藩の刑罰には、討首という刑罰がある。この討首に処せられた者の死体に対し様切が行われたかどうかについてははっきりしない。討首も解死人の一種である可能性も考えられる。

ただし、闇討の執行は川岸で行われ、[19] かつ、闇討は、俗に「闇夜討」と呼ばれていたといわれており、[20] 闇夜に執行されたと考えられる。この闇夜に行われたという点は、討首の執行方法との相違点であると思われる。暗闇の中で行われれば、多くの人々が刑の執行を見物するといったことは考えられない。こう考えてくると、この刑罰の特徴は、解死人の一種であるとともに、人々が見られない闇夜に行われること、すなわち、見懲のため処刑の様子を衆人環視の下におくということをしない点にあるとすべきではないかと思われる。衆人環視の下で処刑されない点で処刑者の名誉は幾分なりとも守られることとなるので、闇討は生命刑の中では軽い刑の部類に入るということができる。このことは、例えば、『御呵附引合』には過失による殺人に関する「過而殺人」という項目の下には二件の判例が記載されているのであるが、そのうちの一件が解死人を科しており、もう一件がこの闇討を科していることでもわかる。[21]

ここで、生命刑の適用数の増減を第二表を用いて考察したいと思う。『御呵附引合』と『中典類聚』の両方に出てくる刑罰に着目すると、両判例集での適用数だけをみると、大部分の生命刑で減少傾向がみられ、斬罪、討首のみが増加している。しかし、適用指数で比較すると、増加しているのは討首だけであり、その増加の程度もわずかである。

私は、本項で戦国時代的残虐刑のなごりである逆磔が、『御呵附引合』に一件みられるのみであることを述べたが、磔も『御呵附引合』に比べて『中典類聚』では適用指数が約一〇分の一に減っている。そして、戦国時代の刑罰として逆磔や磔等とともに取り上げられる火罪も適用指数が三分の一に減少している。また、米沢藩に特有な刑罰であった闇討が、『中典類聚』においては約三分の一に減少している。最後に、生命刑全体でみると、『御呵附引合』と『中典類聚』の間では、適用指数は三分の一以下に減少している。残酷な刑罰が減少していることも合わせて考えると、米沢藩刑罰の寛刑化の現象がみられると思われる。

（身体刑）

身体刑に関しては、焼印・入墨・焼印入墨が『中典類聚』にのみ出てくる。身体刑については、幕府刑法の場合は、「古く、火印捺、手指切、耳そぎ、鼻そぎのごとき肉刑も行われたが、宝永六年（一七〇九）に廃止され、享保三年（一七一八）に、耳鼻そぎは一旦復活されたが、同五年に、耳鼻そぎの刑に代えて、入墨が吉宗によって始められた」[22]といわれている。米沢藩刑法においては、『御呵附引合』時代には焼印・入墨・焼印入墨がなく、『中典類聚』時代になってから現れるのは、入墨に関してはこの幕府刑法の影響が時を経て米沢藩刑法に及んだ可能性が考えられる。
焼印と入墨では焼印の方が重い刑罰であるとされていた。つまり、米沢藩では、重い方から焼印入墨、焼印、入墨というように身体刑の重さに三つの段階をもたせていた。
この点に関して、同一人物に対して、入墨をより軽い犯罪に、焼印をより重い犯罪に科した一組の判例(23)が『中典類聚』に収録されている。この一組の判例は三つの判例から構成されており、第一の判例で追払の附加刑として入墨が適用されており、第二の判例で同じく追払の附加刑として今度は焼印が適用されている。以上の経緯は第三の判例によって確認することができる。

第一の判例。

文政八年七月八日

入墨之上綱木口

一、追払

元草岡村平五郎甥欠落立帰帳外

浅次

右ハ、盗賊囲入ニ相成候所破囲出奔、此度立帰数ヶ所ニ而致盗候者

第二の判例。

同年（文政八年）十二月廿四日

焼印之上玉川口

一、同

元草岡村平五郎甥

浅次

右者、先年入墨追払被仰付候所、立帰致盗賊候者

第二の判例には、「先年入墨追払被仰付候」とある。しかし、『中典類聚』の他の判例を精査すると、この過去の判決は、実際には同一年（文政八年）になされたのであり、第一の判例がこれにあたることがわかる。この誤りが生じた理由に関しては、次の第三の判例にみられるように、第二の判例の刑の執行が判決直後の翌年正月になされているところから、『中典類聚』に収録するもととなった記録に刑の執行年月日があり、それに惑わされたことが推測できる。

第三の判例。

同年（文政九年）十二月十九日

於松原

一、斬罪　　元草岡村平五郎甥欠落再追払立帰

浅次

右者、去年中盗賊いたし入墨之上追払被仰付候所、無程立帰盗賊いたし、当春焼印之上再追払之所、猶又立帰所々致盗賊候者

以上のことから、入墨をより軽い犯罪に、焼印をより重い犯罪に科したことは明らかになったが、ただし、右の例のようにいつも入墨、焼印の順で適用されるとは限らない。重く罰すべしとする犯罪を犯した者に対しては、最初から入墨ではなく焼印を適用していた。また、最初から焼印入墨を科した判例もある。

それでは、入墨、焼印、焼印入墨の適用の頻度はどうであったろうか。ここでは『中典類聚』の中の「盗賊上」、「盗賊中」及び「盗賊下」という三項目（以下この三項目を単に「盗賊」と称する。）に収録され

ている判例[24]に着目してその頻度を考察してみることにする。

「盗賊」という項目の下には全部で四二八件の判例が収録されている。このうち、入墨のみを科した判例が一七件、焼印のみを科した判例が八三件、焼印入墨が九件ある。この数字から必ずしもこの三種の刑罰の中で一番軽い入墨が最も多く用いられたとはいえないことがわかる。

このように、米沢藩の身体刑で、焼印に比べて入墨の適用例が少ないことに関しては、幕府が、藩の入墨が幕府のそれと紛らわしくなることを嫌っており、特に藩が新規に入墨刑を始めることは歓迎しなかったことが[25]、その理由であると思われる。

また、米沢藩が敲を採用しなかったのは、敲では、焼印や入墨のように受刑者の身体に前科を知るための目印となる跡を残せないためであったと考えられる。前述の理由により幕府に遠慮して入墨を積極的には利用しにくかったので、米沢藩の身体刑は、焼印中心となったものと思われる。

右に述べた焼印・入墨・焼印入墨以外の身体刑としては、断髪及び薙髪がある。第二表によれば、断髪は、両判例集ともに女性のみに適用されており、『御呵附引合』に比べて『中典類聚』では適用指数がやや減少している。なお、薙髪については、後に米沢藩刑罰と幕府刑罰とを比較する際に詳述する。

身体刑全体についてみると、適用指数が一六倍以上と飛躍的に増加している。そして、増加した部分のほとんどを占めるのは、『中典類聚』で登場した焼印・入墨・焼印入墨である。

（身分刑）

身分刑の中には、僧侶に対する閏刑がある。そのうち、『御呵附引合』、『中典類聚』の双方に出てくる刑罰としては退院があり、『御呵附引合』にのみ出てくる刑罰としては脱衣御国払があり、『中典類聚』にのみ出てくる刑罰として脱衣擯罰がある。

従来の研究においては、この三者の刑罰の関係が必ずしも明らかにされていないが、私は、この点について次のように考える。

幕府刑罰には退院という刑罰があり、米沢藩刑罰の退院も幕府刑罰における退院と同様の刑罰であると考えられる。すなわち、僧侶を居住の寺院から放逐するのであるが、役所でその旨申し渡した後、一旦居住の寺院に立ち帰ったうえで追放するという刑罰である。(26) これに対し、幕府刑罰には、「脱衣」という文字がつく刑罰はない。ただし、幕府刑罰には、判決を受けた後、居住の寺院に帰さず、その場で袈裟を取り上げて直ちに追放する刑罰であるところの追院という刑罰があった。(27) 一方、米沢藩刑罰には追院という刑罰はない。

そこで、これらの「脱衣」という文字がつく刑罰、追院、退院という三種の刑罰の関係を解明する鍵を他藩の刑罰に求めてみると、この鍵は、亀山藩（丹波国の亀山藩。以下同じ。）刑罰にあるように思われる。

亀山藩においては、寛政元年（一七八九）六月に藩主松平信道によって『領中刑律』という刑法典が制定されたが、この刑法典に「脱衣」という文字がつく刑罰、追院、退院という三種の刑罰が出てくるのである。次に、参考となる部分を引用することにする。(28)

一追院は袈裟を取、土間江引おろし住居之寺江不相帰、申渡之場所より直ニ払可申付候、尤払候場所ニて袈裟相渡可遣事、

一追院は勿論、領中払ニても脱衣と不申渡候得は、袈裟衣等取不申候様可相心得候、脱衣は一段重き
　御仕置之事、

一退院は住居之寺を可退旨申渡、袈裟衣取不申、早々寺を為立退候事、

右の規定のうち初めの二条は、追院の場合は袈裟を取り上げるが後に返すのに対し、「脱衣」という宣告がなされた場合は、追院の場合も領中払の場合も袈裟などの衣類を取り上げて返さないことを示している。ちなみに、亀山藩の場合には、単なる「追院」が科せられる場合と「脱衣」という刑罰が「追院」に附加されて科せられる場合とがあるのである。

また、退院に関する三番目の条文は、米沢藩刑罰や幕府刑罰の退院と同様の内容を規定している。

もちろん、同名の刑罰であるからといって、藩が違えばその内容が同一であるとは限らないが、このことを踏まえて同名の刑罰について他藩の規定を参考にすることは許されるであろうと思うので、右の規定を参考にして、米沢藩刑罰の脱衣御国払と脱衣擯罰について次のように考えたいと思う。

まず、米沢藩刑罰の脱衣擯罰は、亀山藩刑罰の脱衣が附加された追院と同様の内容の刑罰であって、判決を受けた後、居住の寺院に帰さず、その場で袈裟を取り上げて直ちに居住の寺院から追放する点では幕府刑罰の追院と共通する点があるが、取り上げた袈裟等の衣類は返さない点では幕府刑罰の追院よりも重い刑罰としての性質を有していると思われる。また、米沢藩刑罰の脱衣御国払は、亀山藩刑罰の脱衣が附加された領中払と同様の内容の刑罰であって、米沢藩刑罰の脱衣擯罰と同様の内容の面と領外追放刑としての面とが組み合わされた刑罰であると考えられ、この刑罰の場合も取り上げた袈裟等の衣類は返さないのである。

以上の外身分刑において注目すべき点は、武士の身分を取り上げる刑である改易、苗字断絶、苗字取上の変化である。第二表では、三刑罰別々に適用指数が出てくるが、この三刑罰の適用指数の合計ごとに『御呵附引合』と『中典類聚』で比べてみると、適用指数は、『御呵附引合』においては一二・六二、これに対し『中典類聚』においては二・四一であって、約五分の一に減少している。両判例集の間では、武士を処罰した刑罰の全刑罰数に占める割合も減少している。しかし、その割合の減少は、『御呵附引合』では約五六・四パーセントであるのが、『中典類聚』では約三九・五パーセントとなったという減少の程度にとどまる。改易等の三刑罰の適用頻度は明らかに減少している。さらに、これらの刑罰ほどの減少ではないが、身分刑全体としても、三割以上の減少がみられる。

（領外追放刑・領内追放刑）

追放刑については、一般的には、石井良助氏が述べておられるように、「追放は一定の地域内への立入を禁止するもの[29]」であると解されている。米沢藩の刑に関しても典型的な追放刑である「追払」に関してはこの説明が当てはまる。

しかしながら、少なくとも米沢藩の追放刑に関する限り、追放刑には指定された地域への立入を禁止するもの（例えば、御国出入差塞・御城下払）と指定された特定の地域への移動を強制されるもの（例えば、本国帰・郷替・村方帰）とがある。本稿においては、指定された特定の地域への進入を禁止される追放刑を立入禁止地指定型追放刑、指定された特定の地域への移動を強制される追放刑を移動先指定型追放刑と呼ぶことにしたい。

この観点からみれば、例えば、不特定の地域を指定している他邦払は、米沢藩領外への追放、すなわち追払と同種の刑罰であるということになる。したがって、このような追放刑は特定の地域を指定する移動先指定型追放刑には含めない。

ところで、領外追放刑に関しては、『中典類聚』にのみ出てくる刑罰として、他邦払・御国払・御国出入差塞・御国出入留がある（『御呵附引合』にも、脱衣御国払という刑罰があったが、これは僧侶に対して限定的に適用された刑罰であった）。

このうち、他邦払と御国払は、博奕を犯した者のみに科されている。他邦払も御国払も米沢藩からの追放という意味では追払と同種の刑罰である。『中典類聚』には、他邦払を科す判例が二件、御国払を科す判例が二件収録されている。ところが、博奕犯の処罰に関しては、本稿第五章において論じることになるが、博奕犯処罰に関する刑法典である『博奕改革刑』にはこの両者の刑罰は規定されておらず、また、『中典類聚』の判例をみてもこれらの刑罰は例外的にしか適用されていない。したがって、両者は特殊な刑罰であると考えられる。そこで、右の判例を次に引用し、両者の特徴を考察することとしたいと思う。(30)

同（寛政八年）同（十月三日）　□□判頭

一、紫屋又三郎江御渡

五ケ年之内他邦御払

右者、博奕相犯し候者　太兵衛

同年（文化七年）十月廿九日

一、紫屋へ御渡五ケ年之内　元下町安蔵兄

他邦払いたし候様被仰付

右ハ、博奕相犯御裁許無之内遂出奔、度々立帰、盗物不詮議ニて質入いたし候者　利三郎

紫屋又三郎は、米沢藩の穢多頭であるので、[31] 他邦払は、博奕犯を非人の身分とし、領外に追放する刑罰であると思われる。

一方、御国払を適用している判例は、次の二判例である。[32]

同（文化）同（十三年四月四日）

一、御国払

秋田浄土宗　善明寺

同人供　佐藤要人

大町鮭小宿旅人越後者　平六

右者、博奕相犯候者

天保二年三月廿二日

一、御国払

玉庭村寄宿判下庭坂者　勇次

右ハ、致博奕候者

右の判例は、いずれも他領民に対するものである。したがって、御国払は他領民の博奕犯に適用する刑罰であると考えられる。

御国出入差塞は、他領民である商人の違法取引に科す刑罰であり、将来に向かって米沢藩内に入ること

を禁じる刑罰である。御国出入留も同様な刑罰であったと思われる。以上の考察から、『中典類聚』に関する限り、御国払・御国出入差塞・御国出入留という刑罰名に「御国」という米沢藩のことを意味する言葉を用いる刑罰は、他領民に対する専用の刑罰であったと思われる(33)。そして、御国払・御国出入差塞・御国出入留という他領民に対する刑罰が、『御呵附引合』にはみられず、『中典類聚』にみられることは、時代の推移によって他藩との流通がますます盛んになり、それに伴って統制を破る他領民も増加したという事情が背後に存在したことが考えられる。

また、『御呵附引合』、『中典類聚』両判例集に共通に出てくる刑罰である本国帰も他領民に対する刑罰である。この刑罰は他領民をその者の本国に帰す刑罰である。ただし、一旦本国に帰りさえすれば、再び米沢藩に来ることは自由なのである。再び米沢藩に来ることも禁止する場合は、御国出入差塞等の刑罰を同時に適用したのであった。次の判例はこのことを示している(34)。

　文化二年一二月八日
　御国出入差塞
　一、本国帰　　所生伊達
　　　　　　　　弥蔵
　　右ハ、長町吉兵衛所ニ召仕候処、盗賊之手引いたし候者

第二表によれば、この本国帰の適用指数は、『御呵附引合』に比べて『中典類聚』では約九倍に増加している。この理由としては、御国払等に関して前述したことが本国帰に関してもあてはまると思われる。

さて、他領民に対する専用の刑罰が用意されていたことは、当時の藩に認められていた自分仕置の原則

との関係が問題になる。当時においては、大名の刑罰権は、原則として、領分内の人別に属する者だけに限られ、それ以外には及ばないのである。人別帳の記載が、大名の刑罰権の有無を決する基準となるのであり、大名の刑罰権は、それゆえ属人的なものであって、いわば人別地主義によって規制せられていたのであった。(35) 御国払・御国出入差塞・御国出入留・本国帰は他領の領主にいちいち相談することなく米沢藩の裁判当局の独自の判断によって科されていたと考えられるので、前述の自分仕置の原則に対する例外をなす。御国払・御国出入差塞・御国出入留・本国帰は領外に追放したり領内に入ることを禁じたりするのであるから、それらが刑罰であることは疑いない。しかし、本来米沢藩の者ではない他領民に、国外退去または入国禁止を求める点では出入国管理に伴う行政処分的な面も認められ、この点がこれらの刑罰が前述の自分仕置の原則の例外として存在し得た理由であろうと思われる。

ちなみに、『中典類聚』には、他領民であっても、米沢藩にいた期間が長くなったために、本来は他領民に対する刑罰である本国帰を科すべきところ、そうではなく米沢藩の者と同様に其身欠所定価屋渡を科した判例がある。(36) 次にこの判例を紹介することとする。

（天保二年五月八日）

五ヶ年　　上小松村寄宿井上栄吉抱

一、同（其身欠所定価屋渡）　　金子十左衛門召仕所生越後

甚五郎

手道具欠所

金子十左衛門慎五日

右同断（犯罪内容が『中典類聚』における本判例の前の判例と同様であることを示す。博奕が犯罪の内容である。）

但、本国帰可被仰付処、永年御当地ニ居馴候者ニ付如右

（後略）

なお、実際には、米沢藩が近世のかなりの時期にわたって、他領民に対して、他領民専用の刑罰以外の刑罰をも自分仕置権の範囲を越えて自領民と同様に科していたことについては、後に第八章で他領民・大名預所民に対する刑罰を考察する際に述べることとする。

ところで、領内追放刑の中で特色のある刑罰としては、『御呵附引合』においても『中典類聚』においてもみられる郷替という刑罰がある。郷替は、他藩の村払、町払、或いは幕府の所払等に類するもので、郷替は居所を指定する点に差異がある。布施彌平治氏は、この郷替について、「郷替に処せられる罪はそれ程重いものではないので人口の配置から考えて実益があったものと思われる[37]」と述べ、犯罪の程度が「比較的軽く、社会を害する程度の低かった犯人を、人口稀薄な土地に強制に《ママ》居住させて、働かせる方法は、当を得たものと思われる[38]」と述べておられる。しかし、私はその点に関しては疑問を感じる。郷替という刑罰に処せられたのは、例えば『中典類聚』には一八件しかないのである。ちなみに、追払に処せられたのは、同判例集に五六七件ある。『中典類聚』には、寛政三年（一七九一）から天保七年（一八三六）までの四五年間における判例が収録されている。郷替が人口政策に役立ったというには、四五年間に一八件という数字はあまりにも少ないのではなかろうか。

郷替は、多数の人、近隣に対する犯罪に関する刑罰であった[39]。律令時代に、移郷といって、人を殺し、

赦に会って赦された者を、死者の親族の復讐より免れしめるために他郷に移配する刑罰があったが[40]、私は、郷替も、そのような趣旨を第一の面として有する刑罰であって、被害者やその近親などからの復讐を避けることをその目的の一つとした刑罰ではなかったかと思うのである。しかし、郷替は他にも、第二の面として加害者が刑に処せられた後被害者をさらに襲うことを防ぐことをも目的としていたと考えられるし、また、第三の面として加害者・被害者間の将来における紛争の発生の防止をもその目的としていたとも考えられる。

第一の面、すなわち、被害者側の復讐からの加害者の保護という面は、『中典類聚』に収録されている次の判例[41]の中に見出すことができる。

寛政三年六月六日

其身斗

一、郷替　　　　　　　　　　　　　　　　　　時田村清次子

利惣

右者、地頭舟橋名兵衛儀を、不法之致上書候者

米沢藩においては、この判例が出された年である寛政三年三月一五日に米沢藩の寛政の改革の一環として上書箱が設けられている。この上書箱は、米沢城の大手前政事所の左側に、北へ向けて掛けられ、誰でも、お上の御身廻りのこと、政治の事、その外何事によらず心付いたことがあれば、書面に封印して上書箱に入れることになっていた。この判例は、利惣が自分の領主に関する事柄を上書したことについて何か不法な点があったことに関するものであると思われる。そして、私は、郷替という刑罰を適用したのは、

利物が将来領主である舟橋名兵衛から上書したことに対する復讐を受けることがないように配慮したからであると考える。

第二の面は『御呵附引合』に収録されている次の判例[42]の中に見出すことができる。

永牢　　中津川瀧村卯助判下

佐右衛門

此者致喧嘩郷替ニ相成候処、度々宿元江立帰老父を打擲いたし候ニ付、明和六年一二月廿二日、

右之通

この判例は、『御呵附引合』の中の「不孝」という項目の下にある判例である。佐右衛門が当初郷替に処された原因となった犯罪は父親との親子喧嘩であり、郷替という刑罰を科せられた理由は、佐右衛門を父親から引き離すことによって父親を保護することにあったと思われる。なお、本件の場合は、郷替の機能が効果的に発揮せず、結果的には、佐右衛門は永牢に処せられることになった。

第三の面は『御呵附引合』に収録されている次の判例[43]の中に見出すことができる。

郷替　　糠野目村

万七

正徳三年一二月一一日、同村次郎左(右)衛門下町ゟ罷帰候節、兼而之意趣覚可有之由ニ而脇差を抜次郎右衛門江向ひ候処、小□を取ら連候付、女房江及差図木刀ニ而次郎右衛門を致打擲候一件ニ付、

右之通

この判例において、万七に対して郷替が適用されたのは、万七と次郎右衛門を引き離さなければ、今後

も二人の間に紛争が発生する恐れがあったためであると考えられる。

この郷替という米沢藩に特有な刑罰は、第二表に示されているように、『御呵附引合』に比し『中典類聚』では、適用指数が約三分の一に減少している。

また、やや特殊な刑罰に属するものとして、『御呵附引合』にも『中典類聚』にも出てくる江戸差塞をあげることができる。江戸差塞という刑罰は、領外追放刑でも領内追放刑でもない追放刑であるため第一表には載せていないが、米沢藩が自分の領地ではない江戸を立入禁止地域としていることに特徴がある。この刑罰は、人夫として江戸に行った者が江戸で犯罪を犯した場合等に適用される。

このことに関しては、藩が領分以外の地域である江戸を立入禁止地域に指定することが可能であったのかという問題があり、実際、藩の中にはこの点について幕府の町奉行に伺った例がある。その回答は、藩が領分以外の地域を構うことを原則として認めている。このときの問答は、次のようなものであった。なお、この照会は、麻田藩（外様大名。一万石。）からのものである。[44]

文化八未年九月廿六日　翌日挨拶

陪臣もの不届之筋有之、主人より門前払等申付候節、罪之軽重ニ依而、摂津国、京、大坂、江戸、堺、長崎等は所々住居不致様申渡候而も不苦儀ニ御座候哉、兼而心得罷在度奉伺候、以上

青木甲斐守家来
宮本市郎太夫

九月廿六日

書面、摂津之内ニて領地有之候儀と存候、左候ハヽ、領分之内并江戸、京、大坂、堺、長崎等住居致間敷旨申渡候儀不苦と存候へとも、右構候所之儀ハ其罪之軽重ニより候儀ニ付、極而之挨拶ニ及

かたく候

ところで、第二表においては、『御呵附引合』と『中典類聚』の二判例集で領外追放刑・領内追放刑を通じて、最も適用数が多いのは、追払という領外追放刑である。米沢藩では、追払における追放口が原則として指定されるのであるが、例えば、上野高崎藩では、領外追放刑を執行するにあたって、受刑者の希望する領分境から追放していた(45)。

しかし、米沢藩では追放口を犯した犯罪の重さで区別していた。このことに関しては、鈴井正孝氏の研究がある。その研究によると、米沢藩の追放口としては、中山口、綱木口、玉川口、栃窪口、板谷口、花沢口があり、これらのうち中山口、綱木口、玉川口が多くの場合に用いられる。

鈴井正孝氏は、これら三つの追放口に関して、追払に焼印、入墨、焼印入墨が付加されている場合に着目され、追払のみ、追払と焼印、追払と入墨、追払と焼印入墨の四種に分けて考察している。その結果、焼印入墨が付加されて追放されているのは玉川口のみであり、さらに、焼印や入墨を付されて追放される者の最も多い点で、玉川口が追払を適用された者の中で罪の最も重い者を追放する追放口であったと思われる。次に焼印や入墨を付加されて追放された者が多いのが綱木口で、罪の最も軽い者が追放されたのが中山口である(46)。

幕府は、諸藩が行う領外追放刑の制限を試みた。ただし、平松義郎氏が述べているように、「幕府は、時に追放刑の制限にはなはだ熱心であったが、必ずしもその熱意は持続、強化されていったのではない。将軍吉宗、松平定信、水野忠邦の時代、すなわち、享保、寛政、天保期という幕政緊張の時代が、幕府の追放刑制限に最も努力した時代である(47)」。

例えば、幕府は、各藩からの領外追放刑を受けた者等の無宿の江戸への集中、犯罪の多発化を苦慮し、享保七年（一七二二）二月には、次のような触を出した。

科人追放之事

右、科之品ニ依て、扶持を召放候か、或ハ家財欠所、又は其品軽くは過料等それ〳〵に可被申付儀は勿論ニ候、件之悪事在之候者、領内ニ差置候を嫌ひ他所え放遣候儀は有之間敷事ニ候、近年於公儀は追放もの先は無之様に被仰付候間、於国々所々其旨を存、猥ニ追放有之間敷候、然共喧嘩なとにて双方疵付候者か、又は侍なと、品ニより追放被申付却て可然趣も可有之候間、其段は格別之事に候、右之通可被相心得候、以上

この触の要旨は、扶持召放、家財欠所、過料等の刑罰は犯罪に応じて科すべきであるが、これらの刑に該当するものを領内に置くのを嫌って他所に追放してはならない、近年幕府は被追放者を絶滅するよう期しつつあるゆえ、諸国もその意を体して猥りに追放を行うべきではない、もっとも、特に追放を可とする場合は格別である、以下相心得よ、というにあり、要するに、領分払制限令である。(48)

また、寛政元年（一七八九）一〇月二〇日に諸藩に対して出された「無宿共萬石以上家來江引渡候節可申達覚」の中で、領外追放刑の制限を再確認するとともに、徹底をはかった。(49)

この「申達」を『徳川禁令考』から引用すると、次の通りである。(50)

寛政元酉年十月廿日

無宿共萬石以上家來江引渡候節可申達覚

越中守殿御渡　　御勘定奉行江

一此度無宿生國相糺、其領主江引渡候様被仰出候、尤追放之儀ハ容易ニ致間敷旨被仰出有之上ハ、盗賊等ニ而も追拂候儀ハ有之間敷、其外無據儀に而領分を搆ひ追拂等之ものに候共、如此所々徘徊いたし候様に而ハ如何に付、其領主江相渡、別儀を以領分に差置可申候、尤帳外之ものニ而、格別之罪も無之分ハ、百姓等にいたし候共、又ハ山海稼、其外人夫に遣ひ候共、島有之分ハ島江遣し候とも可致候、尤當地ニ而下屋敷なとに差置、夫役等に遣ひ候共、勝手次第たるへく候、都而他國并他所江出し不申様いたし可申候、外江逃出候ハヽ、罪之有無ニ不拘、死刑にも可被處候、尤其儀も兼々教へ置るへき事、逃出不申候共、此上盗悪事有之候ハヽ、尤死刑にも可被處候、何れも伺届等にも不及候事、

　但、右之もの不紛ため目印等いたし候儀ハ、勝手次第之事、

一於領中盗悪事有之、破牢又ハ預先出奔いたし候者、或ハ領中等江難差置者ハ、引請之上、追放之外仕置可被申付候ものに候ハヽ、此度猶又悪事に付被捕、御仕置之上引渡候者に候間、則盗之再犯に候條、右躰之者ハ格別、過怠申付候とも、又ハ罪之品により、死刑にも被處儀、勝手次第之事ニ候、

一領分江差遣候道中、囚人之手當にいたし候にも不及候事、手重に而ハ、却而見懲之為メニも不相成候間、腰縄に而歩行かせ、食事も不餓ためのみ之手當候而可差遣候、尤道中遅滞無之様ニ、兼而道中江も申觸候間、可存其趣候、且又領分之最寄次第、船に而差越候方都合宜候ハヽ、其儀も勝手次第可被致候、

一此度差遣候無宿、成たけ相應之百姓にも相成候得ハ、甚仁恵之至ニ候、教諭能行届候様ニ可被申付候、

十月

このような幕府の追放刑制限令に従う藩もあり、それらの藩については、後に米沢藩刑罰を幕府・他藩刑罰と比較する際に言及することにしたいと思うが、米沢藩は、幕府の政策に逆行して領外追放刑の適用を増加させている。第二表によれば、米沢藩の典型的な領外追放刑である追払の適用指数は、『御呵附引合』に対して『中典類聚』では約三倍に増加している。

また、『御呵附引合』と『中典類聚』との間で、右の追払を含めた領外追放刑全体と領内追放刑全体とで比較してみると、前者では、これまた約三倍と大幅に増加しているのに対して、後者では、約六分の一と大幅に減少している。

このような米沢藩の領外追放刑に対する姿勢は、『御裁許鈔』においても変わることはなかったのであろうか。この問題については、第二章において『御裁許鈔』を対象として米沢藩後期刑罰について考察する際に検討することとする。

（拘束刑）

米沢藩には、牢屋にとじこめることを内容とする刑罰としての永牢、入牢、詰牢という刑罰があった。詰牢というのは、乱心者等を独房に入れる刑罰である(51)。

さて、適用指数でみてみると、この三種の刑罰は、『御呵附引合』と『中典類聚』の間で、後者では、永牢は約三割の減少、詰牢は約八割の減少となっており、特に目立つのが入牢が適用されることがほとんどなくなってしまったことである。

しかし、拘束刑全体で比較してみると、後者では、わずかとはいえ増加がみられる。このことから、牢屋にとじこめることを内容とする前述の三刑罰が減少した分、他の拘束刑が増加したことがわかる。

（労役刑）

米沢藩の労役刑としては、定価屋渡、徒罪、家中出奉公及び出奉公等がある。まず、定価屋渡から考察の対象としたい。

この定価屋渡については、それがどのような刑罰であったかについて説が分かれている。

高橋豊氏は、定価屋渡は、安永以後にあらわれる労役刑で、門屋借・台所借・町人・百姓にだけ科せられ、刑期が一年～一〇年の各種で、有償で雇主の選択が許されていると解説されている。そして、高橋氏は、定価屋という御用斡旋業の仲介が考えられるとされる。[52] これに対して、布施彌平治氏は、定価屋渡を同じく有償の労役刑であったのではあるまいかとされるが、有償であったところから「定価」の名辞が出てきたものと思う[53]と述べ、また、屋渡（ヤワタリ）は甲家から乙家に移徙する意から名づけられたものではあるまいかとされる。[54] さらに、定価屋という言葉について横山昭男氏は、定価屋とは懲役場であって郡割所の管理下にあったとされる。[55]

どの見解に従うべきであろうか。私は、当初、右に紹介した従来の諸見解を基にして次のように考え、定価屋という言葉に関しては横山昭男氏の見解に従った。

『御呵附引合』に記載されている宝暦七年一一月二二日の判例の刑罰名は定価屋敷となっており、この刑罰は定価屋渡と同一の刑罰であると思われる。したがって、定価屋は定価屋敷とも呼ばれていたと考えられ、この点で「定価」と「屋渡」を分けて考える布施彌平治氏の見解には賛成し難いように思われた。この意味において、高橋豊氏の説の方がより妥当であると考えたが、高橋氏が、定価屋という御用斡旋業の仲介が考えられるとされた点には疑問を感じた。なぜならば、以下の理由により定価屋は藩の施設であったのではなかったかと思われたからである。

米沢藩には、近世前期に農民が負担する夫役として御作事屋御用夫役という夫役が存在した。この夫役は、藩の御作事屋頭の指揮を受けた(56)。また、この御作事屋御用夫はもともと無代でもって人足として勤めるものであったが、元禄八年（一六九五）から雇夫となり、一〇〇人を定夫とし、一人につき銀五〇匁ずつを支払う勘定にて、その分を納めることになった。御作事屋御用夫に関連した藩の施設が作事屋であった(57)。そう考えると、定価屋というのも労役に関する藩の施設であったのではないかと思われた。

ちなみに、武田正氏はこの定価屋渡について『御呵附引合』、『中典類聚』の後に作られた『御裁許鈔』について論じた論文(58)の中で検討されている。武田正氏は、それより前に発表された論文(59)において『御呵附引合』と『中典類聚』を取り上げられたが、その時点においては定価屋渡を財産刑に分類されていた。この『御裁許鈔』について論じられた論文の中で天保期・安政期の判例を検討することにより、定価屋渡という刑の執行の場所を郡割所であるとし、郡割所が定価屋渡に処せられた者の責任をもつ場所であるとされた。その根拠として武田正氏があげた『御裁許鈔』記載の天保一三年六月の判例には、定価屋渡を科された者が代人を郡割所へ差し出したことが明記されている。このことは、郡割所が定価屋渡という刑罰の執行を管轄していたことを示している。ちなみに、『諸廳根元記』(60)には作事屋が郡割所の管轄下にあったことを示す記述がある。

以上のことを総合して勘案すると、定価屋という言葉の意義については、残念ながらそう考える根拠は明らかにされていないけれども、横山昭男氏が定価屋とは懲役場であって郡割所の管理下にあったと述べられているのは妥当な見解ではないかと思われた。

私は、当初、従来の諸見解を基にして以上のように定価屋渡について考えた。しかし、こう考えた場合どうしても解消し得ない疑問が生じる。それは、管見の限りではあるが、米沢藩についての諸史料・著書の中に定価屋という施設についての記述やその施設の長についての記述が出てこないのであり、それはなぜかという疑問である。例えば、作事屋については、その施設の場所やその長である作事屋頭についての記述が見出されるが、定価屋という施設の存在が確認できないのである。

ところが、この点に関して、次に述べる徒罪について検討している過程で注目すべき記録に出会った。そこで、ここで徒罪についての考察に入り、その中でさらに定価屋渡についての検討を続けていくことにしたいと思う。

第一表においては徒罪を『中典類聚』のみに出てくる刑罰としてあげたが、実は、『御呵附引合』の中にも徒罪という言葉が出てくる判例が二件ある。しかし、その中の一件である寛政一二年の判例[61]はその判決理由の中で犯人が以前に徒罪に処せられたことが述べられているにすぎない。また、徒罪に処せられたことが明記されているもう一つの判例は、密通に関するもの[62]であるが、寛政九年の判例である。すなわち、これらの判例は、寛政三年以降のものであり、『中典類聚』が収録している判例の時代に属する判例として本稿においては『御呵附引合』時代の判例としては考察の対象とはしない期間のものである。それゆえ、第一表では徒罪を『中典類聚』のみに出てくる刑罰としたのである。なお、『中典類聚』には徒罪に処す判例が多数ある。したがって、徒罪は寛政期以降に登場した新しい刑罰であるということができる。

さて、この徒罪について、米沢藩藩主の家臣であった池田成章氏が明治三五年に編纂した『鷹山公世紀』という書物に次のように記されている。[63] この記録は、博奕を犯した者に対して死刑を適用することにしていたのを改め、労役刑を科すことにしたことに関する記録である。

十二月三日（寛政三年）、博奕の死刑を止め、禁を犯す者は徒罪欠所奉公に処せらる

（中　略）

博奕は悪事の根元なるを以て、明和六年以来禁を犯す者は死刑に処せられ、爾来数多の人命を絶たれしも、博奕の遂に止むへからさるを以て、茲に刑律の御改正あり、新に屋代町に郡割所を開き禁を犯す者は同所に渡して徒罪となし、左の刑に処せらる

其身欠所定価屋渡十年全勤　宿人
田畑家屋敷家財欠所
妻子定価屋渡五年全勤
其身欠所定価屋渡七年全勤　博徒
其手道具欠所
妻子田畑家屋敷家財無御構
一、過料銀三十匁　肝煎検断組頭
一、同　同　同町村居住親族
一、同　同　宿人の向三軒両隣

徒罪の被服にはとの字を印せる上衣を着せ、御城内神社道路橋梁等修繕掃除の役を課せられ、其内より町人百姓は御家中諸士の望に依り価を定て奉公せしむ、是を欠所奉公と唱へ、私に家に帰るを許さす、懶惰不勤の者あれは牢獄に拘はる、後服役年限を初犯再三犯に従て三年より五年七年十年に長短を定めらる、又喧嘩争闘或は江戸詰合中逃走の者等往々此刑に処せらる、又郷村にて犯罪者の情恕すへき者は郷村出役限り叱りの唱ひを以て御家中諸士に年限を定めて奉公せしむ、是を出役出奉公と云、此刑起りてより上は常に役徒の便を得、諸士は奴僕の手支なく、犯罪者は懲戒自新の道を得るに至りしと云

米沢藩のどのような刑罰がどのような犯罪に対して用いられたかについては、判例集が残っており研究することができるが、それぞれの刑罰の執行方法については必ずしも史料上において明らかになっているわけではない。そのような状況の中では、『鷹山公世紀』は、明治期の史料であるとはいえ、『鷹山公偉蹟録』、『鷹山公遺事』という先行する記録をも利用してまとめられており、米沢藩の刑罰を研究するに際しても参照されるべきものであると考えられる。

そこで、『鷹山公世紀』から引用した記述をみてみると、「禁を犯す者は同所に渡して徒罪となし、左の刑に処せらる」と述べられているが、実際に「左の刑」として列挙されている刑罰の中に記されている労役刑は定価屋渡なのである。したがって、少なくとも米沢藩では定価屋渡が広義の徒罪の一種であると考えられていたということができよう。徒罪に関しては、広義の徒罪と狭義の徒罪があることについては後に述べる。

ここで、再び『鷹山公世紀』から引用した記述に目を向けることにしたい。この記述の中の「其内より

町人百姓は御家中諸士の望に依り価を定て奉公せしむ、是を欠所奉公と唱える」という部分に着目したい。『中典類聚』においては、欠所奉公という名称の刑罰名は二件しかない。しかも、その二件は、博奕ではなく「親族出奔」及び「郷党採」という犯罪類型のところに出てくるのである。そうすると、引用した記録は、博奕に関するものであるのに、欠所奉公はなぜ適用されていないのであろうか。これに対して、『中典類聚』には博奕に関して定価屋渡が適用された判例が多数あるのである。

私は、欠所奉公と定価屋渡は同一の刑罰であると考えたいと思う。「価を定て奉公せしむ」とは、まさに「定価」を意味しているのではなかろうか。そして、「屋渡」とは、御家中諸士の屋（いえ）ないしは屋敷（前述のように定価屋渡は定価屋敷と呼ばれることもある。）に渡されることを意味しているのであろう。この意味では、有償であったところから「定価」の名辞が出てきたものと思うとされる点、「定価」と「屋渡」を分けて考える点において布施彌平治氏の見解に近づくが、布施彌平治氏が屋渡（ヤワタリ）は甲家から乙家に移徙する意から名づけられたものではあるまいかとされる点において私は見解を異にする。

さて、それでは徒罪はどういう刑罰であったのであろうか。この点においても『鷹山公世紀』の記述が参考になる。そして、私は、その記述から考えて、徒罪は、広義の徒罪と狭義の徒罪の存在を念頭におくべきであり、広義の徒罪は定価屋渡、御家中出奉公、出奉公をも含めた概念であり、狭義の徒罪は判決文に出てくる刑罰名のことであって、それは次のような内容の刑罰である。すなわち、徒罪に処せられた者は、「郡割所」に渡され、「との字を印せる上衣を着」させられ、御城内神社道路橋梁等修繕掃除の役を科せられたものと思われる。

なお、『中典類聚』に収録されている次の判例は、判決文に出てくる狭義の徒罪が、広義の徒罪の一種である定価屋渡とは異なることを示している。[64]

天保五年十月四日

二ヶ年

一、徒罪　　　　成田村

　　　　　　　　　　政次

一ヶ年

一、定価屋渡　　同人妻

　　　　　　　　　さと

右ハ、御停止之酒造いたし、其上御年貢之穀物盗取候者

右の判例においては、同一の犯罪を犯した夫婦に対し、夫に対しては徒罪を適用し、その妻に対しては定価屋渡を適用している。

ところで、前に引用した『鷹山公世紀』の記述の中で、「新に屋代町に郡割所を開」いたとしている点には疑問がある。なぜなら、『諸廳根元記』に郡割所に関して「正徳二年（一七一二）八月中新役場と相唱屋代町簀蔵屋敷に相立」との記録があるからである。[65]『諸廳根元記』は安永六年（一七七七）八月に完成した記録であり[66]、その記述は信用できる。

次に、御家中出奉公、出奉公について述べる。ここにおいても『鷹山公世紀』の記述が役に立つ。すなわち、「郷村にて犯罪者の情恕すへき者は郷村出役限り叱りの唱ひを以て御家中諸士に年限を定めて奉公

せしむ、是を出役出奉公と云」と述べている部分は、御家中出奉公についての記述であると考えられる。ここには、定価屋渡についての記述にあったような「価を定て奉公せしむ」といった表現はみられない。したがって、御家中出奉公は、武士の下で無償で奉公させられる刑罰であると考えられる。[67]これに対して、出奉公は、武士以外の庶民に対して無償で奉公させられる刑罰であると考えられる。[68]

一般的に労役刑には、ただ単に苦痛を与えるために労役を科す刑もあり、その例としては、古代律令の徒刑、江戸時代における幕府の奴刑がある。[69]しかし、犯人を更生させ、社会復帰を図るという教育刑思想に基づいた労役刑も江戸時代に出現したのであって、この種の労役刑は熊本藩において最も早く採用された。[70]

このことを踏まえて、米沢藩の労役刑をみてみたい。定価屋渡、徒罪、御家中出奉公、出奉公の刑罰としての機能については、前に引用した『鷹山公世紀』の記述の中で「此刑起りてより上は常に役徒の便を得、諸士は奴僕の手支なく」と述べられ（前半部分）、「犯罪者は懲戒自新の道を得るに至りしと云」（後半部分）と述べられている。私は、ここで「此刑」と述べているのは直前の御家中出奉公のことを指しているのではなく、それを含む広義の徒罪を指していると思う。そして、前半部分と後半部分とでは異なった機能が記されている。前半部分は、労役刑を労働力確保の手段としているのであるが、後半部分では、労役刑に犯人を更生させる機能があることが述べられている。この意味においては、米沢藩の徒罪（定価屋渡、御家中出奉公、出奉公、狭義の徒罪を含む広義の徒罪）も、教育刑思想と無関係ではない。

しかし、更生した犯人を社会復帰させるという点については、米沢藩の徒罪は積極的であるとはいえない。例えば、熊本藩の徒刑に関しては、「徒刑囚は小屋に収容され、一日に二人扶持（米一升相当）を給されて、晴天には作事方の指揮のもとで主に土木作業に従事し、雨天には小屋内の作業場で手仕事をした。一年から三年までの刑期を満了すればそれぞれ貯えを持って釈放され、落着き先の町村役人にも生業仕付方について行届いた世話を指示するなど、徒刑を単なる苦役としてではなく、全く更生のための教育期間としてとらえ、特別予防的配慮を強く打出しているのである」といわれている。[71] 米沢藩の徒罪がこのような熊本藩の徒刑ほど強く教育刑思想に影響されていたとはいえないと思われる。

ただし、狭義の徒罪については、藩主同士の交友の中で、熊本藩主細川重賢の情報が津山藩主松平康哉を経て米沢藩主上杉治憲（鷹山）に伝わったことが影響してできた可能性がある。[72]

また、米沢藩では労役刑と追放刑を併存させていた。このことは、当時多くの儒学者からも、追放刑は、犯人をたらい回しに追いやるだけで、犯人を更生させ、社会復帰を図るうえでは何の役にも立たないと批判されていたのであるから、米沢藩の刑政における教育刑思想の影響力はあまり大きくはなかったことを示している。[73]

ただし、労役刑と追放刑を併存させていたことは、教育刑思想の徹底という面からは米沢藩刑法のマイナス面となっていたが、追放刑を併存させていたことによって、労役刑による更生が有効に機能しないタイプの犯罪者に対して追放刑を適用するという刑罰の使い分けが可能となっていたというプラス面も存在していたと思われる。

労役刑が有効に機能しないタイプの人間としては、労役刑の執行中に逃走してしまう者をあげることができる。『中典類聚』には『御呵附引合』にはない項目として、「御呵中出奔」という項目があり、ここには拘束刑・労役刑等に服している間に逃走してしまった者を処罰する判例の一部が記載されている。これらの判例の中には、いまだに逃走中でありその逃走者の残していった財産を没収する旨判決している判例もあるが、逃走した者が捕まり処罰されている判例もある。

ここでは、これらの判例の中から、労役刑に処せられた者が逃走したが捕らえられたという事例に着目し、その逃走した者に対していかなる刑罰が適用されたかを考察することにする。

「御呵中出奔」という項目の下には全部で二七件の判例が収録されている。このうち拘束刑等ではなく労役刑に服している間に逃走した事例を扱った判例は一七件ある。この一七件の判例を表にしたのが第三表である。この表からわかるように、労役刑に服している間に逃走した者に対しては、以前と同種の労役刑を科している場合と領外追放刑である追払を科している場合とがある。この相違は何に基づいて生じるのであろうか。

第三表の「以前の刑の執行中の出来事」の欄をみてみると、以前と同種の労役刑を科せられた場合のすべてに立ち帰った旨の記載があるのに対し、追払を科せられた場合には立ち帰った旨の記載がない。このことから、労役刑に服している間に逃走したとしても、自分から戻ってきた者に対しては、依然として労役刑が有効であるとして再び以前に科したのと同種の労役刑を科したのに対して、逃走後自分からは戻ってこなかった者に対しては、もはや労役刑が有効には作用しない者との判断がなされ、領外追放刑である追払が科せられたことがわかる。

しかし、逆に自分から戻ってきて労役刑の有効性が否定されていない者であったとしても、新たなる犯罪を犯した場合には、追払が科される場合もある。

前述したように、「御呵中出奔」という項目の下に拘束刑・労役刑等に服している間に逃走してしまっ

第三表

番号	判決年月日	以前の判決で科せられた刑罰	以前の刑の執行中の出来事	今回の判決で科せられた刑罰
1	寛政10年10月19日	徒罪	出奔し、捕まる。	焼印之上追払
2	享和元年12月19日	徒罪	盗みの後出奔する。	焼印之上追払
3	文化6年4月16日	徒罪	欠落後立ち帰る。	徒罪
4	文化7年7月9日	徒罪	欠落後立ち帰る。	徒罪
5	文化8年8月19日	定価屋渡	欠落後立ち帰る。	定価屋渡
6	文化13年3月16日	徒罪	出奔後立ち帰る。	徒罪
7	文化14年10月19日	徒罪	出奔後立ち帰る。	徒罪
8	文政2年7月8日	徒罪	欠落後立ち帰る。	徒罪
9	文政4年7月24日	徒罪	欠落後立ち帰る。	徒罪
10	文政10年9月23日	徒罪	欠落後立ち帰る。	徒罪
11	文政11年10月3日	徒罪	逃走後立ち帰る。	徒罪
12	文政11年10月3日	徒罪	逃走後立ち帰る。	徒罪
13	天保3年5月22日	徒罪	欠落後立ち帰る。	徒罪
14	天保3年8月16日	徒罪	欠落後立ち帰る。	徒罪
15	天保5年10月14日	定価屋渡	欠落後立ち帰る。	定価屋渡
16	天保7年12月3日	徒罪	欠落後立ち帰る。	徒罪
17	天保7年12月3日	徒罪	欠落後立ち帰る。	徒罪

(注) 労役刑に処された場合の刑期の記載と追払に処された場合の追放口の記載は省略する。

た者を処罰する判例のすべてが記載されているわけではない。『中典類聚』の「盗賊乱暴諠譁」という項目の下には次のような判例が記載されている。(74)

天保三年閏一一月八日

綱木口

一、追払　　三俣欠所召仕
　　　　　　安蔵

右者、欠所定価屋渡中欠落、此度立帰、於茶屋荒廻り、其上致盗賊候者

この判例の場合は、労役刑に服している間に逃走し、自分から戻ってきたが、その後裁判にかけられるまでの間に、茶屋で暴れまわったり、盗みをしたため追払に処せられたのである。

以上にみてきたように、米沢藩では、労役刑による更生が有効に機能しないタイプの犯罪者に対して追放刑を適用することによって、労役刑と追放刑を併存させていた点を活かしていたということができよう。

このように労役刑と追放刑を併存させていたことにはメリットもあったのであるが、後に紹介する熊本藩、会津藩、新発田藩の動向を考慮すれば、米沢藩においても少なくとも領外追放刑に関しては、労役刑に代えられていったとしても不思議ではない。『御裁許鈔』にはそのような変化がみられるのであろうか。この点に関しては、第二章で考察することとしたいと思う。

最後に、労役刑は『御呵附引合』においても全くみられなかったわけではないが、『中典類聚』収録判例にあっては、適用指数でみて約二四倍もの大幅な増加がみられる。米沢藩刑罰体系において労役刑が意味をもつようになったのは、『中典類聚』収録判例の時期以降であったということができると思われる。

（財産刑）

財産刑としては、欠所と過料が代表的な刑罰である。欠所は、取上または召上と表現されることもある。いずれも、米沢藩特有の刑罰ではないが、過料に関しては、その執行に問題があったことを示す安永期の史料が米沢藩歴代藩主の法令を編纂した法令集である『御代々御式目』に収録されているので、過料執行の実態を示すものとして以下に引用することとする。なお、『御代々御式目』については、後にこれを用いて博奕禁止策の変遷を考察する際に詳述する。(75)

安永七年三月廿九日、罪科を以御取上之過料、上納遅成候ニ付、自今御定命之

覚

罪科を以過料御取立之上納遅成候儀、御仕置不相立候、此段ハ罪を以取立候事に候得は、禁足・戸〆等同然之儀に候間、外之御取立ものとハ別段之事に候、依之自今御定左之通

一、過料

右者、御裁許被仰付候日より、廿日限りに上納可為致候事

一、廿日過候而茂上納無之候ハヽ、当人は定価屋渡可申付候、支配頭は三日之可為慎事

但、廿日之内何か子細有之候ハヽ、右日切之内其子細可申出候、若子細不申出跡にて彼是申出候共、決而取上間敷候、然る時ハたとへ子細有之候共、廿日過候而、当人定価屋渡、支配頭三日之慎たるへく候間、其後後悔いたすましく候

右は、金銭之沙汰にかゝはらす御仕置道之事ニ候間、此段改而申達候事

三月

この史料にあらわれているように、過料の取り立てには困難があったようである。財産刑は、犯罪者に財産がなければ、労役刑に代替するというようになり、純粋な形では執行し得ない。ここに財産刑の限界があると思われる。

以下、『御呵附引合』と『中典類聚』を比較した場合の刑罰の増減に言及しつつ、本節の内容をまとめてみたい。

まず、生命刑に関しては、『御呵附引合』に戦国時代的残虐刑のなごりである逆磔が延宝期にみられるが、その後の適用例はなく、磔や火罪の適用指数も減少している。また、生命刑全体の適用指数も減少している。このような寛刑化傾向がみられる生命刑にあって独自性を示しているのが、闇討である。闇討が、幕府刑罰の下手人の一種であることは、本節で論じたところから明らかになったと思われる。

次に、身体刑に関しては、断髪が両判例集にみられる。これに対して、焼印、入墨、焼印入墨は『中典類聚』にのみ出てくるが、これらの刑罰は、幕府刑罰に影響されて用いられることになった可能性がある。

身分刑に関しては、改易、苗字断絶、苗字取上の適用指数の減少が顕著であるが、身分刑全体も減少している。従来明確化されていなかった退院、脱衣御国払、脱衣擯罰の関係については、本節で明らかにしたとおりである。

領外追放刑における顕著な特徴は、適用指数が『御呵附引合』に対して『中典類聚』では約三倍に増加した点にあり、このことは、米沢藩が幕府の政策に逆行して領外追放刑の適用を増加させたことを示している。一方、領内追放刑に関する顕著な特徴は、郷替という米沢藩独自の刑罰が存在することである。この刑罰に関しては、従来の見解を再検討し、本節で述べた三つの面をもつ刑罰であることを論じた。

拘束刑では、適用指数でみてみると、牢屋に監禁する永牢、入牢、詰牢という刑罰が減少した反面、拘束刑全体での増加がみられる。

労役刑では、定価屋渡、御家中出奉公、出奉公という米沢藩独自の刑罰があった。これらの刑罰の実態について、本節では『鷹山公世紀』を用いて解明し、定価屋渡は有償で御家中諸士に対して奉公させる刑罰であること等の新見解を示した。また、定価屋渡、御家中出奉公、出奉公、狭義の徒罪を含む広義の徒罪という概念を設け、この労役刑には、教育刑思想の影響があったことを明らかにした。

財産刑に関しては、犯罪者が無資産である場合には執行できないという限界があり、この場合労役刑に代替させるとする命令を紹介した。

第三節　幕府刑罰・他藩刑罰との比較

第一項　幕府刑罰との比較

江戸幕府においては、初期には、キリシタン信者や強盗を穴に追い込んで餓死させたり、逆磔や牛割、水磔、火焙に処したが、後には火罪を付け火に限定し、八代将軍徳川吉宗のときには、耳切、鼻そぎ等の肉刑を廃止する等、旧来の残酷な刑を緩和ないし廃止するように努めている。

こういう風潮の中に、寛保二年（一七四二）に制定した『公事方御定書』の下巻（いわゆる『御定書百箇条』）が制定されて、幕府の刑罰体系は整備確定され、それ以後はあまり変化していない。死刑についていえば、『公事方御定書』制定直前には、鋸挽、磔、獄門、火罪、死罪、下手人の制が行われており、そのまま『公事方御定書』に組み入れられた。

本節においては、前節で紹介してきた米沢藩の刑罰を幕府の刑罰と比較することにしたいと思う。米沢藩の刑罰も幕府の刑罰も時期によって変化しているわけであるからどの時期を基準として比較するのかが問題となる。本節においては、『公事方御定書』制定以後の判例を収録する『中典類聚』の刑罰と、同じく『公事方御定書』制定以後の幕府の刑罰とを比較することにする。

前述のように本稿では米沢藩刑罰を論じるに際して、生命刑・身体刑・身分刑・領外追放刑・領内追放刑・拘束刑・労役刑・財産刑・その他という分類を用いているので、この分類にしたがって幕府刑罰を分類すると第四表のようになる。

なお、米沢藩刑罰の種類に関しては、本稿では前に第一表において紹介している。したがって、ここでは、米沢藩刑罰に関しては幕府刑罰と比較するに際して必要な範囲で取り上げるにとどめる。

（生命刑）

幕府刑罰における生命刑としては、『公事方御定書』に規定があるものとしては、鋸引・磔・獄門・火罪・斬罪・死罪・下手人があり、『公事方御定書』に規定がないものとしては、切腹がある。[76]

生命刑のうちの最も重い刑に関しては、幕府刑罰には鋸引があるが、米沢藩刑罰には鋸引はなく、幕府刑法では二番目に重い刑となっている磔が米沢藩刑罰では最も重い刑罰となっている。

また、幕府刑罰においては斬罪は、武士に特有な刑罰であるが、[77]米沢藩刑罰においては武士以外の者にも適用されている。その例としては、次の判例をあげることができる。

享和元年一二月四日

於松原

梓山村

作右衛門

一、斬罪

右者、同村七郎右衛門妻を同道出奔いたし候者

行衛不相知

手道具欠所　　七郎右衛門妻

右の判例においては、苗字のない者が斬罪に処せられている。この斬罪が幕府法の死罪に当たると高橋豊氏が述べておられることは前述したとおりである。

また、幕府刑罰の獄門に当たる刑罰のことを米沢藩刑罰では斬罪獄門と呼んでいる。

特に米沢藩刑罰の独自性があらわれている刑罰としては闇討があり、これは幕府刑罰の下手人に相当する刑罰であるが、前述したように執行方法が独特である。

磔・火罪・切腹は、米沢藩刑罰の場合も幕府刑罰の場合も類似した内容であると思われる。

（身体刑）

幕府刑罰における身体刑としては、敲・入墨・剃髪があり[78]、いずれも『公事方御定書』に規定されている。

このうち敲という刑罰は米沢藩刑罰にはない。これに対して入墨は米沢藩でも用いられている。逆に米沢藩刑罰にあった焼印は、幕府刑罰にはない。

また、幕府刑罰にも米沢藩刑罰にもある身体刑としては剃髪（米沢藩刑罰の場合は「薙髪」と書かれている場合もある。）という刑罰がある。『公事方御定書』下巻第四八条では、離縁状を取らないで他に嫁した女は、髪を剃り親元に帰すべきものとし、第四九条は、縁談の決まった娘が不義をしたときは、女は髪を剃り、親元に帰すものとしている。

これに対して、米沢藩の剃髪は、同藩にはまとまった刑法典がないのでどのような場合に科せられる刑罰なのか不明な点もあるが、三判例集をみてみると、『中典類聚』の中に適用例がある。抜参宮をした女

	米沢藩	幕府	亀山藩 （御定書系・親藩・譜代型）
拘束刑	永牢・入牢・詰牢・蟄居・閉門・永逼塞・逼塞・囲入・遠慮・戸〆・永禁足・禁足・押込・永慎・慎・預・於遠在閑居	（永牢・過怠牢）・閉門・逼塞・遠慮・戸〆・押込・（預）・手鎖・晒	永牢・閉門・逼塞・遠慮・戸〆・（過怠手鎖）・手鎖・追込・（入牢・預）・晒
労役刑	定価屋渡・欠所奉公・徒罪・御家中出奉公・出奉公・御城下奉公	奴	
財産刑	欠所・取上・召上・過料	欠所・過料	（欠所・取上・過料）
その他	屹御呵・以後心得	（急度叱・叱）	（急度叱・叱）

第四表

	米沢藩	幕府	亀山藩 (御定書系・親藩・譜代型)
生命刑	磔・斬罪獄門・火罪・斬罪・討首・闇討・打捨・切腹	鋸引・磔・獄門・火罪・死罪・下手人・斬罪・(切腹)	磔・獄門・火罪・死罪・下手人
身体刑	断髪・剃髪・焼印・入墨・焼印入墨	敲・入墨・(剃髪)	焼印当領中払(注3)・(入墨領中払(注3))・敲・片鬢片眉剃・(髪を剃)
身分刑	改易・苗字断絶・苗字取上・役儀召放・給地給米召上・隠居・嫡子除・欠所・退院・脱衣擯罰・放館・紫屋江御渡	改易・(役儀取上・隠居)・追院・退院・一宗搆・一派搆・非人手下	(役義取上・脱衣領中払(注3)・脱衣・追院・退院・穢多手下・穢多ニ申付)
領外追放刑	追払・本国帰・他邦払・御国払・御国出入差塞・御国出入留		焼印当領中払(注3)・(入墨領中払(注3))・脱衣領中払(注3)・領中払・追払
領内追放刑	郷替・御城下払・御城下出入差塞・御城下差塞・御城下塞・村方帰・家元帰・親元帰り	遠島・重追放・中追放・軽追放・江戸十里四方追放・江戸払・所払・江戸拾里四方幷住居之国悪事仕出候国共搆之・門前払	町払・村払・(親元江相返ス)

	鳥取藩（御定書系・外様型）	盛岡藩（御定書系・外様型）	和歌山藩（明律系・親藩・譜代型）
拘束刑	永牢・入牢・閉門・遠慮・差扣・自分差扣・御暇・急度追込・追込・押込・慎・永ク預ケ・預ケ・手錠・過怠手錠・足留メ	永牢・（入牢・遠慮）・戸〆・半戸〆・（押込）・慎・（指扣）・組預・（預）・手錠	牢廄・（牢舎）・急度押込・閉門・急度追込・逼塞・（遠慮）・押込・平詰・追込・差扣・御目通江出シ不申・御目通差扣・（預・手鎖）
労役刑			（徒）
財産刑	欠所・取上ケ・過料	（欠所・取上）・過料	（欠所）・過料
その他	急度御呵り・御呵り	（急度叱・叱）	（急度呵・御呵）

	鳥取藩（御定書系・外様型）	盛岡藩（御定書系・外様型）	和歌山藩（明律系・親藩・譜代型）
生命刑	鋸挽・磔・梟首・火罪・死罪	磔・獄門・死罪・下手人	（鋸挽）・磔・斬罪梟首・火罪・斬罪・死罪・切腹
身体刑			（杖・笞・入墨・鼻を劓・髪を剃）
身分刑	役儀取上ケ・脱衣・追院・住職取放し・退院・出寺・穢多孫次郎手下ニ出ス	改易・（役儀取上）・追院・退院・一宗構・一派構・（乞食江被下・小屋頭手下）	御暇被下・（改易）・御扶持被　召放・知行御切米被　召放・役儀取上・当役被召放・役儀差免・当役御免格小普請・（脱衣・追寺追院・退寺退院・住職取上）
領外追放刑	御両国追放・御両国住居御構		御領分ニ罷在間敷旨・（御領分追放）
領内追放刑	一国追放・三郡追放・二郡追放・一郡追放・所払・御城下三里四方御構・御城下一里四方御構・袋川払・御城下払・大川払・親元え渡し	重キ追放・遠追放・中追放・近追放・御城下払・二十三丁払・所払・（牛滝九艘泊三戸大廻追放・御鷹野場御構・親元江相渡・主人江引渡）	（遠嶋）・二十里外追放・十五里外追放・十里外追放・七里外追放・五里外追放・郡追放・村追放・町追払・御城下追放・居村追放・居町追払・勢州御領分追放・勢州一領追放・（親元江渡ス・主人江引渡ス）・在郷江遣し

	会津藩 （明律系・親藩・譜代型）	熊本藩 （明律系・外様型）	新発田藩 （明律系・外様型）
拘束刑	（永牢）・牢舎・揚座鋪（敷）（注4）・閉門・（逼塞）・蟄居・（囲入・禁足・永預・預）・押込（手鎖・晒）	（追込）	永牢・戸〆・追込・手鎖
労役刑	徒刑・（奴刑）	徒刑	（徒罪（注5））
財産刑	（欠所・とり上・没収）・贖	贖	（取上）・過料
その他	（御叱）		

	会津藩（明律系･親藩･譜代型）	熊本藩（明律系・外様型）	新発田藩（明律系・外様型）
生命刑	磔・（火刑（火焙））・誅伐・刎首・牢内刎首・白洲斬罪・切腹	磔・焚・斬梟首・斬罪・（刎首梟首）・刎首	獄門・斬罪・死罪
身体刑	杖刑・笞刑・額入墨・肩入墨・鼻鍛・耳鍛・髪を切	笞刑・額刺墨・刺墨	殴（杖）
身分刑	（御役儀被召放・御知行御擬作被召上・御知行御擬作被減・扶持給召放）	（大小苗字取上）・雑戸・（奪俸）	（役義取上）
領外追放刑	（他邦江追払・関外へ追払・村次人足を以送出）	（闔境追放）	永代御領分払・御領分払（注5）
領内追放刑	（遠在之内ヘ被相流）	（郡払）	三組払・一組払・（御城下払）

	弘前藩（安永律）（一部御定書系・外様型）	弘前藩（寛政律）（明律系・外様型）	弘前藩（文化律）（御定書系・外様型）
拘束刑	戸〆・預・晒	戸〆・（肆シ）	（牢舎・遠慮）・戸〆・（禁足・押込・預ヶ・晒）
労役刑		徒刑・（過代夫役）	徒刑・（過代夫役）
財産刑	欠所・過料	（欠所）・過料	（欠所・取上ヶ・没収）・過料
その他			（叱）

	弘前藩（安永律）（一部御定書系・外様型）	弘前藩（寛政律）（明律系・外様型）	弘前藩（文化律）（御定書系・外様型）
生命刑	鋸引・磔・獄門・火罪・斬罪・死罪・下手人	（鋸引）・磔・獄門・火刑・斬・（死罪・下手人）	（鋸引）・磔・獄門・火刑・斬罪・死罪・（下手人）
身体刑	鞭刑	鞭刑・（入墨）	鞭刑・（入墨・髪を剃）
身分刑	乞食手下	（還俗為致・乞食手へ相渡）	（役義取上・役義取放・還俗為致・脱衣・追院・退院・持宮御取放・一宗搆・一派搆・乞食手江下ヶ候様）
領外追放刑			
領内追放刑	重追放・中之追放・軽追放・町内払・村払（注6）	十里大場御構・七里・五里・三里・所払	十里追放大場御搆・（十里追放）・七里追放・五里追放・三里追放・（弘前払・町払）・所払・（組払・親元江返）

	金沢藩 （判例法系・外様型）				
生命刑	磔・梟首・生胴・縛首・刎首・切害・斬罪・切腹	領内追放刑	流刑・在郷・所払追出	労役刑	
身体刑				財産刑	首代銀・過怠銀・過料銭
身分刑	御知行被召放候者・御扶持被召放候者・役儀取放	拘束刑	永牢・永ク御預・三ケ所御構追放代刑・御領国追放代刑・壱ケ年禁牢・八・九ケ月禁牢・七・八ケ月禁牢・五・六ケ月禁牢・四・五ケ月禁牢・二・三ケ月禁牢・閉門・逼塞		
領外追放刑	御関外追払			その他	

（注１）「その他」としては、譴責処分的な刑罰として一つの範疇に分類できる刑罰のみをあげた。

（注２）同一内容の刑罰と思われるものであっても、異なる刑罰名である場合には、原則としてそれぞれの刑罰名を記述することにした。但し、例えば「討首」と「打首」のように用いられている漢字が違うだけで同一の刑罰名であると判断できる場合等は、そのうちの一つの名称のみを記述した。なお、「欠所」、「闕所」は「欠所」に統一する。

（注３）亀山藩刑罰の焼印当領中払・入墨領中払は、身体刑としての面と領外追放刑としての面を有する。寛政10年に、焼印当領中払が廃止され、入墨領中払が採用されることとなった。また、脱衣領中払は身分刑としての面と領外追放刑としての面を有する。

（注４）揚座鋪には、永居とするものと年限を定めて行うものとがある。

（注５）新発田藩の『新律』は天明年間に編纂が終了されたとされているが、この『新律』では御領分払が科せられるべき者に対しては、寛政12年に定められた『徒罪規定書』によって御領分払の代わりに徒罪が科せられることになった。

（注６）安永律の重追放・中之追放・軽追放の内容については明らかにされていない。しかし、判例では、十里四方追放、五里四方追放、三里四方追放が多かった（黒瀧十二郎『日本近世の法と民衆』、86～87頁）。重追放・中之追放・軽追放が、十里四方追放、五里四方追放、三里四方追放のそれぞれに相当する刑罰であった可能性は高い。そこで、本表においては、重追放・中之追放・軽追放を領内追放刑に分類しておく。

性にこの刑を適用している。つまり、幕府の場合と同様に女性に対して適用しているわけである。ところが、『中典類聚』に収録されている判例を詳細にみていくと、犯罪内容の記載の中に男子に剃髪を科した事例が含まれている判例がある。この判例については、後に第四章において紹介することとする。(79)

以上に考察してきたように、幕府の場合とはこの刑の適用対象となる犯罪が異なるだけではなく、幕府の場合においては剃髪は女性だけであるが、米沢藩の場合は男性も適用対象とされた点も異なる。

また、米沢藩の場合はこの剃髪によく似た刑罰として断髪という刑罰がある。剃髪の場合は髪を剃るのであるが、断髪の場合は髪を切るのである。

なお、幕府刑罰の剃髪刑について石井良助氏は、「髪は一たん剃ってもまた延びてくるのであるが、その点はどういうことになるのかはっきりしない。あるいは髪は一ぺん剃ればよいので、あとはのびてもかまわないという意味だったのかも知れない」と述べておられる。(80)

米沢藩の場合も剃髪に関しては髪がのびたときの処置がはっきりしないが、断髪については髪がのびたときの処置を記している判例(81)がある。

髪を切　　長尾権四郎組色部又四郎
禁足　　家来猪浦養助姉
口達ニ而　　志ゆん
但、髪を切候事、町奉行役場ニおゐて髪の結たぶさゟ同心ニ為切、亦延ひ候ハ、如此いたし
置候様可被中達候事

（身分刑）

幕府刑罰における身分刑としては、改易・非人手下・一宗構・一派構があり[82]、いずれも『公事方御定書』に規定されている。

これらの刑罰のうち非人手下と共通点を有する刑罰として米沢藩刑罰には紫屋江御渡という刑罰があった。「紫屋」とは紫屋又三郎のことであり、米沢藩における穢多頭である。そして、興味深い点は、非人手下も紫屋江御渡も博奕を犯したものに適用されていることである。すなわち、非人手下は心中をして双方とも死にそこなった場合等いくつかの場合に適用されるのであるが、博奕の一種である三笠附の句拾いに対しても適用されるのである。一方、紫屋江御渡が適用されている判例は『中典類聚』に二件しかないが、二件とも博奕を犯した者に対して適用されているのである。

幕府刑罰においては僧尼に適用される身分刑として追院・退院・一宗構・一派構がある。第一章第二節で述べたように、退院については米沢藩刑罰の退院が同様の刑罰であると考えられ、また、追院に関しては、米沢藩刑罰の脱衣擯罰が類似した面を有する刑罰であるが、脱衣擯罰は取り上げた袈裟を返さない点で追院よりも重い刑罰としての性質を有している。また、本節で幕府刑罰と比較の対象としている『中典類聚』に出てくる刑罰には、一宗構・一派構に相当する刑罰はない。

（領内追放刑・拘束刑）

幕府刑罰における領内追放刑としては、『公事方御定書』に遠島と追放が規定されている[83]。

米沢藩刑罰には遠島はない。幕府は、諸藩で、罪人を流すべき島がない場合には、遠島に代えて永牢に処すべきものと定めており、(84)米沢藩刑罰には同名の永牢という刑罰がある。

ただし、この米沢藩の永牢という刑罰が幕府刑罰の遠島に代わるべき最も重い自由刑（領外追放刑、領内追放刑、拘束刑等を含む。）として位置付けられているのかは問題となるので、ここで検討することにしたい。

『中典類聚』においては、「不孝」という犯罪は非常に重い犯罪とされ、「不孝」という小項目は、『中典類聚』冒頭の「殺害」という大項目の次にくる「失倫」という二番目の大項目の中の冒頭に位置づけられている。

この「不孝」という小項目には、一〇判例が収録されている。そのうちの四件は生命刑であり、四件が永牢、一件が永牢と同種の刑罰である遠在永詰牢、一件が追払である。このうち追払を適用している判例は、次の通りである。(85)

文化四年十一月十一日

中山口　平山村

一、追払　運太

右者、両親不和之処、母之手ニ付先父溺死之節不届之儀有之候者

この判例は、犯罪の内容を検討すると、両親が不和の状態にあり、母が父の溺死に関与した事件に関連するものであり、追払を科せられた子の罪の程度は外の九件の事案の場合よりも軽いと考えられる。

以上のことから考えて、米沢藩の永牢という刑罰も幕府刑罰の遠島と同様に最も重い自由刑として位置付けられているということができると思われる。

幕府刑罰における拘束刑としては、『公事方御定書』に規定があるものとしては、閉門・逼塞・遠慮・押込・戸〆・預・手鎖・晒があり、『公事方御定書』に規定がないものとしては、過怠牢と永牢がある。[86]

幕府刑罰の閉門・逼塞・遠慮・戸〆・預にそれぞれ相当する刑罰として、米沢藩刑罰にも同名の閉門・逼塞・遠慮・戸〆・預がある。また、幕府刑罰には押込という刑罰があるが、米沢藩刑罰の場合は、重押込という刑罰が『中典類聚』に出てくる。さらに、米沢藩刑罰にはこれらの外に禁足、慎という刑罰がある。

入牢に関しては、幕府刑罰においては、牢は原則として未決囚を拘禁するところであり、永牢・過怠牢は例外であって、双方の刑罰とも『公事方御定書』には規定がない。これに対して、米沢藩刑罰においては永牢・入牢・詰牢という刑罰があり、牢にとじこめることを内容とする刑罰は例外ではない。なお、米沢藩刑罰の永牢の性質については前述したとおりである。

（労役刑）

幕府刑罰に関係することとして、佐州水替人足としての労働と江戸の人足寄場での労働を労役刑として、ここで米沢藩刑罰との比較を行うべきかという点が問題となる。特に、米沢藩刑罰には様々な労役刑があるのでこの問題は重要である。

追放刑の宣告を受けた者が佐渡に送られるようになったのは文化二年（一八〇五）であり、石川島の人足寄場に江戸払以上追放に処せられた者が入所することとなったのは文政三年（一八二〇）であって、天保九年（一八三八）に一旦この制を廃止したが、天保一二年には復活したのである。

この佐州水替人足としての労働及び江戸の人足寄場での労働を労役刑と考えるべきか保安処分と考えるべきかについては説が分かれている。本稿はこの問題を論じることを目的としていないので、この問題に深く立ち入ることはしないが、簡単にこの問題について触れることにしたい。

石井良助氏は、佐州水替人足としての労働は、主として、盗賊、放火などの罪を犯す危険のある者を隔離することに目的があったのである。したがって、当時でも、それは「御仕置そのもの」とは考えられず、御仕置の一助とみられていたと述べておられる。しかし、同時に江戸の人足寄場での労働は、「追放刑に対する換刑と見るべきである」と述べておられ、「寄場は自由刑の執行場となった」と述べておられる。(87)

これに対して、平松義郎氏は、追放刑の宣告を受けた者が送られるようになってからも、佐州水替人足としての労働や江戸の人足寄場での労働が追放刑に代替する自由刑となったわけではなく、双方の労働は刑罰ではなく、保安処分としての意味をもっていたと考えるべきであると次のように力説されている。(88)

すなわち、佐州水替人足としての労働の場合も江戸の人足寄場での労働の場合も解放された後はどこに行ってもよいわけではなく、宣告された追放刑の御構場所立入の禁が効力を保っている。(89)もし、佐州水替人足としての労働や江戸の人足寄場での労働が追放刑に代替する自由刑であれば、労働から解放され佐州水替人足の収容所や江戸の人足寄場を出た後はどこに行ってもよいはずである。したがって、双方の労働は刑罰ではなく、保安処分としての意味をもっていたと考えるべきであると平松義郎氏は主張しておられる。

この見解には説得力があるように思われるので、現時点においては平松義郎氏の見解に従いたいと思う。ただし、石井良助氏は、その後、江戸の人足寄場については次のような立場をとるに至っておられる。

すなわち、第一に、人足寄場内にいることは御構場所以外にいることになるので、人足寄場に収容中の状態は追放刑の執行中の状態であるから、人足寄場を一時的変則的な追放刑の執行場とし、第二に、油絞りという苛酷な仕事は主として追放者が担当させられたのでこの仕事には追放者に対する刑罰的意味が加わるので、この範囲で人足寄場は懲役執行場であるとする(90)。

しかし、第一の点に関しては、寄場内にいることを追放刑の執行中と解することは不自然であり、平松義郎氏のように寄場収容中は刑の執行は延期されていると解するのが自然であると思われる。また、第二の点に関しては、油絞りが刑罰であるとすると、それが追放刑に代替するものであると解することは前述の平松義郎氏の論理でわかるように不合理であり、代替するものではないと解すると、収容者に適用されたのは追放刑であるから、収容者がその他に新たなる刑罰を人足寄場において科せられると解するのは妥当ではないように思われる。

そこで、本稿においては、平松義郎氏の見解に基づき、幕府における佐州水替人足としての労働と江戸の人足寄場での労働を米沢藩刑罰との比較の対象とする刑罰には含めないこととした。

この立場に立脚して、米沢藩刑罰と幕府刑罰とを比較すれば、両者の大きな違いの一つがこの労役刑にみられるのである。すなわち、米沢藩刑罰には、前述のように定価屋渡、欠所奉公（但し、この刑罰は定価屋渡と同一の刑罰であったことについては前述した。）、御家中出奉公、出奉公、狭義の徒罪という労役刑があり、それらの刑罰は、労働力確保の手段という面も有していたが、犯罪者を更生させる教育刑的機能も有していたのであり、この点は、米沢藩刑罰では牢にとじこめることを内容とする刑罰を例外的なものとはしなかった点と合わせて、幕府刑罰との大きな相違点となっている。

ただし、幕府刑罰には労役刑が全くなかったわけではない。幕府刑罰の奴という刑罰は労役刑である。

（財産刑）

幕府刑罰における財産刑としては、欠所と過料がある。[91]双方の刑罰とも『公事方御定書』に規定がある。また、米沢藩刑罰にも財産を対象とする欠所と過料があった。

（その他）

叱と急度叱という刑罰が『公事方御定書』に規定されているが[92]、これらの刑罰に対応する刑罰として、米沢藩刑罰には以後心得・屹御呵がある。

第二項　他藩刑罰との比較

本項においては、米沢藩の刑罰を他藩の刑罰と比較し検討することにしたい。この検討に際しても、各藩の刑罰も時期によって変化している可能性があるわけであるから、どの時期を基準として米沢藩刑罰と比較するのかが問題となる。前節で米沢藩刑罰と幕府刑罰とを比較した際、米沢藩刑罰の比較材料としては『中典類聚』を用いたように、本節においても『中典類聚』を比較材料として使用することとする。前述のように『中典類聚』は寛政三年（一七九一）正月二日から天保七年（一八三六）一二月までの判例を収録しているので、比較対象の他藩の刑罰に関してもこの時期に適用されていたと思われる刑罰を選ぶこととした。

江戸時代の刑法典には、『公事方御定書』を参照して編纂された御定書系の刑法典と明律を参照して編纂された明律系の刑法典とがあった。そこで、二つの系統からそれぞれいくつかの藩を選ぶこととし、米沢藩、幕府、亀山藩、鳥取藩、盛岡藩、和歌山藩、会津藩、熊本藩、新発田藩、弘前藩、金沢藩の刑罰を比較したのが第四表である。

さて、服藤弘司氏は、藩法全般に関して、親藩、譜代といった徳川取立大名の藩では例外はあるものの幕府に範を求めた藩法しか存在しないという傾向がみられたと述べておられる(93)。そうであるとすれば、刑法典に関しても、御定書系、明律系という分類のほかに、藩を親藩・譜代と外様に分類し、外様藩である米沢藩の刑罰がどちらの刑罰とより多く共通点をもつかということも検討する必要があるように思われる。そこで、親藩・譜代の藩の刑法典のことを親藩・譜代型、外様の藩の刑法典のことを外様型と呼ぶことにする。

もちろん、ここですべての藩の刑罰との比較を行うわけにはいかないので、まず、御定書系・親藩・譜代型の刑法典を有する藩として亀山藩を選び、御定書系・外様型の刑法典を有する藩として、鳥取藩と盛岡藩を選ぶ。次に、明律系・親藩・譜代型の刑法典を有する藩として和歌山藩と会津藩を選び、明律系・外様型の刑法典を有する藩として、熊本藩、新発田藩を選ぶこととする。また、弘前藩は、安永律、寛政律、文化律の順で三つの刑法典を作成した。この三刑法典の特徴はそれぞれ異なる。安永律には部分的に御定書の影響がみられ、寛政律には全体的に明律の影響がみられ、文化律には全体的に御定書の影響がみられる。さらに、米沢藩と同様に、体系的な成文刑法典を制定せず、近世初期以来の判例法主義を固守し続けた藩である金沢藩を判例法系・外様型の藩として選ぶ。

第四表を作成するにあたって参照した文献は、亀山藩に関しては『領中刑律』（『議定書』[94]）、鳥取藩に関しては『律』[95]、盛岡藩に関しては『文化律』[96]、和歌山藩に関しては『国律』[97]、会津藩に関しては高塩博「会津藩「刑則」」[98]、熊本藩に関しては『御刑法草書附例』[99]、新発田藩に関しては『新律』[100]及び『徒罪規定書』[101]、弘前藩安永律に関しては橋本久「弘前藩の刑法典（一）―安永律―」[102]、弘前藩寛政律に関しては『寛政律』（『御刑法牒』[103]）及び橋本久「弘前藩の刑法典（六）―寛政律―」[104]、弘前藩文化律に関しては橋本久「弘前藩の刑法典（一八）―文化律―」[105]、金沢藩に関しては服藤弘司「「公事場御刑法之品々」―加賀藩法制資料（二）―」[106]である。

なお、米沢藩の欄には『中典類聚』にみられる刑罰[107]をあげ、幕府の欄には『公事方御定書』制定以後の幕府の刑罰をあげた[108]。また、第四表には、当該刑法典に出てくる刑罰は原則としてすべてあげてある。このことによって細かい点まで比較することが可能となる反面、例外的にしか科せられない刑罰まで表に出てくることとなってしまう。具体的には、例えば、熊本藩や会津藩に関していえば、徒刑を採用することにより原則として追放刑を廃止したことが明律系のこれらの藩の重要な特徴であるのに、例外的に存する追放刑が表に出てくると、この特徴が消滅してしまう。そこで、このような不合理を最大限さけるために、亀山藩刑法の場合は「御仕置仕方并咎取扱之事」、盛岡藩刑法の場合は「御仕置仕方之事」、和歌山藩刑法の場合は「名例律」、会津藩刑法の場合は同藩刑法において枠の中に今後用いるべき刑罰を記載している部分、熊本藩刑法の場合は「名例」、新発田藩刑法の場合は「新律御仕置之名目」、弘前藩・寛政律の場合は「御刑法名目」、弘前藩・文化律の場合は「定例」のそれぞれにおいて刑罰を列記している部分に出てくる刑罰を当該藩の一般的な刑罰であると考え、それ以外の刑罰は括弧の中に入れて示すこととする。このような処理をすることにより、例えば、前述の熊本藩、会津藩では追放刑が例外的刑罰であることが明らかになる。なお、御定書に関しても「御仕置仕方之事」に出てこない刑罰は括弧の中に入れて示すことにする。ただし、鳥取藩刑法、弘前藩刑法（安永律）、金沢藩判例集には刑罰を列記している部分はないので、括弧は用いない。

本章では、第四表を用いて幕府や他藩の刑罰との比較の中で米沢藩刑罰の特徴について論じることにしたいが、その前に、ここで取り上げた各藩の刑法について概説しておきたい。

一　亀山藩

徳川幕府成立後、天領となり亀山城の代官が統治したが、慶長一四年（一六〇九）に岡部長盛が入封し、三万四〇〇〇石を領有することとなった。これ以後、藩主交代は頻繁に行われた。しかし、幕府は、同藩が京都と山陰地方を結ぶ山陰道の要衝の地であることを配慮して、常に譜代大名をおいた。寛延元年（一七四八）、丹波国篠山藩主であった松平（形原）信岑が五万石で入封した。これ以降、同藩は松平（形原）氏が領有することとなった。代々の藩主の中には、奏者番、寺社奉行、大坂城代、老中といった幕府の要職に就く者がいた。特に、松平紀伊守信道は、寛政の改革を行った松平定信を補佐し、寺社奉行に就任した(109)。

そして、その信道は、寛政元年（一七八九）六月に、『領中刑律』を制定した。『領中刑律』の成立については、奥書に「為領中刑律、再三改正之上議定畢」とあり、さらに「今度松平新助被仰付之、御議定之上者永々無違失可遵行之、」云々とあるところから、城代松平新助敏房以下の藩臣も参劃して、いわば藩をあげての立法事業であったことが察せられる。それ以上の詳細な編纂過程については目下のところ拠るべき資料がないのであるが、かくしてできあがった『領中刑律』が形式・内容において、極めて『公事方御定書』に似ていることについては、既に学会の評価の定まっているところである。ただし、条文配列の順序はそのままではない。全部で八九条からなり、第三九条までは「乾」、第四〇条以下が「坤」と二つに区分されている。(110)

本稿では、『中典類聚』との比較に際して、この『領中刑律』に亀山藩刑法を代表させ、同藩刑法典を「御定書系・親藩・譜代型」と称することにする。

二　鳥取藩

鳥取藩は、因幡・伯耆の二国三二万石を領有する外様の大藩である。鳥取藩の成立は、元和三年（一六一七）、池田光政が播磨四二万石から因幡・伯耆両国三二万石に移封されたのに始まるが、一般には、寛永九年（一六三二）、池田光政と備前岡山藩を継いだ幼少の従兄池田光仲とのお国替（交代転封）により、池田光仲が岡山から鳥取に入ってから以後廃藩に至るまでの光仲系池田氏の因・伯両国支配を鳥取藩といっている。

そこで、池田光仲を鳥取藩祖と称している。鳥取藩の石高は終始一貫して三二万石で（異説もある）、その内訳は因幡国一円一四万九七四〇石余、伯耆国一円一七万二五〇〇石余である。

鳥取藩は、文化期以降は、財政的には困難をきわめていた。(111)このような困難な時期にあって、判決が区々になるのを防ぎ、また、便利になるということで、刑法典が編纂された。これが、鳥取藩の『律』であり、文政三年（一八二〇）に施行された。この『律』は、けっして幕府の『公事方御定書』に盲従したものではないが、部分的にもせよ、随分多くの点を『公事方御定書』から学んでいる。[112]

本稿では、『中典類聚』との比較に際して、この『律』に鳥取藩刑法を代表させ、同藩刑法典を「御定書系・外様型」と称することにする。

三　盛岡藩

陸奥国（岩手県）盛岡に藩庁をおいた藩である。藩主は南部氏（外様）。天正一八年（一五九〇）七月、鎌倉御家人の系譜をひく南部信直は、豊臣秀吉の朱印状によって「南部内七郡」を安堵され、近世大名としての存在が確認された。その後、慶長五年（一六〇〇）、徳川家康から本領がそのまま安堵された。また、寛永一一年（一六三四）には、徳川家光によって、陸奥国北・三戸・二戸・九戸・鹿角・閉伊・岩手・志和・稗貫・和賀の一〇郡、都合一〇万石の所領が公認された。

盛岡藩の諸制度は、三代藩主の重直時代に概ね整備された。また、重直は、領主権力の確立を計った。[113]

一一代藩主の利敬は、文化五年八月二〇日、刑法典を編むべきことを命じた。そして完成したのが『文化律』である。この『文化律』の内容は、大概『公事方御定書』に準じるものである。ただし、一般的な傾向として同じ犯罪に対する刑罰が『文化律』所定の刑罰の方が軽いことや、『文化律』には盛岡藩において従来行われてきた、古くは承応年間に遡る裁判の旧例が多数収められているという特色はある。[114]

本稿では、『中典類聚』との比較に際して、この『文化律』に盛岡藩刑法を代表させ、同藩刑法典を「御定書系・外様型」と称することにする。

四　和歌山藩

紀伊国（和歌山県）和歌山に藩庁をおいた藩である。藩主は浅野氏（外様）、後、徳川氏（親藩・御三家）。浅野時代は、慶長五年（一六〇〇）に浅野長政の長男幸長が入国したことに始まる。幸長の弟の長晟（第二代藩主）が、元和五年（一六一九）に広島藩に転封され、そのあとに徳川家康の十男頼宣が和歌山藩主として入国し、御三家和歌山藩主が成立した。

御三家和歌山藩は高野山寺領を除く紀伊国と大和国・伊勢国の各一部を含む五五万五千石を領した。外様大名の浅野氏にかわって御三家徳川氏が藩主となったのは、和歌山藩にとって最も大きな政治的変化であった。江戸に近い駿河国府城で五〇万石を領有していた徳川頼宣を、本州最南端の紀州に転封させたのは、近畿地方を幕府でおさえておくためであった。

寛政元年（一七八九）に第一〇代藩主となった治宝による改革の中で、『国律』が制定されたと考えられているが、その制定年月日、編纂者については、現在のところ必ずしも明らかにされていない。

この『国律』は、明律と『公事方御定書』の両方を参考にして編纂されたと考えられるが、本稿では、体系的にみて、名例律以下一八律に編別されており、十悪・八議の規定も備えている点に着目して、和歌山藩刑法典を「明律系・親藩・譜代型」と称することにする。[115]

五　会津藩

寛永二〇年（一六四三）八月に、出羽国最上より、徳川秀忠の子である保科正之が会津二三万石の領主として入部して以来、幕末まで保科松平（元禄九年、松平の姓を許される）氏の支配が続いた。

天明三年に、大凶作が全領内をおそい、会津藩は大きな打撃をこうむった。藩首脳は、これを機に藩政の抜本的改革を考えなければならなくなった。これがいわゆる寛政の藩政改革である。そして、この改革の中で編纂されたのが『刑則』である。この『刑則』は、会津藩の制定した一種の刑法典である。刑法典はふつう、犯罪及びそれに対応する刑罰を定めるが、『刑則』はおもに刑罰の種類とその内容についてのみを成文化したものである。寛政二年（一七九〇）三月に一応できあがり、その後寛政八年（一七九六）までに数箇条の増補がなされた。

この『刑則』の特徴としては、中国明律を参照して編纂した点、追放刑を原則として廃止し、徒刑・揚座敷等の自由刑を採用している点等をあげることができる[116]。

本稿では、『中典類聚』との比較に際して、この『刑則』に会津藩刑法を代表させ、同藩刑法典を「明律系・親藩・譜代型」と称することにする。

六　熊本藩

肥後国（熊本県）熊本を藩庁とした藩。外様。城持。関ヶ原の役の後、肥後北部八郡一九万五〇〇〇石の加藤清正は、慶長五年（一六〇〇）に小西行長の旧領のうち天草郡を除く上・下益城、宇土、八代の三郡と、翌六年に豊後国の一部を加増されて、計五四万石の大大名となった。しかし、寛永九年（一六三二）、三代将軍家光の政権確立に当たり、清正の嗣子忠広の子光広が謀反の嫌疑を受けて改易され、忠広は出和国庄内に、光広は飛騨国高山に配流された。

同年一〇月、小倉・中津の領主三五万九千石の細川忠利が肥後に入り加藤家旧領を受け継ぎ、明治維新まで支配した。加藤氏の軍政独裁制に対し細川氏は早くから家老合議制をとり、特に松井・米田・有吉の三家は幽斉以来の世襲家老であった。

延享四年（一七四七）、重賢が藩主となった。重賢は、藩政改革を行い、そのために用人堀平太左衛門勝名を抜擢して大奉行とし、さらに中老・家老にまで引き上げて重賢・勝名のコンビで大改革を行った。これを宝暦の改革という。その改革は行政・法制・文教・財政・産業・農業政策など広範にわたり、重賢在世中一貫して推進された。特に『御刑法草書』の制定、藩校時習館・医師養成の再春館・薬園蕃滋園の設置、櫨の専売仕法、検地としての地引合わせ法の実施などが有名である(117)。

このときに制定された『御刑法草書』は、鎌田浩氏によると、次の三点の特徴を有している。第一は、法典としての立法技術的形式体裁の面で、当時すでに仙台藩の『評定所格式帳』（元禄一六年）や幕府の『公事方御定書』（寛保二年）などの刑法典編纂がなされていたが、いずれも判例をただ類型的に集成したにすぎないのに対し、総則的規定と犯罪類型を分離し、論理的体系的編成となっており、基本的に今日の刑法と同じ形式的特徴を具えているという点である。第二は、内容的な面では追放刑を原則的に廃し、徒刑に切替えた点である。第三は、明治統一刑法典の範となった点である(118)。

本稿では、以上の『御刑法草書』の特徴からして、熊本藩刑法典を「明律系・外様型」と称することにする。

七　新発田藩

越後国（新潟県）新発田を藩庁とした藩。藩主は溝口氏。外様。城持。慶長三年（一五九八）四月二日、溝口秀勝が加賀国大聖寺から六万石をもって移されて成立。知行高は、慶長一五年、宣勝が弟善勝に一万石を分与したため五万石に減じた。万延元年（一八六〇）高直しで一〇万石に改められる。所領は蒲原郡内二五〇村（寛文四年（一六六四））。

安永年間（一七七二〜一七八一）に、直養は学問をもって藩政の改革を図り、藩校道学堂・医学館を建設、庶民教育には社講制度を設けた。藩学は崎門学派と定め異学を禁じた。また、『新律』等を定めて法による統治を進めた[119]。

この『新律』は、幕府の『公事方御定書』と明律を折衷したとして著名な全二一八条からなる刑法典である。この刑法典の編纂が完了したのは、天明三年（一七八三）ではないかといわれている。そして、詳細にこの『新律』を検討してみると、『新律』は単に明律・『公事方御定書』の折衷であるだけではなく、在地の法令をも取り込んでいること、明律利用の主目的は家族親族内部の道徳的秩序違反の際の親族関係の構成要件を厳格に規定することにあったこと、それを除いて戸役以下の関係する篇目に『公事方御定書』の諸条文を取捨選択して取り入れていること、明律にも『公事方御定書』にも規定のない内容で従来法令で取り締まっていた内容には、刑罰を付す形で在地法をも新律に包摂していることが認められる[120]。

ところが、寛政一二年（一八〇〇）に、新発田藩刑罰の性格を変える『徒罪規定書』が出された。本法令は、『新律』の刑罰のうち「御領分払」という領外追放刑を廃止し、その刑に該当する者を牢に収容して労働に従事させせようとするものである[121]。

本稿では、『中典類聚』との比較に際しては、『新律』と『徒罪規定書』の両方に新発田藩刑法を代表させ、『新律』自体は明律系の刑法典とはいえないにしても、『徒罪規定書』で明律系の徒罪を採用し『新律』の内容が修正された点を重視し、同藩刑法典を「明律系・外様型」と称することにする。

八　弘前藩

陸奥国（青森県）弘前に藩庁をおいた藩。藩主は津軽氏。城持。外様。近世初頭の津軽は、南部氏の支配下にあり、同氏の派遣した津軽郡代により支配されていた。弘前藩の興りは、その郡代補佐の大浦為信が勢力を拡大し、津軽一円を手中に入れ、姓を津軽と改め、天正一八年（一五九〇）、豊臣秀吉より津軽四万五〇〇〇石を安堵された時といえよう。慶長五年（一六〇〇）、為信は関ヶ原の戦功により、徳川家康より二〇〇〇石を加増され四万七〇〇〇石を領有する大名となった。藩の表高は、文化二年（一八〇五）蝦夷地警備により七万石、同五年に同じことで一〇万石に高直しされた。

七代信寧の宝暦三年（一七五三）、積年の借財高は三五万両にも及び、宝暦の改革が断行された。この改革は失敗に帰したが、この改革は、弘前藩最初の刑法『安永律』の成立に影響を与えた。幕府の刑法典編纂の刺激もあって成立したこの『安永律』には、『公事方御定書』の影響が一部みられる。[122]

『安永律』の規定は、網羅的ではなく極めて簡略であったため、天明の大飢饉をピークとする犯罪の増加に対しては、『安永律』では対応しきれなくなってきていた。そこで、信明のときに『寛政律』の編纂が始まり、九代寧親の寛政九年（一七九七）三月に完成した。この『寛政律』は、明律を模範としている。[123]

ところが、『寛政律』の適用の実態については、九九項目のうち約七〇項目中の条文に対する判例がみあたらない。それは、明律に範を求めすぎたために、実際の判決にあたっては必ずしも実効性を発揮し得なかったのではないかと考えられる。

弘前藩では、寛政改革にもかかわらず、天明の大飢饉の傷は容易に癒えず財政窮乏に苦しんだ。また、幕命で蝦夷地を警備することになり、それによって一〇万石に格上げされたが、その分だけ軍役等が増加し、藩財政の窮乏に拍車をかけることになった。

このような背景から、弘前藩では藩財政の弛緩引き締め策の一環として、明律を模範とする『寛政律』が実効性を発揮し得なかったため、文化四年（一八〇七）に『寛政律』の改正作業へと動き出した。そして、文化七年（一八一〇）三月に『公事方御定書』に範を求めた『文化律』が制定された(124)。

九　金沢藩

加賀国（石川県）金沢に藩庁をおいた藩。藩主は外様大名前田氏で、加賀・能登・越中三ヵ国にわたる領地を有した。

金沢藩の基礎は、羽柴秀吉が能登四郡及び加賀二郡（石川郡・川北郡）を利家に与えたことから始まった。寛文四年（一六六四）以降の表高は、一〇二万石余であった。

法制面では、金沢藩では近世中期頃までは比較的法令の整理は行き届いていたが、後期にはこれが弛緩し、何らかの手を打つ必要に迫られていた。寛政二年（一七九〇）七月八日、諸場・諸役所に対し、「前々より被仰出候御条目等、後例に可相成品々、不相洩様相しらべ、帳面に調」え提出すべしとの令が発せられた。これに対応して『御刑法帳』が作成されたが採用されず、公事場奉行により編纂された『公事場御刑法之品々』が文化六年（一八〇九）一〇月二八日に成立した。この『公事場御刑法之品々』には、かつて用いられていたが現在は廃れている刑罰一〇種と、現に適用されている刑罰三一種が区別して掲げられ、これら三一種の刑罰の適用された判例の内容が列挙されている。

『公事場御刑法之品々』に掲げられた刑罰は、公事場で採用された刑罰に限られ、盗賊改方奉行・町奉行・郡奉行・十村が適用した刑罰は掲げられていない。もっとも、公事場が最高裁判所的な性格を有していたので、『公事場御刑法之品々』にみえる刑罰が金沢藩の典型的かつ重要な刑罰であると思われる。(125)

以上、本稿において米沢藩刑罰と比較する刑罰を有する藩について簡単に解説した。

それでは、ここで第四表に基づいて、特に注目すべき点について刑種別に述べたい。なお、原則として、同種の刑罰であれば、刑罰の執行方法の若干の相違は考慮に入れないこととする。また、ここで共通する刑罰の有無について論じる場合、あくまでも第四表に登場する藩の範囲内での有無を論じている。なお、判例法系の金沢藩刑罰に関しては、最後にまとめて検討することにする。

（生命刑）

幕府において最も重い生命刑とされる鋸引は、米沢藩にはない。鋸引があるのは、鳥取藩、和歌山藩、弘前藩（安永律、寛政律、文化律）であり、鋸引がないのは、亀山藩、盛岡藩、会津藩、熊本藩、新発田藩である。鋸引の有無と、御定書系と明律系、親藩・譜代と外様という区別とは直接関係がないように思われる。

次に、第四表からも闇討が米沢藩にしかみられない独特の刑罰であることがわかる。

（身体刑）

幕府にある敲は米沢藩にはない。敲があるのは、亀山藩、和歌山藩、会津藩、熊本藩、新発田藩、弘前藩（安永律、寛政律、文化律）であり、敲がないのは、鳥取藩、盛岡藩である。御定書系・外様型の藩に敲がないことがわかる。米沢藩も外様の藩であり敲がないという点ではこの御定書系・外様型の二藩と共通点をもつ。

逆に、米沢藩にあるが幕府にはない刑罰である焼印は、亀山藩にしかみられない。しかも、亀山藩では寛政一〇年に焼印を廃止し、入墨を採用している。焼印があることは米沢藩刑罰の特徴の一つである。しかし、このことをもって米沢藩の刑罰は残酷であるとはいえないであろう。なぜならば、鼻をそいだり（和歌山藩・会津藩）、耳をそいだり（会津藩）する刑罰が明律系・親藩・譜代型の藩には存在するが、米沢藩には存在しないからである。ちなみに、鼻そぎ、耳そぎは明律系・親藩・譜代型の藩にのみ存在する。これらの刑罰がない点は、米沢藩は御定書系の藩と共通点をもつともいえるし、外様型の藩と共通点をもつともいえる。

米沢藩にも幕府にもある入墨がある藩は、寛政一〇年に入墨を採用した亀山藩、和歌山藩、会津藩、熊本藩、弘前藩（寛政律、文化律）であり、入墨がない藩は、鳥取藩、盛岡藩、新発田藩、弘前藩（安永律）である。入墨がないのは外様型の藩であるが、その中には、御定書系の藩と明律系の藩との双方が含まれる。また、断髪と剃髪に関しては、米沢藩には断髪と剃髪の双方があり、幕府には剃髪のみがある。断髪があるのは会津藩、剃髪があるのは亀山藩、和歌山藩、弘前藩（文化律）である。断髪も剃髪もないのが、鳥取藩、盛岡藩、熊本藩、新発田藩、弘前藩（安永律、寛政律）である。注目すべき点は、すべての親藩・

譜代の藩には断髪または剃髪があり、弘前藩（文化律）以外のすべての外様の藩には断髪も剃髪もない。この点では、前に述べた場合とは違い、米沢藩は親藩・譜代の藩と共通点をもつことになる。

（身分刑）

米沢藩には嫡子除という刑罰があるが、この刑罰は幕府にはなく、また、他藩にもない。嫡子除があることは米沢藩刑罰の特徴の一つである。

（領外追放刑・領内追放刑）

米沢藩には領外追放刑・領内追放刑があり、幕府には領内追放刑しかない。亀山藩、鳥取藩、和歌山藩、会津藩、熊本藩、新発田藩には領外追放刑・領内追放刑があり、盛岡藩、弘前藩（安永律、寛政律、文化律）には領内追放刑はあるが、領外追放刑がない。ただし、明律系の藩である会津藩、熊本藩の場合は徒罪を採用し領外追放刑・領内追放刑は例外的にしか用いない。また、同じく明律系の藩である新発田藩の場合は寛政一二年に徒罪を採用し領外追放刑を用いないこととした。実質的に領外追放刑も領内追放刑もあったといえる藩は、亀山藩、鳥取藩、和歌山藩である。

米沢藩も徒罪等の労役刑を採用したが、領外追放刑・領内追放刑を廃止することなく労役刑と併用した。特に、徒罪、徒刑を採用したが追放刑を廃止しなかった明律系の新発田藩、弘前藩（寛政律・文化律）との大きな違いは、新発田藩、弘前藩には領外追放刑がないのに対し、米沢藩ではむしろ領内追放刑よりも領外追放刑の方が多く用いられたことである。また、第四表の領内追放刑の欄をみればわかるように、前述の会津藩・熊本藩を除くと、亀山藩以外の藩の領内追放刑には郡数、里数、組数、遠・中・近（軽）といった段階的区別がつけられている。これに対して、米沢藩の領内追放刑にはそのような段階的区別がない。

したがって、領外追放刑を重視し、領内追放刑を軽視しているのが米沢藩刑罰の特徴の一つであるということができると思われる。ところで、徒罪を採用しつつも領外追放刑の方だけを廃止した外様藩の新発田藩の処置は幕府に配慮したものであった。これについて林紀昭氏は、幕府は、各藩からの追放刑を受けた者等の江戸への集中、犯罪の多発化を苦慮し、寛政元年（一七八九）に諸藩に対し「追放之儀ハ容易ニ致間敷旨」を申し達したが、追放刑の中でも藩領外へ追放する御領分払に限って徒罪に代替している点は、幕府の政策に応えたものと思われると述べておられる[126]。そうであるとすると、同じような時期に、領内追放刑よりも領外追放刑を重視し、領外追放刑を多く用いていた米沢藩の刑罰は、同じく外様藩の新発田藩とは追放刑に関する刑政の方向が正反対であり、また、安易に幕府の政策に従わない米沢藩の刑罰に関する確固たる独自性をここにみることができるのである。

しかし、一方、米沢藩はかたくなに幕府刑罰の影響を受けることを拒否しているのでもない。米沢藩刑罰に入墨が採用されたことに関しては幕府刑罰の影響の可能性を考えることができるのは、本章第二節で述べたとおりである。

ここには、幕府刑罰や他藩刑罰の体系を取り入れるのではなく、米沢藩刑罰にとって必要な刑罰だけを取り入れ、米沢藩独自の刑罰体系を築こうとする米沢藩の姿勢がみられる。

米沢藩の領内追放刑に関しては、さらに、郷替という刑罰に注目しなければならない。米沢藩にある郷替は、前述のように将来の紛争の発生の防止を目的とする刑罰であるが、このような刑罰は、幕府にも他藩にもない。郷替は、米沢藩の特色のある刑罰の一つである。

（拘束刑）

米沢藩には通常の牢屋のほかに、乱心者・乱暴者のための独房があった。この独房に入れる刑を詰牢という(127)。この詰牢のような刑罰は、幕府にも他藩にもみられない。これがあることも米沢藩刑罰の特徴の一つである。

（労役刑）

米沢藩刑罰には、前述のように定価屋渡、欠所奉公（但し、この刑罰は定価屋渡と同一であったことについては前述した。）、御家中出奉公、出奉公、狭義の徒罪という労役刑があり、それらの刑罰は、労働力確保の手段という面も有していたが、犯罪者を更生させる教育刑的機能も有していたのである。この点は、米沢藩刑罰と幕府刑罰との大きな相違点となっている。労役刑があるのは、和歌山藩、会津藩、熊本藩、新発田藩（寛政一二年に採用される。）、弘前藩（寛政律、文化律）であり、労役刑がないのは、亀山藩、鳥取藩、盛岡藩、弘前藩（安永律）である。明律系の藩では、親藩・譜代の藩にも外様の藩にも労役刑がある。

なお、和歌山藩の『国律』には「徒」という刑罰が記されている。しかし、和歌山藩に関しては、徒刑の存在は疑問視されている。手塚豊氏は、『国律』の末尾において、「笞十～五十まで五段階、杖六十徒三月より杖百徒三年までの七段階を追込追放の各種に割り当てている。これによれば、笞、杖、徒刑が行われたようにも思われるが、他に傍証はない。おそらくその規定はこれらの刑を採用するならばという仮定のものであって、実際には実行されなかったのではなかろうか[128]」と述べておられる。

本稿における第四表は、実際に行われたかどうかにかかわらず規定がある刑罰は、原則としてすべてあげている。また、徒刑が実行されなかったという確証もないし、仮に実行されなかったとしても、徒刑を採用する場合のことを刑法典に規定しただけでも『国律』という刑法典の特徴であるということができる。したがって、和歌山藩の欄に「徒」をあげておく。

さて、前述のように明律系の藩では、親藩・譜代の藩にも外様の藩にも労役刑がある。この点では、米沢藩は明律系の藩と共通点をもつ。しかし、米沢藩には定価屋渡、御家中出奉公、出奉公という独特の刑罰があった。これらの労役刑は、受刑者を収容所に入れて働かせるのではなく、前述のように武士や庶民の家に渡して働かせたのであり、この点は米沢藩の労役刑の特徴である。

（金沢藩との比較）

前述したように『公事場御刑法之品々』には、金沢藩の典型的且重要な刑罰が記載されており、同藩の刑罰がすべて記載されているわけではない。軽罪については記載されていない刑罰がある。しばしば採用された「減知」・「遠慮」といった刑罰がみられず、また、専ら盗犯に適用された「入墨」といった刑罰も掲げられていない[129]。したがって、『公事場御刑法之品々』には身体刑が記載されていないからといって、このことを金沢藩刑法の特徴とすることはできない。このような制限はあるが、以下に『公事場御刑法之品々』記載の刑罰と米沢藩刑罰との比較を試みたいと思う。

生命刑の分野では、米沢藩に闇討という特殊な刑罰があるように、生胴（胴を切る。）という特殊な刑罰がある。領外追放刑がある点、領内追放刑に関して、郡数、里数、組数、遠・中・近（軽）といった段階的区別がない点は、米沢藩の領外追放刑・領内追放刑と類似している。しかし、少なくとも典型的且重要な刑罰としては労役刑が全くない点は、米沢藩の場合と異なる。したがって、この点で金沢藩刑罰には教育刑的色彩がみられない。この点は、米沢藩には、幕府や他藩の刑罰を取り入れる姿勢があり、教育刑的意味をもつ広義の徒罪を用いるに至ったこととは対照的である。そして、金沢藩の拘束刑において、禁牢という刑罰に付す刑期に精緻な区分が設けられている点には、他の藩の刑罰にみられない特色がある。

ちなみに、米沢藩には江戸差塞という刑罰があったことは前述したが、金沢藩にも領外追放刑でも領内追放刑でもない追放刑であるため第四表には載せてないが、御関外追払を科す際に「江戸御構」という刑罰を附加することがあった。しかし、両者の性格は全く異なる。米沢藩の江戸差塞は、江戸で犯罪を犯した者を江戸から追放するために科した。しかし、金沢藩の江戸御構は、幕府の領外追放刑制限政策への対応の中で用いられた刑罰であった[130]。

すなわち、幕府の領外追放刑制限政策の背後には、特に江戸で増加する無宿対策があった[131]から、金沢藩としては御関外追払という領外追放刑を存続させる前提として、このため江戸の無宿が増加することのないよう、御関外追払を科す場合に江戸御構を附加したのである。逆にいえば、米沢藩は、領外追放刑を用いることにより、この刑罰に処せられた者が江戸に行き、幕府に迷惑をかけることがないようにすることには、金沢藩ほど関心がなかったということができると思われる。この点では、同じ判例法系・外様型刑罰体系の米沢藩の方が、幕府の政策に遠慮せずに独自の刑罰体系を築こうとしたということができると思われる。

第二章　米沢藩後期刑罰

前章では、米沢藩刑罰の前期・中期刑罰を検討したが、本章においては『御裁許鈔』を用いて米沢藩後期刑罰の特色を明らかにするとともに、前期から後期までを通じての米沢藩刑罰に特徴的な問題について考察しようと思う。

まず、第一節では、『御裁許鈔』にしかみられない刑罰の中から、「再焼印」、「入墨再焼印」、「再焼印入墨」及び「欠所者永く御渡無之」について論じる。

次に、第二節では、同じく『御裁許鈔』にしかみられない刑罰であるが、大名預所への刑罰権の行使という問題と関連している「郡奉行所江御渡相当之御叱可申渡旨申達之」について論じることとする。

第三節では、第一章第二節で指摘した領外追放刑及び労役刑の適用状況について論じ、徒罪等の労役刑を用いるようになってからも領外追放刑を積極的に適用していた理由について考察する。

最後に、第四節では、附加刑として適用される場合が多い身体刑、財産刑の増加に関連して、二個以上の刑罰を同時に科す二重以上仕置について論じる。

第一節　後期刑罰

『御裁許鈔』（全七巻、総判例数三四九八件）には、序文・奥付がないために、編集された時期及び目的については、史料上明らかではない。しかし、その時期及び目的については、『御裁許鈔』に記載されている判例の時期から推定することができる。

この判例集には、天保三年（一八三二）から慶応三年（一八六七）一二月までの判例が記載されている。詳しくいえば、年月が記されている判例では、天保三年二月の判例が最も古いのであるが、「天保三年」としか記されていない判例がある。一方、慶応三年一二月の判例は三件あり、そのうち慶応三年一二月二日と記されている判例が一件ある。

『中典類聚』が天保七年（一八三六）までの判例を収録しているので、天保三年から天保七年までの期間が、『中典類聚』と『御裁許鈔』で重複する。本稿では、先に『御呵附引合』と『中典類聚』との間の同様の重複に関して、重複期間が『御呵附引合』編集後の追加分の期間に属することを理由として、その期間を『中典類聚』時代に属させた。しかし、『中典類聚』と『御裁許鈔』との間では、重複期間が一方の判例集の追加分の期間であるわけではないので、原則として、『中典類聚』時代、『御裁許鈔』時代という区別を用いないこととし、そのような区別を用いる場合は、若干の重複部分を含むことを前提とする。

ところで、『御裁許鈔』に収録されている最も新しい判例の慶応三年（一八六七）一二月という時期の日本全体の状況に目を移せば、慶応三年一〇月二二日、朝廷は、大政奉還後も諸侯会議によって新刑法が定立されるまでは、「是迄之通」の刑政を行う方針を示達した。

これまで述べてきたことから、『御裁許鈔』の編集完了時期については、慶応三年一二月以降の時期であったと思われるし、その編集目的については、前述の慶応三年一〇月二二日の示達を受けて、大政奉還後の新しい時代における社会秩序の混乱を防ぐための、従来の判例集よりもより実用的な判例集の編集の必要に対応するためということをあげることができると思われる。以上のことは、従来の研究においては指摘されることがなかったが、『御裁許鈔』では収録されている判例が七〇の小項目に分類されていることも前述のことを裏付けていると考えられる。なぜならば、『御裁許鈔』編集当時に用いられていた判例集は『中典類聚』であったと思われるが、『中典類聚』においては収録判例が二八の大項目、二二一の小項目に分類されているのである。『中典類聚』の分類の方がより精緻であるということもできるが、あまりにも細かく分類してしまったために、二二一の小項目については各項目中の判例数が一、二例にとどまることがしばしばとなった。このことは、判例法主義をとる米沢藩の判例集としての実用性に問題を残したと思われる。その点『御裁許鈔』の七〇項目において一項目の判例が一、二例にとどまるのは三項目のみである[132]。また、個々の判例における事件の説明が、『御裁許鈔』においては『中典類聚』よりも詳細になっており、同種の事件に関し、いかなる事件の差違がいかなる刑罰の差違となってあらわれたのかがわかりやすくなった。以上のことは、具体的な事件と判例集記載の判例の事件とを比較し、適用する刑罰を決定する局面において、『御裁許鈔』の方が『中典類聚』よりも実用性の高い判例集であることを示している。

ところで、『御裁許鈔』にはどのような犯罪が収録されているのであろうか。このことに関して、ここでは、『御裁許鈔』において犯罪名がどのような項目に分類されているのかを明らかにしたい。

第一巻「失倫・妻子殺・人殺・毒害・姦巧・再犯・悪巧・徒黨・立帰悪事・犯罪見迯・罪人取迯シ」。

第二巻「火付・追剥并奪取・昼師・取迯喰迯・為似横目・掠取・横取・衒取・隠取并拾取・悪事中懸・御役奸・破囲悪事・揺取」

第三巻「御城内盗附官賊・盗賊并中宿・立帰盗賊・土蔵破・御林御留木・御用物賊・盗品承知買取」

第四巻「乱暴・酒乱・打擲・強伏并黙算・喧嘩・為至死・凌暴・慮外過言・落札・欠落立帰」

第五巻「非道不人情・不義并女勾引・不行跡・御外體闕・謀書謀判・手抜品・衣服御締犯・家并屋敷揉・俳優・贋物」

第六巻「猥訴・不作業・疎忽・不行届・遅滞」

第七巻「私曲・役儀不叶・差引・差繕・江戸迯下・貯富鬮・縁談・賄賂・自侭・訴人・病気ニ而御叱を得候者・旅人御呵・魚猟・変例」

概ね、『御呵附引合』においては軽い犯罪から重い犯罪へと記述されているのに対し、『中典類聚』においては重い犯罪から軽い犯罪へと記述されており、また、『中典類聚』の方が『御呵附引合』よりも分類がより緻密になっているということができることは前述した。そのような観点から『御裁許鈔』の分類をみてみると、概ね、重い犯罪から軽い犯罪へと記述されている点は、『中典類聚』と同様であるが、分類は粗くなっており、大項目と小項目に分けていない点は『御呵附引合』と同様である。

ここで、『御裁許鈔』に記載されている刑罰の特徴を明らかにするために、『御呵附引合』、『中典類聚』

及び『御裁許鈔』にみられる刑罰を、三判例集に共通にみられる刑罰、それぞれの判例集にみられる刑罰に分類し、第五表として示すこととする。

この第五表からわかるとおり、『御裁許鈔』にしかみられない刑罰は多くはない（ただし、同表の注1に記したように、例外的にごく少数みられる刑罰は、同表の中から除外されている。）。この理由としては、『御呵附引合』、『中典類聚』という二つの判例集が収録している判例の時代に、米沢藩の典型的な刑罰は、ほぼ定着したことが考えられる。

その『御裁許鈔』にしかみられない刑罰の中から、次に、「再焼印」、「入墨再焼印」、「再焼印入墨」、「欠所者永く御渡無之」、「郡奉行所江御渡相当之御叱可申渡旨申達之」の五つの『御裁許鈔』特有の刑罰について論じたいと思う。ただし、最後の刑罰は、大名預所への刑罰権の行使という問題と関連しているため別の節を設けて論じることとし、ここでは、前の四つの刑罰について論じる。

一　「再焼印」「入墨再焼印」「再焼印入墨」について

まず、『御裁許鈔』には、「再焼印」を適用した判例が二件ある。これらの判例を次に示すことにする。

判例一　天保十年六月[133]　　再追拂立帰元□□村同（牢舎）

元口中山口　　代次郎

再焼印之上追拂・同（手道具闕所）

右者、乱暴一件ニ付追拂ニ相成、立帰、致稲盗賊焼印追拂ニ相成、立帰、此度□□村庄左衛門、細引を庄兵衛盗取候と申懸候節、庄左衛門ニ致荷擔揉立候者ニ付

	共通する刑罰	御呵附引合	中典類聚	御裁許鈔
拘束刑	永牢・入牢・詰牢・蟄居・閉門・逼塞・囲入・遠慮・戸〆・禁足・押込・永慎・慎・預	座敷牢入・入蔵・自分遠慮	於遠在閑居・永蟄居・永逼塞・永囲入・永禁足・重押込	永蟄居・永逼塞・永囲入・永禁足・重押込
労役刑	定価屋渡		徒罪・御家中出奉公・出奉公・欠所奉公・御城下奉公	徒罪・御家中出奉公・出奉公
財産刑	田地家屋敷欠所等(田地・家・屋敷・家財・手道具が欠所の対象となる。また、欠所と同様な意味で、取上・召上という用語が使われることもある。)・過料			
その他	屹御呵・以後心得	御詞之御呵・当分御呵・御呵		欠所者永く御渡無之・郡奉行所江御渡相当之御叱可申渡旨申達之

（注1） 上記以外にも様々な形態の特殊な刑罰として、商店に対する営業停止処分や縁組禁止や永禁酒等多くのものがあるが、それらの刑罰は省略する。この種の刑罰は、そのほとんどの刑罰が各判例集の中で1件しか存在せず、各判例集の中の刑罰全体の中で占める割合は極めて小さい。

（注2） 同一内容の刑罰と思われるものであっても、異なる刑罰名である場合には、原則としてそれぞれの刑罰名を記述することにした。但し、例えば「討首」と「打首」のように用いられている漢字が違うだけで同一の刑罰名であると判断できる場合等は、そのうちの一つの名称のみを記述した。

第五表

	共通する刑罰	御呵附引合	中典類聚	御裁許鈔
生命刑	磔・斬罪獄門・火罪・斬罪・討首・闇討	逆磔・死罪・解死人・斬罪切捨・切捨・打捨・切腹	打捨・切腹	
身体刑	断髪		焼印・入墨・焼印入墨・剃（薙）髪	焼印・入墨・焼印入墨・再焼印・入墨再焼印・再焼印入墨
身分刑	改易・苗字断絶・苗字取上・役儀召放・給知給米召上・隠居・嫡子除・欠所・退院	断絶・嫡子離・嫡子召放・嫡子放・父之家督不被仰付・召返・役離・人頭欠所・脱衣御国払（この刑は、領外追放刑としての面も有する。）	紫屋江御渡・放館・脱衣擯罰	嫡子離・紫屋江御渡・脱衣擯罰
領外追放刑	追払・本国帰	脱衣御国払（この刑は、身分刑としての面も有する。）	他邦払・御国払・御国出入差塞・御国出入留	他邦払・御国払・御国出入差塞・御国出入留
領内追放刑	郷替・御城下払	在郷・遠在江相退・元村帰・御城下差塞・御城下塞・御城下住居不致筈・御城下上長井（「上長井」は地名。）御構・上長井塞・嶋田（「嶋田」は人名。）拘地成共不差置（この刑罰は、元嶋田の家来に科したもの。）・差遣	在郷・村方帰・家元帰・親元帰り・御城下出入差塞	家元帰・親元帰り

判例二　安政三、九月[134]　五追払立帰元□□

再焼印玉川口追払・同（手道具欠所）　蔵次

右同断（右者、盗賊之上焼印入墨追払ニ相成候処、立帰、馬喰町観音堂江賽銭目懸忍入、不盗得うち被捕候者）

また、『御裁許鈔』には、「入墨再焼印」を科した判例が一件ある。この判例を次に紹介する。

判例三　安政四年十一月[135]　焼印再追拂立帰越後村上

入墨再焼印之上　帳外□□□

玉川口　良之助

追拂・手道具欠所

右者、追々盗賊之罪を以再追拂被　付候処、直々立帰諸方小盗ニ及、其上御構之牢屋敷江無憚忍入候もの

さらに、『御裁許鈔』には、「再焼印入墨」を適用した判例は二件ある。次に、これらの判例を示すことにする。

判例四　安政三年九月[136]　手子村要吉元子焼印入墨追拂立帰

再焼印入墨同（玉川追拂）同（手道具欠所）　作次

右者、盗賊焼印入墨玉川追拂ニ相成候処、直々立帰、小国欠代茂兵衛処江盗賊ニ入、不取得内被捕候者

判例五　安政三、九月[137]　三追拂立帰元預所北和田村

再焼印入墨玉川口追拂・手道具欠所　　松兵衛
右者、盗賊之上焼印入墨追払ニ相成候処、立帰、馬喰町観音堂江賽銭目懸忍入不盗得うち被補候者

右の二つの判例から、「再焼印入墨」というのは、再度の焼印と初回の入墨の執行を意味するのではなく、焼印も入墨も再度執行する刑罰であることがわかる。再度の焼印と初回の入墨を執行する場合は、判例三のように「入墨再焼印」という刑罰が適用される。

そもそも、焼印とか入墨という刑罰は、『御呵附引合』の判例では採用されておらず、『中典類聚』で初めて登場した刑罰である。しかし、『中典類聚』においては、「再焼印」、「入墨再焼印」及び「再焼印入墨」はみられず、入墨、焼印及び焼印入墨という三種の刑罰がみられるにとどまる。『御裁許鈔』において、「再焼印」、「入墨再焼印」及び「再焼印入墨」という刑罰が採用されたことにより、身体刑のバリエーションが増加し、処罰の程度を犯罪に応じて一層緻密に調整できるようになったと思われる。

また、着目点として、判例二においては焼印入墨を科せられた者に対して「再焼印」が科せられているが、判例一においては入墨をいまだ科せられていない者に対していきなり「再焼印」が科せられている点をあげることができる。ただ、このような例は『中典類聚』においてもみられた。『中典類聚』の判例においては、入墨をより軽い刑罰に、焼印をより重い刑罰に、焼印入墨をさらにより重い刑罰に適用しているが、これは原則であって、重く罰すべしとする犯罪を犯した者に対しては、最初から入墨ではなく焼印や焼印入墨を適用していた。

「再焼印」、「入墨再焼印」及び「再焼印入墨」という刑罰が新設されたことによって、例えば、『中典類

聚』には、同一の人物が、何回も犯罪を繰り返す度に、入墨・追払、焼印・追払、最後に生命刑という順で刑罰を科した判例があったが、「再焼印」、「入墨再焼印」及び「再焼印入墨」という刑罰が出現したことによって、バリエーションが増加し、生命刑への到達を遅延させることができるようになった。

ちなみに、「再焼印入墨追払」になった者が、戻ってきて犯罪を犯した件に関し、斬罪獄門を適用した判例が『御裁許鈔』にある[138]。

二 「欠所者永く御渡無之」について

私は前に、定価屋渡は、別名欠所奉公といい、この刑に処せられた者は、御家中諸士の家に渡され、有償労働をさせられるという刑罰であることを明らかにした。この刑の特色としては、布施彌平治氏も指摘されておられるように、刑の執行を私人に委ね得る利点がある点をあげることができる[139]。その反面、刑の執行者となる私人が、受刑者を厳しく扱いすぎたり、優しく扱いすぎたりする恐れがある。そこで、その面の管理を担当したのが郡割所である。

ところが、早くも『中典類聚』収録対象時代の寛政五年には、受刑者を優しく扱いすぎ、この労役刑の刑罰としての機能が損なわれることが問題になっていた。このことを示す史料が『御代々御式目』に記載されている[140]。次に、その史料を紹介する。なお、『御代々御式目』については、第五章第五節で詳述することとする。

寛政五年十一月三日、欠所者請取候面々之内、内々ニ而暇を遣し候族も有之由ニ付命令

役所江

闕所者請取候面々之内に当人をハ其村・其町江帰し置、代り人を召仕、或ハ内々ニ而暇を遣り、或ハ病気なと丶申唱、又ハ時々に及数日之暇を遣し候族茂有之段相聞不届之至候、去年中重き被仰出も有之、殊に博痴打之刑之事ハ御慈悲を以一命に被代候刑ニ候処、軽々敷相心得暇を遣し候類有之候てハ、末々御〆茂不相立事ニ候、依之以後右躰之儀有之候ハヽ、急度御糺も可被仰付候間、此段為承知中達置候事

十一月

ただし、受刑者の扱いの過度の弛緩が理由となって処罰された例は、『御呵附引合』にはもちろん、『中典類聚』にもない。

ところが、『御裁許鈔』にはこの理由によって処罰された例が三件あり、「欠所者永く御渡無之」という刑罰が適用されている。このことは、近世後期には、刑の執行者である私人の刑の執行が弛緩してきて、その適切な執行を刑罰をもって確保することが、それ以前の時代に比べてより強く要請されていたことを示していると思われる。

ここでは、「欠所者永く御渡無之」を適用する判例を紹介することにしたいと思う。

判例六　嘉永五年四月[141]　廣居組

屹御呵・欠所者永く御渡無之　上松仙次郎

右者、欠所召仕を郡割所切手も無之内々ニ而暇呉渡候ニ付

第二節 「郡奉行所」への処罰の委任

「郡奉行所江御渡相当之御叱可申渡旨申達之」というのは、「郡奉行所」へ具体的な処罰を委任する判決であるから、厳密な意味ではこれ自体刑罰とはいえないけれども、何らかの処罰を郡奉行所に求めている点を考慮し、米沢藩刑罰の中の「その他」に分類した。本節では、この刑罰について論じることにする。後述するように、この刑罰は、米沢藩の大名預所に関する様々な事柄と関連するので、ここに新たに一節を設けることにした。

ところで、米沢藩においては、行政組織には変遷があり、その全貌は明らかではないが、参考として文化六年当時の役方の組織図を示すと第一図のようになる。[142]

この米沢藩の統治機構の中で、訴訟を担当していたのはどの機関であったであろうか。訴訟を担当していた機関に関しては、不明な点が多い。ちなみに、登坂又藏氏によって編輯され、昭和一九年に発行された『米澤市史』の中にこの点に関する記述がある。そこでは、「町奉行の職たる國中の訟獄を司り、生命財産の重きを左右する」とされている。[143] この記述によれば、町奉行は、町奉行が支配していた城下の町屋敷以外の場所で発生した犯罪に関しても訴訟を担当していたことになる。[144] 町奉行は、寛永一〇年（一六三三）以降二人制となり、東西二つの官宅を設けて輪番制で職務を遂行した。[145]

ところで、第一図をみればわかるように、米沢藩の統治機構には、ここで論じようとしている「郡奉行

第一図

- 藩主
  - 奉行（中老）
    - 小姓頭
      - 側医
      - 台所頭—膳部・台所方
      - 側役—右筆
      - 膳番・手水番・小姓
      - 大小姓
    - 奥取次
    - 傳役—用人・小姓
    - 大目付—使番・目付・徒目付
    - 中之間年寄（六人年寄）—御中之間
    - 役所役
      - 物書・留書
      - 外様外科
      - 辻番
    - 勘定頭—勘定頭次役
      - 平勘定
      - 各蔵役
    - 町奉行—同心—伏嗅
    - 寺社奉行—宗門方・寺社方
    - 郡奉行
      - 代官—元締・掛役—足軽
      - 郷村教導出役
      - 廻村横目
    - 預所郡奉行—代官—元締
    - 金山奉行—金山役人・金山山廻
    - 国産所頭取
      - 元〆役—国産役
      - 山林方・農馬方・蚕桑方・漆方
    - 督学（総監・提学）
      - 学頭—都講
      - 学館主財
    - 軍者
    - 躾者
    - 廐頭—廐方・馬医・中間
    - 鷹部屋横目—鷹師—鷹匠頭—鷹匠
    - 役屋将—御付馬上—役屋付
      - 手明
      - 足軽
  - 城代
    - 作事屋頭
      - 普請奉行
      - 元〆役
      - 大工頭
      - 小奉行
    - 小納戸頭—小納戸
    - 御堂将—御堂俗番
    - 御廟将—御廟守—御廟番
    - 本城門番・外張番・御泊・御守
  - 江戸家老
    - 勘定頭
      - 留守居
      - 江戸役所番
      - 同心・手明
    - 麻布屋敷将
    - 白金屋敷将
  - 支侯家老
    - 用人—役方—小者
    - 小姓

所江御渡相当之御叱可申渡旨申達之」の刑罰名に出てくる郡奉行という機関がある。この郡奉行は、藩政成立期に存したが、やがて廃止された。そして、再び、宝暦七年（一七五七）、当時の藩主上杉重定の側近森平右衛門による政治の下で新設されたが、三年たたずに廃止された。しかし、上杉治憲（鷹山）による政治の下でまた復活した[146]。特に、鷹山による郡奉行の設置は、農村支配機構整備の中心をなすものであった[147]。この郡奉行が、「郡奉行所江御渡相当之御叱可申渡旨申達之」の郡奉行であると解するのが、同一の奉行名である点からいって自然ではある。

しかし、同じく第一図をみればわかるように、米沢藩には郡奉行所と略して称されそうな機関がある。それは、預所郡奉行である。この預所郡奉行という役職ができた背景には、次のような事情がある。

前述したように、米沢藩は、慶長六年（一六〇一）、会津若松一二〇万石から三〇万石に減封されて米沢に入封した上杉景勝を初代藩主として成立した。当初、三〇万石の領地は、出羽国置賜、陸奥国伊達・信夫三郡の全域に及んだが、寛文四年（一六六四）、三代藩主綱勝が嗣子を定めないまま急死したため一五万石に削封されると、置賜郡（屋代郷を除く）のみとなった。

このときに、伊達・信夫郡一二万石と共に、屋代郷三四ヵ村三万石が上知となり幕府領となった。しかし、屋代郷については大名預所となって、ほとんどそのまま米沢藩の統治下におかれた。そして、米沢藩からは新たに預所代官頭の下にいた預所代官が派遣された。この預所代官頭の名称が改まったのが預所郡奉行である[148]。この屋代郷の大名預所支配は、元禄二年（一六八九）に屋代郷が幕府の直轄地となったので中断する。しかし、寛保二年（一七四二）に、再び米沢藩の大名預所となった。この状況に対応するため、寛保二年一二月、預所郡奉行が任命された[149]。

さて、「郡奉行所江御渡相当之御叱可申渡旨申達之」という刑罰における「郡奉行」とは、右の郡奉行と預所郡奉行のどちらなのであろうか。

この問題を解明することを目的として、本来的な裁判機関である町奉行が処罰の内容の決定を「郡奉行」に委任するこの刑罰が、具体的にどのような犯罪に対して適用されたのかをみるため、判例を紹介することにしたいと思う。具体的な刑罰名は、若干表現が異なる場合もあるが、本稿においてはこの刑罰類型に入る刑罰を「郡奉行所江御渡相当之御叱可申渡旨申達之」という刑罰名で呼ぶことにする。

この刑罰を適用した判例は、『御裁許鈔』に全部で三件ある。

判例六　天保五、十二月(150)

御預所竹井村藤左衛門聟

（空白）　藤七

右者、御城下江罷越、酒禁を犯し酒造入候者ニ付、郡奉行所江相渡相當之御叱申渡候様申達候事

判例七　萬延元、三月(151)

御預所竹井村

武右衛門

郡奉行所江御渡相當之御叱可申渡旨申達之

右ハ、栄吉ト申合同断姦巧ニ相加り候もの

（注）右の「同断」は、直前の判例(152)の事件の内容を指している。その判例は、次の通りである（次の判例を「判例七・二」とする。）。

萬延元、三月

桑山村縮伊兵衛子判下牢舎

其身斗　栄吉

三ヶ年

定價屋渡

右八、馬口労渡世之處、山形商人ゟ大金借受返済相滞、以添翰訴出色々姦巧いたし候ニ付

御預所金谷村

与惣

判例八　天保十三、十二月(153)

郡奉行所江相當之御叱申渡候様申達之

右者、木ノ実通いたし候者

次の判例は、刑罰を科す判例ではないが、ここで扱っている問題に関連するので紹介することとする。

判例九　嘉永六年十月(154)

郡奉行所江

右者、大沢村弥兵衛妻之妹ゑつ、御預所下和田村名主与次右衛門下与左衛門子八百蔵妻ニ内約致置候処、弥兵衛不調法之儀有之追拂、家族定價屋渡被　仰付候得ハ、ゑつ儀も定價屋江可相渡処、村役一類ゟ委曲書付を以申出之上、ゑつ定價屋渡御免八百蔵妻ニ被成候事

以上の判例をみてわかることは、三つの判例において、犯罪を犯した者が御預所の者であることである。判例七と判例七・二とを比較すると、同じ事件であるのに、「郡奉行所江御渡相当之御叱可申渡旨申達之」が適用された判例七の方は、犯罪者が御預所の者である点が異なる。

また、判例九は、御預所の者と婚約したゑつの姉の夫の犯罪により、ゑつも縁坐により定価屋渡を科せられるべきところ、詳しい事情はわからないが、村役一類からの書付による申出によりゑつには定価屋渡

を科さずに、婚約者八百蔵の妻とすることを「郡奉行所」に伝えている。

以上のことから、この刑罰における「郡奉行」とは、前述した二機関の中の郡奉行ではなく、預所郡奉行のことであると考えられる。そして、大名預所領民に対して用いられるこの刑罰は、有罪か無罪かの決定を町奉行がしたものに関して、具体的な刑罰の決定を預所郡奉行所に委任する刑罰で、『御呵附引合』や『中典類聚』の判例にはみられない刑罰である。

ただ、ここで注意しなければならないことは、大名預所領民の処罰といった場合、米沢藩大名預所領民が米沢藩内で犯罪を犯した場合と、同領民が同大名預所内で犯罪を犯した場合の区別があることである。後者の場合も米沢藩は支配を幕府に任されたものとしての処罰を行うのであるが、ここで問題にしているのは、それではなく前者の場合である。すなわち、前に紹介した天保五年一二月の判例に「御城下江罷越、酒禁を犯し酒造入候」とあることによって明らかなように、幕府領民としての性格をもつ米沢藩大名預所領民の米沢藩内での犯罪が問題なのである。

さて、ここで大名預所について論じたいと思う。ここでいう大名預所とは、幕府がその直轄地を大名に預けて統治させるという支配形態またはその統治の対象地のことである。服藤弘司氏は、その著書、『大名預所の研究』の中で、用語の定義を厳密にし、「近世における預所（または預地）とは、幕府が直轄地（御料、俗に天領）を、大名、旗本、大名家臣（給人）、あるいは幕府の遠国奉行、代官などに預け統治せしめるという支配形態、ないしはその土地のことをいう。本書で取り扱う大名預所とは、狭義では、前記諸種のうち、大名に御料支配が委ねられた場合に限定さるべきであるが、幕府当局者は、しばしば単に大名のみならず、旗本、大名給人さらには幕府遠国奉行への幕府領支配委託をも、なお大名預所の部類に含めしめた。従って、広義での大名預所は、代官以外の、大名、旗本、大名給人、遠国奉行に対し、御料支配が委ねられた場合と解さねばならない」と述べておられる(155)。

ここでいう大名預所のことを単に預所と称することもあるが、その場合は預所は、大名預所以外の預所も含まれることに注意しなければならない。服藤弘司氏のように用語の定義を厳密にして初めて、幕府の預所政策を正確に把握することができると考えられる。そのことは、幕府の直轄地支配を理解する前提としても不可欠であると思われる。本稿で大名預所という場合は、服藤弘司氏のいう狭義の大名預所のことをさしている。

さて、この「郡奉行所江御渡相当之御叱可申渡旨申達之」という刑罰は、前述のように、『御呵附引合』や『中典類聚』の判例にはみられない刑罰である。例えば、『中典類聚』には、大名預所領民に対して自領民と全く同じ形で判決を下している判例がある。次に、その判例を判例一〇として紹介する。

判例一〇　同（天保）元年十二月廿二日(156)

焼印之上玉川口　御預所竹井村

一、追払　勝蔵

右ハ、数年来欠落いたし、立帰、数ヶ所にて盗賊いたし候者

この判例で注目すべき点は、犯罪者が、判例六や判例七と同じ屋代郷竹井村の者である点と、特に『御裁許鈔』において最初に「郡奉行所江御渡相当之御叱可申渡旨申達之」が適用されている判例である判例六のわずか四年前の判例である点である。

では、なぜ、天保五年という年に大名預所領民を特別扱いする判例が出現したのであろうか。いったい、

天保五年とは、大名預所にとってどのような意味をもつのであろうか。

ここで、まず、米沢藩以外の大名預所をも含めた江戸時代の大名預所の変遷において、天保五年という年がもつ意味を探ろうと思う。

服藤弘司氏は、大名預所の変遷に関して、幕府の大名預所政策を基準として、第一期を寛永期から寛文期まで、第二期を貞享期から元禄初年まで、第三期を正徳期、第四期を享保改革期、第五期を寛政改革期、第六期を文化期、第七期を天保改革期、第八期を弘化期、第九期を幕末期とし、それぞれの時期に打ち出された幕府の大名預所政策を論じておられる(157)。

ここで、問題にしている天保五年は、服藤弘司氏の分類上では第六期の文化期に打ち出された幕府の大名預所政策が効力を持続していた時期である。

幕府領支配の立直しを図るという、現実的、積極的狙いをもった第四期(享保改革期)の徳川吉宗による大名預所の復活(158)以来七〇年に垂んとする大名預所方式による幕府領支配には、種々悪弊が目立つようになった。これらの悪習を匡正、防止せんとする目的をもったのが第五期(寛政改革期)の松平定信による大名預所政策であった(159)。

ところが、徳川家斉による第六期(文化期)の大名預所政策では、寛政改革期の厳しい取扱いを破棄し、文化六年(一八〇九)の無年期預所原則制の採用、翌七年以降の相次ぐ私領同様特権の付与、および化政時代の預所の増設といった一連の弛緩政策、預り大名への温情措置が採られたのであった(160)。天保五年という年は、この幕府の大名預所に対する取り扱いが弛緩した時期に属するのである。

以上、服藤弘司氏の大名預所の変遷についての研究の上に天保五年という年を位置付けてみた。

しかし、この位置付けのみからでは、天保五年に「郡奉行所江御渡相当之御叱可申渡旨申達之」を用いる判例が出されたことの意味がわからない。幕府の大名預所に対する取り扱いが弛緩した時期であるならば、なにも大名預所領民に対して自藩領民と同じ取り扱いをした『中典類聚』の判例の姿勢を改める必要はないはずである。すなわち、今までの姿勢を改めて、大名預所が幕府領の一種であることを考慮した特別扱いの裁判制度を新たに設けなければならない理由はないと思われる。

そこで、この天保五年という年がもつ意味を、判例六、判例七及び判例一〇に出てくる竹井村、判例八に出てくる金谷村及び判例九に出てくる下和田村が属する屋代郷大名預所に着目して、屋代郷大名預所の固有の事情から探求することにする。

前述したように、米沢藩の旧領屋代郷は、寛保二年（一七四二）に、再び米沢藩の大名預所となった。米沢藩の大名預所についてはその後も動きがあり、明和四年（一七六七）、織田氏の高畠移封に伴い、屋代郷の一部である六ヵ村が織田領となり、その後は、高畠藩領六ヵ村以外の屋代郷は、米沢藩の大名預所となったり、幕府代官支配所となったりと変動があった[161]。

また、米沢藩は屋代郷以外の地域に大名預所を設けられることがあり、村山郡、越後国岩船郡に大名預所が設定された[162]。しかし、米沢藩は外の地域での大名預所設定よりも旧領屋代郷での大名預所確保にこだわっていた[163]。

さて、ここで問題にしている天保五年当時、屋代郷の全部が米沢藩の大名預所とはなっていなかったと思われる。そのことは、次の事実が示している。すなわち、米沢市史編さん委員会編『米沢市史　大年表・索引』によれば、ここで問題にしている天保五年の翌年天保六年（一八三五）四月六日、預所の割替えによる屋代郷の一括預所を幕府に願い出ている。この願いは、同年七月一日に却下されているが、米沢藩では、同年一〇月二二日に再度屋代郷の一括預所を願い出ている[164]。却下された同じ年に再度願いを出していることからしても、米沢藩がいかにこの時期に旧領屋代郷の一括米沢藩大名預所化を実現させることにこだわっていたかがわかる。

米沢藩としては、この時期幕府の大名預所に対する取り扱いが弛緩したのを利用して、かねてからの念願であった旧領屋代郷の一括米沢藩大名預所化を実現させることを目論んでいたと考えられる。

ところで、前述の寛政改革期の大名預所政策の中で出された寛政元年五月令によれば、大名預所には、従来年限はなかったが、以後原則として、三年あるいは五年、長くとも七年までの年期預所とし、年期到来の際預所統治の善悪、馴染み工合などを審査し、継年期とするか廃止するかを決定する。もっとも、「格別之訳合」があり、到底他大名などへの預け替えや代官支配所に振り向け得ない大名預所については、例外的に、無年期預所として差し支えないとされた[165]。それが、文化期の大名預所政策により骨抜きにされ、無年期預所原則制が採用されたわけであるが、この大名預所政策の弛緩期においても、預り大名の大名預所支配を幕府が放任していたわけではない。すなわち、幕府は、不安の残る大名預所についてのみ、例外的に年期制を採用する方針であった[166]。

米沢藩が、旧領屋代郷の一括米沢藩大名預所化を実現させようとするに際しては、当然無年期預所という形での実現を願ったわけである。そうだとすると、米沢藩の大名預所に幕府に不安を感じさせる点があってはならない。ここで米沢藩にとって気になるのが、幕府直轄領住民の動きである。

大名預所化ということに関して、幕府直轄領住民は、相対的に負担が重くなる米沢藩による支配に警戒心をもっていた。例えば、元禄二年（一六八九）以来代官支配であった屋代郷が寛保二年（一七四二）に再び米沢藩大名預所となった際に、住民の動揺は少なくなく、一部で米沢藩大名預所の実現を阻止しようとする嘆願運動がおきた(167)。特に、単に支配担当者が米沢藩になるだけで、幕府の支配方式による支配がなされるのであればともかく、米沢藩内と同様の支配がなされることを極度に嫌っていたことは、幕末期の屋代郷騒動(168)の発生から明らかである。

以上のように考察してくると、天保元年の判例は大名預所領民に対して自領民と全く同じ形で判決を下しているのに、天保五年に初めて「郡奉行所江御渡相当之御叱可申渡旨申達之」を適用する判例が出現した意味も明らかになってくる。

すなわち、天保六年に屋代郷の一括米沢藩無年期大名預所化が実現するように、そのための準備として、天保五年を含めたそれ以前の時期から、米沢藩内で犯罪を犯した大名預所領民への裁判に区別を設け、屋代郷の一括米沢藩無年期大名預所化が、幕府に対しても、米沢藩大名預所化対象地住民に対しても受け入れやすいような体制の整備を行ったと考えるのが妥当であろう。つまり、米沢藩としては大名預所領民に対しては、米沢藩領民とは区別された裁判制度を設けることによって、米沢藩大名預所化される住民の動揺をおさえようとしたのではないかと思われる。そのことは、幕府が住民の動揺に対する不安をもつことを防ぎ、屋代郷の一括米沢藩大名預所化が無年期預所として実現されるために必要なことであった。

第三節　領外追放刑及び労役刑の適用状況

『御裁許鈔』において領外追放刑を科した判例は、九三一件ある。その内訳は、追払が八九〇件、本国帰が二一件、他邦払が三件、御国払が三件、御国出入差塞が一二件、御国出入留が二件である。『御裁許鈔』には、全部で三四九八件の判例が収録されている。すなわち、全判例の約四分の一の判例が領外追放刑を科している。これに対して、労役刑を科した判例は、四九二件で、その内訳は、徒罪が一六〇件、定価屋渡が一四二件、御家中出奉公が二三件、出奉公が一六七件である。

前節で述べたように、近世後期には、藩の中には追放刑、特に領外追放刑を排除するところが出てきた。熊本藩では、追放刑を原則的に廃し、徒刑に切り替え、会津藩においても追放刑を原則として廃止し、徒刑・揚座敷等を採用した。米沢藩には労役刑がなかったわけではない、それどころか、『御裁許鈔』収録の全判例三四九八件の中、四九二件の判例で労役刑が適用されている。米沢藩の労役刑には、前述のように教育刑思想がみられ、近世後期も締めくくりの時期の『御裁許鈔』の少なくない判例に労役刑が用いられていることは、米沢藩刑法の近代化・合理化傾向を示すものと理解することができる。しかし、労役刑の約二倍の九三一件という領外追放刑が『御裁許鈔』に記載されている。このことは、前述の近代化・合理化傾向に反することである。

米沢藩が追放刑と労役刑を併存させていたことについて、私は第一章第二節で、米沢藩では、労役刑による更生が有効に機能しないタイプの犯罪者（本稿では、労役刑の執行中に逃走してしまう者をあげた。）に対して追放刑を適用することによって、労役刑と追放刑を併存させていた点を活かしていたということができようと述べた。

しかし、この理由付けのみからでは、なぜ、米沢藩は天保期以降の近世末期に至ってもここまで領外追放刑にこだわるのかを説明することは困難である。

ここで、改めて思い出されるのは、幕府の方針に従って領外追放刑を廃止した新発田藩のことである。幕府は、各藩からの領外追放刑を受けた者等の無宿の江戸への集中、犯罪の多発化を苦慮し各藩の領外追放刑を制限しようとし、新発田藩はそれに応じたわけである。米沢藩の場合は、この藩とは、全く正反対に領外追放刑の適用を増加させた。このことは、幕府の意向に反したことである。

ただ、ここで一つの疑問が生じる。それは、はたして幕府の指導に従って領外追放刑を廃止することによって、幕府が期待した効果があらわれたかということである。幕府は、享保期や寛政期に各藩の領外追放刑を制限しようとした際、徒罪等の制度を諸藩に設けるよう指導してはいない。ここでは、徒罪等の制度を設けることなく幕府の指導に従って領外追放刑を廃止した藩がどのような結果をもたらしたかを検証してみたいと思う。

江戸時代も含めて領外追放刑の弊害については論じられてきた。また、領外追放刑廃止と徒罪等がセットになって行われた藩が複数あったため、領外追放刑廃止の効果が徒罪の効果の中で論じられることはあった。しかし、領外追放刑廃止のみの効果はどうだったのであろうか。この問題に関しては、第四表にあげた藩以外の藩であるが、名古屋藩の追放刑に対する対応が一つの解答を与えてくれる。

この名古屋藩の領外追放刑制限に関しては、平松義郎氏が詳細に論じているので[169]、その部分を参照しつつ論述を進めていきたいと思う。

名古屋藩は、御三家の一つで、尾張徳川家を領主として、尾張国一円のほか、五ケ国において、概ね六一万九千五百石を領していた。

名古屋藩は、包括的な刑法典を有していない。しかし、「盗賊御仕置御定」等の種々の単行刑罰法規が制定されており、かつ、これら制定法と裁判役所の執務規則ないし内規とが、渾然一体となって刑法法源を組成していた。全体としては、幕府法の影響が極めて濃厚である。名古屋藩は、公事方御定書系の、単行法ないし法規集を有した藩であるといって大過ないと思われる[170]。したがって、本稿の分類をあてはめれば、御定書系・親藩・譜代型の単行法ないし法規集を有した藩であったということになる。

名古屋藩の刑罰体系では、追放刑が優位を占めていたが、同藩は、享保七年（一七二二）に刑法の改革を行った。この改革の主たる内容は、追放刑の全面的な改革であった。このときに、「御国、御領分中、其外国数多ク塞追放」が「愛知郡、春日井郡塞之追放」に引き下げられ、かつ、これが追放刑中最重の刑となった。また、「御国、御領分中、江戸、京都之追放」及び「御国、御領分中、又は御国計塞之追放」が、ともに「御城下町続塞之追放」に改まり、「御城下」に当たるものは「所払」に、「郡払」は「村払」に、「村払」は「過怠牢舎」にそれぞれ変更されることとなった。このことにより、被追放者は、領分内に留まることができるようになった。

享保七年に改正された名古屋藩追放刑は、延享二年（一七四五）に改正された。この改正で、追放刑は、重追放、中追放、軽追放、名古屋払、木戸内払・村払の五種に、刑名、段階ともに整った。また、その塞場所は大いに改まった。重追放は藩内三〇ケ所、中追放は藩内一五ケ所、軽追放は七ケ所を塞ぎ、いずれも生所、居所が上の場所以外であれば、その村所をも塞ぐのである。次に、名古屋払は、名古屋の町を払い、木戸内払は名古屋の大木戸内、村払は村を払うものである。名古屋払以下いずれも、居所が塞場外であればその村所をも塞ぐが、生所が居所と違うときは居所だけを塞ぎ、生所には及ぼさない。名古屋払以上は家財・田畑等をすべて欠所とする。享保七年の改正法に比べると、塞場所が、「愛知、春日井」二郡という包括的な地域から、藩内重要地の個別的具体的な多数の場所に改まったことが目立つ。ただし、被追放者は領分内に留まることができるという享保七年の方針は、依然、貫かれているのである。

以上の追放刑は、寛政六年（一七九四）に全面的に改正された。この改正により、盗罪に関する追放刑は、被宥死罪候重追放、重追放、中追放、軽追放、名古屋払、木戸内払の六種となり、その内容は、次のごとく定められた。

　被宥死罪候重追放
　　御城下拾里之内差塞、御領分ノ外他領他国ニ住居仕間敷旨、
　　但、居所生所拾里外ニ候ハヽ、其村所ヲモ差塞候事
　重追放
　　御城下七里之内差塞、御領分ノ外他領他国ニ住居仕間敷旨、
　　但、居所生所七里外ニ候ハヽ、其村所ヲモ差塞候事
　中追放
　　御城下五里之内差塞、御領分ノ外他領他国ニ住居仕間敷旨、

但、居所生所五里外ニ候ハヽ、其村所ヲモ差塞候事

軽追放

御城下三里之内差塞、御領分ノ外他領他国ニ住居仕間敷旨、

但、居所生所三里外ニ候ハヽ、其村所ヲモ差塞候事

名古屋払

名古屋ノ内差塞、居所御城下ノ外ニ候ハヽ、其村所ヲモ差塞候事、

但、居所ト生所ト替リ候者ハ、生所迄ヲ塞ニ不及、

木戸内払

御城下木戸内差塞、居所木戸外ニ候ハヽ、其村所ヲモ差塞候事、

但、居所ト生所ト替リ候者ハ、生所迄ヲ塞ニ不及

この改正で、特に顕著な点は、藩内重要地の個別的列挙主義より、城下町中心の里数主義へという、塞場所の全面的改正であった。しかし、同時に、軽追放以上には、他領他国住居の禁止を付加したことにも注意しなければならない。

名古屋藩は、幕府の指示に従って、領外追放刑を自領民に関する限り廃止したが、その効果は幕府の期待通りにあがらなかった。被追放者に関しては、まず、名古屋広小路にあった藩の牢屋の脱獄事件に関する安政頃の記録によれば、被追放者が塞場所に立帰ることがはなはだ多かった。また、幕末期江戸伝馬町牢屋収監者の記録である『御証文引合帳』によれば、名古屋藩の被追放者のうちには、江戸に下る者が少なくなかったと推定される。したがって、「御国者」は領分払にせず、かつ、他領他国に住居することを

禁ずるという原則は、実際にはあまり効果がなかったわけである。名古屋藩の追放刑は、領分払を行わぬ点、制度上たしかに特色があったが、幕府が期待した効果という観点からは、他藩の追放刑とさして差がなかったと思われる(171)。すなわち、領外追放刑の廃止は、受刑者の他領への流出を阻止する決め手とはならず、都市への立ち入りを禁止する領内追放刑がある限り、他領の都市へと生活の手段を求めて流出してしまうことがむしろ多かったのである。

このような事態を防止する効果が期待されたのが徒罪制度である。名古屋藩は、近世において、他藩が徒罪制度を設けていく中で、ついにこの制度を設けなかった。この理由として、平松義郎氏は、「徒刑には監獄などの設備が必要であるが、これを慢性的に困難を極めていた藩財政が果して耐ええたであろうか」と藩財政の窮乏をあげている(172)。

ここに、米沢藩が領外追放刑を廃止できなかった主たる理由もあると思われる。藩財政の窮乏という点では、米沢藩も同じであった。上杉鷹山の改革によって一定の回復をみたとはいっても、けっして余裕のある状態ではなかった。

私は、このような経費のかかる徒罪を米沢藩には積極的に施行できる財政的能力がなかったことが、米沢藩が領外追放刑を廃止できず、むしろその適用を増加させた理由であると考える。こう考えることによって、米沢藩の労役刑には、狭義の徒罪のように郡割所という藩の施設に収容するものもあるが、これだと施設を維持する費用がかかってしまうため、定価屋渡、御家中出奉公、出奉公という武士や庶民に使役させ藩の負担を減少させる労役刑があることの意味が理解できるのである。ただし、これらの刑罰も、使用人を必要とし、使用人に賃金を払う資力があり、しかも、前科者を使用人とすることを了承できる者

第六表

『御呵附引合』									
身分・刑罰名	生命刑	身体刑	身分刑	領外追放刑	領内追放刑	拘束刑	労役刑	財産刑	御呵等
適用数（男性・女性）	196	4	354	77	70	610	8	147	61
適用指数（男性･女性）	16.28	0.33	29.40	6.40	5.81	50.66	0.66	12.21	5.07
適用数（女性）	4	4	3	1	3	25	2	9	0
適用指数（女性）	0.33	0.33	0.25	0.08	0.25	2.08	0.17	0.75	0.00
『中典類聚』									
身分・刑罰名	生命刑	身体刑	身分刑	領外追放刑	領内追放刑	拘束刑	労役刑	財産刑	御呵等
適用数（男性・女性）	152	173	608	606	31	1621	492	403	75
適用指数（男性･女性）	4.89	5.56	19.56	19.49	1.00	52.14	15.83	12.96	2.41
適用数（女性）	6	9	5	6	4	128	22	39	0
適用指数（女性）	0.19	0.29	0.16	0.19	0.13	4.12	0.71	1.25	0.00
『御裁許鈔』									
身分・刑罰名	生命刑	身体刑	身分刑	領外追放刑	領内追放刑	拘束刑	労役刑	財産刑	御呵等
適用数（男性・女性）	130	333	298	945	10	1694	492	1510	218
適用指数（男性･女性）	3.72	9.52	8.52	27.02	0.29	48.43	14.07	43.17	6.23
適用数（女性）	2	25	1	9	1	216	16	71	2
適用指数（女性）	0.06	0.71	0.03	0.26	0.03	6.17	0.46	2.03	0.06

（注）　1判例で複数の刑罰が適用されている場合は、その数があげられている。

の存在が前提となるわけであり、この需要面からの制限を伴う点に注意しなければならない。

適用指数を刑種別にまとめた第六表を用いて、各刑種の適用指数でみてみれば、生命刑は、三判例集において一貫して減少している。この寛刑化に伴う部分を外の刑種で引き受けなければならない。身体刑は増加しているが、これは、『中典類聚』以降の焼印・入墨等の附加刑の増加によるところが大きい。また、財産刑も増加しているが、後に詳述するように財産刑の場合も附加刑の増加によるところが大きい。一方、身分刑・領内追放刑は減少しており、拘束刑はほぼ一定である。したがって、極めて軽微な犯罪に適用される御呵等を別にすれば、生命刑の減少分は、領外追放刑と労役刑で引き受けたことになる。

徒罪等の労役刑の教育刑的効果を知った米沢藩は、『中典類聚』収録判例において『御呵附引合』収録判例に比べてこれを大幅に増加させた。もし、米沢藩が裕福な藩であったならば、思い切って領外追放刑を廃止するとともに、徒罪等の労役刑をもってこれに替えたであろう。しかし、米沢藩にはその財政的余裕はなかったのである。『中典類聚』と『御裁許鈔』との比較では、後者において労役刑の適用指数が、小幅ではあるが減少している。これでは、領外追放刑は廃止できない。

米沢藩のとった政策は、ある意味で極めて合理的である。労役刑で対応できず追放刑を科すこととなる者に対しては、名古屋藩のように領内追放刑を適用するといった中途半端な政策はとらない。幕府に気を使って領外追放刑を制限しても、労役刑をもってこれに替え得なければ、前述した名古屋藩の刑政がもたらした結果から明らかなように、幕府の期待した効果はあげられないのである。米沢藩の態度は、徹底している。すなわち、追放刑に該当する者は領外に出す、これを領内追放刑にすれば、無宿化した危険人物達は、領内の治安、特に城下町米沢の治安をおびやかすであろう。このようにして、米沢藩は、領外追放刑を積極的に用いていき、逆に、領内追放刑は減少させていったのである。

第四節　二重以上仕置

『御裁許鈔』においては、それまでの二判例集に対して、附加刑として適用される場合が多い身体刑、財産刑が増加している。附加刑は、主刑と共に科すものであるから、二重以上仕置すなわち二個以上の刑罰をあわせて適用することが許されていることが前提となる刑罰である。附加刑に関しては、当時二重以上仕置についてはどう扱われていたか、そして、複数の刑罰をあわせて適用することが許されるとして、何重仕置まで可能であったのかという問題がある。以下、この点について検討したいと思う。

幕府法では、犯罪の単復に関わらず、刑罰の併科をしないという単一刑主義が原則であった。[173]『公事方御定書』下巻第一〇三条第三七項には、単一刑主義の例外となる組み合わせが規定されている。[174]以下、この条文を紹介することとする。

享保八年極
一二重御仕置
　役儀取上　　過料
　過料之上　　戸〆
　　　　　　　手鎖

敲之上　追放
　　　　所拂
　　　　追放
入墨之上　所拂
　　　　敲

『公事方御定書』では、この組み合わせだけ「二重御仕置」と呼ばれ、異種類の刑罰を複合して科しうる特例として規定されている。

しかし、幕府も、この組み合わせだけを絶対のものとして、他の組み合わせを認めなかったのではなかったことは、旗本山口勘兵衛より勘定奉行への「知行所江差置候家来之宅江張札致及狼藉候一件」の処置に関する問合付札に、以下のようにあることによってわかる(175)。

別紙咎之當り御認被成候御書面之内、備前村甚次郎儀、組頭役取放・三十日手鎖・永ク村方江預ケニ而は三重仕置ニ相成、三重仕置は不申付事ニ付、組頭役取放之上・五十日手鎖歟、永く愼可罷在旨御申付程之儀ニ可有之、

ここでは、組頭役取放之上・五十日手鎖という『公事方御定書』の規定にはない組み合わせが認められている。なお、「三重仕置」は絶対的に不可能であるとしている点も重要であると思われる。

このような幕府の姿勢とは対照的に、米沢藩では刑の併科が積極的に採用された。

第七表

判例集・区分	二重仕置	三重仕置	四重仕置	五重仕置以上	計
『御呵附引合』	209	60	10	0	279
『中典類聚』	769	142	32	0	943
『御裁許鈔』	1284	446	25	3	1758
計	2262	648	67	3	2980

『御呵附引合』、『中典類聚』、『御裁許鈔』の三判例集における二重以上仕置の処罰をした判例数を表にしたのが、第七表である。

この表によれば、二重以上仕置の処罰をした判例の数は、『御呵附引合』で二七九件、『中典類聚』で九四三件、『御裁許鈔』で一七五八件である。後の判例集ほど件数が増加しているようにみえるが、各判例集収録の判例数が異なるので、この比較から直ちにそのようにいうことはできない。

そこで、各判例集収録の全判例数に対する二重以上仕置の処罰をした判例数の比率をとり、それでもって比較を行うこととする。そうしてみると、『御呵附引合』においては全判例数の二三・二パーセント、『中典類聚』においては全判例数の三〇・三パーセント、『御裁許鈔』では全判例数の五〇・三パーセントの判例が二重以上仕置の処罰をしていることがわかる。

したがって、米沢藩の場合は、二重以上仕置の処罰もかなり行われただけでなく、二重以上仕置の処罰は、増加傾向にあったということができる。

刑の併科に対する幕府と米沢藩の姿勢の違いは何に起因するのであろうか。平松義郎氏は、幕府が単一刑主義を原則としていたことを指摘してはいるが、「一人が数個の犯罪を犯したとき、刑罰はどのようにして決定されたか」[176]を論じる一環としての指摘であるため、ここで論じているように、一個の犯罪を犯した場合にも、幕府が単一刑主義を原則とした理由については必ずしも明らかにされていない。

私は、このような幕府と米沢藩の姿勢の違いは、幕府は『公事方御定書』という刑法典により裁判を行っていたのに対し、米沢藩では判例法により裁判を行っていたという事情の相違によるものではないかと考えている。

幕府においては、『公事方御定書』を裁判の基準として利用するため、そこでは犯罪と適用される刑罰との関係を定型化されたものとしなければならなかった。そして、そのためには、適用される刑罰はなるべくシンプルな形に定められていることが望ましい。したがって、『公事方御定書』によって行われた実際の裁判における刑罰もシンプルなものとなってくるわけである。

これに対して、判例法主義をとる米沢藩においては、同種の事件でも、具体的な事件の態様によって刑罰を異にさせて、きめ細かい処罰をしようとしていたのではないかと考えられる。そして、処罰を具体的な個々の事件に合わせて精緻なものとしようとする傾向は、時代とともに高まっていったと思われる。このことは、三判例集のうち、特に近世中・後期の判例を収録している『中典類聚』と『御裁許鈔』が、三一〇九件、三四九八件と極めて多くの判例を収録していることによっても裏付けられていると思われる。特に、最後の『御裁許鈔』が一番多くの判例を収録しているのみならず、事件概要の記述が極めて詳細にわたっていることは、当時の裁判関係者が事件のわずかな差違とそれによって生じる処罰のわずかな差違に着目していたことを示していると考えることができよう。

このような立場からきめ細かい処罰を行おうとすれば、処罰に微妙な差をつけるために、刑罰を様々な形で組み合わせることが不可欠になってくる。このようなことから、米沢藩では、二重以上仕置の処罰がかなり行われたと思われる。そして、より緻密な処罰が求められるにつれて、三判例集を通して二重以上仕置の処罰は、増加傾向にあったということができると考えられる。

第三章　身分と刑罰

第一節　近世刑罰と身分

近世では、身分秩序が法秩序と不可分に確立されていた。身分秩序は、人々の生活、行動の範囲を画する規範的な社会秩序として構成されていた。同時にそれは制定法を生み出し、支える基盤でもあった。身分秩序はときに制定法とともに、ときに制定法を超えて人々を規律したのである[177]。

さて、米沢藩刑罰ではこのような機能を有した身分がどのような役割をはたしていたのであろうか。この問題を解明するため、本章では、米沢藩の刑罰を身分ごとに分類して考察したいと思う。

ただし、身分といってもそれをどのような形で区分するかがまず問題になる。武士だけについてみても、例えば、石井良助氏は、「江戸時代の武士は将軍及び大名を除き、それ以下は侍、徒及び中間に大別できる」と述べ、藩の場合にも言及されつつ、三つの身分を次のように説明されている[178]。

(甲) 侍　騎乗の特権を有し、これを呼ぶときは何騎と云う。御目見以上の家格のものがこれに属する。幕府の家臣に就て云へば、謂わゆる旗本がこれに当るが、侍でなくして、御目見以上の扱の者を侍格と云う。各藩に就ては、幕府は中小姓以上の者を以て侍と看做した。

(乙) 徒　御目見以下の家格の武士即ち御家人の中、中間を除いたものを云う。同心、手代と呼ばれる歩卒がこれに相当する。

(丙) 中間　ここに中間と云うのは、中間、小人、黒鍬、六尺、掃除の者等の名を以て呼ばれるものの総称である。何れも組を分かって各種の雑用に服したのである。

例えば、このような分類にしたがって、米沢藩の武士についての刑罰を分類することも一定の意味を有することではあると思われる。しかし、問題は、当時の米沢藩の刑政当局が、どのような身分区分を設けて、いかなる身分に対してどのような刑罰を適用することを考えていたかである。もちろん、その政策は近世全期を通じて全く同一とはいえないであろう。しかしながら、現在の我々が米沢藩の刑罰を機械的に、例えば石井良助氏が示された幕府の場合を中心に述べた近世の一般的な身分区分によって分類してしまうよりは、米沢藩の近世のある時点での身分区分であったとしても、それにしたがって分類を行えば、当時の身分と刑罰との適用関係がより正確に解明されると考えられる。

以上のような観点から、米沢藩の刑政当局が、身分と刑罰との関係についていかに考えていたかを示す史料を探求すると、前述した米沢藩の博奕に関する刑法典である『博奕改革刑』がこの問題に解決を与えてくれる指針を提供してくれることがわかる。

そこでは、博奕という一つの犯罪類型に対して、諸士、陪臣、門屋借・台所借・名子借、出家沙門、禰宜神主、町家、百姓、諸士御呵格帳之者の身分ごとに整然と分けられた刑罰が適用されるよう規定されている。この身分区分は、当時の米沢藩刑政当局が考えていた適用刑罰を分ける身分区分にほかならない。したがって、本稿においては、身分を諸士、陪臣、門屋借・台所借・名子借、出家沙門、禰宜神主、町家、百姓、諸士御呵格帳之者という『博奕改革刑』に採用されている身分区分を用いて三判例集の刑罰を分類することとする。また、判例集において、身分の記載がないもの、細かい身分の記載があってもそれが右のどの身分に属するのか不明であるもの、身分の記載が判読不明なものがかなりあり、これらは「その他」として分類する。また、他領民、他領出身の無宿者、大名預所領民、大名預所出身の無宿者も「その他」に分類する。

ただし、『博奕改革刑』には、諸士御呵格帳之者という身分区分があるが、その実態はよくわかっていない。管見の限りでは、先学の研究においても、この身分についての解明は試みられていない。例えば、前に紹介した布施彌平治氏の論文「米沢藩刑法の特色」においては、『博奕改革刑』の身分区分について述べているが、諸士御呵格帳之者という身分区分が『博奕改革刑』にあることに触れていない[179]。武田正氏には、『博奕改革刑』を扱っている二論文がある[180]。同氏は、前者の論文において、条文を一覧表化して示している部分で諸士御呵格帳之者という身分区分の存在を紹介しているが、各身分ごとに論述を展開している部分ではこの身分の論述を避けている。私も、今、この諸士御呵格帳之者という身分を明らかにすることが困難であるため、その解明を今後の課題とし、本稿においては、この身分に該当するものに関しては、その他という区分に分類することとする。

以上のことから、以下、身分と刑罰との関係について、諸士、陪臣、門屋借・台所借・名子借、出家沙門、禰宜神主、町家、百姓の七種類に分けて論じることとする。そして、その際には、第八表、第九表、第一〇表の三表（以下「三表」という。）を利用することとする。なお、各表における「女性」欄の数字は、そのすぐ上の欄の身分の数字のうちの女性分のみを示す。

第二節　諸士に適用される刑罰

米沢藩の諸士に関して適用される刑罰の特徴について考察する前に、従来の研究が進んでいる幕府の場合について考察することにしたいと思う。

幕府に関していえば、武士とは、一般的にはひろく帯刀人を指すが、その中にはさらに細かい区分がある。幕府法では、侍、徒及び中間の三つに大別できることは前述のとおりである。

さて、幕府の場合、武士の処罰に関しては、『公事方御定書』も参照されたが、『公事方御定書』は、主として町人、百姓を対象としたものであると考えられていた。そのことに関しては、『古類集一（三八）』、「寛政元・口論又は酒狂ニて及刃傷相手相果候節侍以上之もの御仕置之儀ニ付評議」に、「切腹下手人之境、是迄御書付等も無御座、御定書酒狂人之内武家之家來御仕置之ケ条も有之、御仕置仕方之ケ条之内、重中軽追放御搆場所侍と町人百姓之品相分り有之、又は改易之儀も御座候間、侍以上之刑にても御定を見合候儀は御座候得共、右御定多分ハ町人百姓之御仕置重モニて、切腹之儀は御仕置仕形之ケ條ニも無御座」とある。(181)

さて、それでは、幕府の場合武士の処罰はどのようになされていたであろうか。狭義の御仕置（基本的には所払以上、盗犯及びこれに準じる財産罪では敲以上。）(182)に関しては、一応の手がかりとなるのが、『武家心得書』所収『御仕置之御定』の次の記述である。

一重罪、切腹　　　中罪、大名江長御預
是は、萬石以上并布衣以上、三千石以上之面々、
一重罪、断罪（マヽ）　　　中罪、死罪　　　輕罪、改易
遠嶋　　　追放
是は、御目見以上、并坊主、
一獄門、引廻無之　　　死罪　　　遠嶋　　　改易　　　追放
是は、御目見以下御譜代之者、末々輕キ者ニ至迄、
一引廻獄門　　　死罪　　　遠島　　　追放
是は、御拘入與力同心類、但、御徒は御譜代同様之事、
一改易罪科
是は、御譜代之輩ニ限ル、
一死骸御様シ之儀無之分
是は、御家人、御職人、御用聞町人、公儀御用ニ掛り候類之者ハ、様シニ不成事

ここでの御仕置の基本は、死刑、遠島、追放刑であるが、身分が高くなるに従い、死刑刑種が少なくなり、最上級の武士にあっては、切腹の一種しかなかったのである。切腹は、御目見以上の武士に科されるのが原則であって、荘重な儀式によって自殺を擬装した、実は斬首の刑である。切腹のほか、武士に適用された死刑には斬罪があったが、庶民の刑である死罪、獄門も適用された。ただ、磔、火罪は原則として武士には行われなかったのである。入墨刑、敲刑は徒以上の武士には適用されず、また一般過料刑も行わ

第一一表

階級	文化年間		明治二年一一月以降	
	組名	人数		
侍組	高家衆	四	上士	四〇俵
	分領家	一四		
	平侍	七八		
	小計	九六		
大小姓		五〇	上士	二〇俵
中之間詰		四		
小計		五四		
三手組	馬廻組	二五三		
	五十騎	二九八		
	与板組	三二〇		
	一代入	一五		
	小計	八八六		
外様法体		二八		
小計		二八		
三扶持方	猪苗代組	一六五	下士	一四俵
	組付御扶持方	二一六		
	組外御扶持方	二八〇		

れなかった。改易、御扶持召放など、封建的主従関係の断絶を内容とする刑が武士に存したのは当然である。そのほか、自由刑的、ないし勤務の停止を命ずる刑である閉門、逼塞、押込、遠慮等が精緻に発展していたのも特徴的であって、これは武士の官吏的な生活と不可分なものといえる。このようにして、武士に対する刑罰は、封建的主従関係、官吏的勤務よりする特別なものが存し、また、全体として、「廉恥を不失様」配慮されていたのであった(183)。

さて、以上の幕府の場合に比べて、米沢藩の場合はどうであろうか。

幕府の場合においても、『武家心得書所収御仕置之御定』の記述にみられるように侍、徒及び中間という三種類の武士の身分それぞれに対して、厳密な意味で三種類の刑罰が用意されているわけではない。また、米沢藩の武士の身分構成については、侍組、三手組（馬廻・五十騎・与板）、扶持方組、足軽組の四つに大別される本来は軍事的編成の姿である組

	その他	四九	
	小計	七一〇	
三扶持方並	芸者組	七	下士　一二俵
	御徒組	八五	
	御守組	二四	
	本手明	一四五	
	外様外科	七	
	小計	二六八	
訴文組	新手明	一四七	卒　九俵
	奉行同心	一七七	
	台所組	七二	
	役屋付手明	九八	
	外張番	七一	
	その他	五三六	
	小計	一一〇一	
足軽	鉄砲足軽	三二六	卒　七俵
	槍足軽	二五五	
	長手槍組	七二	
	弓組	九三	
	その他	一一四五	
	小計	一八九一	
計		五〇三四	

を中心として解明がなされている[184]が、ある組に所属するものが実際についている役職とその組との関係が十分に明らかにされているとはいえない。一方、判例集に記載されている犯罪者の身分は、組名で記載されている場合と役職名で記載されている場合とがあるため、組名を基準としても、役職名を基準としても武士階級内の身分区分と刑罰との関係を統一的に把握することができない。

したがって、以下には、前述の方針通り、武士階級に適用される刑罰を考察するにあたっては、『博奕改革刑』当時の立法者が採用した「諸士」と「陪臣」という身分区分を基準として用いることとする。

しかし、このような方針の下においても、「諸士」に分類された者の中で、さらに細かく身分の位置付けができる者を何人かサンプルとして選び出し、上級の武士、下級の武士を分ける基準が全く残されていないわけではない。

幕府崩壊後の明治二年（一八六九）一一月二一日、

藩政改革が実施され、このとき藩士定禄が示された(185)が、このときに定められた区分は知られている。『藩史大事典』には、その区分と文化年間における諸組の人数が示されており、第一一表においてそれを引用することとする(186)。

この表から、米沢藩の判例集に記載されている諸士をすべて分類することはできないが、諸士身分のうち、組名で身分の記載がなされている者を選び出して分類することは可能である。そこで、この方法で、『中典類聚』の判例を分類したのが、次の第一二表である。

さて、前述したように、平松義郎氏は、幕府の場合に関して、『武家心得書所収御仕置之御定』の記述から、身分が高くなるに従い死刑刑種が少なくなり、最上級の武士にあっては切腹の一種しかなかったと述べておられるのであるが、米沢藩の場合はどうであったろうか。

まず、米沢藩の最上級の武士に関して、幕府では最上級の武士の生命刑を切腹のみとした点と比較することは困難である。なぜならば、前述したように、ここでは『中典類聚』で組名が記載されている判例を選んでいるのであるが、この中では最上級の「上士（四〇俵）」の判例は二件しかなく、生命刑を科した判例はないからである。

次に、身分が高くなるに従い死刑刑種が少なくなるという点はどうであろうか。第一二表によれば、「上士（二〇俵）」では斬罪、討首の二種、「下士（一四俵）」には生命刑がなく、「下士（一二俵）」では斬罪獄門、討首、闇討の三種、「卒（九俵）」では斬罪獄門、斬罪、討首の三種、「卒（七俵）」では磔、斬罪獄門、斬罪、討首、闇討の五種が適用されている。したがって、この表によれば、身分が高くなると死刑刑種が減る点は、米沢藩も幕府と同様であるということができる。

第一二表

諸士身分・刑罰名	磔	斬罪獄門	斬罪	討首	闇討	断髪	焼印	改易	苗字断絶	苗字取上	役儀召放	給地給米召上	隠居	嫡子除	欠所	嫡子離	嫡子放
上士（40俵）	0	0	0	0	0	0	0	1	0	0	1	1	4	0	0	0	0
上士（20俵）	0	0	1	3	0	1	0	7	0	0	6	8	15	6	0	3	0
下士（14俵）	0	0	0	0	0	0	1	4	6	0	7	7	16	6	0	0	2
下士（12俵）	0	2	0	1	1	0	1	0	0	0	3	2	9	3	0	0	0
卒（９俵）	0	1	1	3	0	0	0	0	1	0	1	0	1	0	1	0	0
卒（７俵）	2	2	3	1	1	0	4	9	10	2	15	6	4	2	0	0	0
計	2	5	5	8	2	1	6	21	17	2	33	24	49	17	1	3	2

追払	在郷	親元帰り	永牢	永蟄居	蟄居	閉門	逼塞	永囲入	囲入	遠慮	禁足	重押込	永慎	慎	預	永逼塞	永禁足	徒罪	御家中出奉公
0	0	0	0	0	2	4	1	1	0	2	0	1	0	3	2	0	0	0	0
4	1	0	0	1	17	31	7	3	20	49	2	0	2	43	11	1	4	0	0
10	0	0	0	0	8	24	0	4	20	22	6	0	2	22	7	0	4	0	0
10	0	0	0	0	5	8	1	1	4	10	1	0	0	9	2	0	0	0	0
6	0	1	2	0	3	2	2	0	3	5	2	0	0	4	0	0	0	1	0
26	0	0	3	0	2	23	2	2	1	46	4	0	1	11	3	0	0	37	1
56	1	1	5	1	37	92	13	11	48	134	15	1	5	92	25	1	8	38	1

出奉公	田地家屋敷欠所等	過料	叱御呵	以後心得	江戸差塞	その他
0	1	0	0	0	0	0
0	14	0	8	1	0	4
0	14	0	2	1	0	6
0	5	0	1	0	0	1
0	6	0	1	0	0	0
0	7	2	1	2	1	3
0	47	2	13	4	1	14

また、この数字に着目すると、磔は「卒（七俵）」にしか適用されておらず、斬罪獄門は「下士（一二俵）」、「卒（九俵）」、「卒（七俵）」という下位の三階級のみに適用されていることがわかる。この点について検討を加えてみたいと思う。

まず、生命刑に関して特徴的なことは、磔が「卒（七俵）」に分類される足軽階級にしかみられないことである。この階級では、二件の磔を科した判例がみられる。ただし、この事実から直ちに、磔が諸士身分の中の最下層の「卒（七俵）」にしか適用されなかったということはできない。なぜならば、偶然、同様の犯罪を犯した事例が他階級にはなかったのかもしれないからである。そこで、第一二表から、「卒（七俵）」以外の階級に属する者に対して、右の二判例と同様の犯罪に関する判例がなかったかどうか検証してみたいと思う。

そのような観点から調べると、二件の判例のうち、一件の判例は『中典類聚』の「人殺盗賊」という小項目に属するが、この小項目には「卒（七俵）」以外の諸士身分の者に対する判例はない。しかし、外の一件が属する「刀盗」という小項目には、外の諸士身分の者に対する判例がある。次に、この「刀盗」の中の関連判例を紹介する。

まず、「卒（七俵）」に属する足軽階級の者に磔を科したのは次の判例である。(187)

文政五年閏正月廿一日

於松原

一、磔

足軽

石井要助

右者、麻布御蔵〻衛府之御太刀、鍔、其外品々及盗賊候者

（後略）

次に、「卒（七俵）」以外の諸士身分に属する者に磔以外の刑を科した判例を紹介する。

享和元年十月三日

於宰配頭宅　　　　　　　　　　　　　　　　与板十右衛門嫡子

一、討首　　　　　　　　　　　　　　　　　　　　鳥羽蔵次

右者、刀大小并衣類盗取候者

（後略）

天保五年十二月四日

於筆頭宅　　　　　　　　　　　　　　　　外様外科玄意嫡子

一、討首　　　　　　　　　　　　　　　　　　　　黒江道修

右者、於学館度々盗致し、腰物迄取候者

（後略）

以上のように、「上士（二〇俵）」に属する三手組階級、及び、「下士（一二俵）」に属する三扶持方並階級の場合には、同様の犯罪に関して討首を適用している。「卒（九俵）」に属する訴文組階級の場合には磔が適用されるかどうかは不明であるが、少なくとも「下士（一二俵）」以上、すなわち三扶持方並階級以上の者に対しては磔を適用しなかったことが判明したということができよう。

次に、斬罪獄門について論じる。下位三階級中のトップである「下士（一二俵）」には二件の判例がある。一件は小項目「御城内盗并諸役場」に、もう一件は小項目「盗賊申掛」に収録されている。そこで、

同様の犯罪に対して「下士（一二俵）」より上の階級の者を処罰した判例を探すと、「盗賊申掛」には存在しないが、「御城内盗并諸役場」には一応一件「上士（二〇俵）」に対する判例が存在する。「一応」というのは、次に紹介するようにこの判例には特殊性が見出されるからである。

文化十三年十二月廿二日(188)

於宰配頭屋敷

五十騎太一父隠居

山田桂谷

一、斬罪

右ハ、乱心囲入ニ相成居候処、夜中忍出、御本城御座之間江忍入、御堂御召服を致盗賊候者

（後略）

この判例には、「乱心囲入ニ相成居候処」と記されている。乱心者の処罰については、第六章「米沢藩前期・中期における責任能力」において詳細に論じることとするが、そこにも述べるようにこの判例において、囲入に処されたのは乱心が原因であったのであるが、御堂御召服を盗んだ際に乱心していたかどうかは疑問であり、『中典類聚』の収録判例には外に乱心者に生命刑を科したものがなくこの判例だけが異質である点を考えると、むしろ、御堂御召服を盗んだ際には乱心していなかった可能性の方が高いと思われる。しかし、確認はできないので、ここでの論点に関しても、受刑者に斬罪獄門ではなく斬罪が適用されたのは、おそらく「上士（二〇俵）」に属していたからであり、斬罪獄門は「上士（二〇俵）」以上、すなわち三手組階級等以上の者に対しては斬罪獄門を適用しなかったであろうと考えるが、断定することはできない。

ところで、身体刑に関して、幕府では入墨とともに『公事方御定書』に規定されている敲は庶人の男子

にのみ科す刑であって、武士、僧侶または女性に科すことはないとされているが[189]、この点について米沢藩の場合を論じてみたいと思う。

「三表」によれば、入墨とともに米沢藩の代表的身体刑である焼印は、基本的にまだこの刑が採用される前の判例を収録する『御呵附引合』を除いて、『中典類聚』と『御裁許鈔』でみるかぎり、諸士にも焼印は適用されており、その数も『御裁許鈔』においては、諸士に対する適用数が、百姓に対する適用数よりも少ないとはいえ、町家に対する適用数を上回っている。

ちなみに、身体刑に関しては、弘前藩では、藩士に対して鞭刑を科していたことが明らかにされている[190]。

さて、拘束刑に関しては、幕府の場合は、『公事方御定書』に規定されている閉門、逼塞、遠慮、押込、戸〆、預のうち、閉門、逼塞、遠慮は武士及び僧侶にだけ科せられる刑であるとされている[191]。

米沢藩刑罰にも閉門、逼塞、遠慮は存在しているので、これらが幕府の場合と同様に武士及び僧侶にだけ科せられる刑罰であるかどうかが問題となる。ここでは、この問題に関して「三表」を用いて考察したいと思う。それぞれの刑罰適用数を身分毎にみて、総数に対する割合を考察してみることとするが、その際身分不明等により「その他」に分類している分は総数から除く。すなわち、身分の確定できた分の中での比較を行うこととする。

そうすると、閉門については、『御呵附引合』においては適用総数一〇三件中九八件（九五・一パーセント）、『中典類聚』においては一七五件中一七三件（九八・九パーセント）、『御裁許鈔』においては一一〇件中一〇九件（九九・一パーセント）を諸士が占めていることがわかる。また、身分が確定されている範囲においては、諸士身分以外ではすべて出家沙門に科せられている。したがって、閉門は、米沢藩においても幕府の場合と同様に武士及び僧侶にだけ科せられる刑罰であるということができる。

逼塞については、『御呵附引合』においては適用総数一八件中一四件（七七・八パーセント）、『中典類聚』においては二六件中一七件（六五・四パーセント）、『御裁許鈔』においては八三件中六五件（七八・三パーセント）を諸士が占めている。ただし、逼塞の場合は、三判例集を通してみてみると、陪臣、出家沙門、禰宜神主、町家、百姓とほぼ全身分での適用例がみられる。したがって、逼塞は、幕府の場合と異なり、米沢藩では諸士、陪臣、出家沙門に適用されてはいるが、武士及び僧侶にだけ科せられる刑罰であるということはできない。

遠慮に関しては、『御呵附引合』においては適用総数八二件中七九件（九六・三パーセント）、『中典類聚』においては二七三件中二五九件（九四・九パーセント）、『御裁許鈔』においては二二四件中二一一件（九四・二パーセント）を諸士が占めている。また、身分が確定されている範囲においては、諸士身分以外では、すべて陪臣及び出家沙門に科せられている。したがって、遠慮は、米沢藩においても幕府の場合と同様に武士及び僧侶にだけ科せられる刑罰であるということができる。

押込は、幕府の場合武士及び庶民に適用された。[192] 米沢藩の場合も同様に、「三表」からわかるように、三判例集を通してみると諸士及び百姓に適用例がみられる。

これに対して、幕府では庶民にだけ適用された戸〆について[193]は、米沢藩でも諸士に適用した判例は見出せないものの、陪臣に対して戸〆を科した判例はある。

ところで、『公事方御定書』にはない慎も、「三表」によれば、『御呵附引合』においては慎適用総数八九件中八二件（九二・一パーセント）、『中典類聚』においては二一〇件中一九五件（九二・九パーセント）、

『御裁許鈔』においては二一一件中一九四件（九一・九パーセント）を諸士が占めている。外の身分では陪臣及び出家沙門に多く適用されており、慎は武士及び僧侶を中心として適用される刑罰であるということができる。ただし、禰宜神主、町家にも適用されている例がある。禰宜神主には、出家沙門と同様の身分的位置付けから適用されたものと考えられる。しかし、百姓とともに庶民を代表する町家にも適用されている点は検討を要するので、以下に慎を町家に適用している判例を三判例集から全て紹介し、考察の対象としたいと思う。

検断職召放[194]　大町検断
慎　舟山弥六郎
正徳三年七月六日、於途中小鷹甚五左衛門江行逢候節、木履をはき高ク候由申而罷通り候一件ニ付、右之通

寛政十年二月十一日[195]　町医師格
一、慎　三日　遠藤吉次郎
右者、尾張殿御使者下向之節案内致し、途中下駄相用候者
商売之店〆候様申達之
（後略）

（文化五年三月六日）[196]　町医師並
一、慎　羽田平兵衛
右ハ、先年御借上金有之候所、追々御返済ニ相成候上納御小印致紛失候者

検断は、町役人のトップで、町奉行の支配に属し町内の資産家・徳望家の中から任命された。また、町医師格や町医師並は検断の相談役であって、藩に対する財政貢献者に対して与えた名誉職であった(197)。したがって、やはり慎は武士及び出家沙門を対象とした刑罰であったということができ、禰宜神主は出家沙門と同様の観点から、また、町役人層はその地位故に武士に準じて、慎を適用されることがあったのである。

これに対して、同じく『公事方御定書』に規定されていない拘束刑である蟄居は、「三表」によれば、『御呵附引合』においては蟄居適用総数三件中三件（一〇〇・〇パーセント）、『中典類聚』においては五八件中五〇件（八六・二パーセント）、『御裁許鈔』においては六五件中五一件（七八・五パーセント）と主に諸士に適用されている点、外の身分では陪臣及び出家沙門に多く適用されている点で、慎に類似している。また、町家にも適用例があるが、はたして、この蟄居の場合も慎同様、町役人層であるため蟄居が適用されたのであろうか。その判例をみてみることにしたい(198)。

同（天保）同五年十一月廿七日　　桐町与五右衛門添人

一、蟄居　　源吉

右同断（右ハ、似せ秤之金具細工いたし候者）

この判例をみる限り、武士、僧侶が中心であるとはいえ、蟄居は慎とは違って、一般的な町家にも適用されていたと考えられる。

労役刑においても諸士身分の特徴がみられる。「三表」を通してみれば、労役刑の種類としては様々なものがみられるが、適用数からみて中心となるのは、定価屋渡、御家中出奉公、出奉公、狭義の徒罪の四種類である。また、『御裁許鈔』においては、労役刑はこの四種類に集約されている。そこで、この四種類についてみてみると、三判例集において諸士に適用された刑罰は、徒罪が一三七件と圧倒的に多く、定価屋渡が四件、御家中出奉公が一件となっており、出奉公は適用されていない。御家中出奉公の適用例はあるのに出奉公の適用例がないのは、第一章第二節で述べたように、御家中出奉公は武士の下で無償で奉公させられる刑罰であるが、出奉公は武士以外の庶民に対して無償で奉公させられる刑罰であるからであると考えられる。

第三節　陪臣に適用される刑罰

陪臣に対する刑罰権の行使については、藩の刑罰権と主人の刑罰権のどちらが優先されるかという問題がある。

平松義郎氏は、陪臣に対する刑罰権について、「大名は、一領一家中において最高の刑罰権を有し、領分内の百姓町人ら庶民、および家中の者、すべてに對し吟味科刑をなしうるし、また、對幕、對他領関係においては、藩の刑罰権を代表するが、藩の内部においては、家臣がその若干を分有していたのである」と述べられ、いくつかの藩の場合の実例を紹介されている。(199) 平松義郎氏の記述を要約すると次のようになる。

1　仙台藩では、領主直属の藩臣は、その下に服従する家来、すなわち、領主の陪臣に死刑を科すことが許されていた。

2　名古屋藩でも、主人は陪臣に対して切害をなしうるほどの刑罰権を有していた。

3　福井藩においては、陪臣に対して、御國追放、及び死刑を科すことも認められていたが、事前に家老に伺うべきものであった。

4　久留米藩においては、原則として主人による仕置を禁止し、ただ事情により殺害することを得るものとした。

5　新発田藩の場合は、陪臣に死罪、追放を科すときは、藩に差し出すべきものとしている。
6　延岡藩においては、やむを得ざる場合のほかは、原則として切害を禁じた。
以上の事例からいえることは、他藩の場合は、陪臣に対して死刑を科し得るとした藩があったが、死刑を科すことが認められる場合は、藩によってかなりの差違があったということである。

では、米沢藩の場合はどうであったろうか。『御呵附引合』[200]には、「嶋田拘地成共不差置」という刑罰を科した判例がある。

嶋田家来召放、自今嶋田拘地成共不差置　　嶋田蔵主家来
後藤弥之助

右者、越後無判者を聟ニ呼取、夫ゟ致離別儀ニ付、同年十二月十六日、右之通

この事件は、生命刑が科せられるような重大な事件ではない。それにもかかわらず、処罰は、主人である嶋田蔵主によってではなく、藩当局によってなされている。しかも、その処罰は、陪臣を主人から召放にすることとし、そのうえ、嶋田の領地内に、たとえ陪臣としてでなくとも、将来にわたって滞在することさえ許さないとするものである。

この判例から判断する限り、米沢藩においては、主人の陪臣に対する処罰権は、仮にあったとしても、極めて限定されたものであったのではなかったかと思われる。

さて、前に諸士身分に対する生命刑の適用に関して、三扶持方並階級以上の者に対しては磔を適用しておらず、三手組階級等以上の者に対しては斬罪獄門を適用しなかったであろうことを論じた。陪臣に関しては、磔の適用例はないが、斬罪獄門、火罪、斬罪、討首、闇討と多種類の生命刑が適用されている。陪

臣に対する磔の適用例がないのは特徴的なことではあるが、三判例集中の陪臣に対する刑罰適用数が非常に少ないため、このことから直ちに陪臣には磔が適用されなかったとすることは疑問である。ちなみに、三判例集全てにおいて、諸士に対する刑罰適用数は四一四六件であるのに対して、陪臣に対する適用数は二〇六件である。

身体刑も、焼印が諸士同様適用されている。

また、諸士に関して前述したように、拘束刑に関しては、武士及び僧侶を対象とした刑罰のうち閉門の適用例はないが、遠慮及び慎は判例において用いられている。ただし、諸士には用いられず町家や百姓に用いられる戸〆を陪臣に対して科した判例が三件ある[201]。

労役刑については、その適用傾向が諸士と類似している。すなわち、「三表」から定価屋渡、御家中出奉公、出奉公、狭義の徒罪の適用状況をみてみると、二四件中二三件とほぼ全てが徒罪であり、外は出奉公が一件あるのみである。しかしながら、出奉公を適用した判例があることは注目に値する。前述したように出奉公は武士以外の庶民に対して無償で奉公させられる刑罰である。諸士には属しないとはいえ、武士に属する陪臣に庶民の下での奉公を命じた判例とはいかなるものであったのであろうか。次にその判例を紹介する[202]。

（天保十一年五月）　同（清野帯刀）家来同（足軽分）木村早次妹

半年出奉公　よし

　但、早次儀、苗字帯刀斗ニ而、無扶持之者ニ付、出奉公

過料銀弐拾匁禁足　十五日寄宿遠藤権内判下

右者、物取附目に致不義宿候者共ニ付　三平

「物取附目に致不義宿候」というのは、盗みをすることを目的として不義宿を設けていたという意味であるが、この判例の陪臣身分に属する「よし」の処罰に関して着目すべき記述は、「苗字帯刀斗ニ而、無扶持之者ニ付、出奉公」という部分である。この判例は、犯罪者が女性であるため、また、陪臣本人ではないため出奉公になったようにも思えるが、この部分の記述からすると、そうではなく陪臣であっても場合によっては出奉公に処せられる余地があったことになる。

以上のことから、陪臣には基本的には諸士に準拠した刑罰が適用されていたということができると思われるが、陪臣の場合は、戸〆や出奉公のように町家や百姓という庶民に対する刑罰が適用される余地があった点が、諸士の場合との相違点であると考えることができると思われる。

第四節　門屋借・台所借・名子借に適用される刑罰

門屋借、台所借、名子借は、借家人である。この中には、武家奉公人がいたが、それ以外にも他国からの修行僧等の借家人がいた(203)。

このような、門屋借・台所借・名子借に対しては、武士・僧侶に適用される刑罰よりは、庶民に適用される刑罰が適用されている。

例えば、拘束刑に関しては、諸士に適用され陪臣には適用されなかった閉門はもちろん、陪臣にも適用された遠慮及び慎も、門屋借・台所借・名子借には適用されなかった。これに対して、戸〆は適用されている。

しかし、何といっても門屋借・台所借・名子借に対する刑罰の特徴を示しているのは労役刑である。「三表」から適用状況をみてみると、定価屋渡が一一件、御家中出奉公が二件、出奉公が七件、狭義の徒罪が三件となっている。ここでは、庶民に対して無償で奉公させられる刑罰である出奉公が二番目に多く適用されているのが目立つ。前述したように、出奉公は、陪臣の場合は判例の但書からも明らかなように限られた場合に適用されるのであり、実際、適用例も一件あるだけである。

以上の点から、前述したように門屋借・台所借・名子借には、庶民と同様な刑罰が適用されているということができよう。

第五節　出家沙門及び禰宜神主に適用される刑罰

出家沙門及び禰宜神主の処罰に関しては、米沢藩の刑罰権のほかに寺社の刑罰権の存在が問題となる。そこで、本節では、まず寺社の有する刑罰権について考察することにしたいと思う。

一般に、寺社の有する刑罰権には二種類のものがある。その一は、寺社が、地頭（一万石未満）またはまれに領主（一万石以上）として知行する領地ないしその土地に定住する者に対して有する刑罰権である。これは土地領主としての寺社のもつ権限であって、他の俗的な封建領主のそれと本質上差異はない。その二は、各教団組織内部において、その統制機関が教団員たる寺社ないし僧侶神職に対して有する刑罰権である。

本節で検討しなければならないのは、第二の問題である。すなわち、『御呵附引合』、『中典類聚』及び『御裁許鈔』に収録されている判例にあらわれている藩の処罰権と、各教団組織統制機関のその教団員である出家沙門・禰宜神主に対する刑罰権との関係が問題となる。

しかし、第一の問題、すなわち、寺社のその領民に対する刑罰について本稿において外で触れる機会がないので、便宜上ここで簡単に言及することにする。

まず、この寺社領住民に対する寺社の刑罰権の行使の問題について考察する。ここでは、すべての場合に寺社が自領住民に対して刑罰権を行使するのか、それとも、場合によっては当該寺社領を包含する大名等の俗的な封建領主が行使するのかが問題となる。

信濃・善光寺（一〇〇〇石）と松代藩との関係に関して、善光寺院代と東叡山との往復文書に記述がある。[204]

一善光寺寺札信濃守殿ゟ被達置候旨、

此段善光寺之儀者、往古ゟ夫々外護職御座候所、元和八戌年眞田家松代入城已来外護被致、其後天和二戌年御門主様ゟ改而外護御頼被仰入候後、國中高札被仰出候處、當山手薄にも有之、且外護之道を以眞田家ゟ高札被相建候、已来引續當今迄、同家ゟ請元《ママ》、相掛置候儀に御座候、

（中略）

一信濃守領分江相抱り候義者勿論、當寺領限り之公事訴訟に而も、事立候儀者、信濃守殿役場江差出し吟味申立候に付、被引請、寺領役人為立會、吟味裁斷被致、御領分同様仕置申付來候旨、

此段、信濃守殿領分百姓町人、寺領江相抱候義者、眞田家役人中ゟ添簡を以、寺領役場江申出、寺領ゟ眞田家領内江相抱候義者、寺領役人願添簡差遣候仕来に御座候、尤寺領限り之義に而も、死罪以上と見込候程之儀者、法中故、寺領限りに而取計兼候間、其時々吟味相願候義も有之、既に文化十酉年米穀拂底に付、善光寺領騒立候砌、眞田家江取締方相願候義御座候得共、已来善光寺領に限り候儀者、相願候筋無御座候哉と奉存候、

一於善光寺領事變有之節者、早速信濃守殿より、為取締其筋役人被差出候旨、此段、都而近領に而事變有之節者、公邊御趣意も有之、其最寄領主地頭ゟ人數被差出候義者、勿論之義に而、眞田家而已相限候義は有之間敷と奉存候、

第一三表

寺社名	寺領	場所	備考
法音寺	五〇石	城内	真言宗
霊仙寺	五〇石	城内	真言宗
蔵王堂	五〇石	城内	真言宗
大乗寺	五〇石	城内	真言宗
林泉寺	五〇石	三ノ丸外	曹洞宗
法泉寺	五〇石	三ノ丸外	臨済宗
大善院	五〇石	大町	当山流
神明社	八六石三斗	東町	
神明社	五〇石	立町	

このように、善光寺は近世初期より松代藩に「外護」を依頼し、善光寺領と松代藩領が関連する事件、及び、寺領限の事件でも、重要なる（「事立候」）事件、ことに死罪以上に該るべき犯罪は、「法中故、寺領限りに而取計兼」、松代藩に差し出していたのである。

この様な例は、他の寺社と藩との間にもみられるのであり、寺社の刑罰権はそのすべてではないにしても、俗的権力が行使していたのである。

それでは、米沢藩の場合はどうであったかということであるが、判例集の受刑者の身分には寺社領住民であるとの記載がないため、寺社領住民に藩の刑罰権が及んでいるかどうかを明らかにすることはできない。しかし、右に示した善光寺と松代藩との関係から推察してみることはできる。

米沢藩の主要な寺社（寺社領が五〇石以上の寺社をあげる。）は、「領内寺社帳」によれば第一三表の通りである。(205)

善光寺の寺領は一〇〇〇石であるが、その善光寺でさえ重要な部分の刑罰権の行使を松代藩に依頼していたのである。米沢藩の寺社領は最大でも八六石三斗であるから、米沢藩においては、寺社がその寺社領住民に対して行使していた刑罰権の範囲はかなり限定されたものであったろうと推測される。

第二に、本節冒頭で「その二」として述べた、各教団組織内部において、その統制機関が教団員たる寺社ないし僧侶神職に対して有する刑罰権の問題について述べることとする。

寺社ないし僧侶神職に対する刑罰権に関しては、教団法（「宗法」、「寺法」、「社法」）違反と、俗界の法（「国法」）に触れる犯罪とで取り扱いを異にしたのであった。[206]

まず、教団法に関する事件については、第一次的には当該教団の最高機関が刑罰権を掌握し、第二次的に寺社奉行がこれを管轄した。

仏教教団においては、教団の最高ないし統制機関、通常、本寺・触頭が刑罰権をもつ。

神社に関しては、本寺・触頭にあたる制度は存在しなかったので、京都の吉田、白川両家が支配したのであるが、神社教団法違反に対しては、これらの支配役所が刑罰権を有したと考えられる。

次に、教団法に非ざる殺人、盗、放火、博奕等の俗界法上の犯罪、いわば、通常の犯罪について考察することとする。

これらの犯罪についての処罰例は、米沢藩の三判例集に数多くみられる。したがって、俗界法上の犯罪に対する処罰は、米沢藩が俗的領主として実施していたものと思われる。ちなみに、明和九年（一七七二）の唐津藩、文化四年の日出藩よりの問い合わせに対して、幕府は、俗界法に関しては俗的領主が吟味し、科刑することが原則であるとしている。[207]

以下、米沢藩の僧侶神職に対する処罰について論じることにしたいと思う。まず、出家沙門に関して述べる。

まず、生命刑に関して、その適用数が極めて少ない点を特徴としてあげることができる。次の第一四表は、三判例集全体の各身分別に、生命刑適用数と全刑罰適用数をまとめたものである。

第一四表

身分	生命刑適用件数	刑罰適用数	割合（%）
諸士	一一八	四、一四六	二・八
陪臣	五	二〇六	二・四
門屋借・台所借・名子借	九	一二九	七・〇
出家沙門	三	三三六	〇・九
禰宜神主	一	一一	九・一
町家	二一	八二八	二・五
百姓	一七三	三、七四〇	四・六

この表からわかることは、出家沙門に関しては刑罰適用数に占める生命刑の割合が極めて少ないことである。出家沙門に対しては、生命刑は原則として用いられなかったと考えられる。

判例集別にみてみると、『御呵附引合』と『御裁許鈔』には生命刑の適用がみられず、『中典類聚』に三件が収録されている。

また、刑種別にみてみると、火罪、斬罪、討首の適用がみられるのに対して、磔、斬罪獄門の適用はみられない。諸士の場合、三扶持方並階級以上の者に磔を適用しておらず、三手組階級等以上の者に斬罪獄門を適用しなかったであろうことを前述したが、この点では、出家沙門の刑罰は、上級の諸士のそれに類似しているのではないかと思われる。

身分刑に関しては、退院、脱衣擯罰、脱衣御国払（この刑罰は、領外追放刑としての面も有する。）という出家沙門に固有の刑罰が科されているのが際立っている特徴である。これらの刑罰については、第一章第二節で詳説している。

これら以外の刑罰においては、拘束刑において諸士に対する刑罰との共通性がみられる。第一節及び第二節で述べたように、三判例集において閉門、遠慮、慎が武士及び僧侶を対象とした刑罰として適用されている。特に、閉門は出家沙門以外では諸士にしか適用例がない。また、町家や百姓に用いられる戸〆に関しては、諸士の場合と同様、出家沙門に用いている判例はない。

その反面、労役刑においては、適用された刑種が徒罪しかないという、諸士にもみられない特徴が示されている。特に、徒罪と共に代表的な労役刑である定価屋渡が適用されていないのが目立っている。徒罪は郡割所に引き渡されて労役を科せられる刑罰であるが、定価屋渡、御家中出奉公及び出奉公は有償労働・無償労働の違いはあるにしても武士または庶民の下で労役を科せられる刑罰である。したがって、出家沙門に対する労役刑は、藩の組織に配属されての労役に限定された刑罰であったということができると思われる。

ところで、以上は出家沙門の場合であるが、禰宜神主の場合はどうであったろうか。残念ながら検討対象となる刑罰適用数が禰宜神主の場合は『御呵附引合』で三件、『中典類聚』で六件、『御裁許鈔』で二件と、どの判例集においても全ての身分の中で一番刑罰適用数が少ない。そこで、本稿においては、限られた適用数の中からわかる範囲での論述にとどまらざるを得ない。

身分的に類似性が認められると考えられる出家沙門との顕著な相違点は、まず、生命刑に関して、三三六件ある出家沙門の刑罰適用例には磔を適用したものが一件もないのに、一一件しかない禰宜神主の適用例に磔を適用したものがある点である。

次の出家沙門との顕著な相違点は、出家沙門には戸〆の適用がみられないのに、禰宜神主には戸〆の適用例がある点である。

これら二点からみると、禰宜神主に対する刑罰の方が、町家・百姓といった庶民の刑罰に近いということができると思われる。

このような特徴は労役刑においてもみられる。すなわち、出家沙門には定価屋渡が適用されていないことは前述したが、禰宜神主には定価屋渡が適用されているのである。この点でも、禰宜神主の刑罰の方が庶民の刑罰に近いと考えられる。

一見、類似した身分とみられる禰宜神主と出家沙門の刑罰適用状況が異なるのは、何が理由となっていたのであろうか。

私は、寺請制度の下で民衆支配に重要な役目を果たした寺院とそのような役目をもたなかった神社との江戸時代における機能の差が、類似した身分にみえながら、出家沙門には武士により近い刑罰を、禰宜神主にはより庶民に近い刑罰を適用させたと考える。

第六節　町家及び百姓に適用される刑罰

本節では、ともに庶民を代表する町家及び百姓について考察することにしたいと思う。

まず、生命刑に関して論じることにする。第一五表は、出家沙門に関して論じたところで示した第一四表を細かくし、生命刑の種類ごとに分類して計算したものである。「割合」は、各身分ごとに全刑罰適用数に対する各生命刑適用数の割合である。

さて、生命刑に関しては、前に諸士身分内部の高下によって刑罰適用状況が違うことを論じたが、ここでは、諸士身分と町家・百姓身分との適用状況の差異について論じたいと思う。本来であれば、本章で扱っている七身分の間での差異を論じることができればよいのであるが、生命刑適用数が諸士一一八件、町家二一件、百姓一七三件の外は、いずれの身分でも件数が一桁であるため、一定の傾向を見出しにくいのである。また、同様の理由で、刑種に関しては磔、斬罪獄門、斬罪、討首、闇討の外は適用件数が少ないので、この五種類について論じることとする。

この表によれば、磔については、諸士一四件、町家七件、百姓三二件と町家の方が諸士より適用件数が少ないが、これは収録されている全刑罰適用数が違うためで、各身分ごとの割合で比較すれば、諸士〇・三四パーセント、町家〇・八五パーセント、百姓〇・八六パーセントと町家の方が諸士より割合が倍以上高い。一方、斬罪獄門に関しては、諸士と町家が〇・三六パーセントであるが、百姓は〇・九九パーセン

第一五表

身分・刑罰名	磔	斬罪獄門	火罪	斬罪	討首	闇討	打捨	切腹	逆磔	死罪	解死人	斬罪切捨	切捨	計	総刑罰適用数
諸士	14	15	1	18	39	11	1	11	1	6	0	0	1	118	4146
割合	0.34%	0.36%	0.02%	0.43%	0.94%	0.27%	0.02%	0.27%	0.02%	0.14%	0.00%	0.00%	0.02%	2.85%	
陪臣	0	0	1	2	1	1	0	0	0	0	0	0	0	5	206
割合	0.00%	0.00%	0.49%	0.97%	0.49%	0.49%	0.00%	0.00%	0.00%	0.00%	0.00%	0.00%	0.00%	2.43%	
門屋借・台所借・名子借	0	2	2	3	1	1	0	0	0	0	0	0	0	9	129
割合	0.00%	1.55%	1.55%	2.33%	0.78%	0.78%	0.00%	0.00%	0.00%	0.00%	0.00%	0.00%	0.00%	6.98%	
出家沙門	0	0	1	1	1	0	0	0	0	0	0	0	0	3	336
割合	0.00%	0.00%	0.30%	0.30%	0.30%	0.00%	0.00%	0.00%	0.00%	0.00%	0.00%	0.00%	0.00%	0.89%	
禰宜神主	1	0	0	0	0	0	0	0	0	0	0	0	0	1	11
割合	9.09%	0.00%	0.00%	0.00%	0.00%	0.00%	0.00%	0.00%	0.00%	0.00%	0.00%	0.00%	0.00%	9.09%	
町家	7	3	0	3	3	4	0	0	0	0	0	0	1	21	828
割合	0.85%	0.36%	0.00%	0.36%	0.36%	0.48%	0.00%	0.00%	0.00%	0.00%	0.00%	0.00%	0.12%	2.54%	
百姓	32	37	9	43	33	18	0	0	0	0	1	0	0	173	3740
割合	0.86%	0.99%	0.24%	1.15%	0.88%	0.48%	0.00%	0.00%	0.00%	0.00%	0.03%	0.00%	0.00%	4.63%	
庶民（町家・百姓）	39	40	9	46	36	22	0	0	0	0	1	0	1	194	4568
割合	0.85%	0.88%	0.20%	1.01%	0.79%	0.48%	0.00%	0.00%	0.00%	0.00%	0.02%	0.00%	0.02%	4.25%	
計	54	57	14	70	78	35	1	11	1	6	1	0	2	330	9396
割合	0.57%	0.61%	0.15%	0.74%	0.83%	0.37%	0.01%	0.12%	0.01%	0.06%	0.01%	0.00%	0.02%	3.51%	

トである。斬罪については、諸士〇・四三パーセント、町家〇・三六パーセント、百姓一・一五パーセント、闇討は、諸士〇・二七パーセント、町家〇・四八パーセント、百姓〇・四八パーセントである。

以上の各生命刑では、町家・百姓の両方または片方の適用割合が諸士のそれ以上であるが、討首だけは違っている。討首では、諸士〇・九四パーセント、町家〇・三六パーセント、百姓〇・八八パーセントと逆の結果が出ている。

私は、第一章第二節で、斬罪について、幕府法の死罪にあたるといわれていると述べた。しかし、討首

第一六表

身分	戸〆適用件数	刑罰適用数	割合（％）
諸士	〇	四、一四六	〇・〇
陪臣	三	二〇六	一・五
門屋借・台所借・名子借	三	一二九	二・三
出家沙門	〇	三三六	〇・〇
禰宜神主	一	一一	九・一
町家	四〇	八二八	四・八
百姓	四一	三、七四〇	一・一

については、この刑に処せられた者の死体に対し様切が行われたかどうかははっきりしないため、討首が幕府の死罪と同種なのか、解死人と同種なのか明確にできなかった。

しかし、少なくとも身分との関係においては、以上の記述から、討首は外の生命刑と違い、諸士と町家・百姓の比較においては、前者により多く適用される刑罰であるということができる。そして、その外の磔、斬罪獄門、斬罪、闇討に関しては、町家・百姓の側により多く用いられている。

ところで、町家と百姓に関しては拘束刑の適用において特徴がみられる。まず、武士及び僧侶を対象とした刑罰である閉門、遠慮は適用されていない。蟄居、慎については、町家に適用した判例はあるものの百姓に適用した判例はなく、特に、慎は町家の中でも町役人層に対してのみ、その地位故に適用されることがあったにすぎない。

さて、庶民に対する刑罰の中で注目されるのが、戸〆である。この刑罰において、町家の場合と百姓の場合の差異が明確にあらわれる。第一六表は、三判例集全体の各身分別に、戸〆適用数と全刑罰適用数をまとめたものである。

刑罰適用数が極めて少ない禰宜神主を別にすれば、戸〆の適用割合は、町家が一番高い。町家の割合は、百姓のそれの四倍以上である。

このことの理由を考察するにあたっては、石井良助氏が、幕府の刑罰に関して、戸〆について論じておられるところが参考になる。石井良助氏は、次のように論じておられる。「元文五年（一七四〇）に、在方は家がまばらで門戸をとざしても目立たないので、戸〆にしても「恥辱」にならないというので、在方ではこの刑を廃したが、『御定書』では別に町方に限る刑とはされていない。このように戸〆は恥辱を与えるための刑であって、閉門その他の諸刑と同じく名誉刑ともいえる。[208]」。なお、石井良助氏は、戸〆を閉門、逼塞、遠慮等と同じく、本稿における拘束刑を含む自由刑に分類されておられる。

ちなみに、右の石井良助氏の論述において、「『御定書』では別に町方に限る刑とはされていない」とされておられる点については、『公事方御定書』の第二三条[209]に次のような規定があることを踏まえておられるのか疑問がないわけではない。『公事方御定書』には、次のような規定はある。

元文五年極

一村方戸〆ハ不申付、軽儀は叱、又ハ過料、夫々之御定有之事、

元文五年

延享二年極

但、江戸町續村方町奉行支配之町之分ハ、戸〆をも可申付、然共、過料にて可濟分ハ、過料たるへし、村中にても侍躰之者ハ、戸〆ニも可申付事、

さて、米沢藩の戸〆も、幕府の戸〆と同じ様な理由で、町家に対して主に用いられたと考えられる。す

なわち、農村では効果的な刑罰とはみなされなかったと思われる。

労役刑では、定価屋渡、御家中出奉公、出奉公、狭義の徒罪の全てについて適用例がみられる。四つの労役刑全てに適用例があるのは、ここで考察している七身分において前述した門屋借・台所借・名子借の場合と町家・百姓の場合だけである。

さらに、注目すべき点は、定価屋渡と狭義の徒罪の適用数において、諸士、陪臣、出家沙門の場合は、定価屋渡よりも徒罪の方が多く用いられているのに対して、ここで論じている町家・百姓と、門屋借・台所借・名子借の場合は、逆に徒罪よりも定価屋渡の方が多く用いられている。

前述したように、徒罪は郡割所に引き渡されて労役を科せられる刑罰であり、定価屋渡は諸士の下で労役を科せられる刑罰である。したがって、町家・百姓と門屋借・台所借・名子借には、藩の組織に配属されての労役よりも諸士の下での労役の方が多く科せられていたということができると思われる。

そして、このような現象が生じた要因としては、定価屋渡に処された門屋借・台所借・名子借、町家、百姓が、武家奉公人の供給源となっていたことを考えることができる。すなわち、有償労働とはいえ、定価屋渡の受刑者の賃金は、当時の一般的な賃金水準よりは安かったと考えられ、金銭的に困窮していた諸士にとっては、武家奉公人を得るための絶好の機会をこの刑罰は提供していたと思われる。

このことは、『御代々御式目』の記述からも裏付けられる。次の命令は、定価屋渡の受刑者を武家奉公人として用いる場合には、譜代の家来がいない者が、召し連れる日だけ、格好をつけるために帯刀をさせることは別として、恒常的に苗字、帯刀を申し付けることを禁止している[210]。

寛政六年三月、定価屋渡之人頭苗字帯刀申付、召仕候者も有之由ニ付而命令

欠所定価屋渡人頭苗字帯刀申付、召仕候ものも有之由不心得之至候、向後左様之儀無之様急度可被申達候事

但、譜代之家来等無之者、当日切為致帯刀召連候儀者各別候

三月

さらに、「三表」を注意深く観察すると、御家中出奉公と出奉公の間では、『御呵附引合』には適用例が皆無であるが、『中典類聚』と『御裁許鈔』においては適用比率の変化が認められる。すなわち、御家中出奉公と出奉公の適用数の比率は、『中典類聚』では門屋借・台所借・名子借で一対一、町家で八対一一、百姓で四七対四〇であるが、『御裁許鈔』では、門屋借・台所借・名子借で一対六、町家で二対二〇、百姓で一六対一二四である。この数字をみるかぎり、『中典類聚』が収録対象としている時代では、御家中出奉公も出奉公もほぼ同じ割合で適用されていたのに対して、『御裁許鈔』が収録対象としている時代では両者の割合にかなりの開きがある。明らかに御家中出奉公が適用される割合が減り、出奉公が適用される割合が増えている。ここで、そのような現象がなぜ生じたのかを考察してみたいと思う。

定価屋渡が、金銭的に困窮していた諸士にとっての武家奉公人の供給源となっていたことを右に述べたが、極度に困窮していた諸士は、定価屋渡の安い賃金も払えず、無償労働である御家中出奉公に武家奉公人の供給源を求めざるを得なかったと思われる。しかし、金銭的に余裕ができれば、雇い主の方としては、受刑者ではない一般の者を武家奉公人にしたかったであろう。それでは、『中典類聚』と『御裁許鈔』の判例収録対象時期の諸士の様子はどうであったろうか。このことについて、『米沢市史　近世編二』には、「家中の俸禄借上げが、四分の一から半知借上げとなったのは八代藩主重定の寛延三年（一七五〇）から

である。以来、一時的な中断はあったが、半知借上げは文政六年（一八二三）までの七〇余年にわたってつづく。翌七年に至って漸く銀方の借上げはやんだが、米方は廃藩まで継続するのである」と述べられている。[211] すなわち、半石半永制の下で、銀方の借上げは文政七年（一八二四）以降はなくなったのであるから、その影響で諸士の生活はしだいにいくらかでも余裕ができるようになっていったと考えられる。

そして、このことが理由となって、前述した御家中出奉公が適用される割合が減少したと思われる。米沢藩刑政当局にとっては、御家中出奉公を科すことと出奉公を科すこととでは、大きな違いはない。当該時期の社会状況によって御家中出奉公の受刑者の受け入れ先が減少すれば、出奉公の処罰の方を増加させたものと思われる。それに、出奉公の側では、その受刑者の受け入れ先が増加したのである。米沢藩における寛政の諸改革は文政期に成果をあげたとされている。[212] 特に、化政期以後における農村の養蚕業の発展等は、寛政の改革を画期とするものであった。このような産業の発展は人手を必要としていき、このことが、出奉公の受刑者の受け入れ先の増加をもたらしたと思われるのである。[213]

なお、定価屋渡の適用指数が、『中典類聚』と『御裁許鈔』の間で、五・九八から四・〇六への減少をみせているが、このことは、定価屋渡の武家奉公人供給源としての重要性の低下を示しており、前述の私の説明を裏付けている。ただし、両判例集間での御家中出奉公の適用指数の減少は一・九六から〇・六六であるから、減少の割合は定価屋渡の方が少ない。このことも、前述の私の説明と符合する。すなわち、受刑者の労働意欲は、無償労働の御家中出奉公の受刑者よりも有償労働の定価屋渡の受刑者の方が高かったと考えられるから、金銭的に余裕ができれば、雇い主の方としては、定価屋渡の受刑者の方を武家奉公人にしたかったと考えられる。したがって、諸士の中には、生活の向上が十分ではなく依然として武家奉公人の供給源を労役刑に求めざるを得ないとしても、それを御家中出奉公から定価屋渡に変更した者がいたと思われ、減少割合は定価屋渡の方が少なかったのである。

以上、本章では、身分と刑罰との関係について、諸士、陪臣、門屋借・台所借・名子借、出家沙門、禰宜神主、町家、百姓の七種類に分けて論じた。身分に関しては、このいかなる身分にいかなる刑罰を用いるのかという問題の外、さらに一つの犯罪を例にとって、いかなる身分にいかなる処罰が科せられるのかという身分による処罰の差違の問題がある。もっとも、その場合もある身分に科せられる刑罰は、その身分に対して用いることのできる刑罰から選ばれるわけであるから、身分に関する右の二つの問題は相互に関連しているということができる。後者の問題に関しては、博奕という犯罪を例にとって、第五章において論じることとする。

第四章　性別と刑罰

本章では、性別による適用刑罰の差違について考察することにしたいと思う。三判例集それぞれにおける全刑罰の適用数中の女性の割合について考察してみると、『御呵附引合』においては、一五五六件中五三件で三・四パーセント。『中典類聚』においては、四二四〇件中二二二件で五・二パーセント。『御裁許鈔』においては、五七三九件中三四六件で六・〇パーセント。以上からわかるように、割合はいずれの判例集においても六パーセント以下である。この低い数字は、男尊女卑の社会とされた近世社会における女性の地位を犯罪者処罰の面から示しているといえなくはないが、幕府の場合と比較するとどうであろうか。全く同じ基準による比較はできないが、平松義郎氏の研究に比較の対象となる記述がある。この研究は、江戸小伝馬町の入牢者の記録である『御証文引合帳』に基づくものである。

そして、この『御証文引合帳』によれば、女性の処罰者は全処罰者の約二パーセントにあたる(214)。この幕府の場合の数字は、米沢藩の場合よりもかなり低い。ただし、同じ基準による数字ではないため、これだけの数字から、米沢藩と幕府の女性に対する処罰の差違を論じることは危険であろう。しかし、両者の数字によって、近世においては、処罰者の男女比において女性の占める割合はかなり低いと考えることは誤りではないであろう。

次に、さらに詳細に性別による刑罰の適用の差違について考察する。

性別による科刑の相違が顕著にあらわれるのは身体刑である。幕府の場合は、『公事方御定書』に敲、入墨、剃髪が定められている。敲は女性に対して科せられることはなく、入墨に関しても、女性については科せられていなかったが、『公事方御定書』に女性に対して入墨を科すことを禁止する規定がないので、寛政元年（一七八九）に、小日向台古川町吉兵衛店八五郎母の「つた」は、湯屋で衣類前垂を盗んだ罪で入墨に処せられ、これが女性が入墨刑に処せられたはじめであるという。[215]

一方、米沢藩の場合は、焼印は女性に対しては適用されていない。また、入墨はこの刑罰が登場した『中典類聚』[216]には女性に科した判例はなく、次の『御裁許鈔』にわずかに一件あるのみである。それは、次の判例である。

玉川口　　　　　　　　　　　　　　　　　　　所生最上天童帳外やす別名

入墨之上追払　手道具欠所　　　　　　　　　　　　　　　　　　　　きよ

右者、先年ニも罷越、致昼師追拂候身を以又候罷越、諸品摺取候者

この判例で着目すべき点は、入墨を科せられているのが他領出身の帳外者である点である。しかも、犯罪内容をみてみると、以前にも米沢藩で犯罪を犯した前科があり、かつ、「やす別名」とあるように偽名を使用している。名前まで偽る前科者を今後米沢藩内に入れないようにするためには、体に消えない印を施すしかないと米沢藩当局者は考えたと思われる。処罰者が他領出身の帳外者である点も考慮すれば、この判例は極めて特殊な例外にあたるというべきであり、米沢藩では一般的に女性に入墨を科していなかったといってよいと考えられる。

ところで、前述したように『公事方御定書』下巻第四八条では、離縁状を取らないで他に嫁した女は、髪を剃り親元に帰すべきものとし、第四九条は、縁談の決まった娘が不義をしたときは、女は髪を剃り、親元に帰すものとしている。[217]

米沢藩には、毛髪を対象とした身体刑としては、断髪と剃髪（「薙髪」と書かれている場合もある。）がある。

まず、断髪という刑罰は、髻（髪の毛を頂に集めて束ねたところ）より切る刑罰であるが、この刑罰は三判例集すべてにおいて登場するが、いずれも女性に対して科せられている。ちなみに、町奉行所において同心が髪を切り、伸びたときも同様にすることを申し達した判例があることは、第一章において米沢藩刑罰と幕府刑罰とを比較した際に記載したとおりである。

次に、剃髪（薙髪）については、第二表をみる限り、この刑罰も女性にのみ適用されているように思われる。事実、武田正氏は剃髪を女子に対する刑罰に位置付けておられる[218]。たしかに、三判例集のいずれの判例においても、男子に剃髪を申し渡したものはない。しかし、三判例集の各判例を詳細にみていくと、犯罪内容の記載の中に男子に剃髪を科した事例が含まれている判例がある。その判例は、次の通りである[219]。

寛政八年五月十一日

入墨之上五ケ年　　　　長町左太七子

一、徒罪　　　　　　　　　　勘次郎

右ハ、先年於江戸博奕いたし剃髪被仰付候所出奔、其後立帰、欠所定価屋渡被仰付、中條へ相渡候所、博奕いたし主人の合羽を被取押候者

この判例によれば、米沢藩では、男子にも剃髪が適用されていたことがわかる。

以上に述べてきたことから、米沢藩に関しては、女性に対しては苦痛を伴い跡が長期にわたって残存する身体刑は一般には用いられず、髪という女性にとって重要な外見的要素を対象とした身体刑が採用されたことが明らかとなった。このことは、身体刑の適用にあたって性の相違に応じた刑罰の効果が熟慮され

ていたことを表している。

さて、追放刑に関しては、幕府の『公事方御定書』の第一〇三条に女性に関する特例として次のような条文がある。(220)

追加

寛保三年極

一科有之女之儀、中追放ニは御關所内相模國は御搆之外ニ付、中追放迄ハ可申付、重追放ニは申付間敷事、

追加

寶暦三年極

一町人百姓之女は、重追放にも可申付事、

これらの条文によれば、幕府では女性に対する追放刑の適用に関して身分によって対応を異にしている。「寛保三年極」において中追放までは適用する理由として「御關所内相模國は御搆之外ニ付」に示されている。この条文からは、相模国がキーワードとなっていることが何を意味しているのか明らかではないが、縁切寺である東慶寺が相模国にあったことと関係していると思われる。すなわち、女性が縁切寺に行けなくなってしまうことがないように、重追放を女性に適用することは避けたのである。ちなみに、同じく縁切寺である満徳寺がある上野国も、重追放の御構場所には含まれているが、中追放の御構場所からは除かれている。

ところが、町人と百姓には、宝暦三年（一七五三）に重追放を適用することとなった。これはどうした

ことであろうか。この条文によって、町人・百姓の女性は縁切寺に行けなくなってしまったのであろうか。実は、そうではない。ここで意味をもつのが、同じ第一〇三条に含まれている次の条文である。[221]

町人百姓中追放
重
軽

追加
延享二年極
一江戸拾里四方并住居之國、
悪事仕出候國共構之、

重追放
闕所
田畑、家屋敷、家財取上

中追放
闕所
田畑、家屋敷取上

軽追放
闕所
田畑取上

但、田畑、家屋敷無之ものハ、家財取上、田畑、家屋敷、家財も無之もの、軽重之不及沙汰事、

右の条文から明らかなように、すでに延享二年（一七四五）の段階で、町人・百姓については、御構場所による区別がなくなり、重追放・中追放・軽追放の三追放とも、江戸一〇里四方と住居している国、犯

罪発生の国を構えるにとどめることとし、三追放の区別は、欠所の対象においてのみ生じることとなっていた。

したがって、宝暦三年（一七五三）に町人と百姓に重追放を適用することとなっても、町人・百姓の女性は縁切寺に行くことはできたのである。延享二年の規定によっても、三追放の区別は、欠所の内容を区別するのに有意義であり、町人・百姓の女性にも重追放としての欠所を適用する必要があったので、宝暦三年の規定が生まれたのである。

さて、米沢藩の場合は、追放刑に関する女性に対する特別扱いはあったのであろうか。この問題について、第二表を用いて考察することにしたいと思う。

まず、女性に適用されている件数についてみてみると、『御呵附引合』の領外追放刑七七件中、女性に適用されているのは一件、領内追放刑では七〇件中三件、『中典類聚』の領外追放刑六〇六件中、女性に適用されているのは六件、領内追放刑では三一件中四件、『御裁許鈔』の領外追放刑九四五件中、女性に適用されているのは九件、領内追放刑では一〇件中一件である。

三判例集それぞれにおける刑罰の適用数中の女性の割合を女性刑罰適用率と称することにすると、この女性刑罰適用率は、本章冒頭で述べたように『御呵附引合』においては三・四パーセント、『中典類聚』においては、五・二パーセント、『御裁許鈔』においては、六・〇パーセントである。これは、それぞれの表の全刑罰についての率であるから、この率を平均女性刑罰適用率と呼ぶことにする。

そして、これを領外追放刑についてみると、『御呵附引合』においては領外追放刑では一・三パーセント、領内追放刑では四・三パーセント、『中典類聚』においては領外追放刑では一・〇パーセント、領内追放刑では一二・九パーセント、『御裁許鈔』においては領外追放刑では一・〇パーセント、領内追放刑では一〇・〇パーセントである。

三判例集のいずれにおいても、女性刑罰適用率は、領外追放刑に関しては平均女性刑罰適用率を下回っているのに対して、領内追放刑に関しては平均女性刑罰適用率を上回っている。また、領内追放刑の女性刑罰適用率は、領外追放刑のそれを上回っている。そして、三判例集においては、領外追放刑に関しては、三判例集において女性刑罰適用率がほぼ一定であるのに対して、領内追放刑に関しては、『中典類聚』と『御裁許鈔』の数字が『御呵附引合』の数字をかなり上回っている。

第六章第二節において、幼年者を追放刑に処した場合、慣れ親しんでいない土地で生活していくことが困難となることを憂慮した判例を紹介することとなるが、このような判例がみられるようになるのは、『中典類聚』以降である。したがって、『御呵附引合』において領外追放刑の適用率が女性刑罰適用率を下回っているからといって、同様に考えて、そのことが女性の生活能力の弱さを配慮した女性保護思想の産物であるということはできない。むしろ、本章の冒頭で指摘した男尊女卑の社会における女性の地位の低さが、女性の処罰を軽視するという形で、犯罪者処罰の面にあらわれた結果であるということができると思われる。

一方、領内追放刑については、領外追放刑の場合とは様子が異なる。第二表をみればわかるように、男女全体の領内追放刑の適用指数が一貫して減少している中で、女性に対する適用指数も減少はしている。しかし、右に述べたように、男女間で比較すると、領内追放刑に関しては女性刑罰適用率が『御呵附引合』に対して『中典類聚』・『御裁許鈔』においてかなり増加している。この理由は何か。

『中典類聚』や『御裁許鈔』は、近世中期・後期の判例集であるから、女性の地位が向上したり、女性の生活能力の弱さを配慮したということもあったかもしれないが、私はそれが主たる理由であるとは思わない。もしそうなら、第二表では女性に領内追放刑を用いる場合の適用指数が三判例集において一貫してかなりの率で減少しているが、こうはならなかったはずである。ここで、前述した米沢藩が幕末まで領外追放刑を捨てず、領内追放刑よりも領外追放刑を重視した理由を思い出してみたい。

そのことに関して、私は、米沢藩では、追放刑に該当する者は領外に出す、これを領内追放刑にすれば、無宿化した危険人物達は、領内の治安、特に城下町米沢の治安をおびやかすであろう。このようにして、米沢藩は、領外追放刑を積極的に用いていき、逆に、領内追放刑は減少させていったのであると述べた。これに対して、女性の場合は、領内に留めておいても、高い危険性を有する人物になるだけの力はないと思われていたと考えられる。つまり、ここでも、男尊女卑の社会における女性の地位の低さと、それに伴う女性に対する処罰の軽視があらわれているのである。

労役刑においても、性別による適用状況の差がみられる。労役刑に含まれる各刑罰について検討すると、三判例集を通じて適用件数が最も多い狭義の徒罪が、女性には全く適用されていない。これに対して、定価屋渡、御家中出奉公、出奉公は女性に対して適用されている。この顕著な差違は何が理由となって生じたのであろうか。

第一章第二節で述べたように、徒罪に処せられた者は、郡割所に渡され、「との字を印せる上衣を着」させられ、御城内神社道路橋梁等修繕掃除の役を科せられた。当時少なくとも米沢藩ではこれらの作業は女性向きではないと考えられていたと思われる。これに対して定価屋渡、御家中出奉公、出奉公ならば、武士や庶民の下で女性にふさわしい仕事に従事させることができる。これが右に述べたような適用状況の生じた直接的な理由である。しかし、米沢藩当局がその気になれば、郡割所でも女性向きの作業を考案し従事させることができたはずである。そもそも、私人に刑罰の執行を委ねると、その執行が厳格になりすぎたり、弛緩しすぎたりする恐れがある。したがって、教育刑的効果を最大限に発揮させるためには、徒罪を女性にも適用させるべきであったはずである。そうしなかった背景には、女性の処罰を軽視した米沢藩の姿勢がある。また、財政的側面も見逃せない。徒罪は藩の財政に負担がかかる刑罰である。女性の更生のために費用をかけることに、米沢藩は消極的であったと思われ、この点でも女性の処罰を軽視したことがあらわれていると考えられる。

ところで、女性の地位の低さは、所有財産面においてもみられたと思われる。すると、女性は財産をあまり有していなかったということで、財産刑の適用は少なかったのではないかとも考えられるが、反対に、米沢藩当局が女性の地位が低いため、その処罰を重視せず軽い刑を適用したため、むしろ財産刑が多く適用されていたのではないかとも考えられる。実際はどうであったのであろうか。第二表をみてみることとしたいと思う。

『御呵附引合』の財産刑一四七件中、女性に適用されているのは九件（六・一パーセント）であり、また、『中典類聚』の財産刑四〇三件中、女性に適用されているのは三九件（九・七パーセント）である。そして、『御裁許鈔』の財産刑一五一〇件中、女性に適用されているのは七一件（四・七パーセント）である。

三判例集の平均女性刑罰適用率は、それぞれ、三・四パーセント、五・二パーセント、六・〇パーセン

第一七表

判例集名・項目	附加刑	主刑	計	割合
『御呵附引合』	108	39	147	0.735
『中典類聚』	302	101	403	0.749
『御裁許鈔』	1462	48	1510	0.968
計	1872	188	2060	0.909

トであったから、『御呵附引合』と『中典類聚』では、財産刑の女性刑罰適用率が平均女性刑罰適用率を上回っている。ところが、『御裁許鈔』においては、逆に、財産刑の女性刑罰適用率が平均女性刑罰適用率を下回っている。『御呵附引合』、『中典類聚』においては、米沢藩当局が女性の地位が低いため、その処罰を重視せず軽い刑を適用したことにより、財産刑が多く適用されていたと考えられる。

さて、『御裁許鈔』で財産刑の女性刑罰適用率が平均女性刑罰適用率を下回っている理由を解明するためには、男女を通じた財産刑自体の増加にも着目しなければならない。第二表によれば、適用指数でみてみると、財産刑は『御呵附引合』と『中典類聚』の間では、ほぼ同一である。それに対して、『中典類聚』と『御裁許鈔』との間では適用指数が三倍以上増加している。

ところで、財産刑は、附加刑として用いられることが多いので、附加刑として用いられている財産刑と主刑として用いられている財産刑に分類した表が第一七表である。この表によれば、財産刑全体に占める附加刑の割合は、『御呵附引合』、『中典類聚』では、それぞれ七三・五パーセント、七四・九パーセントとほぼ同じであるが、『御裁許鈔』になると、九六・八パーセントと大幅に増加している。

したがって、このことを考慮すれば、『御裁許鈔』で財産刑の女性刑罰適用率が平均女性刑罰適用率を下回っている理由としては、女性の地位向上による女性処罰の重視ということもあったかもしれないが、『御裁許鈔』の判例の時代に、処罰を精緻なものとするために、男女を問わず附加刑として財産刑が多く用いられたことによるものと思われる。つまり、『御裁許鈔』においては、女性への財産刑適用件数も『中典類聚』の三九件から七一件へと約一・八二倍の増加を示しているが、財産刑全体の適用件数は『中典類聚』の四〇三件から一五一〇件へと約三・七五倍もの増加を示している。しかも前述したように『御裁許鈔』の財産刑の九六・八パーセントは附加刑なのであるから、女性の特殊性を考慮したことによる財産刑の適用件数の増加が、男女を問わず処罰を精緻なものにしようとする附加刑としての財産刑の適用件数の増加のために目立たなくなってしまったのである。このために、『御裁許鈔』においては、財産刑が男性にも多く適用されるようになったため、財産刑の女性刑罰適用率が平均女性刑罰適用率を下回る結果となったと考えられる。

ところで、女性特有の問題として、懐胎中の女性に対する刑罰の適用という問題がある。次に、懐胎中の女性に対する判例を三判例集の中から紹介することとする。

寛政十年二月十六日(222)　　毛利若狭下女

一、入牢　三ケ年　きん

右ハ、二ケ年出奉公被仰付之所、懐胎を密し不奉公いたし候者

寛政十年八月廿一日(223)　　斗取高橋三郎兵衛留守居

一、手道具欠所　きん

右者、不調法有之三ヶ年入牢被仰付候所、懐胎ニ付一ト先出牢三郎兵衛江御預之内出奔候者

(後略)

天保七十一月(224)

両人ともに　　小宮沢村判頭

禁足　三十日　　　　　　　　　　　　　　　萬蔵

右同人養子

太門

右者、一類□□□妻致盗賊宿候ニ付永牢被　仰付候処、懐胎ニ付出産迄御預ニ相成候処、不行届ニ而逃候者

以上の判例から、女性は懐胎すると出産迄預となることがわかるが、さらに詳しくみていくと、刑の執行が配慮される過程が明らかになる。

最初の二判例は同一犯罪者「きん」に関するものであると思われる。すなわち、何らかの罪で「二ケ年出奉公」に処せられた「きん」が、懐胎を秘密にし不奉公であったことが問題とされたが、すぐに預とはならず、寛政一〇年二月一六日に入牢に処せられた。その後同年八月二一日以前の時点に至って、懐胎を理由として出牢のうえ預となっている。このことから、懐胎していることが判明しても、預となるのは出産の時期がある程度近づいてからであることが明らかになると思われる。

第五章　米沢藩の博奕犯処罰

第一節　『博奕改革刑』

本節においては、本稿における身分の分類区分を提供してくれた『博奕改革刑』について述べることにしたいと思う。

『博奕改革刑』は、まとまった刑法典を制定しなかった米沢藩において、博奕罪に関する規定だけであるが刑法典といい得るものである。

『博奕改革刑』については、すでに昭和四二年に、武田正氏による論文[225]が発表され、同年の米沢藩刑法全般に関する布施彌平治氏の論文[226]においても紹介がなされており、さらに、昭和四五年にも武田正氏による研究の成果が発表された[227]。しかし、これらの研究によっても、『博奕改革刑』、そして、この刑法典を生み出した米沢藩の博奕犯処罰に関しては、その全貌が明らかにされたわけではない。また、最近は、『博奕改革刑』を扱った研究の成果は発表されていないように思われる。

一方、幕府の博奕犯処罰に関しては、日本法制史の立場からの研究としては、石井良助氏の研究がある[228]。そして、遊戯史の立場から博奕の歴史を研究したものとしては、増川宏一氏の研究がある[229]。同氏の研究は、世界史的視点にも及ぶものであるが、我が国の近世の賭博についても述べられており参考になる。

ところで、右の武田正氏の論文では、全一六条からなる『博奕改革刑』の全貌が明らかにされることがなかったが、本稿においては、『博奕改革刑』全条文[230]を次に示すことにしようと思う。なお、括弧内の条文の番号は、筆者が書き加えたものである。

博奕改革刑

諸士

（第一条）

十ケ年過而帰参御免

追払　妻子一類江御預　　宿人

改易　家屋敷家財欠所　　筒取

忌掛り一類自分遠慮日数五日

組頭肝煎組合慎日〃

両隣向三軒慎日〃

但、商人并隣近一類共幼少之判頭ハ、御免

但、隣近ニ町人百姓有之候而も御呵無之

一組頭ニ無之支配ニ候ハヽ、急度御呵、譬三手ニ候時ハ、宰配頭ハ惣支配ニ候得共、組頭有之候付、急度
御呵

（第二条）

一馬上分之もの、追拂之刑如何敷有之ニ付、宿人、筒取あらハ、改易之上一類江御預、十ケ年囲入

七ケ年

囲入　其身の手道具欠所　　平博徒

家名無御構
其家廿日遠慮
無脚之者御呵ニ候ハ、、父廿日遠慮
忌懸一類自分遠慮日数五日
組頭肝煎組合慎同〃
一御役屋勤之者致候時、御役屋近隣に諸士あらハ、両隣向三軒ニ准、慎五日
一御免後再犯シ候者ハ、一ト通之吟味、白状之上、死刑、此段ハ四民一統
倍《(ママ)》臣

(第三条)
十ケ年過而主人依頼帰参御免
追拂　手道具闕所　　宿人
妻子一類江御預　　筒取
主人慎日数五日　但、懸離居候屋敷之家頼犯し候節ハ、其屋敷之遊ふるもの御呵ニ付、主人急度御呵
用人同同〃　但、其屋敷住居之頭役遊たるものに限ルへし
忌懸一類慎同〃
一同家中両隣向三軒あらハ、慎五日、尤他屋敷之者ハ、隣ニ候とも無御構

(第四条)
七ケ年

囲入　手道具闕所　　　　平博徒
妻子無御構
主人慎日数五日　但書前同断
用人同同〃　同断
懸（忌カ）掛一類同同〃
一主人家頼ニ不相拘以前ニ御法を犯シ候趣相分候時は、主人召出無御構旨申達之、御呵無之事
一右一件ニ付、欠落ならハ、手道具闕所不及、見當候上可申出旨右主人江申達之
門屋借、臺所借、名子借

（第五条）
十ケ年過御免、妻子ハ五ケ年過御免　　　　宿人
其身并妻子欠所定價屋渡　　　　筒取
家財闕所
地主、主人慎日数五日　　地主、主人、町人、百姓ならハ過料銀三十目、村役、町役、近隣等
も同断
同門屋ニ両隣あらハ、過料銀三十目　　女判頭、幼少之判頭ハ御免
同町居住忌掛一類判頭あらハ、同断
一子か犯シ御叱ニ候ハヽ、其父、判頭、地主、主人同様御呵
一判下ものニ候ハヽ、其身定價屋渡、其身手道具闕所、其身之妻子定價屋渡

（第六条）
七ケ年過御免
其身闕所定價屋渡
其身之手道具欠所　　平博徒
妻子手道具共無御構
地主、主人慎日数五日　但書前同断
同町居住忌掛一類過料銀三十目
　　出家沙門
（第七条）
十ケ年過御国出生ならハ、帰参御免
擯罰之上
追拂　什物之外手道具欠所　　宿人
　妻子親類江御預　　筒取
本寺法類日数五日慎
近隣向三軒同〃　但、他宗俗家差別無
　但、在郷之沙門妻子ハ、村帳ニ候へハ、右妻子犯シ候節ハ、肝煎、組頭并近隣も御呵、妻子定價屋渡
（第八条）
本寺法類之内江御預

七ケ年囲入　什物之外　平博徒

手道具欠所

法類日数五日慎

祢宜神主

（第九条）

十ケ年過帰参御免

追拂　妻子定價屋渡　宿人

田畠家屋敷家財欠所　筒取

肝煎、検断、組頭、両隣、向三軒、同村、同町居住之忌掛一類過料銀三十目宛

（第一〇条）

七ケ年

囲入　手道具欠所　平博徒

妻子手道具共無御構

肝煎、検断、組頭、同村、同町居住之忌掛一類過料銀三十目宛

町家

（第一一条）

其身闕所定價屋渡十ケ年過御免　宿人

妻子定價屋渡五ケ年過御免　筒取

家屋鋪家財欠所
　検断、組頭、同町居住忌掛　　　　　　　　　　　但女判頭幼少之判頭ハ
　一類、両隣、向三軒過料銀　　　　　　　　　　御免、尤諸士有之ハ、
　三十日宛御取上　　　　　　　　　　　　　　　五日之慎
一當人判下ニ候時ハ、其身欠所定價屋渡、其身之手道具欠所、其身の妻子定價屋渡
（第一二条）
七ケ年過御免
其身欠所定價屋渡
其身之手道具欠所　　　　　　　　　　　　　　　　　　　平博徒
妻子家屋敷家財共無御構
　検断、組頭、同町居住忌掛　　　　　　　　　　　但書前同断
　一類過料銀三十目宛
一子か犯し御呵ニ候ハヽ、其父、判頭、検断同様過料
　　百姓
（第一三条）
其身闕所定價屋渡十ケ年過ニ三人依頼御免　　　　　　　　宿人
妻子定價屋渡五ケ年過右同断　　　　　　　　　　　　　　筒取
田畠家屋鋪家財欠所

肝煎、組頭、同村居住忌掛一類、両隣、向三軒過料銀三十日宛御取上
但、幼少之判頭、女判頭ハ御免
一當人判下ニ候時、其身欠所定價屋渡、其身之手道具欠所、其身之妻子定價屋渡

（第一四条）

其身欠所定價屋渡七ケ年過右同断
其身之手道具欠所　平博徒
妻子田畠家屋敷家財共無御構
肝煎、組頭、同村居住忌掛一類過料銀三十日宛御取上
但書同断
一子か犯し御呵ニ候ハヽ、其父、判頭、肝煎同様過料
諸士御呵格帳之者

（第一五条）

十ケ年過帰参御免
追拂　手道具欠所　宿人
妻子無御構　筒取
忌掛一類自分遠慮五日
預人遠慮二十日
但、向三軒両隣慎五日

（第一六条）
七ケ年　　　　　　　平博徒
囲入　手道具欠所
　妻子無御構
忌掛一類自分遠慮五日
預人遠慮二十日

右の『博奕改革刑』は、寛政四年二月一三日に出された(231)。
この『博奕改革刑』が発令されるまでの経緯について、『鷹山公世紀』には次のように記されている(232)。

十二月三日（寛政三年）、博奕の死刑を止め、禁を犯す者は徒罪欠所奉公に処せらる、郡奉行、町奉行への命に曰く

博奕の事、嚴敷御停止に候處、追々犯す者有之、身を傷へ、父母を泣かせ候儀、無甲斐次第に候、向後は慥成證據迄に及はす、疑はしき聞へ有之者は召捕、吟味之上、越度可被仰付候、御代々様嚴刑を以御停止被仰出候事、畢竟は此思召に候條、我か父母妻子に嚴刑の罹り候日に思ひ合せ、今日を始に急度可相止候、

一、右思召を以死刑迄の御執行にも被爲及候處、多人數の命を被爲絶候事被爲忍難く、自ら御猶豫にも被爲至候に付、御刑法の儀は、今度御改被仰出候、畢竟此末は、疑敷者をも無残可召捕爲に候へは、旁相考急度可相改候

一、肝煎、檢斷、組頭は元より支配の者、取育て候役柄に候處、常々其行跡に心を付けす、疑はし

き見聞有之候ても、身遁し聞流し、終に罪に陥らせ候事、不調法の至に候、一類は不及申、近隣住居の交わり、互に頼母敷可有之處、疑敷に異見をも加へす、殊更行跡に心を不付、不身持を存知す罷在候儀は、是又同様不調法の至に候、若取育て行立たす、疎かにて其村其町に博知打出候は、、
各越度可被仰付候間、其旨可存候、右之通懇に可被申含置候

博奕は悪事の根元なるを以て、明和六年以来禁を犯す者は死刑に処せられ、爾来数多の人命を絶たれしも、博奕の遂に止むへからさるを以て、茲に刑律の御改正あり、新に屋代町に郡割所を開き禁を犯す者は同所に渡して徒罪となし、左の刑に処せらる

以下の部分は、すでに本稿でも米沢藩の労役刑について論じた際に紹介しているので、省略することとするが、そこには『博奕改革刑』の内容の一部が記されている。

ところで、右の記述には、「十二月三日（寛政三年）、博奕の死刑を止め」ることになったとあるが、この時点までは、天明六年の「博奕の者は死刑に処すべき」とする命令が効力を有していたのである。次にこの命令を引用することにしたいと思う[233]。なお、この命令を収録している『御代々御式目』については、後に博奕関係の命令を詳細に検討していく際に述べることとする。

天明六年四月二十二日、博奕御停止、先条度々被仰出候得共不相用、御代替間茂無之内被召捕候茂御気毒ニ被思召、不被及御僉議候、以来は先条之通死罪ニ茂可被仰付ニ付、可相嗜旨被命之

博奕御停止之儀、先条被仰出候通ニ候処、不心得之者茂有之、近来ハ猶以相催候様相聞、不届之至ニ付、被遂御糺明急度可被仰付処、御代替間茂無之内大勢被召捕候儀、御気毒被思召、格別之御沙汰を以是迄之儀は不被及御僉議候、依之以来之儀ハ、御吟味之上、明和六年中被仰出候通、死罪ニも可被仰付

候、其節父母妻子迄難儀をかけ致後悔候共かへるましく候、身命之重をかへりみ深可相嗜事、博知は悪事之元ニ候間、一類、五人組、并家並五人組、向三軒兼而心を付、怪敷行跡之者あらハ、虚実に構ひなく懇に及異見、若承引無之者ハ、支配頭江申出、成たけ悪ニをち入らさる様に互に救ひ合可申旨、明和六年中被仰出候処、何茂等閑ニ打過候様相聞不心得之至候、以来之儀は無油断可相制候、若見遁候ハヽ、急度可被仰付候事

四月廿二日

この天明六年の命令にみられる博奕犯処罰方針が、寛政三年一二月三日の郡奉行、町奉行への命令では転換されている。この新方針の下に『博奕改革刑』が制定されることになるのである。

この方針転換を表明した郡奉行、町奉行への命令においては、第一に、「疑はしき聞へ有之者」も「召捕、吟味之上、越度可被仰付候」としている点で、取り締まりの範囲を拡大している。さらに、第二に、この命令で「肝煎、検断、組頭」等から一類、近隣の者にも処罰が及ぶとしているところは、博奕をなくすために連坐、縁坐の強化をはかっていることを示している。その一方で、以上の強化策と引き替えに、第三に、この命令では刑罰自体は寛刑化させ、死刑を廃止することとしている。

この方針変換は、上杉鷹山の仁政思想の実践でもあるが、それだけにとどまらない。この時期米沢藩政全体の動向として進行していた寛政改革の重要な柱である農村復興策と不可分の関係にある生産者人口増加策にも関連している。さらに、教育刑的側面をもつ広義の徒罪の有効性に目が向けられていた時期であったことも考慮しなければならない[234]。

ところで、定価屋渡の刑期は、寛政七年一二月に軽減され、それまでの一〇年は七年、七年は五年、五

年は三年になった。このことについては、『鷹山公世紀』に次のように記録されている。(235)

十二月（寛政七年）、博徒定価屋渡年限御弛被仰出

定価屋渡博知御仕置の者年限の事、宿人、筒取は十年、其妻子は五年、平博徒は七年に被仰付候處、今度、十年は七年、七年は五年、五年は三年に御弛被仰出候、右之通に付、向後、博徒の年限可被相心得候、尤是迄博徒の定價屋渡召仕置候面々へ可被相達候、以上

また、このときの命令が『御代々御式目』にも収録されている。『鷹山公世紀』の記録と重なる部分もあるが、特に後半で、『鷹山公世紀』の記録にはない部分があるので、以下に『御代々御式目』の記述を紹介することにする。(236)

寛政七年十二月、博知ニ而定価屋渡ニ相成候者年限御弛之事

郡割所江

定価屋渡博知御仕置之者暇之事、宿人・筒取は拾年、其妻子は五年、平博徒ハ七年と被仰出候処、今度十年は七年、七年は五年、五年は三年と被相弛候

右之通ニ付、向後博徒之年限可被相心得候、尤是迄博徒之定価屋渡召仕置候面々江可被相達候

一、五十嵐弥左衛門召仕先達而欠落之処、被召捕入牢被仰付候処、追而出牢之上徒罪にも可被仰付候、然上は右御弛之年数江欠落中之日数を増て御免可被申付候事

十二月

この命令は、直接には博奕犯で定価屋渡に処せられる者を対象としているが、後に第三節で述べるように、『中典類聚』の判例を検討すると、定価屋渡以外の刑を科せられる博奕犯に対しても刑期の軽減が行

われたと思われる。

このことは、すでに右の命令の中でも、五十嵐弥左衛門召仕に関する記述において、徒罪に関しても刑の軽減措置の適用があることが示されている。

第二節　『公事方御定書』の規定

以上、『博奕改革刑』について述べてきたが、幕府の『公事方御定書』の規定は、『博奕改革刑』の規定とは、かなり趣を異にしている。

幕府の博奕犯に対する処罰については、『公事方御定書』の第五五条に規定がおかれている。ここで、両者の差異を考察するため、以下に『公事方御定書』第五五条を引用することとする。[237] なお、引用に際しては、冗長となるのを防ぐため、各条文の肩に記載されている「従前之例」とか「寛保元年極」等の制定の由来の部分は省略する。

第五五条　三笠附、博奕打、取退無盡御仕置之事

第一項

一三笠附點者同金元并宿

一博奕打筒取并宿　　遠嶋

一取退無盡頭取并宿

第二項

一三笠附句拾　　家財取上

一取退無盡札賣

一取退無盡鬮振せわやき　家財取上、江戸拂

第三項

一三笠附いたし候もの　家財家藏取上候程之過料、
一博奕打候もの　家藏無之ものハ、五貫文或
一取退無盡いたし候もの　ハ三貫文過料、

第四項

一武士屋敷ニ而召仕博奕いたし候もの　遠嶋

第五項

一悪賽拵候もの　入墨之上、重敲

第六項

一手目博奕打候もの　遠嶋

第七項

一三笠附點者金元并宿之家主　身上ニ應し過料
一博奕宿并筒取いたし候もの之家主　之上、百日手鎖
一取退無盡宿并頭取之家主

第八項

一同地主　屋敷取上
　但、五ケ年過、元地主江返し被下之、外にていたし候もの之地主ハ、三ケ年過返し可被下、

附、其日稼之もの、商先にて當分博奕筒取いたし候類ハ、地主并所之もの共不及咎、

第九項

一三笠附宿

一博奕打宿

一取退無盡宿　　両隣并五人組　身上ニ應し過料

但、在方ハ組頭五人組共過料、

一同名主　　町方、在方共

過料五貫文

一同町内　　家並、過料三貫文宛

向側小間ニ應し、過料

但、在方ハ村高ニ應し、過料、

第一〇項

輕キ懸ケ之寶引よみかるた打候もの　　三十日手鎖

但、五拾文以上之懸錢に候ハヽ、博奕同然之御仕置、

第一一項

一同宿いたし候もの　　過料三貫文

但、右同斷、

第一二項

一三笠附點者同金元并宿
一博奕打筒取并宿　　　　訴出候者、同類たりといふ共其科を被免、御褒美、銀貳拾枚
一取退無盡頭取并宿
　但、句拾札賣等を訴出、其手筋にて右之もの共を捕候ハ丶、金五兩又ハ三兩御褒美可被下事、
第一三項
一仲ケ間之もの江金子合力之偽と申、博奕を催し、合力金之内内證にて自分も配分取候もの、遠嶋
　但、博奕催し候世話ハ不致候得共、合力金貰候もの、中追放、
第一四項
一三笠附博奕打取退無盡之儀、町内名主五人組等訴出候ハ丶、當人并家主ハ、御仕置申付、地主は地面不及取上、急度叱り、宿之兩隣五人組名主一町内のもの不及咎、
　但、在方も右同斷、
第一五項
一都而三笠附博奕打取退無盡御仕置一件之内遠嶋もの、五ケ年過御赦有之節、御免之儀可相伺事、
　但、所拂以上之御仕置ものも、博奕一通ニ候ハ丶、右同然ニ相伺可申事、
第一六項
一廻り筒にて博奕打候もの　　　　　　　過料
　但、三度以上廻り筒いたし候もの、中追放、
幕府の処罰に関しては、石井良助氏が詳細に紹介している(238)。ここでは、その記述をも参考にして、幕府

の処罰に関して述べることにしたいと思う。

『公事方御定書』第五五条には、「三笠附、博奕打、取退無盡御仕置之事」という題がつけられているが、本条中では、なお「輕キ懸ケ之寶引、よみかるた打候もの」についても規定されている。すなわち、同条にみえる博奕の種類には、「三笠附」、「博奕」、「取退無盡」、「寶引」、「よみかるた」がある。以下、これら各々について述べることとする。

「三笠附」は、江戸時代において広く行われたが、その内容及び方法は大きな変遷を示している。貞享（一六八四〜一六八八）の頃に、「前句附」ということが行われた。これは俳諧の宗匠が下の句を一句出して、多くの人に上の句をつけさせ、これに甲乙の点をつけ、点の高下によって、品物または金銀を賞として与えるものである。

しかし、下の句に対して、上の句をつけるのは難しいというので、やがて宗匠より上の句の初めの五字を出して、次の七字五字を諸人につけさせることが行われるようになった。これを「三笠附」または「冠附」という。

ところが、下の句を考えるのも面倒だろうというので、宝永の末より正徳にかけて、冠の五字を三つ出して、三つの冠に、おのおの七字、五字をつけて勝負を争わせることが行われた。ただし、七字、五字を新たにつけさせるのではなく、「三笠附」の題一つに対して、出題者の方で下の句を二十一書きつけて出し、その中のどれが秀句であるかをあてさせるのである。

その後享保（一七一六〜一七三六）になると、五字の冠も出さず、下の七字五字の句を示すこともやめて、ただ数の文字を封じて、賭け手はただその数を考えて札を入れ、その数のあたっているのを勝ちとすることになった。ここにおいて、「三笠附」は純然たる博奕となったが、名前だけは依然として「三笠附」と呼ばれていた。

『公事方御定書』にみられる「博奕」とは、狭義の博奕ともいい得るもので、通常「さいころ」を用いた博奕のみを意味する。

ところで、江戸時代には、「さいころ」のことを「さい」と呼び、賽、塞、采、骨子、骰子等とも書き、江戸幕府の公文書では、ふつう賽または塞という文字を用いた。賽を用いる博奕にも、賽の数によって、一つ賽、二つ賽、三つ賽、四つ賽、五つ賽の別があるが、もっとも普通のものは、一つ賽の「チョボ一」と二つ賽の「丁半」である。

「チョボ一」は、賽を入れる筒を取る者である筒取と、金をかける人である張子とが勝負を争うものである。「チョボ一」の賭場には、数字を書いた白紙を置き、張子は、自分の賭けようとする数の上に賭け金を置く。そして、定められた人が賽を一個投げて、その上部に出た目の数と同じ数に金を賭けた者が勝ちとなる。

一方、「丁半」では、賽を一つまたは三つ用いることもあるが、ふつうは二つである。この二つの賽の上部に出た目を合わせて、その数が奇数（半）であるか、偶数（丁）であるかによって勝負を決めるのである。この博奕には、「チョボ一」の場合のような、張子と勝負を争う筒取はいない。張子どうしが争うのである。しかし、賭場を開帳して、寺銭を収得する者はいるので、これを親とか親分とかいう。「丁半」にも筒取の語を用いることがあったが、この場合の筒取は親分の意味である。

次に、「取退無盡」について述べる。本来、通常の無盡では、当せん人も、満会、すなわち加入者の数だけの会合が行われるまで、毎回所定の懸け金をなすべきであったが、「取退無盡」では、落札または当せんによってある講会の懸け金を受け取ると、講を脱退して、そのあとの懸け金が免除されるのである。これは純然たる賭博であるので、『公事方御定書』はこれを禁止していたのである。

次に、『公事方御定書』で「輕キ懸ケ」と規定されている「寶引」、「よみかるた」について述べることとする。

「寶引」とは、元来、たくさんの紐の端にいろいろな物品を結び付けて、他方の端の糸をとらせて、その糸につらなっている品物を与える遊技であった。そして、料金をとって、賭博的にこれを行ったものが、法令の禁止した「寶引」なのであった。

「よみかるた」の「よみ」すなわち読むは数えるという意味である。つまり、「よみかるた」は、数よみのかるたである。かるたを切りまぜて手合わせの四人に九枚ずつ配り、親から順に、手持ちの札を、一、二、三とか四、五、六というように続いた札を場に出して、早く打ち切った者が勝ちになる。『公事方御定書』は、このような「よみかるた」をもって、賭博用のかるた遊びを代表させていたと考えられる。

ちなみに、『公事方御定書』第五五条は、主なものをあげているのであって、これ以外の博奕を罰しないということを意味しているわけではない。これ以外の博奕は、その内容の類似性によって、前述の博奕のいずれかの規定を類推してこれを処罰したのである。

『公事方御定書』の規定と『博奕改革刑』の規定を比較してみた場合、『博奕改革刑』においては、諸士、陪臣、門屋借・台所借・名子借、出家沙門、禰宜神主、町家、百姓、諸士御呵格帳之者の各身分に分類してそれぞれの身分ごとに処罰を規定している点が、『公事方御定書』の場合と異なる。近世では、身分秩序と法秩序とが不可分の関係にあったのであるから、この『博奕改革刑』の規定のしかたは、当時の社会体制にふさわしいものということができると思われる。ここに、『博奕改革刑』を当時の社会の実態になじむ刑法典とし、そうすることによって、その実効性を確保させようとした米沢藩の姿勢がみられると考えられる。

一方、『公事方御定書』の規定においては、博奕の種類を三笠附、狭義の博奕、取退無盡、寳引、よみかるたに分けて規定しているのに、『博奕改革刑』では、「博奕」の範囲が不明確であり、『公事方御定書』にいう「輕キ懸ケ之寳引、よみかるた」も含むのかどうかはっきりしない。

そこで、当時の判例集において「博奕」の範囲がどのように扱われているかを考察することとする。『博奕改革刑』は寛政四年二月一三日に出されたのであるから、寛政三年から天保七年までの判例を収録している『中典類聚』が「博奕」の範囲をどのように捉えているかが参考となる。

『中典類聚』の凡例(239)においては、第三七条において「賭ノ勝負トハ、宝引浮字等本博奕ニ非ス、都テ金銭ヲ以テ賭致シタルヲイフ」と述べている。したがって、米沢藩の博奕の分類には「本博奕」と「賭ノ勝負」の区別があることがわかる。「本博奕」は、「さいころ」を用いた博奕を意味すると考えられる。そして、凡例から少なくとも「宝引」及び「浮字」が「賭ノ勝負」に分類されていたことがわかる。さらに、『中典類聚』の小項目「賭之勝負」に収録されている判例をみてみると、「歌かるた」、「折葉」、「なんこ」、「賭之将碁」も「賭ノ勝負」に分類されていることが判明する。このことから、この「賭ノ勝負」が『公事方御定書』でいう「軽キ懸ケ」と重複する概念ではないかと考えられる。しかし、この「賭之勝負」という小項目の中に出てくるものでも、「博奕」という小項目の中に出てくる場合もあるし、「賭之勝負」という小項目は、「博奕下」という大項目に属しており、『中典類聚』上、単に「博奕」といった場合、「本博奕」だけではなく「賭ノ勝負」に分類される博奕をもさすと考えるのが妥当であると思われる。以上のことから、『博奕改革刑』でいうところの「博奕」には、『公事方御定書』でいうところの「懸ケ」も含まれると考えられる。

本稿においては、用語を統一するために、「狭義の博奕」という場合は、『中典類聚』でいう「本博奕」、『公事方御定書』でいう「博奕」を意味することとし、それは、「さいころ」を用いた博奕である。「広義の博奕」という場合は、『中典類聚』でいう「賭ノ勝負」、『公事方御定書』でいう三笠附、取退無盡、「輕キ懸ケ」等を含む。本稿において、単に「博奕」という場合は、通常は「広義の博奕」のことを意味している。

ちなみに、米沢藩でも三笠附が取り締まりの対象となっていたことは、『中典類聚』には処罰例がないが、本稿で後に論じる『御呵附引合』の判例や『御代々御式目』の規定を検討していくことにより明らかとなる。

なお、すでにいくつかの賭博については、『公事方御定書』の規定に関連して、どのような賭博であったのかを述べた。しかし、それら以外で、米沢藩の賭博としてあげた「歌かるた」、「折葉」、「なんこ」、「賭之将碁」、「浮字」について述べておきたいと思う。

「歌かるた」は、数よみのかるたである「よみかるた」とは違い、いろはかるた、俳句かるた等古くよりあるかるたである。このかるたも賭博的に用いられることがあった。

「折葉」は、「折羽」と同じで、双六の打ち方の一つである。一二個ずつの駒を用い、二つの賽を竹筒に入れて振り出し、出た目の数だけ駒を取り合い、多く取った者が勝ちとなるのである(240)。

「なんこ」は、五、六人で手合わせるもので、一人につき銭一文より五文までと定めて、各人が銭を握り、全部の人が握っている銭が何文かを当てる賭博である。例えば、最初の人が銭一文を握り、他四人のうち、一人は二文、残り三人は三文ずつ握っていたとすれば、一二文に賭けた者が当たったわけで、勝者は定めの銭をめいめいから取るのであって、歩きながらもできる賭博であった。

「賭之将碁」は、将棋や碁が賭博の目的のために利用される場合である。わざわざ「賭之」とことわっていることから、将棋や碁は、賭博以外の目的で行われる方が一般的であったと思われる。

なお、「浮字」については、石井良助氏が紹介している「水びたし」という賭博がこれにあたるのではないかと思われる。以下にその部分を引用することにしたい(241)。

水びたしというのもありました。これは、板に、いろはにほへ、の六字を書いて六つに仕切っておき、その上に金を張らせるもので、勝負は右の六字を名《みよう》ばんで一字ずつ紙に認めて干して、字が見えぬ白紙にしておき、これを水鉢に入れて、はじめて字の現われたものにチョボ一の割合で銭を渡すもので、往来辻などで行なった博奕です。

第三節　『博奕改革刑』の実効性

ところで、『博奕改革刑』では、博奕の種類の分類はしないで、身分を厳格に分類してしまったために、実際には様々な形態においてなされる博奕の裁判において『博奕改革刑』の規定をそのまま適用することが困難となってしまった。

ある藩において、同時期の刑法典と判例集が両方とも残存している場合に、当時実際にどの程度刑法典にもとづいて判決がなされていたかを明らかにすることは、刑法典の実効性という点において極めて重要な問題であると思われる。しかし、刑法典が残存していても判例集が残されていなかったり、逆に、判例集が厖大すぎて刑法典との差違が容易にわからなかったりして、この点の解明は、多くの場合困難が伴うように思われる。

例えば、黒瀧十二郎氏は、その著書『日本近世の法と民衆』(242)の中において、弘前藩の刑法典である『寛政律』の規定と『国日記』にみられる判例とを比較し、この問題の解明に成果をあげておられる。

黒瀧十二郎氏は、『国日記』にみられる判例を、『寛政律』の条文にそのまま該当する判例、『寛政律』の条文より重い判例、『寛政律』の条文より軽い判例の三種類に分類して考察を加えられた。これは、同時期の刑法典と判例を比較し、刑法典の実効性を検討した貴重な研究成果であり、ここで極めて簡単にではあるが、その要旨を紹介しておきたいと思う。

その結果、九九項目一七五条に及ぶ『寛政律』の項目を基準として、条文にそのまま該当する判例は一二項目にわたり、条文より重い判例は六項目で、条文より軽い判例は一項目にすぎないことが判明した。しかし、黒瀧十二郎氏は、そのことよりも、『寛政律』の九九項目のうち約七〇項目中の条文に対する判例が見あたらないことに着目されている。そして、「判例が簡略なため犯罪内容が詳細にわからないが、実際は条文に該当した場合もあったろうと推定しても、判例の見あたらない項目や条文が多いということは否定できない」とし、『寛政律』は、判例からみて実効性にかなり疑問があるとの重要な指摘をされている。

米沢藩の場合は、弘前藩の『寛政律』にあたる刑法典はなかったのであるが、『博奕改革刑』に関しては、判例との比較を行うことが可能である。ここで、寛政三年から天保七年までの判例を収録している『中典類聚』の判例と寛政四年二月一三日に出された『博奕改革刑』の条文との比較を行い、『博奕改革刑』の実効性について検討したいと思う。

第一八表は、『中典類聚』の「博奕」及び「博奕下」(「博奕上」という大項目はない。)という大項目に収録されている判例のうち、『博奕改革刑』の規定と比較するのに適した判例を抽出して、比較を行ったものである。『博奕改革刑』における区分は、諸士、陪臣、門屋借・台所借・名子借、出家沙門、禰宜神主、町家、百姓、諸士御呵格帳之者という身分の区分を設け、それぞれにおいて、博奕への関与の仕方によって宿人、筒取、平博徒に分けて処罰を規定しているので、『中典類聚』の判例から宿人、筒取、平博徒を処罰している判例を抽出して比較することにする。ただし、前述したように諸士御呵格帳之者については、この身分の検討を将来の課題として本稿では留保しているので、ここでも比較の対象から除くこと

徒罪	田地家屋敷欠所等	過料	その他	判例数	刑罰数	『博奕改革刑』における刑罰
2	3	0	0	7	12	10ケ年追払・改易・家屋敷家財欠所
9	14	0	0	32	63	7ケ年囲入・其身手道具欠所
4	1	0	1	5	6	10ケ年追払・手道具欠所
0	2	0	0	4	9	7ケ年囲入・手道具欠所
0	1	0	0	1	3	10ケ年其身欠所定価屋渡・家財欠所
0	3	0	0	8	18	10ケ年擯罰之上追払・什物之外手道具欠所
1	5	0	0	6	16	本寺法類之内江御預・7ケ年囲入・什物之外手道具欠所
0	0	0	0	1	2	7ケ年囲入・手道具欠所
0	2	0	0	3	8	10ケ年其身欠所定価屋渡・家屋鋪家財欠所
0	2	0	0	5	9	7ケ年其身欠所定価屋渡・其身之手道具欠所
0	6	1	0	7	25	10ケ年其身欠所定価屋渡・田畠家屋鋪家財欠所
0	0	0	0	2	4	10ケ年其身欠所定価屋渡・田畠家屋鋪家財欠所
0	4	0	0	6	16	7ケ年其身欠所定価屋渡・其身之手道具欠所
16	43	1	1	87	191	

第一八表

身分等・刑罰名	隠居	嫡子除	欠所	脱衣擯罰	追払	逼塞	囲入	禁足	預	定価屋渡
諸士・博奕宿	1	0	1	0	2	0	2	0	0	1
諸士・平博徒	9	1	1	0	1	1	21	0	6	0
陪臣・博奕宿	0	0	0	0	0	0	0	0	0	0
陪臣・平博徒	0	0	0	0	0	0	4	0	3	0
門屋借、台所借、名子借・博奕宿	0	0	1	0	0	0	0	0	0	1
出家沙門・博奕宿	0	0	0	7	8	0	0	0	0	0
出家沙門・平博徒	0	0	0	5	5	0	0	0	0	0
禰宜神主・平博徒	0	0	1	0	0	0	0	0	0	1
町家・博奕宿	0	0	3	0	0	0	0	0	0	3
町家・平博徒	0	0	3	0	0	0	0	0	0	4
百姓・博奕宿	0	0	6	1	1	0	0	2	2	6
百姓・筒取	0	0	2	0	0	0	0	0	0	2
百姓・平博徒	0	0	6	0	0	0	0	0	0	6
計	10	1	24	13	17	1	27	2	11	24

（注）　１判例で複数の刑罰が適用されている場合は、その数があげられている。

とする。また、該当する判例がない項目は省略してある。

同様の試みは、以前武田正氏が、「寛政の博奕改革刑について―米沢藩の場合―[243]」の中で行っておられる。武田正氏の研究は、この点の研究に先鞭をつけたものと評価することができよう。しかし、武田正氏の判例の抽出方法には疑問がある。すなわち、『中典類聚』においては、その目録の分類で、博奕については大項目として「博奕」及び「博奕下」を設けており、それらの下に両方で一四の小項目を設けている。小項目の中には、「博奕」、「博奕宿」、「筒取」、という項目があるが、武田正氏は、これらの小項目に収録されている判例を、平博徒、宿人、筒取それぞれに適用された刑罰として算入されているように思われる。しかし、「博奕」等の小項目の中にあっても、博奕以外の犯罪を犯しており、その犯罪も考慮されて処罰が決定されたと思われる事例や博奕が未遂に終わった事例等、単純に『博奕改革刑』の規定と比較するのは妥当ではない場合がある[244]。

そこで、本稿においては、小項目の名称にこだわることなく、事件の内容を吟味し、前に述べた身分ごとに、宿人、筒取、平博徒に分けて『博奕改革刑』の規定と比較することとする。

博奕以外の犯罪を犯しその分も含めて処罰されている場合、未遂の場合、再犯の場合等は比較の対象としない。また、『博奕改革刑』は縁坐、連坐に関する規定を設けているが、ここでの比較においては、縁坐、連坐については考慮せず、あくまで博奕犯本人に科せられた刑罰のみを比較対象とする。

そして、前述したように、『博奕改革刑』でいう「博奕」は広義の博奕をさすが、『公事方御定書』の「軽キ懸ケ」に該当する宝引等に対しては、実際には『博奕改革刑』の規定がそのままの形で適用されたか疑問であるので、ここでの比較に際しては、それらは比較対象としない。

なお、『博奕改革刑』の規定では、すべての身分について附加刑として財産刑である欠所が科せられているが、欠所の対象となる物を持っていない者もいた可能性があり、その場合にはこの刑は適用されないため、以下の比較ではこの欠所は対象外とする。

一　諸士の宿人について

諸士についてみてみると、『博奕改革刑』によれば、諸士で博奕宿を犯した者に対する刑罰は、「一〇ヶ年追払・改易」である。

しかし、実際に適用された刑罰は、『中典類聚』の七件の判例のうち、追払は二件しかない。また、『博奕改革刑』の規定にある改易を科している判例はみられない。

そして、追払を適用している二件の判例以外の五件の判例においては、拘束刑（囲入が二件。）及び労役刑（定価屋渡が一件、徒罪が二件。）が適用されている。

ちなみに、追払を科しているのは、次の二件の判例である。

同（寛政六年）三月廿九日[245]

一、追払　　香坂弥一兵衛足軽時田村住居
　　　　　　　　　　　　　塚田與惣

　右、博奕宿いたし候者

（中略）

同（寛政八年）〃（十二月廿二日）[246]

中山口
一、追払　本手明
真嶋弥五助

（中略）

右、夫々二而、度々博奕宿いたし候者

この二件の判例の特徴は、いずれも寛政期の判例であるということである。すなわち、諸士の宿人に対して追払を科しているのは、『中典類聚』が収録している判例の中で、初期の判例に限られるということができるのである。

また、『博奕改革刑』の規定によれば、追払の刑期は一〇年とされているが、右のいずれの判例も刑期は無期とされている。

この二件の判例の次に収録されている判例では、定価屋渡が科されている。次に、この判例を紹介することにする。

同（寛政十二年）二月十四日(247)
一、其身欠所定価屋渡　七ヶ年　御作事屋支配
妻子定価屋渡　三ヶ年　小関萬蔵
家屋敷家財欠所

（中略）

右者、弟菅林次居宅借家いたし、博奕宿いたし候者

この判例で着目すべき点は、定価屋渡の刑期が七年とされていることである。前述したように、『博奕改革刑』の規定する定価屋渡の刑期は、寛政七年一二月に軽減され、それまでの一〇年は七年となった。この判例は、寛政七年一二月以降のものであるので、刑期の点では『博奕改革刑』の規定に一致するものとなっている。

また、徒罪、囲入が科されている場合も、すべて、寛政七年一二月以降の判例であって、かつ、刑期は七年とされている。つまり、徒罪、囲入を科すこれらの判例も、刑期の点では『博奕改革刑』の規定の通りの処罰を行っている。

したがって、追払を科している二件の判例以外は、刑期の点では『博奕改革刑』の規定が守られているということができると思われる。

それにしても、どのような場合には囲入という拘束刑が適用されて、どのような場合には定価屋渡や徒罪という労役刑が適用されるのであろうか。

労役刑に関しては、定価屋渡を科した判例は右に示したので、まず、徒罪が適用されている残りの二件の判例を紹介する。

同（文化）同（二年六月廿二日）(248)　江戸家老同心下番
七ヶ年　伊藤傳右衛
一、徒罪
（中略）
右同断（右者、度々博奕宿いたし候者）

文政八年六月廿九日(249)
七ヶ年　　　　　　　　　　御本丸御門番組
一、徒罪　　　　　　　　　　新野祐次

（中略）

右者、御留守居粕谷伊津記屋守いたし、博奕宿いたし候者

次に、囲入が適用されている判例を示すこととする。

文化十二年十二月廿五日(250)
七ヶ年　　　　　　　　　　組外御扶持方廣太父隠居
一、囲入　手道具欠所　　　堀内嘉兵衛

（中略）

右者、致博奕宿候者

同年（文政七年）十一月晦日(251)
隠居之上七ヶ年　　　　　　本手明
一、囲入　　　　　　　　　高野喜助

右ハ、笹野村御林御払申請板小屋懸置、多人数打寄博奕いたし候者

これらの判例から考察してみると、徒罪を科している判例には、定価屋渡を科している判例の事例で他人の家を借りて博奕宿がなされたのと同様に、他人の家の家守がそこで博奕宿を行った事例に関するものと「度々博奕宿いたし候者」（これは、再犯ではない。一度博奕で捕らえられ、再度犯すと再犯になる。）

に関するものとがある。これに対して囲入を適用している判例の事例では、他人の家の利用や常習性がみられない。

以上の考察から、諸士の宿人の処罰は、当初は、刑期の点はともかく『博奕改革刑』が規定する追払が用いられたが、その後、判例上、刑期は『博奕改革刑』に準拠しつつ、他人の家の利用や常習性がみられる罪状が重い博奕犯に対しては定価屋渡や徒罪という労役刑を、そうではない博奕犯には囲入という拘束刑を適用することになったと考えてよいと思われる。

二　諸士の平博徒について

諸士に対する『中典類聚』の判例で筒取を処罰しているものはないので、平博徒を処罰している場合について述べることにする。

『博奕改革刑』における諸士の平博徒に対する刑罰は、「七ヶ年囲入」である。

『中典類聚』には、諸士の平博徒に対する判例は三二件あり、『博奕改革刑』の規定の通りに囲入を適用している判例は約三分の二の二一件ある。このうち二件は刑期が無期となっているが、残りの一九件はすべて定価屋渡の刑期が軽減された寛政七年一二月以降の判例で、刑期は五年である。したがって、諸士の平博徒の場合は、諸士の宿人の場合に比べると『博奕改革刑』の規定に忠実であったということができると思われる。

囲入以外の拘束刑では、逼塞を科している判例が一件ある。これは、寛政七年一二月以降の判例で、刑期は五年である。

一方、残りの判例は、一件を除いてすべて徒罪を科している。これらの徒罪を科す判例は、すべて、寛政七年一二月以降の判例で、刑期は五年である。

また、平博徒に対してであるにもかかわらず追払を科している判例も一件ある。

以上の判例の中で、特に重い処罰である追払を科している判例と無期囲入を科している判例を取り上げ、なぜそのような重い刑罰が用いられたのかを考察してみたいと思う。次に、これらの判例を紹介する。

（寛政三年）十二月廿七日(252)

中山口　二之丸御門番組塩硝御蔵守

一、追払　羽生善八

（中略）

右者、博奕相犯し候者

同（寛政）同（三年十二月廿七日(253)）

早飛脚長蔵父隠居

一、囲入　上石新右衛門

（中略）

右同断（右者、博奕相犯し候者）

文化二年六月廿二日(254)

兄江御預　長尾組左平太弟

一、囲入　鮎川九郎次郎

（中略）

右ハ、門屋圓次郎所ニ而博奕いたし候者

これらのうち最初の二件の判例に関しては、判決年月日に注目しなければならない。判決年月日の寛政三年一二月二七日は非常に微妙な時期に属する。『博奕改革刑』は、寛政四年二月一三日に出され、諸士の平博徒に対して「七ケ年囲入・其身手道具欠所」という処罰が定められていたのであるが、判決はそれ以前に出されている。しかし、天明六年の博奕を犯した者を死刑に処すべきこととした禁令を否定した郡奉行、町奉行への命令が出された寛政三年一二月三日よりは後である。

以上のことを前提とすると、この判例は、寛政三年一二月三日の命令によって死刑を科すことができなくなったが、まだ『博奕改革刑』によってどのような刑を科すべきかが定められていない時期の判例であったため、とりあえず罪の程度が重く、周囲にも害悪を及ぼす者として、米沢藩領内から追放する追払という刑罰、または、無期で囲いの中に拘束しておく刑罰が選ばれたのであると思われる。ただし、追払と無期囲入の差が何により生じたのかを説明することは、犯罪内容を示す記述が簡潔なので困難である。敢えて推測すれば、後者の犯人が隠居した者である点が考慮されたのかもしれない。

次に、右の三件のうちの最後の判例に関しては、これだけの犯罪内容に関する記述から、なぜ刑期が無期なのかを説明することは一層困難である。この判決は、『博奕改革刑』が出された後のものであるから、右の説明はあてはまらない。この場合も推測の域を出ないが、諸士に限らず平博徒に関するすべての判例で「門屋圓次郎（武家奉公人であると思われる。）所ニ而」と具体的に他人の所で博奕を犯したことを明記しているのはこの判例のみである。したがって、この部分に着目して思索をめぐらせてみると、諸士の犯人が武家奉公人の所で博奕を犯した点が問題にされ、無期とされた可能性があると思われる。

いずれにしても、これら三件の判例は特殊事情のある場合のものであるということができよう。

徒罪も九件科せられているが、やはり犯罪内容を示す記述が簡潔なので、どのような場合に徒罪が科せられ、どのような場合に囲入が科せられるのかを明らかにすることはできない。しかし、約三分の二の判例は刑期五年の囲入を科しており、諸士の平博徒に関しては、多くの場合に『博奕改革刑』の規定による処罰がなされているといってよいと思われる。

三　陪臣の宿人について

陪臣についてみてみると、『博奕改革刑』によれば、陪臣で博奕宿を犯した者に対する刑罰は、「一〇ヶ年追払」である。

『中典類聚』の比較すべき判例は五件あるのであるが、五件のうち追払を科した判例は一件もなく、そのうち四件の判例が徒罪を科しており、残りの一件は、犯人が死亡してしまったために其身手道具欠所を科している。したがって、判例法上、陪臣の宿人に対しては、徒罪が適用されるという原則が確立されていたということができると思われる。

徒罪の刑期に関しては、四件中最初の二件は、寛政八年七月二六日の判例[255]が五年、文政三年四月一七日の判例[256]が無期と一定しないが、後の天保六年三月二二日[257]、同年一二月六日[258]の二件の判例は、いずれも七年の刑期を科している。本来『博奕改革刑』では、一〇年の追払であった。この一〇年の刑期は、寛政七年一二月の規定で七年に軽減されているのであるから、天保期の刑期を七年とする二判例は、陪臣の刑罰は追払ではなく徒罪とするが、刑期は『博奕改革刑』の規定にしたがって七年とすることを示していると思われる。

四　陪臣の平博徒について

陪臣に対する『中典類聚』の判例で筒取を処罰しているものはないので、平博徒を処罰している場合について述べることにする。

『博奕改革刑』によれば、陪臣で平博徒を犯した者に対する刑罰は、「七ヶ年囲入」である。

『中典類聚』には、陪臣の平博徒に対する判例が四件あり、すべての判例において、『博奕改革刑』の規定の通りに囲入が適用されている。この囲入を科している判例は、そのうち二件の刑期は五年であるが、残りの二件の刑期は無期とされている。

まず、刑期が五年と記されている判例について述べることとする。この二つの判例は、寛政八年七月廿六日[259]の判例と文政十二年三月廿二日[260]の判例であり、いずれも七年の刑期を五年に軽減させた寛政七年一二月の措置の後の判例である。したがって、この二判例では『博奕改革刑』の規定に従った処罰がなされているということができる。

さて、刑期が無期とされている判例について論じることとする。次に、それらの判例を紹介することにしたいと思う。

同（寛政三年）同（十二月廿七日）[261]

父江御預　　千坂与市家来七兵衛嫡子

一、囲入　　富樫郡太

手道具欠所
（中略）
右同断（右者、博奕相犯し候者）
（後略）
寛政四年四月十一日[262]
竹俣組大国吉太郎家来
伊藤吉左衛門
一、囲入
（朱書）
寛政六年十二月十九日、囲を出候ニ付、中山口追払被仰付、同七年二月、帰参御免、三ヶ
年徒罪被仰付
其身手道具欠所
右者、博奕相犯し候者
（後略）

まず、一番目の寛政三年一二月二七日の判例について考察してみると、この判例が出されたのは、天明六年の博奕を犯した者を死刑に処すべきこととした禁令を否定した郡奉行、町奉行への命令が出された寛政三年一二月三日よりは後であるが、『博奕改革刑』が出された寛政四年二月一三日よりは前である。したがって、この判例は、寛政三年一二月三日の命令によって死刑を科すことができなくなったが、まだ『博奕改革刑』が制定されていなかったため、はっきりとした処罰が定まっていなかった時期のものと思われる。

ところで、このようなことは、前述したように諸士の平博徒の場合にもみられた。その際は二件の判例の中の一件において無期囲入が適用された。ここで論じている判例でも、同様な理由で無期囲入という重い処罰がなされていると思われる。

次に、二番目の寛政四年の判例についてみれば、刑期は言い渡されてあったのかもしれないが、結局、三年もしないうちに逃げ出してしまい、刑期は結果的に守られなかったため、記載されなかったのではないかと考えられる。

なお、この判例で注目すべきもう一つのところは、朱書きの部分である。ここでは、囲いから逃げ出して、中山口追払に処せられた後、帰参御免となって、三ヶ年徒罪に処せられており、囲入よりも徒罪の方が重い刑罰に位置付けられていることがここに示されていると思われる。この結果は、諸士の宿人について罪状が重い博奕犯に対しては定価屋渡や徒罪という労役刑を、そうではない博奕犯には囲入という拘束刑を適用することにしていたのと合致する。

以上の考察の結果、陪臣の平博徒については、一般的な場合には『博奕改革刑』の規定の通りの刑期で囲入が適用されている。

五　門屋借・台所借・名子借の宿人について

『博奕改革刑』における門屋借・台所借・名子借の宿人に対する刑罰は、「一〇ヶ年其身欠所定価屋渡」である。門屋借等の宿人に対する判例は一件あり、その判例が「其身欠所定価屋渡」を科している。この判例の処罰は、刑種の点では『博奕改革刑』の規定に合致しているが、刑期は無期とされている。そこで、この判例を以下に引用し、無期とされた理由を考察してみたいと思う(263)。

同(文化)同(二年六月廿二日)

組外佐藤常次門屋借平右衛門子

一、其身欠所定価屋渡

栄吉

其身手道具欠所

(中略)

右同断(右者、度々博奕宿いたし候者)

この判例を検討してみると、「度々博奕宿いたし候者」という点が刑を重くさせ、無期とされる原因となったと考えられる。

門屋借・台所借・名子借の宿人についての事例はこの一件しかないのであるが、もし、一回の博奕宿しかなされなかったとしたら、刑期は、寛政七年一二月以前では一〇年、以後では七年とされたのではないかと思われる。

なお、門屋借・台所借・名子借に対する『中典類聚』の判例で筒取、平博徒を処罰しているものはない。

六　出家沙門の宿人について

『博奕改革刑』においては、出家沙門の宿人に対する刑罰は、「一〇ヶ年擯罰之上追払」である。一方、出家沙門の宿人に対する判例は八件あるが、八件すべてが追払を科している。また、その中の七件の判例において脱衣擯罰が適用されている。『博奕改革刑』の条文上は「擯罰」なのであるが、そもそも、博奕犯も含めて『御呵附引合』、『中典類聚』、『御裁許鈔』の三判例集の全判例で「擯罰」という刑罰は一件も科せられていない。したがって、実際の判例では出家沙門の宿人に脱衣擯罰が科せられていることを考慮すれば、『博奕改革刑』でいうところの「擯罰」は、脱衣擯罰のことであると考えられる。

犯罪内容の記載が簡潔であるため、一件だけある追払のみを科す判例の脱衣擯罰を科さない理由に関しては不明であるが、全体的にみれば、出家沙門の宿人に対する刑罰は、その種類に関していえば、『博奕改革刑』の規定に忠実だということができると思われる。

しかも、諸士の宿人の場合とは異なり、追払を適用しているのは寛政期といった『中典類聚』上の初期の判例に限られていない。次に紹介するように、天保期の判例においても、追払が適用されていた。(264)

天保六年十月二日

脱衣擯罰之上中山口　　上小松村本山派修験南善院

一、追払　　清奠

其身手道具欠所

（中略）

右者、博奕宿いたし候者

（後略）

このように、追払と脱衣擯罰が科せられているが、刑期に関しては、『博奕改革刑』では擯罰之上追払の刑罰が一〇年とされていたのにもかかわらず、ここで紹介した判例も含めて、刑期を定めた判例が全くなく、無期の擯罰之上追払が科せられている。一般的には、寛政七年一二月の規定で刑期が軽減されていることを考え合わせると、米沢藩は出家沙門の宿人に対して極めて厳しい姿勢で臨み、原則として脱衣擯罰と追払を無期で適用する判例法が形成されていたということができると思われる。
それでは、出家沙門の平博徒の場合はどうであったであろうか。次に、この点を考察してみることにしたいと思う。

七　出家沙門の平博徒について

出家沙門に対する『中典類聚』の判例で筒取を処罰しているものはない。そこで、ここでは、出家沙門の平博徒に関する判例について考察することとする。

『博奕改革刑』においては、出家沙門の平博徒に対する刑罰は、「本寺法類之内江御預・七ヶ年囲入」である。一方、『中典類聚』において出家沙門の平博徒に対する判例は六件あるが、そのうち五件すべてが追払を科している。また、そのすべての判例において脱衣擯罰が適用されている。

ちなみに、追払が科せられていない一件においては、徒罪が適用されている。この判例は、次の通りである。(265)

同（天保六年）同（十月二日）　同村（上小松村）羽黒派修験蓮性院

五ヶ年

一、徒罪　忌掛一類自分遠慮　高隆

本寺法類五人組慎五日

右同断（右者、博奕相犯候者）

追払を科している他の五判例も事件内容については、全く同じ「博奕相犯候者」であり、事件内容に処罰の差の原因を求めるのは困難である。しかし、出家沙門の身分には、明確な差違が見出される。すなわち、徒罪を科された者だけが修験なのである。他の判例における処罰者は、「広奉寺」[266]、「竜徳寺」[267]、「覚松寺」[268]、「□□寺」[269]、「赤湯寺」[270]であって、いずれの場合も修験ではない。

出家沙門の宿人に対する処罰の場合は、修験に対する特別扱いはみられず、本稿で紹介した天保六年一〇月二日の判例においても修験の宿人に対して無期の追払が適用されている。

しかし、平博徒の場合だけであっても、なぜ修験だけが軽い処罰となったのかは検討されなければならない。

私は、寺請制度の下で民衆支配に重要な役目を果たした寺院とそのような役目をもたなかった修験との江戸時代における機能の差が、修験に一般的な寺院の僧より軽い刑罰が適用されている理由であると考える。修験に徒罪を科す判例では、刑期は五年となっており、寛政七年一二月に軽減された後の『博奕改革刑』の刑期が採用されている。なお、宿人の場合は、その犯した罪の重さが考慮されて、修験故に軽く処罰されることがなかったのであろうと思われる。

さて、修験以外の出家沙門に対する刑罰について検討すると、前述したように「本寺法類之内江御預・七ヶ年囲入」という『博奕改革刑』の規定にしたがった判例は一件もない。また、実際の判例においては、脱衣擯罰及び追払という刑罰が、すべて無期で科されており、『博奕改革刑』の規定より厳しい処罰が適用されており、判例上、出家沙門に関しては、宿人に対する処罰と平博徒に対する処罰は区別していないと思われる。

以上の点をまとめると、修験に関しては、宿人に対する処罰と平博徒に対する処罰で差違があるが、修験以外に関しては、米沢藩は出家沙門に対しては、宿人に対する処罰と平博徒に対する処罰を区別せず、原則として脱衣擯罰と追払を無期で適用する判例法が形成されていたということができると思われる。

八　禰宜神主の平博徒について

禰宜神主に対する『中典類聚』の判例で、宿人や筒取を処罰しているものはないので、平博徒を処罰している場合について述べることにする。

『博奕改革刑』における禰宜神主の平博徒に対する刑罰は、「七ヶ年囲入」である。この刑罰は、ほぼ出家沙門に対する刑罰と同じである。そうであるとすると、禰宜神主の平博徒に対しても、出家沙門の場合と同様に、判例は追払を科しているのではないかと想像されるが、実際の判例はどうであったろうか。

『中典類聚』の判例には、禰宜神主の平博徒に対する判例は、一件しかない。その判例は、次の通りである。(271)

同（文政）十一年三月十九日　東町西宮社人

五ヶ年　梅津左近

一、欠所定価屋渡

右ハ、博奕相犯候者

この判例における処罰は、『博奕改革刑』に規定されている囲入とはもちろん、出家沙門に一般的に適用された追払とも異なる。ただし、修験に対する処罰とは、労役刑を科している点と刑期が五年である点が一致する。また、この判例は、寛政七年一二月以降の判例であるので、五年という刑期は、刑期の点では『博奕改革刑』の規定に従ったものであるということができる。

それにしても、『博奕改革刑』の規定では、出家沙門の平博徒と禰宜神主の平博徒ではほとんど同じ処罰が規定されているのに、実際に適用された判例では、禰宜神主の平博徒に対する処罰は、修験以外の出家沙門に対する処罰とは著しく異なる。

この差違が生じた理由も、私は、以前に修験の処罰が軽減されている理由として論じたのと同様であると思う。すなわち、ここでも寺請制度の下で民衆支配に重要な役目を果たした寺院とそのような役目をもたなかった神社との江戸時代における機能の差が理由となっていると思われる。

九　町家の宿人について

『博奕改革刑』においては、町家の博奕宿に対する刑罰は、「一〇ヶ年其身欠所定価屋渡」である。町家の宿人に対する判例は三件あり、すべての判例が其身欠所定価屋渡を科している。

これらの判例の刑期は、三件とも七年となっており、いずれもが寛政七年一二月以降の判例である。したがって、町家の宿人に対する判例の処罰は、『博奕改革刑』の規定に合致するものであると思われる。

一〇　町家の平博徒について

町家に対する『中典類聚』の判例で、筒取を処罰しているものはないので、平博徒を処罰している場合について述べることにする。

『博奕改革刑』における町家の平博徒に対する刑罰は、「七ヶ年其身欠所定価屋渡」である。

これに対して、町家の平博徒に対する判例は五件あり、そのうちの四件が其身欠所定価屋渡を科しており、残りの一件が其身手道具欠所を科している。

まず、其身手道具欠所のみが科されている判例からみてみることにしたい[272]。

同（文化二年）同（六月廿二日）　免許町左源次子

一、其身手道具欠所跡無御構　清五郎

（中略）

右者、博奕相犯し吟味中病死之者

すなわち、犯人が吟味中病死したため、其身手道具欠所が科せられたのである。

次に、『博奕改革刑』に定められている其身欠所定価屋渡を科している判例における刑期は、七年が一件、五年が二件、一年が一件となっている。

このうち、刑期が七年とされた判例[273]は、寛政五年二月四日に出されており、この時期は、まだ、定価屋渡の刑期を軽減した寛政七年一二月の措置よりも前の時期であるから、七年は『博奕改革刑』が定める刑期である。

次に、刑期が五年とされた判例は、文政六年正月二二日[274]と天保六年一二月六日[275]に出されており、この時期は寛政七年一二月以降であるので、これらの刑期も『博奕改革刑』の規定と合致するということができる。

ところが、刑期が一年というのは、あまりにも短すぎる。いったいどのような理由で刑期がこのように短くなったのであろうか。以下に、刑期を一年とする判例を紹介することにしたいと思う[276]。

同（天保四年）同（十月八日）　　　　　　　　　　南町　藤蔵

改而壱ヶ年

一、定価屋渡

右者、博奕人数ニ加り候者

但、右博奕ニ付而、落札火付等有之候義聞繕、真切ニいたし候功を以如右

この判例では、「其身欠所定価屋渡」ではなく、単に「定価屋渡」と記されているが、「定価屋渡」自体「欠所奉公」と称されることがあるのであり、両者は同じ刑罰であると思われる。

さて、右の判例においては、「藤蔵」が「落札火付等」があるのを聞き繕い、「真切」にしたという功績によって、刑罰が軽減され、刑期が一年と短くなったと考えられる。特殊事情のある場合の判例であるといえる。

以上の考察から、町家の平博徒に関しては、『博奕改革刑』の規定に従った処罰がなされているということができる。

一一　百姓の宿人について

百姓についてみてみると、『博奕改革刑』によれば、百姓で博奕宿を犯した者に対する刑罰は、「一〇ヶ年其身欠所定価屋渡」である。

『中典類聚』において比較すべき判例は七件あり、七件のうち欠所定価屋渡が五件あり、残りの二件は、禁足・預等が科されている。そこで、『博奕改革刑』の規定とは異なる刑罰を用いているこれら二件の判

例について検討したいと思う。次の判例がそれである。

文化元年五月八日[277]

村方江御預過料銀百目　中津川村又兵衛父

一、禁足　五ヶ年　又内

（中略）

右者、宿料ニめ《（ママ）》て博奕宿いたし候者

但、老人付、御慈悲を以右之通被仰付

文化十三年十二月四日[278]

村方江御預十七ヶ月　大塚村

一、禁足　安兵衛

（中略）

右者、宿を借し、博奕いたし、翌朝宿銭を取候者

但、八十歳之老人ニ付、御慈悲を以如右

右の判例から明らかなように、百姓の宿人に禁足・預等を科す判例は、犯罪者が「御慈悲」の対象となる高齢者であるという特殊な事情が存した場合のものであった。

外の五件は、欠所定価屋渡を科している点では、『博奕改革刑』に忠実であるといえるが、問題は刑期である。この五件の判例の刑期を表にしたのが次の第一九表である。

まず、寛政三年一一月二七日の判例で無期とされたのは、寛政四年二月一三日に『博奕改革刑』が出さ

第一九表

年月日	刑期
寛政三年（一七九一）一一月二七日	無期
寛政五年（一七九三）一二月一一日	七年
寛政六年（一七九四）八月一九日	一〇年
寛政一〇年（一七九八）九月六日	七年
文政七年（一八一八）四月二七日	七年

れる前の判例であったからと考えることができる。

ただし、この判例は、天明六年の博奕を犯した者を死刑に処すべきこととした禁令を否定した郡奉行、町奉行への命令が出された寛政三年一二月三日よりもさらに前のものである。したがって、本来であれば死罪となるはずであり、無期という重い刑が科せられてはいるが、天明六年の禁令は適用されていない。したがって、『博奕改革刑』以前の博奕死刑制は、はたして実効性を有していたのかという疑問が生じる。この問題を考察するためには、『中典類聚』より前の『御呵附引合』の判例を検討しなければならない。そこで、別に第四節を設けてこの問題の解明を試みることにしようと思う。

寛政五年一二月一一日の判例が刑期を七年としている点は、定価屋渡の刑期が軽減されたのは寛政七年一二月であったので、『博奕改革刑』の規定より軽い刑罰が科せられている。

これに対して、寛政六年八月一九日の判例は、刑期軽減前の『博奕改革刑』の刑期である一〇年を採用している。

なぜ、寛政五年一二月一一日の判例の刑期が七年であったのかは、犯罪内容を示す記述が簡潔であるため不明であるが、刑期軽減後の判例では、二件の判例とも一〇年が軽減された七年という刑期が用いられている。

以上の考察から、百姓の宿人に関しては、基本的には『博奕改革刑』の規定に従った処罰がなされているということができる。

一二　百姓の筒取について

『博奕改革刑』における百姓の筒取に対する刑罰は、「一〇ヶ年其身欠所定価屋渡」である。

これに対して、百姓の筒取に対する判例は二件あり、両方とも其身欠所定価屋渡を科している。また、刑期の点についても、二件とも文化期の判例であって、刑期軽減後の『博奕改革刑』の刑期である七年が用いられている。

以上のことから、百姓の筒取に関しては、『博奕改革刑』の規定の通りの処罰がなされているということができると思われる。

一三　百姓の平博徒について

『博奕改革刑』における百姓の平博徒に対する刑罰は、「七ヶ年其身欠所定価屋渡」である。

一方、『中典類聚』の判例では、百姓の平博徒を処罰しているものは六件あり、そのうちのすべての判例が欠所定価屋渡を科している。したがって、刑種の点では『博奕改革刑』の規定に合致している。

次に、刑期について表にすると、第二〇表のようになる。

右の表から明らかなように、定価屋渡の刑期が軽減された寛政七年一二月を境として、刑期が明瞭に七年から五年へと変化している。

以上のことから、百姓の平博徒に関しては、『中典類聚』の判例は『博奕改革刑』の規定に忠実であるということができると思われる。

第二〇表

年月日	刑期
寛政五年（一七九三）一二月一一日	七年
寛政六年（一七九四）八月一九日	七年
寛政八年（一七九六）一〇月三日	五年
文政四年（一八二一）一二月廿七日	五年
天保二年（一八三一）五月八日	五年
天保四年（一八三三）一〇月八日	五年

一四　刑法典『博奕改革刑』と判例集『中典類聚』の関係

以上、『博奕改革刑』の規定と『中典類聚』の判例との関係について考察してきた。諸士、陪臣、門屋借・台所借・名子借、出家沙門、禰宜神主、町家、百姓のそれぞれの身分について、犯罪形態を宿人、筒取、平博徒に分けて比較したわけであるが、その結果、この刑法典と判例との関係が明らかになってきた。

諸士の宿人の処罰には、当初は『博奕改革刑』が規定する追払が用いられたが、刑期は規定より重い。その後、刑期は『博奕改革刑』に準拠しつつ、判例上、他人の家の利用や常習性がみられる罪状が重い博奕犯に対しては定価屋渡や徒罪を、そうではない博奕犯には囲入が適用されることになった。しかし、平博徒に関しては、多くの場合に刑種も刑期も『博奕改革刑』が規定する刑罰が適用されている。

陪臣については、宿人の場合は、『博奕改革刑』が規定する追払を科している判例は皆無で、判例上、刑種は徒罪が適用され、刑期は天保期になると『博奕改革刑』の規定に従って適用されることとなった。また、平博徒に関しては、刑種も刑期も『博奕改革刑』の規定通りの処罰がなされている。

門屋借・台所借・名子借の宿人については、刑種の点では『博奕改革刑』の規定に従った処罰がなされている。刑期は『博奕改革刑』の規定よりも重いが、特殊事情のある場合に関する判例の一件しか『中典類聚』に収録されていないので、通常の場合は、『博奕改革刑』の規定する刑期が用いられることとなったのではないかと思われる。

出家沙門の宿人に関しては、ほぼ『博奕改革刑』の規定通りの刑罰を科しているが、刑期に関しては、『博奕改革刑』が規定する一〇年ではなく、判例上無期とされることが定着していた。一方、平博徒に関しては、『博奕改革刑』の規定とは異なり、判例上脱衣擯罰と追払が無期で適用されていた。ただし、修験の場合は処罰が異なっていた。

禰宜神主の平博徒については、『博奕改革刑』の規定とは異なり、欠所定価屋渡が科されている。ただし、刑期の点は『博奕改革刑』の規定の通りである。

町家については、宿人の場合も、平博徒の場合も、刑種も刑期も『博奕改革刑』の規定に従った処罰がなされている。

百姓の宿人に関しては、概ね刑種も刑期も『博奕改革刑』の規定に従った処罰が科せられている。また、百姓の筒取、平博徒に関しては、刑種も刑期も『博奕改革刑』の規定通りの処罰がなされている。

以上の論述より明らかなように、全体的にみれば『博奕改革刑』の規定は、概ね守られているといってよいであろう。そして、さらに本稿における考察結果で注目すべき点は、『博奕改革刑』の規定通りの処罰がなされていない身分・博奕犯の形態についても、判例上、一定の処罰のルールが確立されていたことである。

すなわち、『中典類聚』収録の判例の時代に、博奕犯の処罰は、『博奕改革刑』の規定、判例法の両方によって、適用刑罰が確定されていたと考えられる。このことは、大変大きな意味をもち、『中典類聚』の

第二一表

項目	判例数
博奕を犯し、他の犯罪を犯す。	八六件
右の内、博奕渡世をしていた事例。	一三件
博奕は犯していないが、博奕に関連する事例は左の通り。	
博奕御呵中に他の犯罪を犯す。	四三件
博奕犯を支援する。	一八件
博奕犯をゆする。	二五件

(注)右の表は、『御裁許鈔』で博奕がからむ犯罪を犯した者を処罰する一九八判例から各項目に該当する判例を計上したものである。一つの判例が複数の項目に該当する場合もある。

後に作られた『御裁許鈔』では、『御呵附引合』にも『中典類聚』にもある博奕に関する項目がなくなっているが、このことは博奕犯の処罰に関して、新たに判例集を編纂する必要がない程、事件ごとの適用刑罰が確定されていたと考えられる。

私は、右に述べたような考察を通して、この見解に達したのであるが、武田正氏も『御裁許抄』に「博奕」という項目がないことについて、私の右の結論と同様の見解を述べている[279]。

ただし、博奕が行われなくなったわけではない。『御裁許鈔』でも、『博奕改革刑』の規定が直接適用できない博奕と他の犯罪とが合わさった事件についての処罰をした判例は、後の参考となるように収録されている。ただし、『御裁許鈔』には、博奕を犯したことのみを処罰する判例は収録されていない。ちなみに、『御裁許鈔』で博奕がからむ犯罪を犯した者を処罰する全判例を表にしたのが第二一表である。

この表のうち、博奕と他の犯罪とを合わせて処罰した判例は、八六件となっており、『御裁許鈔』が収録する判例の時代においても引き続き博奕が流行していたと思われる。そして、そのことを裏付けているように、博奕御呵中に他の犯罪を犯した事例や博奕犯を支援したり、ゆすったりした事例が数多くみられる。

第四節　『御呵附引合』にみられる博奕犯処罰

前節で、私は、『博奕改革刑』以前の博奕死刑制は、はたして実効性を有していたのかという疑問があると指摘した。以前に引用した天明六年四月二二日の命令に「明和六年中被仰出候通、死罪ニも可被仰付候」と述べられているが、すでに天和三年（一六八三）七月一二日に、博奕を犯した者には死罪をもって臨むこととする命令が発令されている。したがって、本節では、寛政三年一二月三日の博奕犯処罰方針転換以前の米沢藩の博奕死刑制の伝統的方針である博奕死刑制が、いかなる実効性を有していたのかを考察することとする。

本節ではこの問題を考察するために、『中典類聚』よりも前に作られた『御呵附引合』の判例を考察の対象として、博奕死刑制の実効性について検討してみたいと考える。

ところで、『御呵附引合』において、「博奕」という項目には、判例が二一件しかない。『中典類聚』にある同種の判例が二九六件（但し、この件数は、身分が不明の場合や再犯の場合等、前節で検討対象から外している判例も含んだ数である。）であるから、わずかにその七・一パーセントしかない。しかし、この数字には大きな意味はない。なぜならば、両判例集は、その収録判例数を異にするからである。

そこで、博奕の項目に分類された判例の両判例集に占める割合をそれぞれ調べてみると、『御呵附引合』では一・七パーセント、『中典類聚』では九・五パーセントである。

この数字は、『御呵附引合』が対象とするほぼ寛永期から天明期の期間に対して、『中典類聚』が対象とするほぼ寛政期から天保期の期間に、様々な犯罪の中でいかに博奕が占める割合が増加したかを示していると考えられる。

さて、博奕死刑制の実効性であるが、『御呵附引合』の「博奕」という項目にある全二一判例を一覧表にしたものが、第二二表である。

この表で注目すべきなのは、二一件中生命刑を科した判例が一三件あることである。『中典類聚』では、二九六件の判例のうち生命刑を科した判例が一件もない。したがって、博奕死刑制が一定の実効性を有していたことは疑い得ないと思われる。

しかし、博奕死刑制下においても、生命刑を科さずに、領外追放刑を科す判例（三件）、拘束刑を科す判例（三件）、身分刑を科す判例（一件）がある。

それらの判例で生命刑が科されなかった理由について考察してみると、第一に、処罰された者本人が博奕を犯したのではないという理由をあげることができる。しかし、本人が博奕を犯した場合もあるのであって、第二の理由として、前述のように天明六年の禁令以前にも、米沢藩では博奕死刑制に関する複数の禁令が出されていたにもかかわらず、実際の違反者に対する処罰は、時代によって異なっていたのではないかと思われることをあげることができる。

まず、第二二表からもわかるように、見物していただけの場合や、家来や自分の組に所属している組子の諸士が博奕を犯した場合には、次のように生命刑は科されていない。

次の判例が、見物していただけの場合のものである。(280)

追払　　色部又四郎召仕
　　　　　福右衛門

延宝七年九月、博奕之場江罷出、見物仕付而、右之通

次の二判例のうち、前者は主人が家来の博奕に関して責任を問われたものであり、後者は組頭が組子について同様の責任を問われたものである。

主水町屋敷(281)　　竹俣組
長屋共御取上　　平林與八郎

右者、主水町屋敷長屋ニ差置家来、博奕之宿致、不取〆之儀ニ付、同年（安永八年）八月六日、右之通

　　　　五十騎宰配頭
慎(282)　　小沢五郎兵衛

右者、支配下穴沢助右衛門博奕宿致候處、益々不行跡風聞承候者、扱方〆可有之所、疎成心ゟ士列を穢候悪事ニ為及候ニ付、同年（安永八年）八月六日、右之通

これら三件の判例のうち、見物していただけの場合の判例では、生命刑こそ科されていないものの、追払という重い刑罰が適用されているが、外の二件の判例では、軽い刑罰が用いられている。また、見物していただけの場合の判例は、『御代々御式目』の中で最初に博奕死刑制を採用することを明らかにした天和三年（一六八三）七月一二日の命令以前の延宝七年（一六七九）九月の判例である点にも注意しなければならない。

追払	入牢	囲入	慎	預	田地家屋敷欠所等	計	生命刑以外	犯罪内容
1						1	1	見物
						1		平博徒
						1		平博徒
						1		平博徒・宿人・行跡不宜
						1		博奕頭取・主人衣類盗取
						1		平博徒
1						1	1	宿人・平博徒（他国の者を留め置き、博奕をする。）
						1		平博徒・宿人
						1		平博徒・宿人
1						1	1	平博徒
						1		博奕（但し、前科がある。）
						1		平博徒
					1	2	2	度々平博徒いたす
	1					1	1	宿人
						1		三笠附をし、句拾の宿をする。
		1		1		2	2	宿人
						1		博奕宿（改めての命令の後。）
						1		宿人
						1		宿人
					1	1	1	家来が博奕をする。
			1			1	1	家来が博奕をする。
3	1	1	1	1	2	23	10	

第二二表

年月日	年月日(西暦)	斬罪獄門	斬罪	討首	切腹	斬罪切捨	改易
延宝7年9月	1679.09						
貞享3年11月23日	1686.11.23		1				
元禄9年7月21日	1696.07.21				1		
元禄10年3月	1697.03		1				
元禄10年9月2日	1697.09.02					1	
宝永元年10月	1704.10				1		
宝永6年8月6日	1709.08.06						
宝永7年正月27日	1710.01.27		1				
正徳元年7月11日	1711.07.11			1			
元文4年2月27日	1739.02.27						
寛延元年9月22日	1748.09.22	1					
寛延元年9月22日	1748.09.22	1					
宝暦元年4月5日	1751.04.05						1
明和3年12月16日	1766.12.16						
明和4年7月3日	1767.07.03	1					
明和6年5月27日	1769.05.27						
明和6年12月22日	1769.12.22	1					
明和9年12月27日	1772.12.27	1					
安永8年8月5日	1779.08.05			1			
安永8年8月6日	1779.08.06						
安永8年8月6日	1779.08.06						
計		5	3	2	2	1	1

次に、処罰された者本人が宿人、筒取、平博徒のいずれかであった場合で、生命刑を科さなかった判例を紹介することにしたい。

追払(283)　　小野川村
　　　　　　　　惣兵衛
　宝永六年八月六日、佗国之願人、数日留置、博奕仕候ニ付、右之通

綱木口(284)　本岸□次譜代足軽
追払　　　　　　舟岡金兵衛
　右者、博奕いたし候ニ付、元文四年二月廿七日、右之通

　　　　　　　組外
改易(285)　　　　針生新五郎
　家屋敷家財御取上
　妻子手道具無御構
　右者、板谷口番所相勤罷有ル所、度々博奕いたすニ付、宝暦元年四月五日、右之通

　　　　　　　島津左京召仕
入牢(286)　　　　安太郎
　右者、博奕宿致候者ニ付、明和三年十二月十六日、右之通

近藤弥二右衛門江御預　小沢五郎兵衛組新御手明近藤弥二右衛門
囲入(287)　　　　　　　　　　母

此者、多人数打寄博奕宿致ニ付、明和六年五月廿七日、右之通

さて、以上において、『御呵附引合』の「博奕」という項目にある判例のうち、生命刑が科されなかった判例をすべて紹介した。初めの三件の判例は、前述したように見物していただけの場合及び家来が博奕を犯した場合であり、本人が直接博奕に参加したわけではないことが生命刑を科されなかった理由となっているので、ここでは論ぜず、残りの五件の判例に着目して考察したい。

ここで、第二二表をみてみると、その五件の判例の中で後の三件の判例は宝暦元年四月五日から明和六年五月二七日までの間に出されているが、この期間に着目してみると、明和四年七月三日の判例を除いて、いずれも生命刑を科していないことが特徴としてあらわれている。一方、この期間の生命刑を科していない三件の判例は、これ以前の二件の判例が追払という非常に重い刑罰を科しているのに対して、改易、入牢、預・囲入という追払に比べて軽い刑罰を科している。したがって、この間においては、博奕に対する処罰が弛緩したのではないかと思われる。ちなみに、この弛緩期において、斬罪獄門という重い生命刑を科しているのは次の判例である(288)。

宮内村百姓
伝兵衛

斬罪獄門

右者、三笠附致并句拾之宿致候ニ付、明和四年七月三日、右之通

斬罪獄門が適用された理由については、私は、次のように考える。すなわち、後に第五節で述べるように、米沢藩では、三笠附は博奕とは区別されており、三笠附のみを罰する禁令が出された程悪性の高い博奕であるとされていた。このことが厳しい処罰をした理由となったと思われる。

以上に述べたように、本節における考察で、博奕死刑制が一定の実効性を有していたことを明らかにした。そして、同時に宝暦元年四月五日から明和六年五月二七日までの間、博奕に対する処罰が弛緩したのではないかと思われることを指摘した。

さて、問題は、なぜこの期間に処罰の弛緩がみられるかである。次節でこの理由を明らかにしたいと思う。

第五節　『御代々御式目』にみられる博奕犯処罰

さて、前節で、『御呵附引合』の判例の動向から、宝暦元年四月五日から明和六年五月二七日までの間の博奕に対する処罰の弛緩を指摘したが、この理由を米沢藩博奕対策史における博奕犯処罰の変遷から探ってみたいと思う。

このことは、米沢藩のある時期の博奕対策がどの程度その時期の判例に影響を及ぼすかという、極めて興味ある問題に一つの解答を与えることになる点で重要であると思われる。

ここでは、米沢藩歴代藩主の法令を編纂した法令集で、天正九年（一五八一）から弘化四年（一八四七）にわたる同藩法制の基本的推移を記録した『御代々御式目』に収録されている全ての博奕に対する禁令を考察の対象とし、必要に応じて適宜引用することとする。米沢藩の博奕対策が、この法令集の中にあらわれている。

現在、『御代々御式目』は、九種類のものが市立米沢図書館に所蔵されている。それらは、上杉文書の整理番号が四四七～四五五とされていて、それぞれ収録年代を異にしている。その中で、整理番号四四七の四一冊を基本とし、欠本分を整理番号四四八で補う形で、米沢市史編集史料として『御代々御式目』が、米沢市史編さん委員会から六分冊で発行された。本節では、これを用いることとする。

まず、『御代々御式目』の記録の中で、博奕に関する禁令が最初にみえるのが、慶長八年（一六〇三）

一〇月の禁令である。

当時は、慶長六年（一六〇一）年八月に、上杉景勝が、徳川家康の命令により、会津一二〇万石から米沢三〇万石へ転封されたことに伴う混乱がやや治まってきた時期であり、家臣の統制の引き締めをねらった禁令であったと考えられる。[289] 原文は、非常に長いので、博奕に関する部分を引用することにする。[290]

慶長八年十月　以御條書士林之交成慇懃重実可戒喧嘩口論、自然有事則抽忠節可揚名、以衣食之美摺切事無分別之至ニ付、妻子相当之助成申付へし、遊山玩水堅可制禁旨被命之

（中略）

一、無道、狼藉、横合、非分、贔屓、相撲、腕立、大酒強、狂言、博知、双六、堅可為禁制事

（中略）

慶長八年十月□日

次の禁令も、諸士に対するものであるが、特に、藩主が京都にいるときの禁令であり、幕府法を守ること、二条城へ行くときの注意、他の大名等との交際の禁止等とともに規定されている。ちなみに、寛永一一年（一六三四）六月四日、米沢藩主上杉定勝は、将軍徳川家光に供奉して上洛するため、江戸を出発した。そして、六月二〇日に京都に到着した。次の禁令は、その四日後に出されており、京都滞在中の家臣の統制の引き締めをねらった禁令であったと思われる。原文は、非常に長いので、関係部分のみを引用する。[291]

寛永十一年六月廿四日

公御在洛中、諸番所并諸士江心得被命之

（中略）

諸士江

一、万事付而　公儀之御法度を重し、少しも相背ましき事

一、二條江出仕之時、供之者不行儀有之間敷事

一、博知、雙六、或賭之遊、或遊女類戯間敷候、惣而傍輩中つき合にても、振廻大酒停止之事

（後略）

江戸においての家臣の統制の引き締めの一環としても、博奕禁止に関する規定が出されている。次のものがそれである。[292]

寛永十三年正月八日、今般四谷御隍御普請御手伝付御用懸面々江命令

掟

（中略）

一、大酒不行儀之狂、捴而賭之遊小屋振舞堅停止之事

（中略）

右之條々堅可相守、若違輩之者有之は、可處罪科者也

寛永十三年正月九日

右の禁令の後に出された博奕禁止の禁令は、寛永一七年（一六四〇）三月七日の禁令である。それが、次の禁令である。[293]

寛永一七年三月七日、郡代奉命駅馬之制禁被定之

定

（前略）

一、博知双六之儀ハ勿論、賭之遊停止之事

（後略）

この禁令は、これ以前の家臣の統制の引き締めをねらった禁令とは違い、多くの人々が集まる場所である宿駅という場所を対象としている点が特徴的である。米沢市史編さん委員会編『米沢市史　第二巻』によれば、宿駅の整備が寛永年間に全領的に行われたとされている。[294] したがって、この博奕の禁令は、交通の発達による人々の往来の増加の中で、宿駅の治安の確保のために出されたということができると思われる。また、このような禁令が出されたこと自体、当時宿駅で博奕が流行していたと考えられる。

もちろん、宿駅で博奕が流行していたのは、米沢藩領内ばかりではない。他の宿駅でも流行していたことを示している史料が『御代々御式目』にある。

寛永二〇年（一六四三）五月、会津若松城主加藤明成の城地召し上げのため、他の五藩とともに、米沢藩に勢遣の軍役が命じられた。そして、この勢遣についての掟が出された。この中には、博奕の禁令が含まれており、このことには、道中の宿駅において博奕に参加する者が出てくることを未然に防止しようとする米沢藩の意図がみられる。[295]

寛永二十年五月六日、会津御勢遣付而御書付数ヶ條被仰出

掟

（前略）

一、遊山見物町立振舞大酒賭之遊ひ遊女くるひ高声、捴而猥之儀堅停止之事

（後略）

この「会津御勢遣」については、博奕禁止条項を含む別の「掟」も出されている。以下にその部分のみを紹介する。[296]

（前略）

一、振舞大酒遊山見物町ありき、湯風呂江入辻うた高聲、ばくち双六惣而かけのあそひ、けいせい屋はまり停止之事

（後略）

次に紹介する正保三年（一六四六）一〇月朔日の禁令は、宿駅と同様に多数の者が集まる場所である米沢城下の大町における市に関するものである。[297]

正保三年十月朔日、就大町日市市鄽之制禁

禁制

一、於当市中誼譁口論之事

一、押買、押売、無道、狼藉之事

一、負物之質取事

一、博知双六取事

一、敵討之事

右之条々堅令停止訖、若於有違反之輩者可処厳科者也、仍執達如件

奉行中
正保三年十月朔日

ここでは、正保三年一〇月の時点で、このような禁令が出された背景について述べておきたい。この時期の町人町での商業活動は、店舗商業以前の状態であり、定期市による商業であった。米沢藩に限らず、一般的に、城下町の商人が常設店舗を構え一般庶民を相手に常時諸種の商品を品揃えしておくようになるのは近世中期以降のことである。米沢城下の場合には全国的傾向よりやや遅れて一八世紀後半をまって店舗商業が一般化したと考えられている。

上杉氏入部当初の米沢では、白子神社門前町の桐町の米穀市が中心であった。その後上杉氏は町人町を整備する過程で大町を中心とした市の編成変えを行い、大町に正月から二月一五日までの市の開催を許し、桐町には一〇月一杯の市立を許可したと伝えられている[298]。

ところで、米沢城下の町人町は、本町と脇町から構成されていた。本町は、城下の南から順に南町・東町・大町・柳町・立町・桐町の六ヶ町であった[299]。

そして、元和年間になって本町の六ヶ町での廻り市の制度を確定したのであった。江戸時代の一ヶ月は小の月が二九日、大の月が三〇日だが、本町の六ヶ町がそれぞれ交替で一ヶ月に五日間ずつ市を開くように定めたのである。しかも、一つの町が連続して五日間市を独占するのではなく、各町が一日交代で市を開いていくのである[300]。

正保三年一〇月の禁令は、このような町人町での商業活動の活発化に伴って、町人町の治安確保のために出されたものと思われる。また、対象の町人町が大町のみとされているが、これは、右の記述からもわかるように、大町が町人町の中心的存在であったからである。このことは、大町には高札場があったこと

からもわかる。高札場は、かつて糀町にあったものが、城下町整備の過程で大町に移されたと考えられている。(301)

つまり、正保三年一〇月の禁令は、町人町の中心的存在である大町の治安の確保を目的としていたということができる。

これに対して、次の禁令は事情を異にする。(302)

正保四年四月六日、御目付之上使就下向御家中之諸士町立、市立、夜あるき、川狩、野遊、諸見物、振廻大酒、辻立、門立等無用之旨被命之

（前略）

一、かるた打候事、何によらすかけのあそひの事

（後略）

正保四年（一六四七）四月に、幕府の巡見使が米沢を訪れている。これは、将軍の代替わりを契機として全国各地に派遣され、各地の政情や民情を視察して幕府に報告するための使節であったから、米沢藩としても非礼のないようその応対に細心の注意を払わなければならなかった。(303)

右の禁令は、このような時期に出されたものであり、博奕の禁止についていえば、博奕がなされていることを、諸士の統制の弛緩と幕府に受け取られることを恐れて出されたと考えられる。また、この禁令では、様々な博奕の中で、「かるた打」が特に明記されており、かるたによる博奕が当時問題とされていたことがうかがわれる。

このことは、次の慶安元年一〇月廿五日の禁令で一層明白となる。すなわち、この禁令は、「かるた、

ほうひき」に限って禁止している点に特色がある。しかも、この禁令は、対象を諸士の身分に限定しておらず、様々な身分で博奕が流行していたことをあらわしている[304]。

慶安元年十月廿五日、若き者の夜あるき、辻歌、辻謡、かるた、ほうひき御停止被命之

覚

一、若き者之夜あるき
一、辻うた、辻うたひ
一、かるた、ほうひき

此分堅可相守、かくし横目出候間、左様相心得、組中下々まで可申付者也

慶安元年十月廿五日

「ほうひき」すなわち寶引についてはともかく、かるた打ちの博奕が近世初頭に行われ、問題となっていたことについては、この禁令が出される直前の正保年間の事柄として、次のように『寄合帳』に記されている[305]。

小松小一郎と申者三吉と申者にかたらひて稲を盗候、かるたニまけ候て盗候ニ付而、かるた打共もめしからめて参候、いねを盗候事ハ無紛候由白状申ニ付而、小一郎、三吉共に成敗

この事例の場合の処罰の直接の理由は、稲を盗んだことであるが、このような犯罪を引き起こす原因となったかるた打ちの博奕に関して、「かるた打共」も逮捕されており、当時かるたによる博奕が問題視されていたことがわかる。

一方、次の承応元年（一六五二）一〇月六日の禁令は、再び、幕府巡見使の来訪に備えて出されたもの

である。文面は、正保四年四月六日のときの禁令と似ており、かるた打ちの博奕は、両方の禁令に出てくる。このことは、承応元年の時点でも、依然としてかるた打ちの博奕が盛んであったことを裏付けていると思われる(306)。

承応元年十月六日、御国目付下向ニ付、御家中之諸士江命令

一、御上使御逗留中、江戸、此方共ニ善悪之御沙汰仕間敷事
一、知行持候程之者用所有之とて町立、市立無用之事
一、夜あるき一切停止之、横目を出し候間、其心得尤之事
一、かるた打事、捴而何によらす賭之あそひ停止之事
一、振舞、大酒堅無用之事
一、何によらす見物、寺詣仕間敷事
一、捴而当世風かふきたる風情仕間敷事
一、辻立、門立歌無用之事
一、正月水あひ殊無用之事
以上

承応元年十月六日

右の禁令における博奕禁止条項以外の条項から、博奕が、夜あるき、辻うたひ、振舞大酒等とともに禁止されていることがわかる。違反者に対する刑罰は示されていないが、外の禁止事項からみて生命刑のような重い刑罰を適用していたとは考えにくいと思われる。

次の明暦二年（一六五六）三月二六日の諸士の統制の引き締めを目的として出された禁令にも、「諸給人之子共、又ものかふきたる風躰にて賭之遊致事」を禁止する条項がある。[307]

さて、この明暦二年の禁令以降、『御代々御式目』において博奕に対する禁令は、一旦みられなくなる。例えば、万治三年（一六六〇）三月二九日の「今般為御参勤就御発駕、御道中之命令」[308]には、博奕禁止条項がない。このケースでは、以前は、博奕禁止条項が入れられていた。したがって、明暦二年（一六五六）三月二六日の禁令が出された以降、次の寛文二年（一六六二）四月二八日の命令が出されるまでの間、それまでの博奕の禁令の効果で、博奕が下火になっていたものと思われる。

しかし、まず、寛文二年四月二八日の参勤交代のため江戸に滞在中の諸士等に対する命令[309]で、「寄合振舞、大酒、遊山、見物、博奕、雙六賭之遊一切可停止事」という博奕禁止条項が取り入れられた後、寛文三年（一六六三）一二月三日、江戸にいる藩主から博奕禁止を含む「条々」が発せられた。そのうえ、米沢の現地藩当局によりこの禁令を徹底させるため「条書」が出された。[310]

寛文三年十二月三日、御家中軍役道を始、万事之御〆重而被仰出、就中縁辺養子等以勝手道町人百姓等を取組間敷、或不似合衣類、当世風之刀、脇指無用之旨、其外徒党、狼藉等之儀被命之

条々

一、先年より被仰出御法度道堅可相守事

（中略）

一、大酒、博知、双六捻別賭のあそひ一切停止之事

附、奉公不仕子供、不行儀我侭を致し、あらぬ風情仕にをひてハ親子兄弟ハ不及申組中より異見致すへし、承引なくして他組より申出ハ一類共に重科たるべき事

右条々、被仰出堅可相守者也

寛文三年十二月三日

以上の「条々」を踏まえて出されたのが、次の「条書」である。

条書

一、今度於江戸被仰出御法度之趣堅可相守事

（中略）

一、博知《（マ》、博奕《マ）》賭之勝負制禁たるへし、或町屋或在々馬市場へ入はまり遊覧、酒狂、傍親を不顧我侭成振舞仕者於有之は、物頭急度可申出、若又脇々より令聞達は当人、組頭同罪たるへし、捴別無用所して一夜成共佗宿仕間敷候、無拠儀有之ハ、組頭江用所之品を可申断事

（中略）

右条々堅可相守者也

寛文三年十二月三日

引き続き、寛文四年（一六六四）二月一五日に出された中小姓の服務規程においても、「賭之遊一切停止之事」と定められた(311)。

かるた打ちの博奕も、また盛んになってきたらしく、寛文五年（一六六五）の江戸屋敷に関する禁令では、「一、博知かるた堅法度之事」という条項が冒頭に規定されている(312)。

ただし、これら寛文期の禁令のいずれにおいても、これまでの禁令違反に対する具体的な刑罰は明示されていない。ところが、天和三年（一六八三）に違反者を死刑に処す旨を明示した禁令が出された。実は、この変化が生じた背景には、幕府の影響があったのである。

『御代々御式目』には天和二年五月二七日に、米沢藩が幕府から領民のあるべき姿に関する命令を受けたことが記されており、その中では具体的に「博奕堅令制禁事」と博奕の禁止が盛り込まれていた(313)。

天和二年五月廿七日、老中邸にをひて命令三通被相渡、此令条今般被相改に依て、領内所々高札に認メ建置へき旨演達有

定

（中略）

一、盗賊并悪党者有之ハ、訴人に出へし、急度御褒美可被下事

附、博奕堅令制禁事

（中略）

右条々可相守之、於有違犯之輩者可被処厳科旨所被仰出也、仍下知如件

天和二年五月　日　　奉行

また、天和三年（一六八三）に、米沢藩は、将軍綱吉に対して、財政窮乏を理由として「倹約」を実行することを申し立てた。このことは、幕府側に米沢藩の失政を指摘される前に、米沢藩側から財政改革実行の決意を幕府側に報告したものであると考えられる。この背景には、綱吉の厳しい対大名政策に対する

恐怖があったものと思われる(314)。

幕府では、奢侈倹約については、前代から衣服や家作あるいは節句の道具にいたるまで制限令が出ていたが、綱吉期に入って一層著しくなり、天和三年二月に、百姓町人の衣服は絹・紬・布・木綿に限ること等を令し、長崎奉行に命じて奢侈品や珍奇の動植物の輸入を禁じた。大名の進献物の時服においても、緞子・繻珍等は禁止した。殊に下女等の衣服は布・木綿に限るとして、目付らを巡回させて違反者を捕縛させた(315)。

以上に述べてきたような幕府の風俗の統制と取り締まりの強化に対応して、米沢藩では、天和三年四月一六日に博奕と大酒等の禁令を出した(316)。

天和三年四月一六日、御家中之諸士在府之輩博奕、大酒等仕間敷旨命令

覚

一、博奕之事、古より雖為御法度今以密々有之様相聞候、依之御横目を出し相改候間、向後無之様に下々迄急度可申付、自然顕るゝにをひてハ、可被処厳科事

一、酒に溺、或闕勤、猥成儀無之様に弥可相嗜事

附、下々負酒代無拠節之闕落等令含邪気輩可有之、自今以後左様之儀無之様に支配方并主人常々可申付之、其上ニも不屆成義有之ハ可申出、若脇々より令露顕は可為越度事

右之旨堅可相守之者也

亥四月一六日

この禁令においても、「厳科」に処すべき旨規定されているが、具体的な刑罰名は規定されていない。

ところが、ほぼ四ヶ月後に出された次の禁令では、違反者には死罪をもって臨むことが明記されている。(317)

天和三年七月十二日、御家中之諸士博奕今以密々有之段相聞候付、自今弥御制禁之旨、自然猥に有之は、可被行死罪段、且遊女を拘置、かけの遊并盗賊之工致由、或他国より来諸行者拘置間敷旨等被命之

覚

一、博奕之事、自古雖令法度、今以密々有之由也、自今以後弥制禁之、自然猥に於有之ハ、不依誰急度死罪可行之、若隠居後日に顕るゝにをひてハ、当人者不及申組頭、五人組迄可為越度之旨、存其旨堅可停止者也

天和三年七月十二日

以上の「覚」を踏まえて、奉行から出されたのが、次の「条々」である。

条々

一、博奕之事、自古雖為御法度、今以密々に有之由相聞候、依之出横目相改候間、下々迄急度可制禁之、自然猥に於有之ハ、不依誰可被行死罪旨被仰出也、可存其旨事

一、酒に溺、或闕勤、不作法儀無之様弥可相嗜事

附、面々門屋借之者、或端々に令住居輩、遊女を拘置、不知行衛者寄集、かけの遊并盗賊之工いたすよし相聞候間、主人、地主、五人組より遂穿鑿、左様之儀無之様可申付之、若隠居後日ニ顕るゝにをひてハ、屋敷主ハ不及申庄屋、五人組迄可被行厳科事

一、寺社之輩従佗国来諸行者ハ、不可拘置、一夜泊たりといふとも本寺江相達之、或町方に住居之輩

は検断江断之以差図宿を借へし、猥に不可差置之事

右条々自今以後堅可相守、此旨違反之族は、可被処厳科者也、仍如件

天和三年七月十二日

須田右近
長尾権四郎

六人年寄、使番、徒目付に対しては、別途次のように命じた。

六人年寄、使番、徒目付江は別而令条一通相渡、左之通

一、博奕之事、従古雖令法度、今以密々有之由也、自今以後左様之族於有之ハ、不依誰奉行所江可相達之事

一、所々門屋借或端々令住居輩不知行衛者拘置、色々徒事をたくみ不作法之為躰有之由不届之至也、聞出候者是又早々奉行所江可達之事

右之通堅可相守之、若隠置脇より於露顕者、横目之者たりとも、依事品可為越度者也

天和三年七月十二日

天和三年四月一六日の禁令の対象者が、「御家中之諸士在府之輩」であったのに対し、天和三年七月一二日の禁令は、これが出されるきっかけは、「御家中の諸士」が「博奕今以密々有之段相聞」ということであったが、取り締まりの対象については「不依誰急度死罪可行之」と、藩民全体を対象としている。しかも、『御代々御式目』収録の博奕禁止令上、初めて「死罪」となることを明示している。

ここまで厳しい博奕禁止令が出されたのは、綱吉の風俗の統制と取り締まりの強化という政策と大名に対する監視体制の下で、特に博奕の廃絶を本格的にめざしたあらわれであるということができると思われ

る。このことについては、前述した天和二年五月二七日の幕府からの命令に「博奕堅令制禁事」という文章が入っていたことが大きく影響したと考えられる。

この禁令は、威力を発揮したものと思われる。この後博奕禁止令は、『御代々御式目』上、元禄八年（一六九五）一二月九日まで出されていないのである。しかも、この元禄八年の禁令は、「御料所」すなわち幕府領から博奕の流行が領内に入ってくることを防止するのが目的であり、さらに、この禁令自体「酒、豆腐」の幕府領からの流入が主となっており、博奕禁止は、禁令の最後に追加的にふれられているにすぎない。このときは、博奕よりも「酒、豆腐」の流入の方が、米沢藩にとっては問題であったのである[318]。

天和三年四月一六日の禁令は、「御家中之諸士在府之輩博奕、大酒等仕間敷旨命令」であったが、大酒の方に関しては、元禄九年（一六九六）八月一八日に「元禄九年八月一八日、在府之諸士江大酒并酒強候儀無用之段命令」が出されているが、当時博奕が流行していれば、当然このときに博奕禁止令も出されたと思われるが、『御代々御式目』による限り、元禄九年に博奕禁止令は出されていない。

それでは、ここで、以上の博奕禁止令の変遷を、『御呵附引合』の判例と対照させてみたいと思う。ただし、『御呵附引合』に判例が収録されていることは、その時代に博奕が行われていたことの証拠にはなるが、博奕が流行していたことを示すことにはならない。多数の判例が収録されていれば、その中の増減によって流行の盛衰を知ることができるが、『御呵附引合』に収録されている博奕犯の判例数ではそれには少なすぎる。しかし、判例をみることにより、当時出されていた博奕禁止令の実効性を知ることができる。

ここでも、第二二表を用いて、この時期の判例をみてみると、ある特徴が明確に浮き上がる。

年代順では、延宝七年（一六七九）九月の判例が一番古いのであるが、この判例は前述したように見物していただけの場合である。

二番目の判例から生命刑を科す判例が続くのであるが、これら一連の判例は、天和三年（一六八三）の死罪適用を明記している禁令の直後ともいえる貞享（一六八六）からあらわれているのである。そして、この判例の態度は元禄一二年（一六九九）八月七日に米沢藩内において博奕がなされていることを問題視したことによる禁令が出された後まで継続するのである。

このことは、天和三年の禁令が実効性を有していたことを示している。すなわち、天和三年以降元禄一一年頃までは、博奕死刑制が厳格に守られ、博奕の流行も抑えられていたということができると考えられる。しかし、元禄一二年に入ってから博奕の流行が勢いを増していったようである。この私の考えを裏付ける史料がある。次に紹介する元禄一二年正月日に出された百姓の心得に関する命令がそれである。(319)

覚

一、百姓共家業を忘衣服家財等奢を長し候儀御制禁之儀ハ先条被仰出処、近年相背百生之風俗不似合族有之段相聞候付、左ニ相記候通弥相守候様可被申渡候

一、博奕御制禁之旨被仰付候処、今以少々猥有之由相聞候間、改而急度可被申付、不図横目之者出て左様之者見出し候ハヽ、急度可被仰付候事

（中略）

元禄十二卯正月日

この「覚」によれば、博奕については「今以少々猥有之由相聞候」とあり、まだこの年の正月頃は、博

奕の流行が抑えられていたと思われる。

ところが、元禄一二年（一六九九）八月七日になると、米沢藩内において博奕がなされていることを問題視したことによる禁令が出されている。この時期にいたって天和三年四月一六日の禁令の効果が薄れてきたと思われる。この禁令を次に紹介することにする[320]。

> 元禄一二年八月七日、頃日所々にて盗賊、火付、博知宿等致候様相聞候付、下屋敷、門屋等之者可致吟味、若於露顕は、地主迄可為越度旨命之
>
> 頃日諸所にて盗賊有之、其上少々火茂付博知茂在之様粗相聞候、依之御徒横目出し為致吟味候間、下屋敷、門屋借等之人遠成所ニ而有之様に候間、急度可遂吟味候、自然隠置令露顕横目之者より申出候は、其地主可為越度候間、此段支配下中江可被申渡候、以上
>
> 八月

この禁令の後は、早くも元禄一四年（一七〇一）に、「火之用心」とともに博奕に関する禁令が出されている[321]。

そして、元禄一五年（一七〇二）一二月一一日になると、博奕を冒頭の条文に配置した禁令[322]が出された。この禁令には、「博奕仕候者数多有之由風聞に候」と、博奕の流行が看過できなくなっていたことを示している。

また、宝永三年（一七〇六）六月一九日の「御入部之上御例之御條目」[323]の中に博奕禁止条項が入っている。

ところが、宝永七年（一七一〇）四月一九日に巡見使の来訪に備えて出された命令[324]には、博奕に関する

条項がない。また、巡見使の来訪に備えた命令は、享保二年（一七一七）四月にも出されているが、このときも博奕禁止条項のない宝永七年四月一九日の命令の内容がそのまま出された(325)。何が原因となってこのような命令が出されたのであろうか。

私は、このことは、元禄一二年〜宝永三年の間に五件の博奕に関する禁令が出された効果があったことが原因となったと考える。『御呵附引合』の判例をみてみても、相変わらず生命刑を科す判例は継続しており、五件の禁令の下で博奕死刑制が厳格に守られ、博奕の流行も抑えられていたということができると思われる。

ただし、巡見使来訪の際の禁令に博奕禁止条項がないことのみからは、直ちに博奕の流行が下火になったとはいいきれない点に注意しなければならない。他の要因で巡見使来訪の際の禁令に博奕禁止条項が取り入れられないこともあるのである。この点については、後に享保一〇年四月の巡見使来訪の際の禁令を紹介するときにあらためて言及することとする。

いずれにしても、この時期に関していえば、宝永三年の博奕禁止令以降米沢藩領内で博奕が行われていることを踏まえて出された禁令は、享保五年（一七二〇）二月五日の博奕禁止令まで『御代々御式目』上みられない。したがって、博奕の流行は抑制されていたと思われる。

ところで、次の享保二年七月三日の禁令においては、米沢藩領内よりも、むしろ幕府領で博奕が流行しており、この流行が、祭礼の際大名預所を訪れる米沢藩の藩民によって領内にもたらされることを、藩当局が警戒していたことがあらわれている(326)。

　享保二年七月三日、堂森両度之祭礼ニ付、御家中ゟ参詣之男女入交博奕仕族茂有之由相

聞候に付、御〆被命之

一、累年当月堂森両度之祭礼之節、御領所於金谷河原表博知有之処、従御家中参詣之内、男女共ニ入交り博奕仕族茂有之、猥成躰ニ候由粗相聞不届之至候間、下々之者迄致博知候儀は勿論、縦見物ニも堅立寄間敷旨急度可申含候、尤此旨組中江茂可被相達候、已上

七月三日

金谷は屋代郷にある地名で、元禄二年（一六八九）までは幕府領ではあるが米沢藩の大名預所となっていた[327]。しかし、右の命令が発令された享保二年（一七一七）七月三日以前の時点では、幕府直轄領となっていた。天和三年の禁令によって、米沢藩内の博奕の流行が下火になっていたときに出された元禄八年の禁令も、幕府領からの博奕の流行が領内に入ってくることを防止するのが目的であった。米沢藩領内よりも、幕府領内の方が博奕が盛んであったのではないかと思われる。特に、第二章第二節で述べたように屋代郷は米沢藩との関わりが深く、博奕の流入経路になっていたものと思われる。ちなみに、寛保二年（一七四二）に、屋代郷は再び米沢藩大名預所となった[328]。

米沢藩が恐れていた幕府領からの博奕流行の流入によるものかどうかは不明であるが、享保五年（一七二〇）二月五日、次の博奕禁止令が出されている[329]。

享保五年二月五日、博奕御法度之儀、数度被仰出候処、頃日相破候段相聞候付、御〆被命之

博奕御法度之儀、兼而数度被仰出所、頃日相破、端々有之由相聞候、并先年も御停止被仰出候みかさ附悉有之由其聞候、旁以不届之至ニ候、此上相背族於有之は、急度可被仰付間、下々迄此旨可相守候

事

子二月

なお、ここにみられる「みかさ附」すなわち三笠附は、「先年も御停止被仰出候」と記されているが、少なくとも『御代々御式目』上は初めてここで登場している。ちなみに、『米沢市史　第二巻』には、「享保期になると米沢でもみかさ附の博奕が行われている」との記述がある[330]。

この時期は、様々なバリエーションの博奕が問題となった時期のようであり、享保六年（一七二一）七月一二日の命令[331]においては、博奕禁止条項の外に、「為慰的弓射候族、皆多分之賭致候儀有之由相聞不宜事ニ候」という条項が設けられている。

そして、享保五年の禁令で登場した三笠附は、相当の勢いで流行したと考えられ、享保九年二月廿四日に、次のような禁令が出されている[332]。当時米沢藩で行われていた三笠附の詳細な状況がわかる。

享保九年二月廿四日、三笠附相流行候付而猶又御〆被命之

覚

一、近年三笠附相はやり、在々御城下共ニ甚不相止候よし、諸士方家中門屋下々至迄歴々ニも左様之類有之由相聞不調法至極ニ候、最前ゟ度々御法度被仰付御仕置等茂有之候得共、今以有之由ニ候間、組江之儀は不及申五人組切ニ急度相改、三笠附不致様ニ改而遂吟味可被申渡候事

（後略）

さて、この享保九年の禁令の次には享保一一年に博奕禁止令が出されているが、その間の享保一〇年四月[333]に巡見使来訪に際しての命令にも、宝永七年四月一九日の命令や享保二年四月の命令と同様に博奕禁止

条項がない。前述したように、宝永七年四月一九日の命令や享保二年四月の命令が出されたときは、実際にも米沢藩内での博奕の流行は抑制されていたと思われる。しかし、享保一〇年四月という時期において、博奕が問題になっていたことは、前後の時期に博奕禁止令が発令されているから明らかである。では、このような現象をどのように解釈したらよいのであろうか。

私は、享保二年七月三日の禁令に関連して、この禁令に、米沢藩領内よりもむしろ幕府領内で博奕が流行しており、この流行が祭礼の際幕府領を訪れる米沢藩の藩民によって領内にもたらされることを、藩当局が警戒していたことがあらわれていると述べた。右の享保一〇年四月という時期においても、同様に幕府領内で博奕が流行していたと思われる。したがって、幕府巡見使に米沢藩領内で博奕が行われているのを見られても、博奕は米沢藩領内よりも幕府領の方で一層流行していたので、幕府としては、その流行を米沢藩の失政として非難するわけにはいかなかったのである。そのため、享保一〇年四月の巡見使来訪に際しての命令には、博奕禁止条項がなかったのである。

この私の考えは、翌年つまり享保一一年七月五日の次の命令[334]によって裏付けられる。

享保一一年七月五日、御家中之面々并町在之者博奕致者は依仕義打放之儀、或御料所江川狩鳥狩又は見物事等に入込申間敷旨、口留番所江猥ニ通融無之様被命之

（中略）

一、堂森祭礼等には、御料所分江多分小屋を懸置御私領之者相集候仕成ニ致由ニ候、依之御私領之奉公人・町方在郷之者大勢立寄致博奕候、不調法之至候間、志有之参詣之男女之儀は前々之通ニ候、しかし右博奕之場所江向後壱人茂立寄申間敷候旨申渡候間、此旨組中末々家中又者町方在郷江茂急

度可被申付候、御横目差出候、此上立寄候者於有之は、召捕申出候様ニ申渡候間、左様可被相心得候

（後略）

右の命令を踏まえて、口留番人に対し次の命令が出された。

口留番人江被仰渡之覚

一、御料所ニ而見物事有之節、口留番所所々より奉公人町在郷之者罷通候由、其縁定ニより板判無之候とも罷通候由相聞候、於実儀は一致不相立仕方不調法至極候、且又此度諸祭礼并御料所江入込申聞江有之ニ付而、諸士・町方・在郷江触書を以急度申渡候、則右触書之写相渡候間、面々写置不限祭礼平日たり共川狩・鳥狩罷越候者於有之は厳敷相通し申間敷候、并番所之間々隠家ニ通候者有之は、無油断相改之可申出候、将又御料所江見物事有之候節、男女板判を以罷通候共、見物之時節ニ候得は相断、奉公人其頭々、町方は検断組頭、在郷は肝煎ゟ諸用無紛相通候旨以印判之書付取候は可相通候、然共多人数之事ニ候は差留置可致披露候事、右之通、近年口留番所吟味疎ニ相聞候間、此上猥成儀於有之は、急度可申渡候間、可存其旨候事

（後略）

米沢藩は、他領との間の要地に一三の本口番所と三〇余の藪口番所を設けていた[335]。右の命令中の「口留番人江被仰渡之覚」は、冒頭の命令が、米沢藩内より博奕がやりやすい御料所で米沢藩藩民が博奕をすることを問題にしているのを受けて、藩民の幕府領への移動のチェックを厳格にしたものであると考えられる。なお、右の引用では略したが、口留番人への命令の後に、冒頭の命令を徹底させるための町奉行所及

び代官所への命令、同様の伏嗅組及び御徒目付への命令が出されている。

私は、ここまで周到な諸命令が出されたのは、米沢藩が、藩民が幕府領で博奕を行うことを禁じようとしていることはもちろんであるが、ひいては米沢藩内よりも一層盛んな幕府領の博奕の流行の勢いが、米沢藩内に入ってくることを警戒していることを示していると考える。

米沢藩内においても、博奕が問題にならなくなったわけではないことは「享保一二年八月一八日、就御入部御条目」に博奕禁止条項があり、[336]米沢藩領内を対象とする享保一八年（一七三三）九月九日の倹約令[337]に「博奕御法度之儀、数度被仰出候通頭々遂吟味、五人組切互致詮議、下々門屋借等迄急度申付猥之儀無之様可相心得事」という博奕禁止条項が入っていることでわかる。

ちなみに、江戸屋敷に関しては、「享保一二年九月廿八日、江戸三御屋敷之面々江着服并音信・贈答・遊興ケ間敷儀、御門限等且対歴々ニ不致慮外様御白洲通融之心得・博奕等身持道第一存、費を厭勤道無滞様諸事御〆被命之」という命令[338]が出されている外、享保一四年にも、博奕禁止条項を含んだ命令が出されている。[339]

享保一八年の後も倹約令に博奕禁止条項を入れることは続いたが、元文元年（一七三六）四月一一日の倹約令[340]においては、「江戸・米沢共に、兼而厳敷博奕御停止之処、今以密々有之段相聞、不調法之至候、向後猶更堅御停止之旨可相守之、於露顕は、急度御仕置可被仰付事」と、享保一八年の倹約令の条項よりきつい表現となっている。

このことは、元文年間になって以降、博奕の流行がひどくなってきたことを示していると考えられる。そのことは、博奕禁止令ないし博奕禁止条項を含む命令の以下のような発令状況からわかる。

まず、享保一二年の「就御入部御条目」には、博奕禁止条項がなかったにもかかわらず、「元文元年七月三日、御入部付如御例御条目」[341]の中に博奕禁止条項が入れられた。

また、寛保元年（一七四一）四月二五日に出された江戸屋敷を対象とした命令を発するに際して、右の元文元年四月一一日の命令を再度出したが、その際に「追加之ヶ条」の一つとして次の条項が取り入れられた[342]。

一、博奕之儀、前々厳敷御停止之事に候得共、今以末々之小屋〳〵にてハ不相止様に相聞、不調法之至候、向後竊横目之者差出儀ニ候間、猥之儀之無様に兼而支配仕、其役々之者無油断心を付度々可申渡事

元文元年の命令には、前述のように、すでに江戸に関する博奕禁止条項が存在したのに、本命令では、博奕禁止を徹底させるため、あえて追加条項にも博奕禁止条項を入れたものと考えられる。

さらに、翌年の寛保二年（一七四二）四月一〇日になると、寺社奉行及び町奉行を対象として、博奕禁止の単行命令が出された[343]。この命令は、以下の通りである。

寛保二年四月十日、博奕御停止之厳命、寺社奉行・町奉行江は、猶又以覚書命を傳らる

覚

寺社奉行中江

前々度々博奕御停止被仰出候処、不得止事博知有之、他領者迄引入候段相聞候付而、先達而於糀町召捕候、前々諸寺院・修験江茂度々御法度之趣被仰出候処、此度門前借等ニ茂博知人数有之召捕候、出家・沙門之内にも不宜交り致候聞へも候得とも、此度ハ先不及詮議候、此末博知・三笠付其外御法度

相破、他領者等猥ニ留置候段相聞候は、召捕申事候、其上籠屋江入置御済口迄は籠置番賄ともに公儀御構なき事ニ候、一類等無之賄相成兼候は、其一宗切にて可相賄候、勿論門前借等差置候共、人柄遂吟味可差置候、是又悪事も有之御法度相破候にをひてハ、籠賄共に前同断之事ニ候条、博奕等に相交者候は、遂吟味可申出候、寺院柄を以彼是願申上候而茂、籠屋賄等御免之儀、無取上事候間、以後は仲ヶ間急度遂吟味、宗躰之猥無之様に、本寺〳〵より改而急度可被申渡事

以下の部分が町奉行への命令である。

町奉行江

前々度々御法度被仰出候博奕、近年猶以増長有之段相聞候付而、先達而於糀町召捕候、此以後迚も少々たりとも博奕相催聞茂候は、役目之者差越召捕事候間、町内検断・組頭は不及申、家並五人組兼而心を付、博知・三笠付又は家業も不慎にして御料所者等留置候もの於有之は、遂吟味可申立候、隠置公儀より被召捕候者検断始不相立事、畢竟前々より之被仰出疎ニ存候故、博知人も罷出御仕置被仰付候、此末無油断可遂吟味候、且又博奕・三笠付致もの町内より罷出候は、籠屋賄先達而申渡候通、従公儀無御構事候条可存其旨候

右之通今度改而被仰出候条、支配下江急度可被申渡候事

この禁令は、諸寺院・修験に対しこれまでになく厳しい詳細な禁令が出されたこと、他領者の博奕参加を博奕流行の一因としてあげ、その対策を示していること、町奉行に対する禁令の中に、従来の禁令にはみられなかった「近年猶以増長之段相聞候」という表現が用いられていることが特徴である。いかに、当時米沢藩で博奕が流行しており、藩当局がその対策に力を入れていたかがわかる。

また、博奕と三笠附とは区別されていることも注目される。前述のように享保九年には三笠附のみに関する禁令が出されており、米沢藩では、特に三笠附対策に力を入れていたということができると思う。

さて、翌年の寛保三年（一七四三）閏四月一二日には、江戸屋敷を対象とする命令の中で、博奕禁止を命じている[344]。

また、延享元年（一七四四）四月一八日に江戸屋敷の人々を対象とした命令を発しているが、それは、享保一六年一一月廿九日の博奕禁止条項を含まない命令[345]と元文元年四月一一日の博奕禁止条項を含んだ命令[346]の両方をそのまま発令したものであった[347]。江戸屋敷に関しては、延享三年（一七四六）一〇月六日[348]及び延享四年（一七四七）五月一〇日にも博奕禁止条項を含んだ命令が出されており[349]、当時江戸屋敷の人々の博奕が、相当問題になっていたものと思われる。

このことは、寛延元年（一七四八）閏一〇月廿五日[350]、寛延三年（一七五〇）一〇月七日[351]、さらには、寛延三年（一七五〇）一〇月廿二日[352]に江戸屋敷を対象として博奕を取り締まる命令が出されたことによって知ることができる。

一方、米沢藩内においても、博奕対策が課題となっていたことは、藩主の入部の際に出される条目にもあらわれている。すなわち、延享四年八月三日に出された「就御入部御条目[353]」には、元文元年七月三日の「御入部付如御例御条目」と同様博奕禁止条目が入っているのである。

博奕対策の中で、どのような身分の人々に対する対策が課題となっていたかについては、寛延元年一二月一九日に出された法令[354]が、「御家中之面々」、百姓、町人に対して出されているが、その中で博奕禁止条項があるのは、百姓に対する命令とこれに準じさせている町人に対する命令であるので、この寛延元年当時、庶民による博奕が問題になっていたと考えられる。

幕府領において博奕に参加することを禁止した命令は、以前にも出されたことがあったが、宝暦四年（一七五四）六月一九日に出された亀岡文殊開帳の際にも同様の命令が出された。この命令は、大名預所である屋代郷にある亀岡文殊の開帳に際して、大名預所と米沢藩との境界を越えて参詣に行く者に対して発せられた命令であり、「於御預所自然博奕ヶ間敷儀相催候処茂有之節は、左様之場江立寄候儀は不及申、立止り見物等堅無用ニ候」という文章が入れられている[355]。

宝暦期においては、広義の博奕の種類は多様化し、様々な賭博が行われるようになったと考えられる。次の史料は、そのことを示している[356]。


宝暦七年八月九日、博奕・三笠附都而賭之遊并似寄之儀、御停止被命之

覚

前々博奕・三笠附都而賭之遊似寄之蒙厳命御法度之儀候処、相背致博奕候者有之段相聞甚以不届至極之儀候処、自今以後御法度道急度相守軽き賭之遊に似寄たり共堅仕間敷候、若相背者於有之ハ、早速御糺明之上猶以御仕置ニ可被仰付候事

一、碁・将棋・双六・歌かるた等之会を相催、或宿致し或出家・沙門相手ニ交り賭銭慰致候者歴々之内ニも有之様に粗相聞、身立ニ不似合儀不調法之至候、向後右躰之儀無之様歴々ハ不及申末々に至迄相嗜べく候、若違背之族於有之は、急度可被仰付候事

八月九日

一方、江戸屋敷の者に博奕を禁ずる命令は、宝暦八年（一七五八）一〇月晦日に「博奕之儀前々厳敷御

停止に候所、今以不相止様ニ相聞不調法之至ニ候、依之廻勤之者差出候間、支配之者又ハ召仕等猥無之様急度可申付事」という条項が入った命令が発せられた[357]。

亀岡文殊開帳の参詣者の博奕参加も引き続き問題となっており、これを禁じる命令が宝暦九年（一七五九）七月一一日に出されている[358]。この命令は、大名預所、すなわち幕府領における博奕の流行が前提となって発せられたと考えられる。

このような状況の下では、当然巡見使が米沢藩内の博奕を咎めることはない。享保一〇年四月の場合と同様に、宝暦一一年（一七六一）四月一六日の巡見使来訪に際しての命令にも博奕禁止条項がない。ただし、このことがもつ意味は、享保一〇年四月の場合とは異なるのである。なぜならば、元禄二年（一六八九）に、米沢藩大名預所となっていた置賜郡屋代郷三万石の幕府への差戻しが命じられたが、寛保二年（一七四二）に、屋代郷は再び米沢藩大名預所となったのである。したがって、享保一〇年四月の段階では、屋代郷は幕府直轄領となっており、そこで米沢藩領内よりも博奕が一層流行していたので、幕府は、米沢藩領内の博奕の流行を米沢藩の失政として非難できなかったのである。

ところが、宝暦一一年（一七六一）四月一六日の段階では、屋代郷は、幕府領ではあるが米沢藩の大名預所となっており、そこで博奕が流行していたとすれば、幕府が支配を委ねた米沢藩の統治責任が問われたのではないかという問題が生じる。

そうであるとすれば、米沢藩としては、巡見使来訪に際して、米沢藩領内とともに屋代郷内での博奕の取り締まりを強化して、幕府に大名預所統治の懈怠を責められることがないようにしなければならなかったのではないかという疑問が生じる。

実は、大名預所領内で博奕が流行していても、簡単に非難するわけにはいかなかった事情が幕府にはあったのである。以下この点について考察する。

米沢藩大名預所を含む通常預所では、一般行政は、その大綱は代官所施政に準じたとはいえ、預り大名に自由裁量の余地がなかったわけではなく、預り大名の意向次第では、代官所とはかなり異なった支配、すなわち、勘定所の格と違った支配も可能であり、大名家により、その支配に相当な差異がみられた(359)。しかし、そのことは、預り大名が大名預所を自分の領地と全く同様に支配できることを意味しなかった。

そもそも、大名預所とは、幕府が、幕府領支配につき、大名の統治権を利用する必要が生じた場合設定されたものといえるが、この場合、幕府としては、大名が専断的な権利を行使することは厳重に警戒せねばならなかった。大名預所設定については、大名の力を藉りねばならなかったが、絶えず、幕府の強力な統制が行い得る状態におかねばならなかった。そのためには、当然預り大名の大名預所支配権につき制約を加えた措置を講じておく必要があった。このような要請に最も適合的な大名預所の類型が、まさに通常預所であった。

幕府の、通常預所政策が右のようなものであった以上、預り大名にとり、通常預所ほど厄介な預所はなかった。そこでは、幕府法と藩法との激突がみられたのみならず、預所領民も、預り大名の藩法適用に激しい抵抗を示し、預り大名は、いかにして最も的確な施政を遂行するかにつき苦慮した(360)。

右の大名預所についての一般論は、米沢藩大名預所についても基本的にはあてはまる。たしかに、本稿で後述するように、米沢藩は表向きは幕府の方針に従う態度をみせつつ、実際には定められた自分仕置権の範囲を逸脱して大名預所領内での同領民の犯罪に対し、米沢藩内での自領民の犯罪に対するのと同様の処罰を行っていたのではないかと思われる。しかし、犯罪の取り締まり、犯罪者の捜索・逮捕等は、米沢藩内と同一に行えたかは疑問である。大名預所領民は、天領民であったから、米沢藩はこのことを念頭におきつつそれら犯罪対策を行わなければならなかった。

米沢藩が、右に述べたように自分仕置権の範囲を逸脱したのは、名家を藩主にいただき、大藩意識がすこぶる強かったためであるが、次に、当時の名実共の大藩である金沢藩の場合について考察してみることにしたいと思う。

金沢藩能登大名預所は、米沢藩屋代郷大名預所と共通する性格を有する。両預り大名共名家を藩主にいただく外様大名であり、両大名預所の場所は、もともとはそれぞれの大名の領地であった。ただし、前述したように、米沢藩の場合は、寛文四年（一六六四）に、それまで米沢藩領であった屋代郷が大名預所となって、ほとんどそのまま米沢藩の統治下におかれた。これに対して、金沢藩の場合は、幕府領であった地域が大名預所となったのが享保七年（一七二二）であった点が異なる。

大名預所の支配に関しては、正徳期の大名預所全廃の前後で、近世前半期、近世後半期に分けることができる[361]。したがって、米沢藩大名預所の場合は、近世前半期を経験している。この近世前半期の大名預所については、大名預所に対する幕府権力の干渉もそれほど厳しくなく、広範な自分仕置権が預り大名に付与されたと解される[362]。したがって、博奕取り締まりも自藩内と同一に行うことができた。ちなみに、米沢藩屋代郷大名預所が幕府への差戻しを命じられたのは、正徳期より若干早い元禄二年（一六八九）であった。

このように考えると、幕府領になって数年が経過した元禄八年（一六九五）一二月九日に、『御代々御式目』上初めて幕府領から博奕の流行が領内に入ってくることを防止する命令が出された意味が理解できる。幕府法は藩法に比し領民にとりより一層寛大というのが一般的傾向であり[363]、また、特に元禄期においては、代官の不正等により幕府領支配は弛緩した[364]。これでは、大名預所内で米沢藩内よりも博奕が流行するのは自然の成り行きであった。

しかし、屋代郷がこのような幕府領期を経験したことは、近世後半期の米沢藩大名預所復帰後の米沢藩の博奕取り締まりには、大きな障害となった。そして、この点は、金沢藩能登大名預所も同じであった。外様大藩の金沢藩は、享保七年（一七二二）に金沢藩能登大名預所が設定されると、表向きは幕府の方針に従う態度をみせつつ、実際には金沢藩独自の地方支配制度である十村裁許制を大名預所にも導入し、かなりの金沢藩法を適用した。これによって、地方支配は幕府領期に比べて厳格化されることになった。そして、このことは、大名預所復活政策を推進した徳川吉宗の目論見が的中したことを意味した。まさに、吉宗は前述した不正代官による幕府領支配の弛緩を預り大名の力をかりて改革しようとしていたのである。

しかし、より穏和であった幕府による直轄支配を経験した大名預所領民は、自分たちが幕府領民でもあることを利用して巧妙に抵抗した。すなわち、宝暦一一年（一七六一）の幕府巡見使来訪の機会を捉え、幕府領である能登大名預所に十村裁許制を適用することは、幕府法である正徳三年（一七一三）の大庄屋廃止令に違反することを訴えた。さらに、大名預所領民は、金沢藩当局に対し、江戸への出訴を通告した[365]。

幕府としては、本音はともかく、面と向かって幕府法への違反の是非を問われれば、それを否定するしかなかった。江戸出訴という預り大名最大の泣き所をつかれ、金沢藩は、能登大名預所への十村裁許制の適用を断念した。外様大藩が大名預所領民に敗れたのは、大名預所は幕府領であり、些細な事項についてはともかく、基本的には幕府法が適用されるべき場所であったからである。

このような、幕府の権威を後ろ盾とする領民が相手では、預り大名の支配にも自ずから限界がある。大藩意識を有していたといっても、金沢藩と比べれば小藩である米沢藩が、大名預所の博奕を取り締まるといっても、そこに幕府に対する遠慮が伴うであろうことは容易に予想される。

しかし、このことは幕府も知っていた。吉宗は、代官による支配よりも強化された幕府領支配が預り大名により実施されることを望んだが、それは、あくまでも基本的に幕府法の範囲においてであった。また、その範囲を逸脱した行為が大名預所領民に及べば、幕府は幕府領民の保護という観点から、それに無関心ではいられなかった。米沢藩が自領内と同様に博奕取り締まりをすることには慎重でなければならなかったが、幕府としてもそれはしかたのないことであった。したがって、屋代郷内で米沢藩領内よりも博奕が流行していても、幕府はそのことを簡単に非難するわけにはいかなかったのである。

ところで、江戸屋敷を対象とした博奕禁止令に関しては、寛保・延享・寛延期には、寛保元年（一七四一）四月二五日、寛保三年（一七四三）閏四月一二日、延享元年（一七四四）四月一八日、延享三年（一七四六）一〇月六日、延享四年（一七四七）五月一〇日、寛延元年（一七四八）閏一〇月廿五日、寛延三年（一七五〇）一〇月七日と一〇年間に七回発せられている。

しかし、寛延三年以降は、宝暦八年（一七五八）一〇月晦日まで約八年間、『御代々御式目』上江戸屋敷を対象とした博奕禁止令が全く出されていない[366]。このことは、寛保・延享・寛延期に立て続けに出された博奕禁止令によって、江戸屋敷に関しては博奕の流行が抑制されたことを示しているのではないかと思われる。

この宝暦八年の博奕禁止令以後は、宝暦一二年（一七六二）一二月五日まで、博奕禁止令が『御代々御式目』においてみられなくなる。寛延三年から宝暦八年までの博奕禁止令の空白期間は、寛保・延享・寛延期の取り締まりの徹底の結果ではないかという説明ができるが、宝暦八年から宝暦一二年（一七六二）までの空白期間に関しては、博奕流行の復活に対して宝暦八年の一回の禁令で効果があったというのは、いささか不自然である。こう考えてくると、後者の空白期間を説明するためには、前者の空白期間とは違った理由が必要になるのではないかと思われる。この理由についての私の考えは、同時期の米沢藩政史を考察した後に示すことにしたいと思う。

宝暦一二年（一七六二）一二月五日の禁令以降は、明和元年（一七六四）七月廿五日、そして、明和四年（一七六七）一一月と継続的に江戸屋敷の者を対象とした博奕禁止令が出された。ただし、明和四年の場合は、米沢藩が「増上寺火之御役」にあたることになったことにより、出火の際の対応等についていくつもの命令が発せられたが、その中で、消火要員が江戸屋敷内で「博奕ケ間敷儀」や「かけの遊に似寄候儀」を行うことを禁止しているのであるが、この条項は、対象者を「下々鳶之者等に至迄」と指定している。この命令は、従来出されていた江戸屋敷に対する博奕禁止命令とは、いくらか趣を異にし、特に米沢藩が増上寺の消防という重要な職務を担当することとなったことにより、新たに増員された消火作業要員の間で博奕が流行することを防止することを直接の目的として出されたものであると思われる。

一方、米沢藩領内に関してはどうかというと、大名預所関連の亀岡文殊開帳参詣者博奕参加等禁止令（宝暦九年七月一一日）以外は、宝暦七年八月九日の禁令以降、上杉治憲（鷹山）が藩主となった後に博奕対策が本格化する明和六年まで、『御代々御式目』において博奕禁止令の収録がみられなくなる。しかも、宝暦九年の亀岡文殊開帳の際の禁令は、前述したように、大名預所における博奕が問題にされたものである。

このことについては従来論じられることがなかったが、このことが有する米沢藩政史上の意味は、実に大きいのである。私は、この博奕対策の空白期間をもたらしたのは、以下に述べる森平右衛門による政治であったと考える。

藩主重定の側近森平右衛門は、はじめ二人半扶持三石取りで与板組に属していたが、寛延二年（一七四九）には新知三〇石を受け、やがて宝暦四年（一七五四）に御側役（五〇石）となり、宝暦六年（一七五六）には小姓頭次役に進み、侍組に入るという異例の出世をみるのである。その後、小姓頭となって二〇〇石の加増となり、宝暦一〇（一七六二）年に知行三五〇石となった。森平右衛門の側近政治の専権は、宝暦一二年（一七六二）に平右衛門が郡代所頭取を務めるに至って絶頂に達した。

この時期には、注目すべき政策も実施された。農村に対する統制機構を整備するため、郡奉行所を設置したり、世襲制の五代官に副代官をつけ、これらを統轄する郡代所を設けたりした。一方、村の支配は、これまでの肝煎の上に、数ヵ村単位に大庄屋をおいて、いわば中単位の郷村支配を編成したのである。商業政策も、財政の再建とからんで積極策がとられた。財政の救済のために家中の借知を増し、町人・農民にまで人別銭の徴収を行う一方、武士で商売するものには役銀を課し、城下町商人や在方の富農には、「士分取立」を代償にして、盛んに御用金の取り立てを行った。このような政策は、当然農村における商業活動を助長することになるであろう。藩では、農村の荒廃が進むなかで、米・綿・紅花・繰綿などの預札の売買を、問屋役元の統制の下に許可したり、役苧の増大を計ったりして、租税の増収策をとっている。また、郡代所には、財政顧問として城下町商人中村荘兵衛や、江戸商人野挽甚兵衛が参画していることも注目される(370)。

以上述べてきたように古来の国風を重視することよりも、積極的な商業政策等により財政再建をはかろうとした森平右衛門政治においては、博奕対策は重要視されなくなっていたものと思われる。私は、このため、宝暦七年八月九日の禁令以降明和六年の本格的禁令まで、『御代々御式目』において博奕禁止令の収録が原則としてみられなくなったのであると考える。

この私の考えを、第二二表を用いて『御呵附引合』に収録されている判例から検証してみよう。そうしてみると、『御呵附引合』においても、宝暦元年四月五日から明和三年一二月一六日までの間、博奕犯に対する判例が姿を消すのである。宝暦一三年に森平右衛門が殺害され、明和二年に平右衛門第一の腹心であった郡代横目栗田孝左衛門や勘定頭駒形茂右衛門等が処分された後に、博奕犯の判例が姿をみせるのである。この事実からも、森平右衛門施政時代に博奕対策が弛緩したことが判明するのである。

さらに、このような米沢藩政史の動向による博奕対策の変動は、江戸屋敷についてもみられる。それは、米沢藩領内とは異なった様相を呈している。

私は、江戸屋敷を対象とする博奕禁止令の宝暦八年～宝暦一二年の空白期間を、宝暦八年の禁令の効果で説明することは難しいと前述したが、この点についても森平右衛門政治の影響がみられるのである。宝暦八年は、森平右衛門が小姓頭に任命された年であり、米沢藩領内の場合と同様、平右衛門の勢力増大期にあって博奕対策は江戸屋敷においても弛緩したと思われる。

それでは、なぜ江戸屋敷に関しては米沢藩領内より早く、平右衛門がまだ力を有していた宝暦一二年に博奕禁止令が発せられたのか。

私は、それは、平右衛門の政治に不満をもっていた政敵竹俣當綱が宝暦一一年八月四日に江戸家老に任命されたことと関係していると考える。事実、翌宝暦一二年八月に江戸に供奉した後の同年一二月五日に江戸屋敷を対象とした博奕禁止令が発せられているのである。[371] 竹俣當綱が、せめて自分がいる江戸屋敷だけでも風紀の引き締めをはかろうとしたものと思われる。

さて、目を藩政に移せば、平右衛門は、権力を独占すると政治が専制的となり、公私混同の悪弊がみられた。これに対して、門閥譜代の老臣及び江戸の竹俣當綱のグループは、強い不満をもっていた。そして、ついに平右衛門は當綱によって殺害されることとなったのである。

平右衛門による専制的な異例の側近政治を否定した後の政治は、古来の先格・国風を重視した政治を回復することが目標とされた。

しかし、その後も米沢藩政の混乱は続いたのであった。門閥譜代の老臣と竹俣當綱等の改革派グループとの間はうまくいかなかった。それでも、藩政の中心をなしたのは政治改革への動きであり、竹俣當綱グループに主導権があった。彼らは、清潔・公平・倹素を、あらゆる行動のモットーとした。[372] この流れの中で登場したのが上杉鷹山である。

そして、鷹山が初めて米沢に入部した明和六年に、徹底した博奕対策が実施されることになった。

これより先、明和四年（一七六七）に上杉鷹山は、その改革政治のスタートの重要な施策である「大検約令」を発した。[373] この中で、鷹山は、風俗の頽廃を指摘している。そして、風俗統制の一環として、博奕対策の徹底が計られたのである。[374]

鷹山が明和六年（一七六九）一〇月に初めて米沢藩に入部する前の同年三月廿九日、「博奕并諸勝負之遊御〆命令」が出された。これは、前述したように宝暦七年（一七五七）八月九日以来の本格的な博奕禁止令である。

ここで着目すべき点は、以下の記述である。[375]

明和六年三月廿九日、博奕并諸勝負賭之遊御〆命令

覚

博奕都而諸勝負賭之遊ひ御停止ニ候処、自然与相破、間々相催候段相聞不調法之至に候、依之自今以後右躰之儀有之ニおゐてハ、越度被仰付儀ニ候間、後悔無之様可相嗜候、尤役目之者昼夜怠慢なく別而相廻し、相催候様子に候小屋江踏込可見届由、見損之儀ハ不苦候ニ付、疑敷儀は無見遁見届候様申渡、且主人有之小屋〳〵におゐて、主人留守之内、以下〳〵之者集り相催候儀有之由ニ候間、召仕とも江厳敷申付候儀ハ勿論、其上相小屋之者江互に申合、御番留守致候節心を付猥之儀無之様相互ニ可申合候事

丑三月

（後略）

この命令は、諸士等の武士階級に対して出された。従来から博奕等は禁止されていたのにもかかわらず、「依之自今以後右躰之儀有之ニおゐてハ越度被仰付儀ニ候」という表現がとられていることから、この命令が発令された当時、支配者側の博奕取り締まりに対する姿勢が弛緩していたとみるのが妥当であると思われる。

しかし、「後略」の部分において、御屋敷将や御先立に対して右の命令の徹底を命じており、鷹山の時代に入った米沢藩が、本格的に博奕対策に乗り出したのは間違いないと思われる。ただし、違反者に対する制裁は「越度」とだけ記され、刑罰の明記はなされていない。ここに、この時点での博奕対策の限界をみることができる。この限界は、時を隔てずに打ち破られ、明和六年一〇月晦日の禁令という形で博奕対策はさらに前進することになるのであるが、その点に言及する前にこの時期の判例の特徴を論じてみようと思う。

宝暦一三年に森平右衛門が殺害され、明和二年に平右衛門の腹心であった者が処分された後、博奕犯の判例が姿をみせたことは前述したが、ここでは、その後の判例の動向を述べたいと思う。

森一党の要人がことごとく藩の要職から追放された後、明和六年一〇月晦日の禁令が発令されるまでの時期の判例は三件ある。前節でも述べたようにこの中の一件は、博奕とは区別されていた三笠附を犯した者を処罰した判例である。この判例を除く残りの二件は、いずれも生命刑以外の刑罰を科している。しかも、科されている刑罰は、入牢と預・囲入という刑罰で、例えば追払に比べれば軽い刑罰である。したがって、この時期の判例は、博奕犯処罰の厳格性という意味では限界がみられるものであった。

ところが、鷹山が同年一〇月に入部すると、次のような極めて厳しい博奕禁止令が発せられたのである。『御代々御式目』にみられるこの禁止令は、厳格な博奕禁止を定めた「御条書」、これを踏まえての六人年寄・町奉行・伏嗅頭、代官・代官添役、御徒目付、伏嗅、町奉行同心への通知文である「覚」からなっているが、米沢藩政史の画期をなした鷹山の下での改革政治の博奕に対する姿勢が如実に現れている。ここでは「御条書」のみを紹介することとする[376]。

明和六年十月晦日、此度改而博知御〆之御条書

博知之儀、幾度か御停止被仰出候得共、不得止相催、渡世にも懈り、父母を忘れ、家を忘れ、終には其身を失ひ候儀、無甲斐次第ニ候、依之以来御吟味之上、死罪にも可被仰付候、其節父母・妻子を泣かせ、始而後悔致候得共、かへるましく候、其時之思ひをなし、無事之日能々思慮を極め賭之遊ひ相止可申候、勝負ニ惑ひ候時は是非を弁へさるものに候へハ、身命の重をかへりみ深く可相嗜候事

一、博奕ハ悪事の元に候間、一類五人組常々無油断制之、或家並五人組或向三軒之内、怪敷行跡之ものあらは、虚実にも構なく、何茂懇に可及異見候、若承引無之ハ、支配頭江可申出候、成たけの儀は、悪に落入さる様互ひに救ひ合可申候、見遁候ハヽ、急度可被仰付候事

一、博知訴人之者有之ハ、たとひ人数之内にても、其罪を免じ、御褒美可被下候事

右之通、組中并支配下有之面々ハ不残様可被達候事

丑十月

御家中寺社并町家・在家におゐて博奕催候段相聞へ候時は、虚実に構ひなく役目之もの罷越可遂僉議候、其節博奕の催し無之候共、異乱せす丁寧に其旨可申断候事

丑十月

この禁令は、藩民全体が対象となっている。三月廿九日の禁令は武士階級が対象であったのとは異なる。このような同じ年における二回にわたっての発令という経緯は、やはり本格的な博奕対策が行われた天和三年の場合に似ている。このときも、一回目の天和三年四月一六日の禁令の対象者が武士階級であった

のに対し、二回目の同年七月一二日の禁令は、藩民全体を対象としていた。しかも、二回目の禁令のみが「死罪」が刑罰となることを明示している。今述べている明和六年の場合も、二回目の一〇月晦日の命令では「死罪」が刑罰と明示されており、このような命令が出されたのは、『御代々御式目』上、天和三年七月一二日の禁令以来のことである。

この適用される刑罰を明示しているという点は、看過できない大きな問題を孕んでいる。そもそも、全国的にみて江戸時代、一般的には、庶民に示される触は、命令や禁止が大部分であって、刑罰の限度は明らかにされない。「凡法ヲ立ルニハ、法ノ奥ヲ民ニ知ラセズ、此法ヲ犯サバイカナル刑ニカ処セラレント危ブミ懼レサスルヲ善トス」（経済録）という太宰春台の言にみえる考え方は、当時の為政者に共通した認識であった[377]。

実際、『公事方御定書』は、「奉行中之外不可他見」とされた秘密法典であった。ただ、従来、事実上写本が流布したことは指摘されつつも、その時期については、『公事方御定書』の秘密は、「恐らく法曹的吏員が奉行用のものを書写して実務に使ったことから破れ始め、寛政期（一七八九～一八〇一）には早くも藩や民間にも写本が流布していたと推定される」との主張がなされている[378]が、私は、その秘密性はさほど厳格ではなかったのではないかと考えている。そのことは、『公事方御定書』制定以前の元文二年の『御評定所御定書[379]』が「三奉行ゟ外不渡之」とされていたにもかかわらず、すでに宝暦六年（一七五六）の段階で、相州高座郡羽鳥村名主の下に筆写されて存在していた事実からも窺われる。

ただし、そのような事実はあったとしても、『公事方御定書』が一般人に正式に公開されることはなかった。

しかし、他藩においても、これに反した考え方は存していたのであって、例えば、それは熊本藩においてみられる。米沢藩と同様に、また、米沢藩より先に教育刑的労役刑を備えた熊本藩において、そのような支配者側の思想としては近世において異質な考え方がみられたことは大変興味深いので、鎌田浩氏が熊本藩刑政の展開について論じておられる論文[380]から、参考となる部分を引用することとする。

熊本藩では、宝暦年間に『御刑法草書』に基づいた刑政がスタートしたのであるが、この刑法典の編纂責任者大奉行堀平太左衛門を批判する次のような上書が、益田弥一右衛門から出された。

一、近年罰ハ軽く被仰付、御仁政と奉存候、然共下は御仁政と不奉存、罪之程を考、是程ハ是位之御刑法と相謀候而、恐薄之罪人多相成申候（中略）御国ニ而ハ近年御刑法被仰付、万事御政道宜余国ニ相聞、難有御事ニ奉存候得共、扨方相届不申、奉恐入候、前々之通被仰付度、乍恐奉存候

この上書のうち、罰を軽くすると、罪の程度と罰の程度の関係を考えて、処罰を恐れない罪人が多くなるという点に対して、堀は次のように反論している。

御刑法之軽重下より測り、其程々之罪を犯し不扨り之由ニ候処、測り得不申ためとて同罪異刑ニ可被仰付哉、同罪同刑ニ被仰付候へハ何れにも測り候は有前ニ御座候、素ゟ測り候共重き刑を受可申とて重き罪ハ犯し不申候、軽き刑を受可申とて軽き罪をこそ成し可申候、左候へハ諸人之害も亦軽く、是刑法を下ニ知らする本意ニ而可有御座候、明之刑法も天下ニ流布仕候為象魏門ニ掛られ候由、今是を比喩仕ニ而は無御座候得共、其趣意ハ一般之儀ニ可有御座候

鎌田浩氏は、この議論に対して、「当時の刑法は公布されなかったどころか「不可許他見」で、全く断罪にあずかる者以外には見ることもできなかったのであるが、ここではむしろ知らしめることによる犯罪

予防効果を強調しているのである。「民は依らしむべし、知らしむべからず」という、封建法に対して抱く我々の常識をくつがえす議論といえよう」と評しておられるが、まさに、この「知らしめることによる犯罪予防効果」をねらった立法の米沢藩版が、天和三年七月一二日の禁令であり、明和六年一〇月晦日の禁令であったのである。

　ところが、天和三年の場合との相違点もみられる。天和三年の場合は、博奕禁止令発令理由については、「古」より「法度」であるといった理由をあげているにすぎないが、明和六年の場合は、その理由が積極的に示されている。

　具体的には、後者の場合は、「御条書」に「渡世にも懈り、父母を忘れ、家を忘れ、終には其身を失ひ候」との発令理由が示されており、「覚」には、「於御郡中博奕長し、此侭指置候ては、乱法之元ニ候」との発令理由が述べられている。

　天和三年七月一二日の禁令とこの明和六年一〇月晦日の禁令の相違点について、私は次のように考える。天和三年の禁令は、前述したように幕府の風俗の統制と取り締まりの強化に対応して出された。これに対して明和六年の禁令は、藩主鷹山の下で、全藩民あげての米沢藩再興策の一環としての風俗統制の中に位置付けられており、禁令自体は強圧的な面を有する文面ではあるが、発令理由を明確にし、藩民の理解を得る点も重視されていたのだと考える。

　ちなみに、「覚」に記されている博奕が乱法の元になるという考え方は、鷹山のブレーンであった竹俣當綱が著した『国政談』の中でも述べられている。改革政治推進者の考えを示すものとして、次に引用する。[381]

博奕御停止
右、古来より重ク被禁候、就中天和二年厳重被仰出、其後時々御〆相立候へとも、ほとへたたり候へてゆるみ候、此故に猶又今般被仰出
但、この博知より諸悪起り、民間の風俗を破り、晝夜を取違ひ、業にも怠り、懶惰にして、乱暴狼藉みなこの博知うちの風情なり、且つ追はぎ、強盗、火付たくひも此等の者とものなすところ、尤重ク禁止あるべき事ニ候、此故に父母妻子を泣せ、終にはその身もしつみ候事、誠ニ不便なる事に候、是ニ因て常々これを御停止、古来より被行厳科候、此段准古例本文之通被仰出之

この文章で「天和二年」といっているのは、天和三年の誤りであると思われるが、ともかく、まさに、改革政治推進者にとって、博奕は「諸悪」の根源であったのである。ここに、なぜ、米沢藩は多くの犯罪の中で、博奕に対してのみ『博奕改革刑』という刑法典を設けたのかという疑問に対する解答があるように思われる。

さて、明和六年（一七六九）一〇月晦日の禁令が発令された後、早くも明和六年一二月、当該禁令に基づいた処罰が行われた[382]。

明和六年十二月、博知御停止之所、去月廿五日、博奕を催し候ニ付、御刑罰被仰付候付命令

斬罪獄門	会所番	宿人	元鈴木　儀兵衛
斬罪切捨	赤柴村百姓	人数	吉平
同	矢子村百姓	同	次左衛門
同	同		助内

同　同　喜兵衛養子　松之助

人命被相絶候儀、元より不便ニは被思召候得共、国民の為に候へは不得止事死刑にも被仰付候、一時之利に迷ひ君慮をも奉痛、次には父母・妻子をも泣せ百年之命を失ひ候儀甲斐なきもの共に候、是を以後来を相慎候におゐてハ上下之大幸不可過之事

丑十二月

右に記述されている判例のうち、『御呵附引合』に収録されているのは、儀兵衛に関するものである。両史料間では判決年月日に三日間のずれがあるが、同一の判例であると思われる。以下にこの判例を引用することとする。(383)

御會所番元鈴木

儀兵衛

右者、此度改而博奕道重き御〆被　仰出候處、於私宅博奕宿致候ニ付、明和六年一二月廿二日、

斬罪獄門

右之通

ここに、博奕犯に対する判例が姿を消した時期、拘束刑を科していた時期を経て、博奕死刑制を体現する判例が復活した。『御呵附引合』の判例においても、これ以後も、明和九年（一七七二）一二月二七日、安永八年（一七七九）八月五日と生命刑を科す判例が続くのである。

また、この時期の判例の特徴として注目しなければならないことは、家来が博奕を犯したことに関して、主人の連坐としての責任を問う判例が、安永八年（一七七九）八月六日に二件出されていることである。これらの判例は、前節で紹介したが、『御呵附引合』上家来の博奕を処罰する判例はこれらの判例以前に

はなく、米沢藩がこの時期連坐制をも利用して積極的に博奕対策に乗り出していたことがわかる。

それでは、明和六年一〇月晦日の禁令以降の禁令の発令状況はどのようであったろうか。

前述したように、鷹山は明和六年一〇月に初めて米沢藩に入部するのであるが、同年一二月二四日に初入部に際しての「御仕置道之御条書」が発せられた。この中に、博奕禁止に関する条項がある。その条項を引用すると次の通りである。(384)

明和六年十二月廿四日、御初入部ニ付御仕置道之御条書、且此度各別之以思召御添書被仰出之

条々

（中略）

一、企徒党以頼母敷道不断参会いたし及酒食酔飽、或博奕或女色之交堅可為禁止之事

（後略）

また、亀岡文殊開帳に際して、明和八年七月一〇日に次のような命令が発せられている。(385)

明和八年七月十日、来ル十五日ゟ八月朔日迄亀岡文珠開帳付而御境通用御免之命令

（中略）

御料所等におひて自然博奕ヶ間敷儀相催候処も有之節ハ、左様之場へ立寄候儀不及申、立止り見物等堅無用ニ候、

（後略）

以上の外としては、博奕禁止条項が含まれている安永五年五月の「増上寺火之御役」に関する命令(386)が出

されている。

この後、『御代々御式目』上博奕禁止令の発令はしばらくの間みられなくなり、次にそれがみられるのは、天明六年（一七八六）四月二二日の博奕禁止令である。この禁令は、『博奕改革刑』制定直前の厳罰主義に基づく禁令として、『博奕改革刑』の位置付けをする際に本章の最初の部分で紹介したものである。したがって、ここでは引用を省略するが、この禁令には、明和六年一〇月晦日以降米沢藩の博奕の流行が下火になっていたのではないかと思わせる記述がみられる。

すなわち、この禁令には「博奕御停止之儀、先条被仰出候通ニ候処、不心得之者茂有之、近来ハ猶以相催候様相聞」とあり、明和六年の禁令は出されたが、「近来ハ」博奕をする者があり、大勢の者が逮捕されたとある。すなわち、明和六年の禁令が発令された後、一旦は博奕の流行が下火になっていたのではないかと思われる。

ところで、この後の文章には含蓄がある。たしかに、「明和六年中被仰出候通、死罪ニも可被仰付候」とあり、明和六年の禁令同様の厳罰主義に基づく禁令であることは間違いない。しかし、「御代替間茂無之内」であることを口実として、実際には「格別之御沙汰を以是迄之儀は不被及御僉議候」という取り扱いがなされている。このことは、何を意味しているのであろうか。

従来の研究においては、この天明六年の禁令に関連して「天明五年（一七八五）の藩主の代替り時には一時的に、多数の犯罪者を捕えることを遠慮して取り締まりが緩和されたものの、翌六年四月には再び死刑が復活した[387]」との見解が示されている。しかし、この見解には賛同することができない。

たしかに、天明五年（一七八五）二月三日に鷹山は隠居及び治広への家督を願い出ており、同年二月七日に家督相続が認められている。(388) しかし、本稿でも引用したこの禁令によれば、この頃博奕が問題となり、捜索し、多数の犯罪者を現実に逮捕しているのである。「捕えることを遠慮して」はいないのである。逮捕したうえで、代替わりを理由として取り調べはしないことにしたのである。

そして、私は、この事実は、代替わりを理由とした未決囚に対する御赦としての性質をもつ釈放であるとは思うが、同時に、この背後で、厳罰主義に対する疑問の声が藩当局で台頭しつつあったのではないかと思う。明和六年一〇月晦日の禁令と同様の博奕死刑制に基づくこの天明六年四月二二日の禁令の文面に垣間見られた疑問の声は、早くも約三年後の丸山平六の政治改革に関する七ヵ条の言上で表に出てきている。このような動きは、『博奕改革刑』制定につながるものであるが、これを論じる前に、一度江戸屋敷に対する禁令に目を向けてみたい。

天明七年（一七八七）に、江戸屋敷に対する博奕禁止令が発せられた。それは、次の命令である。(389)

天明七年三月十五日、江戸ニをひて賭之勝負御停止之段、三御屋敷之面々江猶又被命之

手控

兼而度々被仰出候賭之勝負御停止之儀、何茂忘るましく候処、近比小屋〳〵にをひて左様之類相聞不届之至ニ候、依之右躰之様子於致見聞は、役目之者無案内踏込見届申出候筈ニ候間、弥以下々不心得無之様厳敷可被申付候事

三月

右の禁令には「兼而度々被仰出候賭之勝負御停止之儀」とあるが、前述したように、竹俣當綱が宝暦一一年八月四日に江戸家老に任命された後、宝暦一二年（一七六二）一二月五日、明和元年（一七六四）七

月廿五日、明和四年（一七六七）一一月と継続的に江戸屋敷の者を対象とした博奕禁令が出された後、さらに、安永五年（一七七六）五月と継続的に江戸屋敷の者を対象とした博奕禁令が出されていた。

さて、論述の対象を天明六年の禁令に戻し、この禁令の効果をみてみたいと思う。私は、明和六年の死罪適用明記の禁令が、一時期効果をもったと考えられる旨述べたが、天明六年の禁令は、そのような効果をもち得なかったと思われる。横山昭男氏は、この禁令が発せられた後の米沢藩社会の状況について、「天明末年は、社会風紀も紊乱している。諸役の家来に賄賂が行われ、相続争いで改易になるものもあり、また博奕も多くなっている」[390]と述べておられる。

天明末年のこの状況が、判例の面からも裏付けられれば、さらにこの時期の実情が浮き彫りにされるわけであるが、残念ながら前述のように『御呵附引合』は主として天明元年一二月までの判例を収録しており、「博奕」という項目にはそれ以後の追加の判例は収録されていない。また、『中典類聚』は寛政三年正月二日からの判例を収録している。したがって、天明末年の博奕の実態を判例から明らかにすることはできない。

さて、博奕死刑制に基づく天明六年の禁令が有効に機能しなかったことにより、博奕死刑制に対する反対論も強まってきた。

寛政元年（一七八九）七月二四日、米沢藩の寛政改革準備の推進者となった丸山平六は、政治改革に関する七ヵ条の言上を行っている。この中で、博奕死刑制に関しては、法令一辺倒で現実に守られず、違反者がかえって多くなっている。この現状に対する反省から、厳刑をもう少し弛めてはどうかと述べている[391]。

一方、この時期の博奕関係命令としては、次のものがある[392]。

寛政元年四月廿六日、博奕御停止兼而厳敷被仰出候処、今以不心得之者も有之、先達而諸士之内御仕置、組頭之者茂御呵被仰付候、組子之事に付而、平常心を用懇に取扱行届候様被命之

博奕御停止之儀兼而厳敷被仰出、近来公儀よりも重被仰出有之処、今以不心得之ものも有之、既先達而諸士之内に茂相犯候もの有之御仕置被仰付候、右ニ付而は、右組頭之ものも御呵被仰付候、尤支配下隔居候得ハ、容易ニ可行届事には無之候得とも、被御預置候組子之事に候得は、平常心を用懇之取扱も於有之は、可行届事ニ候

右之趣、支配頭懇に可相心得旨被思召候事

四月

この命令の特徴は、諸士が博奕を犯した件に関して、犯人が所属する組の組頭が連坐により処罰されたことを告げ、組頭の監督責任を問うことにより組子が博奕を行うことを防止しようとしていることである。この連坐を用いて博奕を取り締まろうとする政策は、後に博奕死刑制が廃止される際に連坐、縁坐の活用を計ったことに繋がるものであると考えられる。この点で、博奕死刑制の見直しが主張された時期に、連坐の活用を計る命令が出されたことの意味は大きいといわなければならないと思われる。

さて、前に丸山平六の博奕死刑制批判について述べたが、政権側にも動きがあった。かつて上杉鷹山を竹俣当綱とともに支えた莅戸善政は、竹俣当綱失脚後の天明三年（一七八三）職を辞し隠居していたが、寛政期に政権に復帰し寛政改革を担うことになる。寛政三年（一七九一）一月に再勤を命じられ中老職に就任した莅戸善政は、同年三月、改革の大綱「総紕」四七ヵ条を提言している[393]。この中で、政権中枢にある者として博奕死刑制廃止を取り上げている。そして、この改革推進者の考えは、同年中に実現すること

になった。

寛政三年一二月、博奕処罰が大転換を遂げることになった。博奕死刑制を転換させる命令に関しては、『御代々御式目』に収録されているが[394]、それは本章第一節で『博奕改革刑』を紹介したところの『鷹山公世紀』の記述と同様であるので、ここでは引用を省略することとする。

ただし、この命令の要点を述べれば、前述したように、第一に、「疑はしき聞へ有之者」も「召捕、吟味之上、越度可被仰付候」としている点で、取り締まりの範囲を拡大している。さらに、第二に、「肝煎、検斷、組頭」等から一類、近隣の者にも処罰が及ぶとして、連坐、縁坐の強化をはかっている。その反面、以上の強化策と引き替えに、第三に、刑罰自体は寛刑化させ、死刑を廃止して広義の徒罪を中心とした刑罰を適用することとしている。

この方針変換は、上杉鷹山の仁政思想の実践でもあるが、米沢藩の寛政改革の重要な柱である農村復興策と不可分の関係にある生産者人口増加策にも関連し、さらには、教育刑的側面をもつ広義の徒罪の有効性に目が向けられていたこととも繋がりがある。

そして、『博奕改革刑』が寛政四年二月一三日に出されたのであるが[395]、この博奕に関する刑法典は『御代々御式目』には収録されていない。収録されなかった理由は必ずしも明白ではないが、『御代々御式目』が『博奕改革刑』の存在を否定していないことは確かである。そのことは、『御代々御式目』に『博奕改革刑』の規定を前提とした命令が収録されていることでわかる。

それは、本章第一節で紹介した、定価屋渡の刑期について、まず『博奕改革刑』の規定を記した後、それを十年は七年、七年は五年、五年は三年と弛める旨定めた寛政七年一二月の命令である。この命令は、

『博奕改革刑』における刑期の規定を前提として発令されている。

『博奕改革刑』が『御代々御式目』に収録されなかった理由を考えてみると、個別の単行法令を集めた『御代々御式目』に、博奕に関してのみとはいえ、刑法典である『博奕改革刑』を収録することは適当ではないと考えられたのではないかと考えられる。ただし、『博奕改革刑』は、『御呵附引合』には収録されており、裁判の際用いられる判例集には収録して、裁判関係者が利用しやすいようにした。ちなみに、『中典類聚』は当時まだできていなかった。なお、右に述べた『博奕改革刑』の刑期を変更する命令は、単行法令であるということで、『御代々御式目』に収録されるに至ったものと考えられる。

さて、『博奕改革刑』成立後に『御代々御式目』で最初に博奕に関する記述があらわれるのは、次の寛政五年一一月三日の命令においてである。この命令は、欠所奉公とも呼ばれた定価屋渡を科せられた者の雇主が、受刑者を前の住所地に戻し代理人を使用したり、不当に休暇を与えたりすることを禁じるものである。これら禁止事項の違反については、後の『御裁許鈔』が収録対象とする時代に「欠所者永く御渡無之」という刑罰が適用されており、第二章でこの刑罰について論じている。寛政五年一一月三日の命令はそこで引用しているのでここでは省略するが、そこでは言及しなかったことがある。

それは、『博奕改革刑』が成立し、博奕犯の処罰において死刑に代わる刑罰の主要な刑罰の一つとして位置付けられた定価屋渡の実効性を確保するために出されたのが、この寛政五年一一月三日の命令であり、『博奕改革刑』成立時期と近接した時期に出されたのは偶然ではないということである。

『博奕改革刑』成立後、『御代々御式目』には本格的な博奕禁止令がみられなくなる。次に紹介する寛政六年三月七日、寛政七年七月五日の命令においても、他領民または他領における博奕が問題にされている。

このことは、『博奕改革刑』の成立により博奕が減少したことを示しているようにも思われる。しかし、『博奕改革刑』成立後の時代の判例を収録する『中典類聚』には多くの博奕犯に関する判例が記載されており、『博奕改革刑』は、博奕対策に「効果があったとはいえ、依然として犯罪は、極めて多かった」[396]ということができる。むしろ、『博奕改革刑』成立後、本格的博奕禁止令がみられなくなるのは、『博奕改革刑』が博奕に関しては刑法典としての形態を備えた基本法であり、博奕犯処罰に関しては他の法令が干渉することをなるべく控えたことが主たる理由であると思われる。

さて、寛政六年三月七日の命令は、馬市の際に賭博が行われることを禁止する内容となっている。なお、この命令が出されたのには、次のような背景がある。

寛政改革における勧農の諸政策の中で、本百姓経営を回復し、農業生産の向上のため、農馬の導入が計られた。寛政三年九月に、赤湯馬市への他国産の移入を禁じ、農馬の国産化が進められた。農馬飼育の奨励のため、各代官所に農馬役場を設けている。しかし、農家の立馬はその後余り増えなかったので、寛政六年（一七九四）三月、米沢城下馬苦労町検断に対し、馬市の開設を命じた。その覚によれば、南部・仙台・最上等の馬苦労に呼びかけ、また、馬買人は越後・会津・福島等どこからでも集まるようにすることとなっている[397]。したがって、馬市には多種類の他領民が集まることとなり、それらの人々により博奕が行われる可能性がある。そこで、「市場・馬宿人・旅籠屋等」に対し、博奕禁止の徹底を計っている。次の史料が、そのことを示している[398]。

命令

寛政六年三月七日、農民馬買入勝手よからんため、今年ゟ馬苦労町にをひて馬市被相立候付

（中略）

町奉行中

今度於馬苦労町馬市被相立候間、遠藤助内江別紙之通被申付、外二町江茂可被相達候、依之馬宿人馬苦労町・南町・紺屋町より五六人可被書出候事

一、博奕并賭の諸勝負堅制禁たる之間、市場・馬宿人・旅籠屋等江急度可被申渡置候事

（後略）

次の史料も、他領関係のものである。[399]

寛政七年七月五日、亀岡文珠開帳ニ付、御境通融御免之命令

（中略）

一、亀岡は不及申於御料所博奕惣而賭之遊又は角力・見世物都而群集之場所江立廻見物等堅無用ニ候、勿論喧嘩・口論・酔狂之儀急度相慎、質素之心得を以参詣一通りニ可罷越候

（後略）

さて、次の史料は、「富闔或博奕ニ類し候貯」についての命令である。[400]

寛政九年十二月廿三日、近来富闔或博奕ニ類し候貯之分御停止之命令

近来富闔或博奕ニ類し候組立取逃貯流行候由、取付候者、分限不相応之金銭を以取付候故、難渋之もの共万一を頼んで人数ニ入あすの難儀ニ至候由不届之至ニ候、仍右貯御停止被仰出候間、今既取立置候分といへとも今日より相改自今催ましき事

十二月廿三日

幕府の『公事方御定書』においては、「取退無盡」は明文をもって罰しているのに対して、「富鬮」については、何も述べられていない。『公事方御定書』では、多数の者が金を出して、当たりくじの者だけが金を得る点では「取退無盡」と富鬮とは相違がない[401]のに、「富鬮」に関する条文が存在しないのである。

そもそも、「富鬮」は『公事方御定書』が罰する博奕とは異なり、幕府の許可を得た寺社が行うことができた。したがって、「富鬮」は公認の場合がある点で特殊であり、『公事方御定書』が明文で罰していないのは、このことが理由となっていると思われる。幕府の場合も、許可を得ないで「富鬮」を行うことは禁止されていた。しかし、「取退無盡」は『公事方御定書』で狭義の博奕と同一条文で罰し、「富鬮」は扱いを異にするというのは、整合性を欠いていると思われる。これに対して、米沢藩では両者の扱いが幕府とは違っていた。

右の命令においては、「富鬮或博奕ニ類し候貯」の停止を命じてはいるが、違反者に対する刑罰を示すことはもちろん、処罰することすら記していない。実は、当時、米沢藩では幕府が『公事方御定書』で処罰している「取退無盡」や、「富鬮」のような行為を博奕として処罰することはしていなかったのである。この後に、利欲にとらわれた行為として、「隣国」での催しに参加した場合については文化三年に、領内での催しに参加した場合については文化六年に処罰がなされる旨の命令が出されるに至るのである。

さて、前述したように、博奕改革刑が布告されてから、本格的な博奕禁止令は出されていない。そして、享和期に入ると、次の二点で博奕禁止政策は新たな展開をみせることになる。

まず、第一点は、地域ぐるみで博奕が行われるのを阻止しようとする政策がとられている点である。そのことがあらわれているのが、在町における五人組合、十人組合及び近隣五ヶ村の組合に関する命令中に、

在地域、町地域に対して、博奕禁止の文言を入れている享和元年二月の次の史料である。(402)

享和元年二月、此度在町江伍什組合相立、職業に怠る者を教訓し、患難貧窮之者等を救、互ニ誠を尽し可請旨命令、随而郡奉行代官中郷村出役中江も心得方被命之

（中略）

一、善をす、め悪をいましめ、倹をまもらせ奢を制して其天職を勤しむるか伍什組合の頼母しき務たるへし、若耕作産業に怠るもの、或天職にたかって末業に走るもの、又ハ歌舞妓狂言酒宴遊興に流れ博奕賭の勝負を事とする類のものあらハ、伍中各教訓を施し異見を加へ、若々改すんハ十人組に告て異見せしめ、猶も改さるに至てハひそかに村役に達して其救を請へし

右之通被仰出候間、頼母しき組合を立、村々戸々永く相続いたすへき也

享和元年二月　　中条
　　　　　　　　莅戸

（後略）

右の命令は、在地域に対して出されており、同旨のものが町地域に対しても出されている。

右の史料に出てくる「伍什組合」とは、五人組、十人組、一村及び組合村により農村の再編成をはかろうとする寛政改革の一環としての重要政策の中で設置されたものである。(403) したがって、もちろん博奕対策のためだけの組織ではなく、農村再編成のための組織である。

このとき以前にも、一人では貢租の完納が続かないこともあるので、五人の連帯責任とし、村請とすることはあった。しかし、農村の変化に応じてその実が伴わなくなっていた。その背景としては、すでに明

和・安永期において問題となっていた農村人口の減少、荒廃田の増加及び高利貸地主の台頭等による農村の分解と変貌が、天明の飢饉以後寛政期に入って一層進行したことをあげることができる。

この伍什組合は、町方でも結成された。そして、村方、町方双方の伍什組合で連帯責任と相互監視が強調された。このシステムで博奕撲滅も期待されたのである。

享和期でみられた博奕禁止政策の展開の第二点は、特殊な形態の賭博が問題にされている点である。このことは、『博奕改革刑』では処罰対象としていない形の賭博の禁止が必要とされたことを示していると思われる。

まず、的弓稽古の際に賭物等を設けることの禁止に関する命令を紹介することにしたい。[404]

享和二年六月十三日、的弓稽古之節賭物等設間敷旨命令

射芸師範之面々

射芸ハ元より強弓を自在ニ射こなし鉄甲岩陣をも可打砕ため之備に候へハ、各其心得を以可有指南事無申迄候、されハ稽古的弓ニ賭物等設候事前々御停止ニ候処、漸々犯来、殊ニ多分の賭物迄ニも及候由、畢竟勝負を以射者之進を助る為ニても可有之候得共、是等を以可進退ハ武士之志ニ無之、殊ニ以若年之もの共卑劣の気を生する道、旁各門弟江屹可被誡置候事

但、盆中若もの共為遊目代壱銭賭ハ、御免之事ニ候へとも、向後ハ壱銭賭といへとも無用ニ可被相達候

六月十三日

次に、「不常並貯」に関する史料を紹介したい。[405]

享和二年四月、多人数之貯為催間敷旨命令

其手少給諸士の難儀を救ひ候為、三手近年数十百人之人数、数百貫文之貯催候よし、難儀を救遣へきため之組立ハ頼母敷尤之事ニ候得共、不常並貯ハ前々御停止ニ候処、三手歴々仲ヶ間之上ニ不常並貯の有之儀ハ如何敷有之候、殊ニ多人数大分之寄銭、殊ニ年数経候貯之間ニは、全き成就茂無覚束儀、旁以斯る貯之行れ候事如何敷候得は、屹被相止候様可達事ニ候得共、今急ニ止候ハヽ、既ニ取付候者は別儀茂有ましきか、未取付者ニ至而は、是迄年々の懸銭徒ニする大の難儀ニ至へく、左候而は、畢竟人々のためニとの停止か、却而人々の難儀ニ可至事の大事と先差控候、依而斯る常並ならぬ貯ハ向後決而為催間敷、可成は是迄催来候貯も漸々の心遣ニ人々の不勝手無之様にして、右貯之年限を縮て早く済候様、某々江被遂評判、差図ニ可被及候事

但、古来有来候常並の貯にて、人数二十人三十人ニ而催候事ハ、尤以無別儀候

この史料は何を語っているのであろうか。ここで述べられている「不常並貯」は、幕府の『公事方御定書』が広義の博奕の一種としている「取退無盡」と同種のものなのであろうか、それとも、好ましくはないものの犯罪ではない「貯え」の範疇にとどまるものなのであろうか。本節では、ここまでほぼ時の流れにそって博奕禁止令の発令状況をみてきたが、ここでは、この問題の解明のため、関係史料を後の時代までも対象として収拾することにしたいと思う。

幕府の『公事方御定書』は、「取退無盡」を取り締まっている。このことについては、本章第二節で述べたが、そこで前述したように、本来、通常の無盡では、当せん人も、満会、すなわち加入者の数だけの会合が行われるまで、毎回所定の懸け金をなすべきであったが、「取退無盡」では、落札または当せんに

よってある講会の懸け金を受け取ると、講を脱退して、そのあとの懸け金を免れるのである。これは純然たる賭博であるので、『公事方御定書』はこれを禁止していたのである。

さて、右の享和二年四月の命令に出てくる「不常並貯」は、この「取退無盡」と同じなのかが問題となる。「取退無盡」の場合は、落札または当せんからはずれた者は大きな損をこうむるわけであるが、右の命令の場合は、そうではなく通常の無盡のようにいつかは返金を受けるようなシステムがとられているようにみえる。そのことは、「今急ニ止候ハヽ、既ニ取付候者は別儀茂有ましきか、未取付者ニ至而は、是迄年々の懸銭徒ニする大の難儀ニ至」との文言にあらわれている。すなわち、この文言によれば、未取付者もいつかは懸銭を手にすることが予定されている。

ここで思い出されるのが、前述した寛政九年の命令である。そこでは、「博奕ニ類し候貯」である「取逃貯」が対象となっていた。この「取逃貯」という文言は、『公事方御定書』が禁止している「取退無盡」とよく似ている。これに対して、享和二年四月の命令では、「不常並貯」という文言が用いられており、一歩距離をおいた文言となっている。このことは、「貯」を催す側がその違法性を隠蔽することに、より巧妙になっていることを示していると考えられる。後述するように合法的な無盡とそうでない無盡との差は明確にしにくいものなのである。

それでは、実際、「不常並貯」は、正常な「無盡」であったのであろうか。この疑問を解明するためには、後の時代に関するものであるが、文化六年（一八〇九）二月の次の命令を参照することとする。[406]

文化六年二月、新規作意之貯相催候者、屹可被仰付旨被命

覚

諸組
頭々
同列
筆頭

頼母し貯ハ、貧窮ニ迫候ものへ、親族懇意頼母し道を以相応之貯取立、其急難を救遣し候事ハ、前々ゟ有之事ニ候処、近年多人数を催し新規作意之貯を企候も有之よし、不埒之至ニ候、寛政九年被仰出之旨相守、享和二年頭々江達之趣を可心得旨被仰出候、今度斯被仰出候上、新ニ多人数を催作意之貯相企候ハ、其頭取企人屹被仰付候、此段支配下江懇ニ可相達候事

文化六年
二月

この史料での第一の着眼点は、「寛政九年被仰出之旨相守、享和二年頭々江達之趣を可心得旨被仰出候」という部分である。この文面によれば、この文化六年の命令が、前に引用した寛政九年、享和二年の命令の延長線上にあることがわかる。

そして、こちらの方が重要なのであるが、第二の着眼点は、享和二年の命令にはない表現として「作意之貯」という文言が用いられている点である。前の享和二年の命令では「不常並貯」とか、「斯る貯之行れ候事如何敷候」という表現が用いられていた。このことは、「作意之貯」すなわちたくらみをもってなされる「貯」であるとする文化六年の命令の方が当該「貯」をより悪質なものとして評価していることを示していると思われる。つまり、享和二年の段階では、「貯」の犯罪性が十分に認識できなかったが、文

化六年の段階では、その犯罪性を看破していたと考えられる。つまり、寛政九年の命令以降、その違法性が隠蔽された形で行われていた催しが、文化六年の時点で違法性が露呈されることとなったのである。

さらに、第三の着眼点としては、このことは第二の着眼点にも関係するのであるが、享和二年の命令には関係者を処罰する文言がないが、文化六年の命令には「新ニ多人数を催作意之貯相企候ハ、其頭取企人屹被仰付候」と、処罰文言が含まれている点をあげることができる。文化六年の段階では、「頭取企人」の処罰の必要性が認められたのである。

ところで、右に述べた享和二年、文化六年の間の変化に関係すると思われる史料があるので、次に紹介する。(407)

文化三年四月十二日、隣国ニおいて富鬮同様異なる貯催候由、右貯加ハる間敷旨命令

御家中江

覚

隣国ニおいて富鬮同様異なる貯を催し候処、町家之者人数ニ加り候儀、去々年中令停止候処不相用、人数に相成、人をも進め候もの有之候ニ付、今度某々御呵被仰出候、猶不得止事人数に加り候もの有之ニおいてハ御糺可有之候条、此旨下々迄不心得無之様可被相制候事

この命令は、米沢藩内ではなく、「隣国」における「富鬮同様異なる貯」への参加を禁じたものである。その点は、享和二年、文化六年の命令と異なる。しかし、「今度某々御呵被仰出候」と、すでに処罰された者がいると述べられている。処罰を要するという点では、文化六年の命令と共通するところがある。

この史料から、米沢藩当局が、隣国における富鬮同様の異なる貯への参加を「去々年中」停止させよう

とした（この命令は『御代々御式目』に収録されていない。）が、結局違反者が出てしまい、危機感を募らせていたことが考えられる。そして、享和二年段階では「不常並貯」の本質を熟知できず処罰までは考えていなかった米沢藩当局が、右の件によって態度を硬化させたことが、前述の文化六年の命令を導いたと思われる。

以上の私の考察は、判例の面から裏付けることができる。次に、判例の面からの考察を試みたいと思う。博奕に関する判例は、本章ですでに詳細に検討した。第三節では『中典類聚』の判例を考察したが、博奕については大項目である「博奕」及び「博奕下」には、「取退無盡」という文言はもちろん、不正な「貯」を処罰している判例もない。また、第四節では『御呵附引合』の判例を考察したが、「博奕」という項目には同じく不正な「貯」を処罰している判例はない。

『御呵附引合』には、「博奕」の項目以外にもここで論じているような不正な「貯」を処罰している判例はないのであるが、『中典類聚』の場合は趣を異にする。『中典類聚』では、「利慾下」という大項目に「貯富鬮」という小項目がおかれている。(408) つまり、「貯富鬮」は賭博とはみられていなかったのである。ちなみに、「利慾下」という大項目にある「貯富鬮」以外の犯罪としては、「揺取」、「拾取」、「金銭差引」、「借貸」、「催促」、「質物」、「売買」、「〆売〆買」、「取逃」、「非分申掛」がある。これらのうち、「揺取」、「拾取」、「金銭差引」、「〆売〆買」、「取逃」、「非分申掛」はそのこと自体が犯罪であるが、残りの「借貸」、「催促」、「質物」、「売買」はそのこと自体が犯罪であるのではなく、その態様によって犯罪となったのである。そもそも、合法的な無盡と『公事方御定書』が罰する「取退無盡」との差は、無盡に当たったのち、あとの懸け金をしないですますかどうかである。

当時、実際には、合法的な無盡を計画したが構成員が資力を失い懸け金が続かなくなったとか、構成員が行方不明になったとかいう場合も出てきたであろう。災難のため金が特に必要な人のために合法的な無盡が行われた場合もあり、そのような場合は、なおさらそのようなことが起こり得たであろう。この場合、この無盡は賭博とはされなかったのではなかろうか。また、即時にこの無盡を禁ずれば、金の支給をまだ受けていない人がいれば不公平が生じる。

私は、この点で無盡の賭博性を認定することには、具体的場面において、相当な困難があったと考えるのである。『中典類聚』の編纂者は、この編纂がなされた天保期、幕府では『公事方御定書』第五五条「三笠附、博奕打、取退無盡御仕置之事」で「取退無盡」を罰していたことを知っていたであろう。しかし、『中典類聚』では、あえてこれを賭博の一種としなかったのは、私が右に述べた点を考慮したからではないかと考える。

さて、処罰の必要性という点からは、文化三年四月一二日の「隣国」での「富鬮同様異なる貯」についての命令がひとつの画期を示しており、そこでは「今度某々御呵被仰出候」と、すでに処罰された者がいると述べられていることを前述したが、その処罰については、『中典類聚』に対応する判例がある。ここでその判例を紹介することにしたいと思う。『中典類聚』の「貯富鬮」という小項目に分類されている判例をすべて一覧表にしたのが第二三表である。この表の「番号」は、本稿において当該判例を引用するときの判例の番号として用いることとする。

さて、右の文化三年四月十二日の命令が発令される直前の文化三年三月二一日に、関係する判例が三件出された。この中の判例一と判例二では、旅商いをしている者が他領で「奇異之貯」に参加したことによっ

事　件　の　概　要
先年不調法があり隠居を科されたが、「旅出商」をし、他領での「奇異之貯」に参加する（409）。
「旅商渡世」をし、「奇異之貯」に参加する（410）。
他領の者に頼まれ「貯」の参加者を世話する（411）。
支配下御扶持人の「極難之者」のために「多人数之貯」を催す（412）。
支配下の者の貯取立について軽率な指図をする（413）。
懸銭の滞納者へ多人数を案内し、押し込み、催促する（414）。
禁止された参詣をし、富鬮を買い、帰路強盗に逢う（415）。
手黒をもって、貯を取り入れる（416）。
貯富鬮をめぐって開催者と喧嘩し、外にも犯罪を犯す（417）。
禁令を知りながら、貯富鬮を再興する（418）。
貯の悪巧みして追払となり、立ち帰りまた貯の悪巧みをする（419）。
富鬮を買い取る（420）。
追払立帰の後「留札捌」に入れ込み、強勢を振り回す（421）。

第二三表

番　号	年　月　日	刑　　罰	身　　分
1	文化３年３月21日	禁足	諸士
2	文化３年３月21日	過料（30目）・禁足	町家
3	文化３年３月21日	過料（30目）・禁足	その他
4	文化６年２月７日	慎（３日）	諸士
5	文政３年12月24日	閉門（３月）	諸士
6	文政６年５月23日	慎（20日）	諸士
7	文政７年12月21日	嫡子除・囲入	諸士
8	文政10年４月23日	追払	諸士
9	文政10年10月19日	嫡子除・蟄居（３年）	諸士
10	文政11年11月	禁足	百姓
11	文政12年12月24日	追払	町家
12	天保７年11月２日	過料（30目）・禁足	名子借・町家
13	天保７年11月２日	焼印・追払	その他

(注)「事件の概要」欄の括弧内の数字は、本稿末尾にある注の番号である。

て罰せられている。また、判例三では他領の者に頼まれ「貯」の参加者を世話したことによって罰せられている。

右の判例がいう「奇異之貯」、「貯」とは、文化三年の命令がいう「富鬮同様異なる貯」と同種のものであると思われる。したがって、これらの犯罪は、文化三年四月一二日の命令が発令される契機を作ったということができると思われる。ただし、これらの判例の特徴は、いずれの場合も禁足または過料・禁足と刑罰が軽いことである。

一方、文化六年二月の命令の場合にも、命令が発令される契機となった犯罪があった。その件に関する判例が判例四である。この判例でも、処罰は三日間の慎と軽いものとなっている。この判例の場合に処罰が軽かったのは、動機に同情すべき点があると判断されたためと思われる。「貯富鬮」ないしは「新規作意之貯」には、人を助けるためになされる場合もあるのであり、博奕とは同列に論じにくい要素があるというべきであろう。このような見地に立って、米沢藩では「貯富鬮」を博奕の処罰体系に属させなかったと考えられるのである。

さて、ここで「富鬮」の処罰について論じておきたいと思う。前述の通り寛政九年一二月二三日の「近来富鬮或博奕ニ類し候貯之分御停止之命令」では「富鬮」と「貯富鬮」とが同列に扱われている。多数の者が金を出し、当たりくじの者だけが金を得る点では両者の差はないのであるから、この扱いには合理性がある。そして、同様の扱いは『中典類聚』においてもみられる。すなわち、「富鬮」も「博奕」及び「博奕下」には分類されておらず、「利慾下」という大項目にある「貯富鬮」という小項目に分類されている。

ところで、文化四年七月一五日の「文化四年七月十五日ゟ八月朔日迄、亀岡文珠開帳ニ付」出された命令の中に博奕禁止条項があるが、[422]「富鬮」に関しては、文化一二年に幕府領で富鬮が催されていることに関して、これに関わることを禁止する次の命令が出されている。このことは、当時藩外の影響が藩内に及ぶのを防ぐことが課題とされていたことを示していると思われる[423]。

文化十二年四月九日、於東公領富鬮催候由相聞、御締之命令

覚

富鬮之儀、前々ゟ御停止ニ候処、東公領ニおいて催候由相聞候ニ付、不心得を以若右札を買請候者有之ハ、御糺之上御呵可被仰付候間、以下〳〵之者とも心得違無之様可被相達候事

御家中江

文化十二年

四月九日

右の史料から幕府領では「富鬮」が流行していたことが窺われる。幕府では、許可を得ていない「富鬮」は広義の博奕と捉えて処罰していたと思われるが、文化期においては、幕府は博奕の流行に対する対策に迫られていた[424]。そのあらわれが、文化一三年の幕府からの博奕を禁止する旨の命令である。この記録が『御代々御式目』にある。それは、次の通りである[425]。

文化十三年四月、先達而大御目付御触書を以博奕賭之勝負御制禁之旨被仰出候続命令

博奕賭之勝負ハ重御制禁ニ候処、追々相弛候ニ付、此度公儀より大目付御触書を以他所之者入込候とも可召捕、時宜ニよってハ討捨に致候とも不苦之旨被仰出候、博奕に耽り候者ハ、渡世之業に怠のミならす、一日の慰終年之働もつくのひかたき金銭をうしなひ、貧苦に迫り、種々之悪念を生し、罪科

に陥父母妻子を泣せ候ニ至候故、斯厳敷被仰出候事難有御事ニ而候、因而ハ右御触書先達而早々御触達有之候処、在郷町家等之家々へハ不行届も有間敷に無之候、斯而有難き被仰出を不承知にて罪ニ陥り候者有之候ては、御国政之届せられぬニ而候間、御家中諸組之頭々ハ其組下〱諸士之又者ともへ不洩様、在町支配之役筋ハ村役町役之者江懇ニ達し不洩様ニ触させへく候、猶茂此上村内町内より罪を犯し候者出候而ハ其村其町之恥ニ而候間、改而頭役之者共一町一村之取締方可有之旨猶又被仰出候事

四月晦日

幕府からこのような「御触書」が出されたのであるが、米沢藩では博奕一般よりも「貯富鬮」の取り締まりに関心があったらしく、文化一三年一一月には、また「作意之貯」を禁止する命令が出されている(426)。内容的には、文化六年二月の命令と大差ないので、ここでは引用を省略することとする。

さて、文政期においても、博奕等関連法令の発令状況は文化期と同様で、文政二年七月一五日の亀岡文珠開帳に際しての命令に博奕禁止条項が盛り込まれている外は(427)、「貯富鬮」及び他国における「富鬮」への関与を禁じることに限定されている。

まず、文政三年(一八二〇)八月には、「貯富鬮」に関しなかなか取り締まりの効果が出ないので、禁止条件を緩和して、届出制をも導入することにより実効性を確保しようとする命令が出された。次の史料が、このことを示している(428)。

文政三年八月、高金多人数之貯催間敷旨命令

覚

諸組頭々

多人数高金随而趣向ケ間敷組立之貯御停止前々ゟ数度被仰出候処、追々右躰之催不相止段不届之至ニ候、依之頼母敷道を以親類懇友之貧窮或不慮之災難等難見捨を救ひ遣はすの一助ニ候間、人数二三十人ニ不可過先条御締ニ候処、少金ニ而見継之詮不相立無是非節は人数五十人寄金五拾両迄ハ古風常並之貯ニ候ハ、御免ニ候、尤右之外ニ相過し、且先条ゟ御停止之趣向ケ間敷貯ニ相聞候ハ、、半たりとも前後之無差別御糺之上重き越度ニ被仰付候間、兼而不心得無之様、支配下江可被申達置候事

但、本文之通被仰出候ニ付、向後貯取立候節人数二三十人寄金二三十両ニ相過候ハ、、企之趣意并組立之模様共ニ頭所江可届出、随而頭々茂無疎意承知いたし置へく候事

文政三

八月

この命令では、違反者に対しては「重き越度ニ被仰付候」と重い処罰が適用されることが明示されている。文化六年二月の命令においても「其頭取企人屹被仰付候」と定められていたが、前にみたように『中典類聚』の文化期の判例は、軽い刑罰しか科していない。それでは、この命令が発令された後の判例はどうであろうか。この問題に関しては、第二三表を用いることにより、『中典類聚』の判例を考察して検討することにしたいと思う。

文政期の判例の特徴は、文化期の判例に比べて刑罰が重くなっているようにみえることである。特に、追払を科している判例が二件あることが目立っている。身分の面からこの二件をみると、一件は諸士で他は町家であり、武士にも庶民にも追払が適用されている。また、外の刑罰に関しても、文化期は禁足・慎・過料であるのに対し、文政期は嫡子除・蟄居・閉門・囲入が加わる一方過料がなくなっており、やはり文

化期より文政期の方が処罰が重くなっているように思われる。

『中典類聚』では、文政期の判例は、文政三年八月の命令が発令された直後の文政三年一二月二四日の判例から収録されており、この命令の発令は文政期における博奕犯取り締まりが厳格化する契機となったものと思われる。

ところで、「貯富鬮」の処罰と『博奕改革刑』が処罰の対象としている「博奕」の処罰とでは、どちらが重かったのであろうか。ここで検討対象としている『中典類聚』の「貯富鬮」の判例と同判例集の「博奕」に関する判例とを比較してみることとしたいと思う。

追払を科している二判例を、前述した『中典類聚』に「博奕」犯として収録されている判例と比べてみると、諸士の平博徒の場合、一件『博奕改革刑』が出される前の極めて初期の判例に追払を科したものがみられるものの、その外の判例は、囲入、逼塞、徒罪を科しており、文政期の「貯富鬮」に対する判例が追払を科しているのは、「博奕」の場合に比べてかなり重い処罰であると思われる。一方、「博奕」に関して町家の平博徒の場合、追払を科しているものはなく、其身欠所定価屋渡、其身手道具欠所が科されている。この場合も、文政期の「貯富鬮」に対する判例が追払を科しているのは、「貯富鬮」の方が処罰がかなり重いということができると考えられる。

以上のように、文政期においても文化期に引き続いて「貯富鬮」の取り締まりが課題となっていたが、「富鬮」対策も問題となっていた。次に、文政六年（一八二三）二月に発令された他国における「富鬮」への関与を禁じる命令を紹介することにしたいと思う[429]。

文政六年二月中、売富鬮買取問敷旨之命令

佐野友次

覚

富籤并右同様異成貯近国にて相催候共、人数ニ不相加人を茂不相懸様先年被仰付候処、近来於柳津富籤相催、御領内江右籤売渡ニ入込、御領内之者受次売渡候者茂有之、又ハ為其柳津江罷越候者も相聞不届之至ニ候、富籤請次売渡候儀ハ無申迄、右催之ため柳津江罷越候儀ハ決而致間敷候、尤柳津ゟ籤売入候ハヽ留置、其筋江可申出旨可被相達候事

但、於隣国無尽と唱ひ無量之趣向致会集有之よし、是又決而不可致加入候

二月

この命令の特徴は、以前の文化一二年四月九日の命令と違い、「近来於柳津富籤相催、御領内江右籤売渡ニ入込、御領内之者受次売渡候者茂有之」と、領内での「富籤」の売買について取り締まりの重点がおかれている。

さて、「富籤」をした者に対する判例は、「貯富籤」[430]よりも遅くあらわれる。まず、次の二件の判例が、文政七年に外の犯罪と組み合わされた形で出現する。

文政七年十二月廿一日

嫡子除　　組付御扶持方大右衛門嫡子

一、囲入

右者、御停止之虚空蔵参詣いたし、其上富籤を買ひ帰路逢強盗候者

五ヶ年　　北町　　五ヶ年　中田村

欠所　博奕ニ入　亀蔵　　欠所　同上　藤吉

中田村　　　　　小国市の丶村

遠慮　感徳寺　　　逼塞　　栄吉

右の判例は、第二三表で判例七として紹介しているものである。[431]

同年（文政七年）十二月廿一日　　　町奉行直支配林崎安右衛門子

五ヶ年　　　　　　　亀蔵

一、其身欠所定価屋渡

　右者、会津虚空蔵参詣、富札を買、博奕ニ加り、其上帰路逢強盗候者

この判例は、判例七で共犯として記載されている「亀蔵」に関して「博奕ニ入」と付記されているように、博奕に加わったことが重視されて「博奕」という大項目に収録されている。

このように、「富鬮」をした者を処罰する判例は、文政六年二月の領内での「富鬮」の売買に取り締まりの重点をおく命令が発令された後に出されている。

さて、「富鬮」を購入したこと自体に対する処罰については、右の二つの判例では外の犯罪も一緒に処罰されていてわからない。これに対して、判例一二は「富鬮」を購入したことのみを処罰している。そして、この判例においては、名子借の者と町家の者に対して、それぞれ同様に過料（三〇目）・禁足という軽い刑罰を科している。この処罰は、文政三年八月の命令が発令された以降の「貯富鬮」に対する処罰よりも軽いと思われるが、それだけではなく、この時期の「博奕」犯に対する処罰よりも軽いということができるのではないかと考えられる。

以上は、『中典類聚』の判例である。前述したように、『中典類聚』収録の判例の時代に、博奕犯の処罰

は、『博奕改革刑』の規定、判例法の両方によって、適用刑罰が確定され、『御裁許鈔』では、博奕に関する項目がなくなっているのであるが、「貯富鬮」・「富鬮」に関しては「富鬮并貯」という項目があるのである。このこと自体、この二つの犯罪に対する処罰が、博奕に対する処罰とは別体系に属していること、「貯富鬮」と「富鬮」とが同類の犯罪類型に属していることを示している。

この『御裁許鈔』の「貯富鬮」・「富鬮」に関する判例を一覧表にしたものが、第二四表である。この表によれば、一五判例中で「貯富鬮」に関する判例が一四件、「富鬮」に関する判例が一件ある。

「貯富鬮」の処罰に関しては、『中典類聚』にみられた追払がみられなくなり、諸士に関しては逼塞・遠慮が中心であり、町家に対しては過料及び禁足が、百姓に対しては定価屋渡が適用されている。百姓に対して定価屋渡が適用されている点は、博奕犯処罰への接近がみられる。

一方、「富鬮」に関する判例では、名子借に対して過料・禁足を科している。この名子借に対する判例一四は、『中典類聚』の名子借に対する判例一二と同じ天保七年一一月の判例である。しかし、言い渡された刑罰及び犯罪内容は同一ではない。以下この二件について検討することとする。

天保七年十一月二日[447]

桐町吉兵衛名子借源三郎娘

そめ

過料三十日

河井小路

一、禁足

金兵衛

右者、冨札買取候者

事　件　の　概　要
他邦者と手を組み富札を捌き、人を勧め込む（432）。
御締を犯し、「多人数之異なる作意貯」を催し、外にも罪を犯す（433）。
前科を顧みず、「作意貯」の元方同様となる（434）。
「作意貯」の元方となる（435）。
「作意貯」の元方となる（436）。
御締を犯し、大人数かつ異怪の「貯」を催す（437）。
御締を犯し、大人数かつ異怪の「貯」を催す（438）。
御締を犯し、大人数かつ異怪の「貯」を催す（439）。
「富貯同様之事」を催す（440）。
法を犯し、多人数寄り集まり、「取逃貯」を催す（441）。
法を犯し、多人数寄り集まり、「取逃貯」を催す（442）。
法を犯し、多人数寄り集まり、「取逃貯」を催す（443）。
御締を犯し、「多人数」かつ「無類之作意貯」を催す（444）。
御締を犯し、「多人数」かつ「無類之作意貯」を催す（445）。
1人は、「多人数」かつ「無類之作意貯」の元方になったが後にやめ、1人は、無理に名前を使われたままにしておく（446）。

第二四表

番　号	年　月　日	刑　　罰	身　　分
14	天保７年11月	過料銀（30匁）・禁足（20日）	名子借
15	天保14年	永囲入・手道具欠所	諸士
16	天保14年	逼塞	諸士
17	天保14年	慎	出家沙門
18	天保14年	禁足	門屋借
19	弘化元年11月	遠慮	諸士
20	弘化元年11月	逼塞	陪臣
21	弘化元年11月	過料銀（30匁）・禁足	町家
22	弘化元年12月	定價屋渡（１年）	百姓
23	嘉永元年４月	遠慮	諸士
24	嘉永元年４月	遠慮	諸士
25	嘉永元年４月	逼塞	諸士
26	安政２年４月	逼塞	諸士
27	安政２年４月	遠慮	諸士
28	安政２年４月	慎	諸士

（注）「事件の概要」欄の括弧内の数字は、本稿末尾にある注の番号である。

桐町吉兵衛名子借源三郎娘

そめ等三人

右者、他邦者ニ手組富札捌きし、人を勧込候者

過料銀三十匁禁足　廿日

天保七年十一月(448)

以上の二件を比較してみると、両者は同一の判例であったのが、要約の過程で違った形でそれぞれの判例集に収録されたことがわかる。

博奕処罰と「貯富鬮」・「富鬮」を犯した者に対する処罰とを比較してみると、博奕犯に適用する刑罰を決めるルールが確立された後も、「貯富鬮」・「富鬮」の処罰には変化がみられる。換言すれば、博奕犯処罰の場合は、『博奕改革刑』という刑法典の存在が法的安定性が早期に確立されるのに貢献したということができると思われる。これに対して、「貯富鬮」・「富鬮」に関しては、刑法典がなかったために後まで処罰が変動したと思われる。

さて、『御代々御式目』に収録されている博奕等禁令の発令状況であるが、文政六年（一八二三）二月に「富鬮」に関する前述の禁令が出された後は、『御代々御式目』によれば「貯富鬮」・「富鬮」に関する禁令は出されていない。また、博奕に関する禁令は、『博奕改革刑』が寛政四年（一七九二）二月一三日に出された後は、亀岡文珠開帳に際しての命令に定例的な内容で博奕禁止条項が盛り込まれたり、幕府の博奕対策への対応で命令が出されたことはあったが、本格的な博奕禁令は発令されていない。

特に、天保期以降、『御代々御式目』が収録を終了している弘化四年（一八四七）までの間については、幕府からの賭博を禁ずる通知への対応として、二件の命令が出されている。この二件の命令は、天保一三年（一八四二）に発令されている。まず、天保一三年四月の命令は、次の通りである(449)。

天保十三年四月中、博奕賭之諸勝負御制禁大御目付中ゟ御廻状相達候ニ付、於御家茂寛政三年十二月中被仰出之御書立を以左之通

（中略）

右之通被仰出置候処、今以不得止相犯候もの有之不届之至ニ候、依之已後之儀は被為対公儀猶以厳重御糺被仰付筈ニ付、懇ニ可被申達候、以上

四月

この命令の「中略」の部分には、博奕死刑制を転換させ、その後の『博奕改革刑』の下での博奕犯処罰体系を導いた寛政三年一二月の命令の内容が記されている。前の文化一三年四月の幕府の賭博禁止令を契機として出された命令の後も、米沢藩では新たに本格的な博奕禁令を出すことはせず、「貯富鬮」に関する禁令が出されただけであるが、今度の幕府の命令の後も、新規に本格的な博奕禁令を出すことはせず、右に示した寛政三年一二月の命令の内容を反復する命令以外では、当時流行していた「賭之碁将棋前句之点例等」に関する禁令を出すにとどまった。この命令は、次の通りである。

天保十三年八月十日、賭之諸勝負御制禁之再命

覚

諸組
頭々

博奕賭之諸勝負御制禁之儀、先年ゟ度々被仰出、既ニ当四月中茂公儀ゟ御触達茂候得ハ、可相止者勿論之儀ニ候処、近来賭之碁将棋前句之点例等流行、其内諸士茂入込、不容易負勝有之様相聞不届之至

ニ候、自今右躰之義於有之者、身分高下之無差別役目之者其席へ踏込召捕候筈ニ付、其組下〳〵又もの下部迄不洩様懇ニ可被相達候事

八月十日

この命令が出された後、『御代々御式目』が収録を終了している弘化四年までの間、『御代々御式目』には博奕に関する命令も、「貯富鬮」・「富鬮」に関する命令もみられなくなる。

以上の経緯を『博奕改革刑』制定後について考察すると、博奕に関しては、『博奕改革刑』という刑法典が制定されたことにより、以後は本格的博奕禁止令の発令が『御代々御式目』においてみられなくなるのに対して、「貯富鬮」・「富鬮」に関しては、米沢藩で問題視されるのが遅れたことと、博奕とは異なる犯罪類型であるとされ、適用される刑法典をもたなかったことにより、『御代々御式目』において遅くまで禁令の発令がみられるのであると思われる。

第六節　他藩刑法等にみられる博奕犯処罰

幕府の『公事方御定書』にみられる博奕犯処罰については、本章第二節で紹介したが、ここで、他藩の刑法においていて博奕犯に対していかなる処罰がなされているかを考察してみたいと思う。

本稿で考察した米沢藩の場合で明らかなように、刑法典に博奕犯処罰の規定があったとしても、当該規定通りの処罰がなされていたということにはならない。しかし、それぞれの刑法典の規定には、博奕犯処罰に関する立法者の意思があらわれており、実際にはその通りの処罰がなされていなかったとしても、当該藩の処罰方針を示しているということができよう。

他藩の刑法典に関しては、第一章第三節同様、『公事方御定書』系統とされる藩の中から亀山藩、鳥取藩、盛岡藩、弘前藩（安永律、文化律）を、明律の影響を受けた藩の中から和歌山藩、会津藩、熊本藩、新発田藩、弘前藩（寛政律）を、さらに、米沢藩と同様に、体系的な成文刑法典を制定せず、近世初期以来の判例法主義を固守し続けた藩である金沢藩を選び、それぞれの刑法典や判例集に記載されている刑罰と米沢藩の刑罰とを比較してみたいと思う。ただし、会津藩の刑法典である『刑則』は刑罰に関する規定のみが記されているので、本節において考察の対象とする刑法典からは除くことにする。

亀山藩（御定書系・親藩・譜代型）の処罰

亀山藩では、その刑法典である『領中刑律』において博奕に関して極めて精緻な規定を設けている。まず、博奕に関しての一般的な規定として、次の「坤」の第八条がある。(450) 長い条文なので、いくつかに分けて考察することにする。

八　博奕御仕置之事

一五十銭懸ケ以上之博奕宿いたし候段及露顕は、吟味中手鎖申付置、弥無相違ニをいては、宿致候度数ニ不拘当人片鬢片眉毛剃、町中番人ニ縄為取引廻候上、其もの丶居町居村ニをいて五十敲之上可差免之事、

但村方之ものニ候者、其村中を引廻可申事、

一右同断、一旦咎申付候上致再犯候もの有之は吟味中入牢申付置、宿いたし候度数ニ不拘片鬢片眉毛剃、番人ニ縄為取町中村中二日引廻し、於其町其村百敲之上可差免之事、

一右同断、博奕打候もの吟味中追込申付置、於無相違は片鬢片眉毛剃、於其町其村三十敲之上可差免之事、

一右同断、博奕打一旦咎申付候上致再犯候者、入牢申付置、弥於無相違は片鬢片眉毛剃候上、番人ニ縄為取町中村中一日引廻し、於其町其村五十敲之上可差免之事、

右の四項において、博奕宿と平博徒に関して、初犯と再犯の場合について規定している。これらの規定で、まず注目されるのは、処罰を要する博奕・博奕宿の範囲を「五十銭」以上としていることである。このように、博奕犯の可罰的違法性に関してはっきりとした金額を示すことは、『博奕改革刑』や『公事方御定書』にはもちろん、他の藩の刑法にもみられない。

一軽きかけ之宝引よみかるた打候宿いたし候段及露顕は、吟味中追込申付置、弥於無相違は宿いたし候度数ニ不拘、当人片鬢片眉毛剃、其もの之居町居村にをいて三十敲之上可差免之事、

一右同断、一旦御咎申付候上致再犯候もの有之ハ、吟味中手鎖預申付置、致宿候度数に不拘番人縄為取、町中村中引廻シ於其町其村五十敲之上可差免之事、

一右同断、軽きかけ之宝引よミかるた打候もの、吟味中追込申付置、弥於無相違は片鬢片眉毛剃可差免之事、

一右同断、一旦御咎申付置候上致再犯候者、吟味中手鎖預申付置片鬢片眉毛剃、於其町其村五十敲之上可差免之事、

右の四項においては、「軽きかけ之宝引よみかるた」の宿を行った者と参加者に関して狭義の博奕と同様に詳細な規定を設けている。

一博奕宿いたし候もの父は同居別居之無差別三十日追込可申付候、軽きかけ宝引よみかるた打宿いたし候者父は十日追込、妻子ハ打不申候とも不存訳難立ニ付、右同様共急度叱置可申事、

一博奕打候もの父は同居別居之無差別十日追込、軽きかけ宝引よみかるた打候類ハ、父は急度叱、妻子打不申候者無構、

一女として博奕宿并同打候ものは片鬢剃ニ及はす、引廻之上三十日手鎖可申付事、

一町内村内ニ博奕宿いたし候者、名主、庄屋、肝煎、組頭初度は急度叱、二度目は軽き過料、三度ニ及候者重過料可申付事、

一軽きかけ之宝引よみかるた打候宿いたし候者、庄屋、名主、肝煎急度叱置可申事、

右の五項においては、狭義の博奕と「軽きかけ之宝引よみかるた」に関する縁坐や連坐の規定や女性処罰に関する特例が設けられている。

一三笠附取退無尽是又　公儀御法度ニ付、自然左様之もの有之節ハ、右博奕ニ准し御仕置可申付事、

幕府の『公事方御定書』では、三笠附、狭義の博奕、取退無盡の三者が同等に扱われているが、本項では、三笠附と取退無尽は狭義の博奕に比べて重要性が低く位置付けられており、幕府によって禁止されているので、博奕に准じて処罰されることとされている。亀山藩では、三笠附と取退無尽はあまり流行していなかったのではないかと思われる。

一博奕宿并三笠附取退無尽之宿訴出候もの江御褒美銭五貫文可被下之、軽きかけ宝引よみかるた打候宿訴出候者、銭二貫文御褒美可被下之事、

但同類たりとも其科を免し、本文之通可申付事、

本稿は、博奕を訴えることを奨励する規定である。

『領中刑律』は御定書系の刑法典であり、例えば、第六章で論じるように、乱心者や幼年者の処罰に関しては、『公事方御定書』に似ている規定を設けている。しかし、博奕に関しては、かなり規定の態様が異なっている。

そして、「乾」の第七条に博奕犯処罰用の刑罰を用意する次の条項を設けているのも『領中刑律』の特徴である。その部分は次の通りである。(451)

一片鬢片眉毛剃

右御仕置、博奕之科ニ限るへし、於牢屋番人ニ可為剃之事、

一片鬢片眉毛剃、敲

右同断、番人ニ縄為取、町中、村中引廻候上、科人之居村ニをいて敲可申付事、

さらに、特殊な博奕形態に関して、主人の金子を持ち出して博奕に参加した場合に「片鬢片眉毛剃引廻シ之上」「五十敲」を適用している（「乾」の第三七条第一四項[452]）。

また、博奕をした僧侶に関しては、次の規定がある（「坤」の第五条[453]）。

一致人寄、博奕宿いたし候もの　脱衣

但博奕ニ無之、無謂人集いたし候者逼塞、　領中払

一博奕打候僧　追院

但所化僧候者領中払、

一至て軽キかけ之宝引、よみかるた打候出家ハ、不宜人寄いたし候段申渡候上　五十日閉門

但再犯候者追院、

刑法典の中に、このように僧侶身分に対して、博奕宿と平博徒に分けて規定を設けた点は、米沢藩の『博奕改革刑』が、身分毎に区別した処罰を規定する中で出家沙門に対する規定を設けた点と似ていると思われる。

一方、『博奕改革刑』にも『公事方御定書』にも規定がない「富鬮」に関して、『領中刑律』は、次のような規定（「坤」の第四六条）を設けている[454]。

四六　富之儀ニ付取計之事

一富突興業之儀は勿論、富ニ似寄候頼母子様之儀を人と致突鬮候類、願出候共不可取上之、若隠置内証ニていたし候ものあらは、吟味之上重きは村払町払、軽きハ過料、村町役人并組頭重きハ追込、軽きハ叱置可申事、

但寺社は、逼塞可申付事、

なお、米沢藩、幕府や他藩の刑法典にない規定として、従来よりも厳格に博奕処罰を実施する旨の規定（「乾」の第六条第六項）が、『領中刑律』にある。(455)

一博奕打候もの是迄不宜人寄ト唱御咎等申付候得共、向後博奕打候儀及露顕吟味之上於無相違は、転重ニ随ひ御定之通御咎可申付儀ニ付、中渡書付ニも博奕之名目を以御咎可申付事、

但、僧侶といへとも、本文之通相心得可申事、

『領中刑律』は、寛政元年に制定されたが、亀山藩ではこの頃から、博奕の取り締まりが重要課題となったのではないかと思われる。

鳥取藩（御定書系・外様型）の処罰

鳥取藩の刑法典『律』の場合は、博奕に関して極めて精緻な規定を設けているのみならず、この規定をその冒頭の条文においている点に最大の特徴がある。このことは様々な犯罪の中で博奕の処罰を最も重視したことを示している。

以下にその規定を考察したいと思う。(456)

一　博奕打・三笠付・富・三句付御仕置之事

一博奕宿　　三郡追放

一博奕打筒取　　三郡追放

一博奕打候者　　二郡追放

但し、渡世同事ニ博奕打廻り候者并

村役人・町役人等は一等重ク申付候、

この三項においては、博奕犯の形態を『博奕改革刑』と同様に、宿人・筒取・平博徒の三種に分けて規定しているが、『博奕改革刑』のように身分ごとに規定されているわけではない。

一博奕道具賣候者　　三郡追放

寛延四年極

一悪賽拵候者　　一國追放

一武士屋敷ニて致博奕宿候家來　　一國追放

但し主人不念ニ付遠慮、尤度々之儀

ニも無之候ハヽ、一等軽く可申付、

一武士屋敷長屋貸宗門等引請ニして差置

候者致博奕宿候節　　一國追放

但し、主人右同斷、

一同下屋敷自分屋敷等之別屋敷え差置候

家來并長屋貸し置候もの致博奕宿候節、　一國追放
但し、主人之御咎メ一等輕ク、

一武士屋敷ニテ博奕宿致し候家來と一部屋ニ罷在、博奕ニは不加候え共、致宿候儀不差留者　追込
但し、賄賂抔於取候ニは、輕キ追放、

一寺院之長屋貸置候者并家來博奕宿致し候節、　武士屋敷同事
但し、主人家亭御咎メも同斷

一博奕場え出金元致し候者　三郡追放

一輕キ博奕　宿所拂、連中手錠之上閉門

一輕キ掛之寶引・なんこ　手錠

以上の諸項においては、「輕キ掛」として「寶引」とともにあげられているのが、『公事方御定書』や亀山藩の『領中刑律』の「よみかるた」とは違い、「なんこ」があげられているのが特徴である。前者よりも後者の取り締まりが問題になっていたと思われる。

一博奕打宿之兩隣家并所役人　村庄屋・目代三十日閉門、年寄・組頭三十日追込、兩隣家右同断、尤隣家隱居申候えば咎メニ不及、壱丁・一村之者え過料五貫文或い
但し、兩三度迄は不存儀も可有之ニ付、以後之儀申渡し咎メニ不及、并三年より以前之儀は是

又咎メニ不及、以後之儀申渡ス、
村役人兼て心付候は咎メニ不及、
一博奕打宿共年過相顕候者

一三笠付宿致し候者
一富・三句付句拾イ致し候者
文化十年極
一富ニ自身參り上り札取歸候者
但し、銀子遣イ捨候者闕所
一人ニ被頼參候者
寛延二年極

は三貫文村高ニ應し増減可申付、

三ケ年より以前之儀は宿
一郡追放
連中
所拂
拾ケ年より以前之儀は宿
所拂
連中
閉門
三郡追放
二郡追放
銀子取上ケ
追込
取リ不申候共咎メ同様
過料

一万人講と號富致し候者　　一國追放

文化三年極

一惣て富ニ似寄候仕方ニて商致し候者　　三郡追放

一取退之仕方ニて鬮入致し候者　　頭取閉門

以上の諸項の中には、連坐に関する規定もあるが、注目すべきは「富」（「富鬮」）、「三句付」及び「取退無盡」に関する規定である。

「富」、「三句付」に関しては、同じ御定書系の刑法典である亀山藩の『領中刑律』に「富」に関する規定がある外は、米沢藩の『博奕改革刑』にも幕府の『公事方御定書』にも両者の規定がない。

「三句付」というのは、「三笠附」の成立過程に関連して前述した「前句附」の一種である[457]。この「前句付」が、簡素化されていき、純然たる博奕となったものが「三笠附」である。このことを念頭において、右の条文をみると、「三笠付宿致し候者」に対する刑罰が「三郡追放」であるのに対して、「三句付句拾イ致し候者」に対する刑罰は「二郡追放」と軽くなっているが、このことは、後者の方に、俳諧の優秀な作品に対する賞品という文化的な要素の残存がみられることによると思われる。

「博奕宿」に対する刑罰は「三郡追放」であり、「三笠付宿」に対する刑罰と同じである。しかし、この条文では、「取退無盡」に関する規定が貧弱である。頭取に閉門を適用しているにすぎない。

『公事方御定書』には、「取退無盡」に関しては詳細な規定があるが、「富鬮」に関しては規定がないのと反対に、『律』の前者に関する規定は簡略であるが、後者に関しては詳しく規定している。右の規定で「富・三句付句拾イ致し候者」は「富鬮」については、これを主催した者のことをさしていると考えられるが、この者に対する刑罰は「博奕宿」や「三笠付宿」に対する刑罰よりも軽い。これは、公認されて寺社が行う場合があった「富鬮」には純然たる博奕とはいえない面があり、同じく純然たる博奕とはいえない面を有する「三句付」と同一の条項で、「博奕宿」や「三笠付宿」に対する刑罰よりも軽い処罰を規定したものと思われる。

盛岡藩（御定書系・外様型）の刑罰

盛岡藩の『文化律』では、博奕に関して、第六六条で次のような規定を設けている。[458]

六六　博奕打御仕置之事

一博奕宿致候者　重き追放
一同打候者　家財取上候程之過料
一手目博奕打候者　重き追放
一博奕宿致候者之家主　過料之上五十日手鎖
一博奕宿両隣五人組　身之上応し過料
一同肝入検断　過料三貫文
一諸士屋敷ニて博奕致候召仕　遠追放
一仲間之者江金子合力之為と申博奕を催シ、金子之内、内証ニて余分配分取候者　遠追放
　但博奕催世話不致候江共、合力金望来候者　中追放

一博奕宿訴出候者　同類たりと言共、其科を免、

盛岡藩の場合も、亀山藩や鳥取藩と同様に『公事方御定書』の規定を参照したと思われるが、両藩の場合に比べると、博奕に関する規定は簡潔なものとなっている。また、両藩の刑法典にみられる三笠附と取退無盡に関する規定が欠如しているのは、盛岡藩ではこの種の博奕の処罰が問題になっていなかったからではないかと思われる。また、「寶引」、「よみかるた」及び「なんこ」等の規定もない。

しかし、「手目博奕」すなわち「いかさま博奕」をした場合に関する規定があるのは、この条文とは別の第三七条に、「於番所博奕致候番人」に「遠追放」を適用する規定があること[459]と共に、他藩の刑法典にはないこの藩の刑法典の特徴である。前者に関しては、『公事方御定書』の博奕犯処罰に関する一般的な規定である第五五条にほぼ同じ規定があり、後者に関しては、『公事方御定書』の第八六条第三項に「於辻番所博奕いたし候番人」を処罰する規定がある。このような点においては、『文化律』は『公事方御定書』の強い影響を受けているということができると思われる。

和歌山藩（明律系・親藩・譜代型）の刑罰

和歌山藩の『国律』の「雑犯律」の第二〇条においては、「博奕いたし候者咎振寛政七卯年定り之趣同年之別帳ニ委ク出」と規定されている[460]が、管見の限りではこの「別帳」の内容が不明であるので、ここでは、『国律』における一般的な博奕犯の処罰について明らかにすることはできない。しかし、『国律』には、博奕と盗犯とを結び付けた規定がいくつか存在する。

まず、「関津律」の第一四条においては、追放刑を科された者が立ち帰った場合に三等以上重く処罰す

ることを定めている(461)。

また、「盗賊律」の第六条・第一四条・第一七条で、盗みと博奕の双方を犯した場合に関して規定している(462)。

以上の外では、博奕をして人を殺した場合に「家財闕所死罪」を適用する規定(「人命律」の第二九条(463))や出家が博奕を犯した場合に「平人罪を犯し候者同様刑可申付」とする規定を設けている(「寺社律」の第四条(464))。

新発田藩(明律系・外様型)の刑罰

新発田藩の『新律』においては、「雑犯」の第一一条に次のような博奕犯の処罰に関する一般的な規定をおいている(465)。

博奕打筒取并宿　　　御領分払、名主組頭中過料

この規定で注目すべきことは、平博徒、筒取及び宿人の処罰を同一としていることである。このことは、『博奕改革刑』や『公事方御定書』との大きな相違点である。しかし、宝引に関する次の「雑犯」の第一二条は、『公事方御定書』の規定に類似している(466)。

軽かけの宝引よみかるた打候もの　　　杖三十

また、「小博奕之宿」に関して、「雑犯」の第一五条に次のような規定がある(467)。

小博奕之宿いたし配分取候もの　　　中過料、名主組頭軽過料

附、博奕宿之両隣并五人組之者　　　軽過料

一方、三笠附に関しては、「雑犯」の第一六条・第一七条・第一八条において、役割に応じて次のように規定している。[468]

三笠付点者金元并宿　　博奕打筒取同断之御仕置
　　　　　　　　　　　名主組頭も同断

三笠附句ひろひ　　中過料

三笠付いたし候もの　　右同断

右の諸条項からわかるように、狭義の博奕の場合は果たした役割による処罰の区別を設けなかったが、三笠附に関しては、役割に応じて条文を分け、「三笠付点者金元并宿」を「三笠附句ひろひ」や「三笠付いたし候もの」よりも重く処罰している。三笠附に関する規定を『公事方御定書』のそれと比較してみると、規定の文面は、処罰の違いはあるとはいえ、概ね同じである。『公事方御定書』の規定を参照したと思われる。しかし、それにもかかわらず、取退無盡に関する規定が欠如しているのは、新発田藩ではこの種の博奕の処罰が問題になっていなかったからではないかと思われる。

熊本藩の刑罰（明律系・外様型）

熊本藩の『御刑法草書』の博奕処罰規定は、次の「雑犯」の第九条である。[469]

一博奕いたし候者、笞三十、頭取致シ候者、宿いたし候もの、各笞五十、

　但、致宿候迄ニて博奕不致候ハヽ、笞十、博奕不致といへ共、座銭等取候ハヽ、笞二十、

簡潔な規定ではあるが、米沢藩、幕府や他藩の刑法にはみられない特徴がある。それは、「宿」を犯し

た者を同時に博奕自体も犯した場合と「宿」のみを犯した場合とに分けていることである。「宿」のみを犯した場合でも米沢藩や幕府の場合は、「宿」を「平博徒」よりも重く罰しているのに対して、熊本藩の場合は「笞十」であり、逆に「笞三十」の「平博徒」よりもかなり軽く罰している。

なお、三笠附と取退無盡に関する規定は欠如している外、宝引等に関する規定もなく、『博奕改革刑』や『公事方御定書』等に比べてはもちろん、本稿で考察している他藩の刑法典に比べても、刑法典において博奕が占めるウエイトはかなり軽いと思われる。

弘前藩（安永律）の刑罰（一部御定書系・外様型）

『安永律』においては、「七　博奕致し候者御仕置」として次の規定をおいている。(470)

七　博奕致し候者御仕置

一博奕之宿いたし候者、中之追放、

　但、家財闕所等、軽重時宜御沙汰之事、

一博奕之上小盗いたし候者、鞭刑追放、

一博奕之上、酒狂等ニ而喧嘩口論町内騒せ候様成不届之者、鞭刑追放、

一博奕致候者、中之追放、

　但、家財闕所等、軽重時宜御沙汰之事、

この『安永律』の規定においては、宿人に対する刑罰と平博徒に対する刑罰とが同じであり、この点は新発田藩の『新律』と同様である。

なお、三笠附と取退無盡に関する規定は欠如している外、宝引等に関する規定もなく、『博奕改革刑』や『公事方御定書』等に比べて、熊本藩の『御刑法草書』の場合程ではないが、博奕の処罰が重視されていない。

弘前藩（寛政律）の刑罰（明律系・外様型）

『寛政律』では、博奕犯の処罰に関して、「雑犯」の第一条で次のように規定している。(471)

博奕

一博奕致候者、鞭三、其場之金銭ハ没収可致事、

但、宿致候者、可為同罪事、尤其場之居合候者之外同類有之とも、一々詮議ニ不及事、

但、軽キ宝引及ヒヨミカルタ等致シ候モノ戸〆三十日

この『寛政律』の規定は、『安永律』と比較すると、宿人に対する刑罰と平博徒に対する刑罰とが同じである点は共通しているが、『寛政律』の処罰は『安永律』の処罰に比べると、かなり軽くなっている。また、『安永律』と同様に三笠附と取退無盡に関する規定は欠如しているが、新たに「軽キ宝引及ヒヨミカルタ等致シ候モノ」に関する規定が設けられた。しかし、条項の数は減らされ、博奕と「小盗」をした場合等の規定がなくなっている。

刑法典の中で、博奕の処罰に関してただ一つの条項で規定している点は、同じ明律系・外様型の刑法典である熊本藩の『御刑法草書』に類似している。

弘前藩（文化律）の刑罰（御定書系・外様型）

『文化律』においては、第一二八条に博奕に関する条文がある。(472)

博奕御仕置之事

過料

一博奕打候者　三貫六百文

但、其場之金銭ハ没収可致事、尤其場ニ居合之者之外同類有之共、一々僉議に不及事

一同宿致候者　本人同罪

過料

一同五軒組合之者共　三貫六百文

一同村役町役　村役過料町役戸〆之義凡例有之

一軽き賭之宝引よみかるた打候者　戸〆三十日

一同宿致候者　過料壱貫五百文

一同村役町役并五軒組合之者共　叱り

一博奕再犯之者　一倍之過料

但、再犯以上ニ至其處ニ難差置者ハ時宜御沙汰之事

この規定は、『寛政律』の規定よりも精緻な構造になっているが、宿人に対する刑罰と平博徒に対する刑罰とが同様である点は、『安永律』、『寛政律』と共通している。『寛政律』の鞭刑から過料に変化したのは、『公事方御定書』の影響であると思われるが、宿人に対する刑罰と平博徒に対する刑罰とを同様のも

のとしたため、前者に対する処罰が影響を受けた『公事方御定書』のそれに対して極端に軽くなってしまった。これに対して、「輕き賭」の場合は、「宝引よみかるた打候者」と「宿致候者」とでは処罰に区別を設けている。しかし、前者の場合は『公事方御定書』では「三十日手鎖」であるのが「戸〆三十日」とされているのに対して、後者の場合は『公事方御定書』では「過料三貫文」であるのが軽減されて「過料壱貫五百文」となっている。すなわち、ここでも「宿」を犯した者に対する処罰は軽減されている。

なお、『公事方御定書』の影響の下で成立した『文化律』ではあるが、三笠附と取退無盡に関する規定は欠如している。

金沢藩の刑罰（判例法系・外様型）

『公事場御刑法之品々』には、博奕犯の処罰に関して、次のような刑罰が適用された判例があることが記されている。

「博奕仕相手を殺候者」に対しては、磔が適用されている。(473)

「過分ニ賊并博奕仕、禁牢中牢屋を破候義申談候者」に対しては、生胴が適用されている。(474)

「御歩並以上博奕仕者」に対しては、流刑が適用されている。(475)

「役人として博奕仕候者」に対しては、過怠銀・過料銭が適用されている。(476)

以上が、『公事場御刑法之品々』にみられる博奕処罰の判例である。『公事場御刑法之品々』には、犯罪ではなく、刑罰を基準として、ある刑罰に適用されている代表的な犯罪が記されているため、ここに博奕犯を処罰する判例が網羅されているわけではない。しかし、右の記述から、博奕が殺人犯に対する刑罰加重事由となっていること、武士の博奕犯の処罰が重視されていることがわかる。

以上の記述により、各藩の刑法典等にみられる博奕犯処罰が明らかになったと思われる。身分を詳細に分類して、それぞれの身分ごとに、博奕において果たした役割に応じて刑罰を科す米沢藩の『博奕改革刑』のような規定を有する刑法典は、他藩にはなく、この点において『博奕改革刑』が精緻な処罰区分を有する刑法典であることが明らかになったと思われる。

『博奕改革刑』・『公事方御定書』との比較

さて、第二五表において、各藩の刑法典等にみられる博奕処罰と『博奕改革刑』及び『公事方御定書』の処罰とを比較してみようと思う。そのためには、基準となる博奕の形態を設定することが必要となる。そこで、比較に際しては、最も標準的と考えられる博奕形態として、近世社会で人口の中心を占める百姓の平博徒の処罰を比較することにしたいと思う。

右の表から、財産刑のみを科している場合と、財産刑と一緒か単独でそれ以外の刑罰を科している場合とがある。財産刑のみを科しているのは、幕府、盛岡藩及び弘前藩（文化律）である。この二つの藩の刑法典は、『公事方御定書』の影響を受けて作られたが、同様の刑法典を有する亀山藩及び鳥取藩の場合は、財産刑は用いず、身体刑、領内追放刑をそれぞれ科すこととしている。

これに対して、米沢藩と同様に労役刑を有していた諸藩で労役刑を用いているのは、寛政一二年以後の新発田藩のみである。

以上のように考察してみると、博奕犯処罰の状況は、各藩の実情に応じて区々であったと考えられ、『公

第二五表

藩　名	処　罰	刑　種
米沢藩	其身欠所定價屋渡（七年）・其身之手道具欠所	労役刑・財産刑
幕府	家財家藏取上候程之過料、家藏無之ものハ、五貫文或ハ三貫文過料。	財産刑
亀山藩	五十銭以上賭けた場合、「片鬢片眉毛剃、於其町其村三十敲」。	身体刑
鳥取藩	二郡追放	領内追放刑
盛岡藩	家財取上候程之過料	財産刑
新発田藩	御領分払（寛政一二年以後は、徒罪が科せられることとなった。）	領外追放刑（労役刑）
熊本藩	笞三十	身体刑
弘前藩・安永律	中之追放	領内追放刑
弘前藩・寛政律	鞭三・其場之金銭ハ没収。	身体刑・財産刑
弘前藩・文化律	過料（三貫六百文）・其場之金銭ハ没収。	財産刑

事方御定書』または『明律』を参照したかどうかにはあまり関係しないように思われる。ちなみに、『公事方御定書』を参照した譜代藩の亀山藩が「三十敲」を科すこととしている点は、明律を参照した熊本藩が「笞三十」を適用することとしている点に類似している。

このような諸藩の博奕犯処罰の中にあって、例えば、熊本藩では「笞三十」というのは「徒刑」に比べてかなり軽い刑罰であるとされている点、新発田藩では御領分払が徒罪によって代替されている点を考慮すれば、米沢藩の処罰は重い部類に属するといえると考えられる。そして、このように博奕犯処罰を重視したことが、米沢藩に精緻な処罰体系を有する博奕犯処罰のための刑法典をもたらしたと思われる。

第七節　『公事方御定書』の改正

幕府の『公事方御定書』にみられる博奕犯処罰については、本章第二節で紹介したが、この『公事方御定書』の規定は、寛政六年（一七九四）三月一五日に改正されている。この改正では、「當分左之通」と定められているが、[477] 事実上、幕末までこの規定が行われた。ここで述べた改正により、博奕犯処罰規定は、次のようになった。

寛政六寅年三月十五日

博奕御仕置之儀ニ付御書付

淡路守

采女正殿　土佐守江　御直御渡

甲斐守

三奉行江

博奕御仕置御定之内、當分左之通、

一　博奕打候もの、輕キ掛之寶引　重敲

一　よみかるた打候もの　敲

但五拾文以上之掛ケ錢ニ候ハ、　重敲

一　同宿致し候もの　　敲

一　廻り筒ニ而博奕打候もの　　重敲

右之通可被申付候、此外之儀ハ、只今迄之通可被心得候、

　三月

この改正により、博奕犯処罰規定はかなりの変更を加えられることになった。『公事方御定書』でいう「軽キ懸ケ之寳引よみかるた打候もの」は、二つに分割され、「軽キ掛之宝引」は「博奕打候もの」と同一条項に取り入れられることになった。そして、前者は「三十日手鎖」、後者は「家財家藏取上候程之過料、家藏無之ものハ、五貫文或ハ三貫文過料」であったのが、「重敲」という身体刑に変更されることとなった。また、「よみかるた打候もの」は独立した条項となり、「三十日手鎖」が「敲」に変更された。

このように敲という刑種を用いる点では、第六節で比較した諸刑法典の中では、亀山藩の刑法典である『領中刑律』に類似している。

『領中刑律』は、寛政元年（一七八九）六月に制定された。したがって、『領中刑律』が幕府刑法に影響を与えて、『公事方御定書』の規定が変更されて、博奕犯処罰に敲という刑種が採用された可能性がある。

ここに、藩刑法による『公事方御定書』の規定の変更という論点が浮き彫りにされる。これまで『公事方御定書』が藩刑法に与えた影響については論じられる機会が少なからずあったが、藩刑法の影響による『公事方御定書』の規定の変更については、あまり論じられることがなかった。そういった中では、例えば、本稿では人足寄場での労働を保安処分とし労役刑であるとはしていないが、その場合でも、熊本藩の

徒刑が松平定信の寛政改革に影響を与えて江戸での人足寄場の開設となったことは、[478] 藩刑法の影響による『公事方御定書』の規定の変更に該当するということができる。

そして、私は、右に述べた幕府による博奕犯処罰への敲の採用は、藩刑法が『公事方御定書』の規定の変更に影響を与えた典型的な一例であると考える。この点に関し、以下にさらに考察を加えることとする。

亀山藩の『領中刑律』が、『公事方御定書』に似ていることについては既に学界の評価の定まっているところである。[479] この近似性が生じた理由としては、当時の藩主松平信道が幕府エリート官僚の一人であったことが考えられる。[480]

信道は、天明元年（一七八一）に襲封、天明八年（一七八八）四月には奏者番兼寺社奉行見習、六月には正規の寺社奉行兼担となって、幕府高級官僚への道を歩み始めた。『領中刑律』の制定は、その翌年六月のことであった。幕府中枢の一員となって、『公事方御定書』を用いる側となった信道が『領中刑律』の立法作業において指導的役割を果たしたものと考えられる。

『領中刑律』と『公事方御定書』との間には、もちろん相違点も存在する。これらの相違点の中には、流すべき島がない亀山藩が、永牢を遠島相当の刑罰としているようなやむを得ず生じた相違点もあるが、『公事方御定書』による裁判を当局者として経験した信道が、その欠点を改良する形で設けた相違点もある。

平博徒の処罰に財産刑は用いず、「片鬢片眉毛剃、於其町其村三十敲」という身体刑を科すこととしているのは、後者の型の相違点であると考えられる。貨幣経済の発達、農村の荒廃を背景として勢いを増していった博奕の流行は、もはや『公事方御定書』の規定する処罰では抑えられないと判断されたものと思われる。

すなわち、石井良助氏も指摘されているように、素人で何かの機会に博奕を打つ者の中には金持ちもいるであろうが、いわゆる博奕打は、貸元等を別とすれば、「家蔵」等がない者が大部分であろうから、財産刑を適用する『公事方御定書』の規定は実情に合わないものと考えられたと思われる(481)。『領中刑律』が寛政元年（一七八九）六月に制定された後も、信道は、寛政三年八月まで幕府裁判に関わる要職である寺社奉行にとどまった。

さて、松平定信は、天明七年（一七八七）六月に老中となり、天明八年（一七八八）三月に将軍補佐役となったが、将軍徳川家斉の実父一橋治済と御三家という強力な後ろ盾に支えられて、田沼一派を次第に幕閣から追放し、定信同様に、当時の危機的状況を克服すべく藩政改革に熱心であった譜代の小大名を要職に抜擢した(482)。

亀山藩藩主松平信道は、すでに、天明八年（一七八八）正月に大火で内裏が炎上したときに、逸早く亀山から京に馳せ上り、敏捷な活躍で天皇や公卿衆の賞賛を得、その行動力を示していた(483)。そして、信道は、松平定信の将軍補佐役就任直後の同年四月に奏者番兼寺社奉行見習、同年六月に正規の寺社奉行兼担となっている。また、信道が藩政改革に熱心であったことは、『領中刑律』の編纂で明らかである。したがって、信道は、定信によって抜擢された大名の一人であったと考えられる。

私は、定信の信任を得、寛政改革推進の一翼を担った信道が、『公事方御定書』の博奕犯処罰規定は不十分であるとしてこれを採用せずに定めた『領中刑律』の規定を、今度は『公事方御定書』の改正に利用しようとしたのではないかと思う。このような意味において、寛政六年の『公事方御定書』の博奕犯処罰規定の改正は、亀山藩刑法である『領中刑律』の影響の下で行われたということができるのではないかと考えられる。

第六章　米沢藩前期・中期における責任能力

はじめに

近世刑法の研究の進展により、幕府刑法に関しては、その刑罰の種類及び内容が明らかにされるとともに、犯罪者に対する処罰に関する個別の問題、すなわち、乱心者に対する処罰、幼年者に対する処罰等の問題についても研究が進んできている。

ちなみに、乱心者に対する処罰に関しては次のような研究がある(484)。石塚英夫「徳川幕府刑法における刑事責任能力―乱心者を中心として―」、高柳真三「江戸時代の乱心者の刑事責任」、山中至「江戸幕府法における御仕置御免の制度（一）」、同「日本近世刑事法の法構造の一側面―江戸幕府法における御仕置御免願の制度（二・完）―」、石井良助『刑罰の歴史』、同『第四江戸時代漫筆』。

また、幼年者に対する処罰に関しては次のような研究がある(485)。石井良助「わが古法における少年保護」、同『刑罰の歴史』、同『第四江戸時代漫筆』、高柳真三「江戸時代における幼年者の刑事責任能力」、石塚英夫「徳川幕府刑法における刑事責任能力―乱心者を中心として―」。

一方、藩刑法に関しても研究の進展により、その刑罰の種類及び内容が明らかにされつつある。しかし、前述したような犯罪者に対する処罰に関する個別の問題に関する研究は、幕府刑法の場合程には進んでいないように思われる。かつて、石井良助氏は、幼年者の処罰の問題に関連して、「江戸時代の法系は之を大別すれば、江戸幕府法と諸藩法とに分ける事が出来るのであり、少年保護についても両者のそれを述ぶべきであるが、諸藩法の史料の蒐集は未だ十分ではないので、本稿においては江戸幕府法についてのみ述べることとする」と述べられた(486)。石井良助氏が指摘したこのような状況は、藩法に関しては完全には解消していないように思われる。

米沢藩に関しては、米沢藩の刑罰の種類及び内容一般に関しては、冒頭に掲げたような諸研究によりかなり明らかにされている(487)。

しかし、乱心者に対する処罰、幼年者に対する処罰に関する問題を正面から論じた研究は、管見の限りでは見出すことができなかった。

私は、第一章や第二章において、米沢藩の刑罰の特色について論じた。そして、米沢藩の刑罰体系が、幕府の刑罰体系とも、そこで比較した他藩の刑罰の体系とも異なることを述べた。しかし、それと同時に米沢藩の刑罰を個別的に検討してみると、そこには幕府や他藩の刑罰の影響の可能性を考えることができることも指摘した。そうしてみると、米沢藩の乱心者に対する処罰、幼年者に対する処罰についても、幕府や他藩における乱心者や幼年者に対する処罰が影響した可能性が考えられると思われる。

そこで、本章においては、米沢藩刑法における個別的な問題の中から、乱心者と幼年者に対する処罰に関する問題を取り上げて論じることにしたいと思う。また、取り上げる時代区分については、まず、本章において『御呵附引合』と『中典類聚』を用い、米沢藩前期・中期における責任能力に関する問題を考察していきたい。そして、次章において、『御裁許鈔』を用い米沢藩後期における責任能力に関する問題を論じることとする。

本章の構成としては、第一節において、乱心者の処罰について述べることとする。はじめに、第一項として両判例集に収録されている判例を比較することにより、時代の推移に伴う乱心者に対する処罰における変化について論じようと思う。さらに、第二項においては幕府における乱心者に対する処罰について述べ、米沢藩における乱心者に対する処罰との比較を行いたいと思う。第三項では同様に他藩との比較を行う。

次に、第二節においては、幼年者に対する処罰について述べる。この問題に関しても、第一項として両判例集に収録されている判例を比較することにより、時代の推移に伴う幼年者に対する処罰における変化について論じようと思う。ついで、第二項においては幕府における幼年者に対する処罰について述べ、米沢藩における幼年者に対する処罰との比較を行いたいと思う。第三項においては他藩との比較を行う。

第一節　前期・中期の乱心者の処罰

第一項　米沢藩における処罰

『御呵附引合』、『中典類聚』、『御裁許鈔』の三判例集のうち寛永一二年（一六三五）から文化一四年（一八一七）までの判例を収録している『御呵附引合』と、寛政三年（一七九一）から天保七年（一八三六）までの判例を収録している『中典類聚』を取り上げて論じることにする。

さて、本項においては、米沢藩において乱心者の処罰がどのように行われていたかを考察することとする。

まず、『御呵附引合』に記載されている乱心者の処罰に関する判例を紹介することにしたい。『御呵附引合』では、乱心者の処罰に関する判例の多くが「乱心」という項目の中に記載されている。次に、第二六表において乱心者による犯罪に関する全判例を紹介する。第二六表の「番号」は、本稿において当該判例を引用するときの判例の番号として用いることとする。

ところで、『中典類聚』の目録における分類では、第二五巻に「乱心」という大項目を設け、さらにその下に「乱心」・「狐魅（きつねつき）」という小項目を設け三件の判例を収録している。しかし、『中典類聚』の原本の「凡例」において「乱心ニテ人ヲ殺シタル者ハ、人殺ノ編ニ出シ、乱心ノ編ニ出サス。」と記されているように[528]、実際には乱心者の処罰に関する判例のうち多くの判例が「殺害」等乱心者が引き起こした犯罪別の各項目の下に収録されているのである。この点は、乱心者の処罰に関する判例のうち多くの判例を「乱心」という項目の下に収録している『御呵附引合』の編集方針とは異なる。次に、第二七表において『中典類聚』に収録されている全判例を紹介する。なお、第二七表の「番号」は、第二六表の番号に続く番号であり、本節において当該判例を引用するときの判例の番号として用いることとなる。

ここで、『御呵附引合』にみられる乱心者に対する処罰数と『中典類聚』にみられる乱心者に対する処罰数とを比較・考察してみることとする。両判例集に収録されている判例を適用した刑罰の種類によってそれぞれ分類してみると第二八表のようになる。

第二八表で『中典類聚』に関して件数が確定していない部分があるが、このことは次の二つの理由による。

一、生命刑に関して、斬罪に処せられる原因となった犯罪を犯した際に乱心していたかどうか疑問である判例がある（判例四六として紹介した判例）。この判例を一件として数えるかどうかが問題となる。

二、拘束刑に関して、乱心して妻を殺し、村方に於ける詰牢に処せられた者が度々逃げ去ったため、改めてこれまでの詰牢を丈夫にし、なお又詰牢入を科した判例がある（判例四八及び判例四九として紹介した判例）。これらの判例を一件とすべきか二件とすべきかが問題となる。

さて、第二八表を用いて『御呵附引合』に収録されている判例と『中典類聚』に収録されている判例との比較を試みることにする。比較するに際しては、それぞれの判例集に収録されている乱心者の処罰に関する判例数が異なるため、判例数による比較ではなく、乱心者を処罰した総数に対する各刑罰の数の割合

事　件　の　概　要
喧嘩して切り殺す（488）。
自滅する（489）。
自滅する（490）。
乱心したとだけ記述された事例（491）。
召仕二人を切り殺す（492）。
江戸において乱心し、江戸における勤務の半途で江戸を去る（493）。
召仕を不合理に手打にする（494）。
江戸において乱気の行動をとる（495）。
傍輩を切り殺し、自滅する（496）。
家来を切り殺し、宿父子に傷害を負わせる等（497）。
召仕を傷つける（498）。
二人に傷害を負わせる（499）。
居宅へ火を付け、果てる（500）。
江戸から下る際立ち寄り先にて自滅する（501）。
妻を傷つけ、縊死する（502）。
義母が聟を切り殺す。一旦母子の契約をし、そのうえ、日頃乱心であることが疑いない旨村中から申し出があったので、命はお助けとなる（503）。
妻を切り殺す。乱心の申し出があったが、闇討を科せられる（504）。
自滅する（505）。
召仕等二人を殺す（506）。
妻を切り殺し、そのうえ、近所の者に傷害を加える。一類組合村方共に乱心の上でのことであった旨を申し出たので、闇討を科せられる（507）。
自害する（508）。
縊死する（509）。
自滅する（510）。
一人に傷害を負わせる（511）。
妻に傷害を負わせ、親に刃向かい、自害する（512）。

第二六表（その１）

番　号	年　月　日	刑　　罰
1	正保２年閏５月27日	断絶
2	明暦元年３月23日	断絶
3	明暦元年４月29日	断絶
4	明暦３年	改易
5	寛文４年２月29日	死罪
6	寛文７年９月	斬罪
7	元禄９年７月12日	知行弐拾五石被　召上
8	元禄10年正月	親ニ 御預
9	元禄10年９月14日	改易
10	元禄13年２月27日	在郷押込
11	宝永２年12月16日	御扶持御切米被召上、居来候家屋敷ニ 被差置
12	宝永４年12月29日	苗字断絶
13	正徳３年４月11日	断絶
14	正徳３年５月９日	断絶
15	正徳３年６月11日	断絶
16	正徳３年11月４日	詰牢
17	正徳４年８月16日	闇討
18	享保３年11月朔日	断絶
19	享保４年正月晦日	討首
20	享保６年４月４日	闇討
21	享保８年６月18日	改易
22	享保８年９月６日	苗字断絶
23	享保８年９月16日	苗字断絶
24	享保12年４月３日	苗字断絶
25	享保13年３月15日	苗字断絶

（注）「事件の概要」欄の括弧内の数字は、本稿末尾にある注の番号である。

事 件 の 概 要
親を突き殺す（513）。
一人を切り殺し、一人に傷害を負わせる（514）。
一人を切り殺す（515）。
夫に傷害を負わせる（516）。
従弟を打ち殺す（517）。
人に傷害を負わせ、自滅する（518）。
一人に傷害を負わせる（519）。
殿中へ入り込み、不埒な行為をする（520）。
ふと刀を以て咽を突き通し、且つ、実母に傷害を負わせる（521）。
両親を打ち殺す（522）。
川原にて流死する（523）。
堀に入り、果てる（524）。
継子を切り殺す（525）。
父母及び兄を切り殺し、居宅へ火を付ける（526）。
養父に対し孝でなく、娘に対し慈でない（527）。

をそれぞれの判例集ごとに計算し、それらを比較することにする。

第一に、生命刑に関しては、『御呵附引合』に比べ、『中典類聚』の場合は、全体に占める割合が三分の一以下に減少している。第二に、身分刑に関しても、『御呵附引合』に比べ、『中典類聚』の場合は、全体に占める割合がほぼ三分の一以下に減少している。第三に、追放刑についていては、領外追放刑に関しては『御呵附引合』では存在しなかったのが『中典類聚』では出現しており、反対に領内追放刑に関しては『御呵附引合』では存在したのに『中典類聚』ではなくなっている。ただし、どちらの追放刑の場合もそれぞれの判例集において全体に占める割合自体が少ない。第四に、拘束刑に関しては、『御呵附引合』に比べ、『中典類

第二六表（その２）

番　号	年　月　日	刑　　罰
26	享保15年２月27日	磔
27	享保16年８月16日	切腹
28	延享元年10月22日	切腹・家屋敷御取上・妻子手道具無御構
29	寛延元年２月25日	実父江 御預押込
30	宝暦２年４月22日	斬罪獄門
31	宝暦４年６月17日	手道具欠所
32	宝暦５年９月５日	隠居之上囲入
33	宝暦５年12月17日	囲入
34	宝暦６年５月	苗字断絶
35	宝暦10年11月４日	磔
36	明和３年10月16日	苗字断絶
37	明和６年８月16日	無御構
38	明和７年３月21日	夫江御預・詰牢
39	明和８年５月27日	磔
40	安永９年８月４日	嫡子離囲入

（注）「事件の概要」欄の括弧内の数字は、本稿末尾にある注の番号である。

聚』の場合は、全体に占める割合が三倍以上に増加している。第五に、財産刑に関しては、『御呵附引合』では存在していたのが『中典類聚』ではみられない。ただし、この財産刑も、追放刑と同じようにそれぞれの判例集において全体に占める割合自体が少ない。

　このように考察してみると、注目すべき変化は生命刑、身分刑、拘束刑において生じていることがわかる。

　まず、身分刑が減少した点について考察してみよう。『御呵附引合』の場合の身分刑二一件の内訳は、改易（三件）、断絶（七件）、苗字断絶（七件）、知行二五石被　召上（一件）、御扶持御切米被召上（一件）、隠居（一件）、嫡子離（一件）である。これに対して、『中典類聚』の場合の身分刑二一件の内訳は、改易（一

事件の概要
江戸番轉として出立したところ、奥田山中にて倒れ、大小の刀を失い、剃髪する（529）。
隣家へ放火する（530）。
自殺する（531）。 （注）この判例には、次のような但書が付いている。 但、乱心自殺ハ一種之病気之旨、御評判之上、改而右之通被仰出
山中において、自ら陰嚢・陰茎をきり、咽を払う（532）。
殿中へ入り込み、御広間の板戸をあける（533）。
乱心して囲入になっている際、夜中に忍び出て、御本城御座之間に忍び入り、御堂御召服を盗む（534）。 （注）なお、この判例においては、囲入に処されたのは乱心が原因であったのであるが、御堂御召服を盗んだ際に乱心していたかどうかは疑問である。
悪業をし、放火の疑いがある（535）。
妻を殺す（536）。
判例48で「於村方・詰牢」を科せられた者が度々逃げ去る（537）。
木小屋に放火する（538）。
嫡子の内約の妻を刺し殺す（539）。
妻・娘を切り殺し、死去する（540）。
盗賊である疑いがある（541）。
乱心して囲入になっている際、ひそかに囲いを出て、仮小屋に火を差し入れる（542）。
隣家の者を殺し、牢中において死去する（543）。

件）、隠居（一件）である。比較してみると、『御呵附引合』の方の断絶（七件）、苗字断絶（七件）の存在が目立つ。

断絶は、後継者を断ち、その家の存続を許さないこととする刑罰である。苗字断絶は、苗字の使用を認めないこととする刑罰であり、この刑を科された武士は庶民となる。したがって、『御呵附引合』時代においてこれらの刑が科せられた際には、刑を科した米沢藩刑政当局の側に、乱心した者の子孫にはその子孫も乱心する恐れがあり、そのよ

第二七表

番　号	年　月　日	刑　　罰
41	寛政４年２月29日	隠居之上・遠慮（７日）
42	寛政７年10月14日	囲入
43	寛政10年６月	跡目相続為願出候様被仰付
44	寛政10年10月27日	本国帰
45	文化７年10月29日	手挟ニ いたし置候様被仰付之
46	文化13年12月22日	斬罪
47	文化14年８月晦日	村方江 御預・囲入
48	文化14年12月25日	於村方・詰牢
49	文政元年８月11日	是迄之詰牢丈夫ニ いたし猶又・詰牢入
50	文政４年８月８日	囲入
51	文政５年３月４日	改易之上一類江 御預・永囲入
52	文政９年９月	死骸無御構・役無御構
53	文政10年10月19日	兄江 御預・囲入
54	文政10年11月29日	町役并 安兵衛江 御預・囲入
55	天保２年９月６日	死骸無御構

(注)「事件の概要」欄の括弧内の数字は、本稿末尾にある注の番号である。

うな家が今後も継続して存続することを許さない、ないしは、武士階級の家として存続することを許さないとする発想があったのではないかと思う。それが『中典類聚』時代になると、断絶・苗字断絶の適用例はなくなるのである。このことは、乱心者の子孫は乱心する恐れがあるという偏見が薄らいできたことを示しているのではないかと考えられる。

そして、このことは『中典類聚』の判例四三として紹介した判例によって裏付けることができる。すなわ

第二八表

刑罰名	『御呵附引合』		『中典類聚』	
	件　数	割　合	件　数	割　合
生命刑	11件	25.0%	1又は0件	7.7〜0%
身体刑	0件	0%	0件	0%
身分刑	21件	47.7%	2件	16.7〜14.3%
領外追放刑	0件	0%	1件	8.3〜7.1%
領内追放刑	1件	2.3%	0件	0%
拘束刑	9件	20.5%	10又は9件	76.9〜69.2%
労役刑	0件	0%	0件	0%
財産刑	2件	4.5%	0件	0%
その他	0件	0%	0件	0%
計	44件		14〜12件	

ち、この判例においては、『御呵附引合』の方の判例とは違い、「跡目相続為願出候様被仰付」と述べられており、しかも、但書にはそう判決した理由として、乱心状態となり自殺したのはその者が「病気」にかかったためであることが述べられている。

以上、身分刑の適用が減少したことについて考察した。しかし、両判例集間の特に重要な変化は、生命刑と拘束刑に関して生じたのである。生命刑に関しては、『御呵附引合』に比べ、『中典類聚』の場合は、全体に占める割合が三分の一以下に減少しているのに対して、拘束刑に関しては、『御呵附引合』に比べ、『中典類聚』の場合は、全体に占める割合が三倍以上に増加しているのである。そこで、同様の事件に対する判例を比較してみる。乱心者が妻を殺害したという事件に関する判例が『御呵附引合』、『中典類聚』両者にある。そして、『御呵附引合』の判例一七では生命刑である闇討を科せられているのに対して、『中典類聚』の判例四八では拘束刑である詰牢が科せられている。このことは、米沢藩刑政当局が、前者の段階では乱心者の行為であっても惹起された結果を重視し、正常者の場合と同様に生命刑を科しているのに対して、後者の場合は、乱心者の行為による点を重視し、刑を科すにあたって正常者の場合に比べて特別な配慮をしたことを意味している。このような乱心者に対する処罰に関しての米沢藩刑政当局の方針の変化は、前述の生命刑の減少と拘束刑の増加という両判例集に収録されている判例の変化の原因になっていたものと思われる。

以上、本節においては、犯罪を犯した乱心者の処罰に関して、『御呵附引合』に収録されている判例と『中典類聚』に収録されている判例とを比較して考察した。

しかし、いうまでもなく乱心者に対する処罰の変化は、『御呵附引合』時代から『中典類聚』時代への変化という一時点を境にして突然起きたのではない。それでは、処罰の変化の過程はどのようなものであったのであろうか。また、その変化の過程で幕府の処罰方針はどのような影響を米沢藩の処罰方針に与えたのであろうか。この問題について、主に殺人を犯した乱心者に対する処罰の問題を取り上げて次節において論じることとする。

第二項　幕府との比較

一　本項においては、犯罪を犯した乱心者に対する幕府の取扱いと米沢藩の取扱いとの比較について考察することにする。幕府の取扱いについては、すでに本稿で紹介したような先学の研究成果がある。

従来の研究では、『公事方御定書』制定以前については、乱心者による殺人の事例を中心として論述がなされてきた。また、『公事方御定書』制定以後については、『公事方御定書』に規定がおかれている乱心者による殺人の事例と乱心者による放火の事例を中心として論述がなされてきた。したがって、本項で米沢藩における乱心者に対する処罰と幕府のそれとを比較するに際しては、『公事方御定書』制定以前については、殺人の事例に関して、また、それ以後については、殺人の事例と放火の事例に関して比較を行うこととし、本項で幕府刑法における乱心者の処罰を述べるに際しても、その範囲内にとどめることとする。

幕府の乱心者に対する処罰の取り扱いは、時代によって変化した。すなわち、寛文以前と延宝以後とで、幕府の方針は違っているようにみえる。乱心者の殺人罪について、寛文期までは宥免願によって赦免しているが、延宝期以後宥免願によって赦免された事例は見出せない。延宝期以後の事例において宥免願が出たかどうかについて石井良助氏は「よくはわからないが、延宝期以後の場合にだけ宥免願が出されなかったというのもおかしいわけで、宥免願があったにもかかわらず、死罪になったものと解すべきであろう」(544)としておられる。

ところが、このような幕府の方針は、元禄一〇年(一六九七)には変化していることが認められるのである。この変化は、享保二年(一七一七)一一月の書付(『享保撰要類集』二之一号)から知ることができる。それによれば、元禄一〇年(一六九七)閏二月に、人殺について、「乱気ニて人殺候者、本性ものとハ違候間、向後は牢舎申付、様子次第ニ其侭永牢ニて差置、其上若本性ニも成候ハヽ、遠嶋ニも申付可然候、品ニより解死人ニ可成子細候ハヽ、其節伺可有之筈」と定められた。すなわち、乱心者と正常者とを区別し、乱心者に対しては、正常者に対するより軽い刑罰を適用したのである(545)。

ところが、享保二年一一月に、「自今以後は乱気ニて人殺候とも、可為解死人候、本性ニて人を殺候も、乱気ニて殺候共、同前の御仕置ニ候」と改めた。すなわち、乱心者と正常者との間に区別をおかないことになった[546]。このように幕府の方針が変化した原因としては、幕府が、当時乱心による犯罪であったとして宥免願が出されたような事例に関して、本当に乱心状態にあったのか、また、みだりに宥免願を認めると、役人を介して被害者に宥免願を出させるための賄賂の授受等よくないことが起こるのではないかという懸念を有していたことをあげることができる[547]。

この享保二年一一月の書付の考え方は次の享保六年七月の書付（『享保撰要類集』二之三〇号）でも確認できる[548]。

乱気ニて人を殺候共、可為下手人候、本性ニて人を殺候も、同前之御仕置ニ候間、可被存其趣候、但、主殺親殺火附等たりといふ共、乱気ニて候ハ、死罪一通ニ可被相心得候、右之通ニ候間、致自滅候ハハ、死骸不及塩詰、取捨ニ可仕候、以上、

この書付においては、前半部分で享保二年の方針を確認しているが、後半部分では、主殺、親殺、火付等については死罪となることに定まった。前半部分は、幕府が依然として、前述したように、本当に乱心状態にあったのか、また、みだりに宥免願を認めると賄賂の授受等よくないことが起こるのではないかという懸念を有していることを示しているということができる。しかし、後半部分に関しては、本来、主殺は二日晒、一日引廻し鋸挽之上磔、親殺は引廻之上磔であったのであるから[549]、この措置は、一定の範囲で乱心者と正常者とを区別して扱おうとしたものであるといい得るであろう。

さて、このような幕府の姿勢は、後述のように『公事方御定書』においては変化しているのであるが、

その変化の過程に関しての説明は論者によって異なる。

まず、石塚英夫氏は、その論文において、前に紹介した『享保撰要類集』に記されている享保六年の書付にも言及されてはいるが、それよりも『科条類典』に記されている同じ享保六年の書付（『徳川禁令考、後集第四』）の方を重視されている。そして、その内容が、本稿において後に紹介する『公事方御定書』の規定とほぼ同一内容のものになっていることは注目に値するとされ、享保六年はすでに『公事方御定書』の編纂作業にとりかかっていた時点であることを思うとき、『公事方御定書』における関係条文の骨子は大体この書付によってできあがったものとみることができると述べられている。(550)

これに対して、山中至氏は、逆に、その論文の注において『科条類典』に記されている享保六年の書付を紹介されてはいるが、この書付については「原文が不明確である」という理由で、『享保撰要類集』に記されている享保六年の書付の方を重視している。石塚英夫氏がいうところの「公事方御定書における関係条文の骨子」が何によって大体できあがったかについては、次のように述べておられる。すなわち、乱心という確かな証拠があれば下手人御免願も認められるという書付が享保一六年四月に出されている一方、『享保撰要類集』に記されている享保六年の書付と同内容の書付も享保一九年三月に出されているが、この二つの書付の内容が享保二〇年一一月の書付では統合されている。『公事方御定書』第七八条第一項には享保六年、元文三年極とあるが、実質的意味においては、この享保二〇年一一月の書付が前述の「公事方御定書における関係条文の骨子」となっているといえると述べられている。ちなみに、その享保二〇年一一月の書付においては、原則的には乱心者による殺人罪と正常者による殺人罪は刑罰において区別しないが、乱心の確かな証拠があれば下手人御免願を認めているのである。(551)

石塚英夫氏の見解と山中至氏の見解とではどちらの見解が妥当であろうか。この点に関しては、石塚英夫氏の説明では、なぜ『享保撰要類集』に記されている書付よりも『科条類典』に記されている書付の方を重視するのかが明らかではないのに対し、山中至氏の説明では、『科条類典』に記されている書付よりも『享保撰要類集』に記されている書付の方を重視する理由が述べられており、山中至氏の説明の方に説得力があるように思われる。したがって、本稿で幕府の処罰と米沢藩の処罰を比較するに際しては、山中至氏の説明を採用することにしたいと思う。

周知のとおり、江戸幕府はその初め刑事法典を設けることなく、先例ないし、臨時に発布された単行法令によって裁判していたのであるが、寛保二年（一七四二）に、八代将軍吉宗の手によって『公事方御定書』、ことにその下巻が制定されるに及んで、これがその後の裁判の基準となった[552]。『公事方御定書』下巻は、その第七八条に乱心者の行為に関し、「亂氣ニ而人殺之事」と題して、乱心者による人殺と火附の場合につき三項目の規定を設けている[553]。

七十八　亂氣ニ而人殺之事

享保六年

元文三年極

一亂心にて人を殺候共、可為下手人候、然共、亂心之證據慥ニ有之上、被殺候もの之主人并親類等、
　下手人御免之願申におゐてハ、遂詮議、可相伺事、

享保六年極

　但、主殺、親殺たりといふとも、亂氣無紛におゐてハ、死罪、自滅いたし候ハヽ、死骸取捨に可

申付事、

享保十九年極

一亂心にて其人より至而軽キものを致殺害候ハ、下手人ニ不及事、

寛保二年極

但、慮外者を切殺候時、切捨ニ成程之高下と可心得事、

享保六年

元文五年極

一亂心にて火を附候もの、亂氣之證據於不分明は、死罪、亂心に無紛におゐてハ、押込置候様ニ親類共江可申付事、

このうち、第一項はその本文で乱心者の殺人に関する一般的な取扱いについての規定を、同じくその但書は乱心者の殺人における被害者が加害者の主人あるいは親の場合についての特則を定めたものであり、第二項は、第一項に対する例外として、被害者と加害者の間に身分の上で違いがあり、被害者の身分が加害者のそれより至って軽い場合について規定したものである。以上の殺人の規定に対し、第三項は乱心者の火附に関する取扱いを規定したものであって、以上三項目のほか、『公事方御定書』は乱心者についての規定はおいていない(554)。

以下、この三項目についてさらに検討を加えることとする。

まず、殺人についての第七八条第一項本文において、乱心の確証がある上被害者の主人ならびに親類等が下手人御免を願い出たならば詮議を遂げて相伺うべしとあるのは、刑を免除するというのではなく、適

当な刑を考えて伺いを出すべきだという趣旨である。そして、そのようなときは、実際には、概ね親類へ永預としたのであった(555)。この第七八条第一項本文は、乱心者の殺人に関する一般的な取り扱いについて規定したものである。しかし、勤務中の武士が乱心して傍輩を殺害した事例のような場合は、特殊な身分にある者の乱心の場合であるとしてこの第七八条第一項本文の適用がなかった(556)。また、乱心の確証がある場合は、幕府側は被害者側の宥免願の提出を極力うながしたので、被害者側の宥免願は、乱心の確証があるときは事実上差し出されるのが通例となっていた(557)。

次に、第七八条第一項但書によれば、もし被害者が加害者の主人あるいは親であれば、確かな乱心者であっても宥免願は認められないばかりでなく、死罪に処すことになる(558)。但し、『公事方御定書』下巻の第七一条によれば、主殺は二日晒、一日引廻し鋸挽之上磔、親殺は引廻之上磔であったのであるから、その意味ではこの但書は、乱心者と正常者とを区別し、乱心者に対しては正常者に対するよりも軽い刑罰を適用しようとしたものでもある。

第七八条第二項は、乱心者の殺人において、もし被害者が加害者より至って身分の軽いものである場合には、その加害者は下手人に処されないとするものである。

乱心者の放火に関しては、第七八条第三項は、乱心の証拠が不確実なものである場合には死罪を科し、乱心の証拠が確実なものである場合には親類共へ預けて押込としておくこととしている。

以上、『公事方御定書』制定以前については、殺人の事例に関して、また、『公事方御定書』制定以後については、殺人の事例と放火の事例に関して幕府刑法における乱心者の処罰について述べた。

二　つづいて、第一節において検討した米沢藩における乱心者の処罰と幕府における乱心者の処罰とを比較し、相違点を明らかにするとともに、その相違が生じた理由を考察することにしたいと思う。前述したように比較に際しては、『公事方御定書』制定以前については、殺人の事例に関して、また、『公事方御定書』制定以後については、殺人の事例と放火の事例に関して考察することとする。

前に述べたように幕府の取扱いは、時代によって変化した。そこで、それぞれの時代における幕府の取扱いと同時期の米沢藩の取扱いとを比較することとする。

幕府においては、乱心者の殺人罪について、寛文期までは宥免願によって赦免している。まず第一に、この寛文期までの間の米沢藩における乱心者の処罰の事例を考察してみることとしたい。この期間の判例を次にあげてみることとする。以下に紹介する判例の番号は、第二六表・第二七表において判例を紹介した際に用いた番号である。

判例五　死罪　　　　　　　　　　　　　　　　百木組百人段母衣　　加藤久助

右者、寛文四年二月廿九日、乱心召仕弐人切殺候付、右之通

このように、幕府刑法においては宥免願によって赦免していた時期に、米沢藩では、宥免願の存否に言及することなく、生命刑を科している。

第二に、延宝期以後になると、幕府刑法においては、乱心者の殺人罪について宥免願によって赦免された事例は見出せない。そして、この延宝期以後の方針が変化するのは、前節で述べたように、乱心者と「本性もの」とを区別することを元禄一〇年（一六九七）閏二月に定めてからである。そこで、第二に、この延宝期から元禄一〇年閏二月以前の間の米沢藩における乱心者の処罰の事例を考察してみることとしたい。次に、この期間の判例をあげてみることとする。

判例七　知行弐拾五石被　召上　　　　　　御中之間　栗田平次郎

元禄九年七月十二日、於江戸召仕手打ニ仕、道理不相立、殊ニ御長屋ニ而　上を不憚仕形ニ付、右之通

右の元禄九年七月一二日の判例は、乱心して不合理に召仕を手打にした件に関するものであるが、注目すべきことは、寛文四年二月廿九日の判例（判例五）では、召仕二人を切り殺した者を死罪に処しているのに対し、元禄九年七月一二日の判例は、召仕を不合理に手打にした者に対し、知行二五石を召し上げるという刑罰を科していることである。

すなわち、幕府においては、寛文期までの時期に比べて延宝期以後は乱心者に対する処罰が厳格になったのに対し、米沢藩においては、逆に、二人を殺したのと一人を殺したのとの違いはあるにしてもかなり緩和されているように思われる。このことは、寛文期及びそれ以前の時期、延宝期から元禄一〇年閏二月以前までの時期においては殺人を犯した乱心者の処罰に関しては、幕府の方針は、米沢藩の方針に影響を与えていないことを示している。

第三に、前に述べたように、幕府は、元禄一〇年（一六九七）閏二月に乱心者と「本性もの」とを区別することとしたのであるが、享保二年（一七一七）一一月にこの方針が変更されることとなった。すなわち、乱心者と正常者との間に区別をおかないことになったのである。そこで、元禄一〇年閏二月以後享保二年一一月以前の間の米沢藩における乱心者の処罰の事例を考察してみることとしたい。次に、この期間の判例をあげてみることとする。

判例九　改易　　　　　　白金七人番　長谷川兵左衛門

元禄十年九月十四日、白金御屋敷ニ而傍輩を切殺自滅付、右之通

判例一〇　在郷押込　　　　　　　志駄孫太郎

元禄十三年二月廿七日、先年御呵之節、親源四郎知行所百姓江相對之上差置候処、此度家来を切殺、宿父子ニ手を為負候、最前正気之時分親所より脇差を為取寄御呵之身分ニ而上を不憚仕形ニ付、右之通

判例一六　詰牢　　　　　　　十王村長右衛門　妻

正徳三年十一月四日、聟安右衛門を切殺候付死罪可被　仰付候得共、一旦母子之契約をもいたし、其上兼而乱心無紛由一村中申出候付、一命御助、右之通

判例一七　闇討　　　　　　　東町　太郎兵衛

正徳四年八月十六日、妻を害シ自滅之処残命之段申出候付而吟味之処、兼而夫婦間不和合ニ而常々致口答何儀をも不相用候付切殺候由、併乱心之申出有之候得共、妻を切殺候付而、右之通

さて、この時期の米沢藩の判例にみられる特徴は、犯人が乱心していたことの申し出が記述されていることである。判例一七においては、乱心である旨の申し出がどこからなされたかは不明であるが、判例一六においては、乱心である旨の申し出が村中からなされており、このことが助命の一因となっている。そして、この申し出は、乱心であることの確かな証拠の一つとされたのではないかと考えられる。この時期の他の判例や他の時期の判例の場合でも犯罪者が乱心者である旨の申し出がなされていた可能性はある。しかし、なぜかこの時期の二つの判例と次の享保二年一一月以後享保二〇年一一月以前の間の時期の判例

二〇にのみそのような申し出があったことが明記されている。それはなぜであろうか。

ここで、注意すべきことは、ちょうどこの時期幕府においては、幕府が、当時乱心による犯罪であったとして宥免願が出されたような事案に関して、本当に乱心状態にあったのか、また、みだりに宥免願を認めると賄賂の授受等よくないことが起こるのではないかという懸念を有していたことである。この懸念は、享保二年の幕府の方針の変更の根底にあったと思われる。つまり、幕府では、この時期乱心状態の確認に慎重になっていたのである。

この時期の米沢藩の判例の記録において、乱心状態の確実性の一つの拠り所となる第三者からの乱心の申し出をあえて明記していることは、偶然とは考え難い。私は、この時期に幕府の乱心者の処罰に関する情報が米沢藩にも伝わり、乱心の事実の確認を慎重にさせるという影響を与えたのではないかと思う。

また、この時期は、前述のように、幕府においては乱心者に対しては正常者に対してより軽い刑罰を適用したのであるが、米沢藩においても生命刑を科した判例は判例一七のみである。この点においても幕府の方針が影響を与えた可能性を考えることができる。

第四に、前節で述べたように、幕府においては、乱心者と正常者との間に区別をおかないこととする享保二年（一七一七）一一月に定められた方針は変更されることとなり、実質的意味においては享保二〇年（一七三五）一一月の書付の後の方針が『公事方御定書』における方針の骨子となっているのである。そこで、享保二年一一月以後享保二〇年一一月以前の間の米沢藩における乱心者の処罰の事例を考察してみることとしたい。この期間の判例を次にあげてみることとする。

判例一九　討首　　　　　白金中小姓　　窪田傳兵衛

享保四年正月晦日、召仕若道之儀ニ付、長内百助此もの於小屋何角申募一件ニ付、召仕切殺、其上相陣中伴茂兵衛臥居り候処討留候義、乱心之仕形付而、右之通

判例二〇　闇討　　五十川村　傳兵衛

享保六年四月四日、妻を山刀にて切殺、其上近所之平左衛門にも手疵為負候処、乱心之上之由一類組合村方共ニ申出候付、右之通

判例二七　切腹　　善弥嫡子　竹俣三左衛門

右者、於手ノ子村致乱心村山吉四郎切殺、金子庄右衛門為手負候ニ付、享保一六年八月一六日、右之通

この時期は、幕府においては乱心者と正常者とを区別しないことを基本方針とした時期であったのであり、乱心者に対する処罰が厳格になった時期であった。そのことに対応しているのではないかと思われる米沢藩における特徴が見出し得る。延宝期以降享保二年一一月以前の間に生命刑に処せられた事例は一件しかないのに、この時期の一八年の間においては、殺人を犯した乱心者に関する三件の判例のすべてにおいて生命刑が適用されている。もちろん、犯罪内容が全く同一ではないので一概に比較することはできないが、この事実は、やはり米沢藩の乱心者の処罰に対する姿勢が厳格なものとなっていたことを示していると考えられる。ここにおいても、幕府の影響の可能性を考えることができる。

また、この時期の判例においても、乱心状態の確実性の一つの拠り所となる第三者からの乱心の申し出をあえて明記している判例二〇がみられることは、この時期においても乱心の事実の確認を慎重にするという幕府の姿勢に影響された米沢藩の姿勢が現れているのではないかと思う。

ここで、元禄一〇年閏二月以後と享保二年一一月以後とでの米沢藩の乱心者の処罰に関する姿勢が根本的に変わったことを如実に示す二つの判例がある。前出の判例一七と判例二〇を比較していただきたい。この二つの判例は、どちらも妻を殺した件に関するものである。しかも、どちらの場合においても乱心者による犯罪であったことの「申出」があった。そして、両方の判例はともに闇討を科している。

ところが、判例一七では、「乱心之申出有之候得共」闇討を科した旨記載されているのに対し、判例二〇では、「乱心之上之由」「申出候付」闇討を科した旨記載されている。同種の事件においてなぜ前者の場合は「候得共」なのに後者の場合は「付」なのであろうか。

この理由を明らかにするためには、それぞれの判例が出された時期を考える必要がある。両方の判例とも、前述したように乱心の事実の確認を慎重にするという幕府の姿勢に影響されたのではないかと思われる米沢藩の姿勢が現れていた時期である。

ただし、判例一七が出された時期は、元禄一〇年閏二月以後享保二年一一月以前の間の幕府が乱心者に対しては正常者に対してより軽い刑罰を適用していた時期であり、かつ、米沢藩は前述したように幕府の方針に影響されていた可能性が考えられるのである。したがって、判例一七においては、乱心であったことの申し出があり乱心の事実が確認できるのに、なお、事件の性質上生命刑を免除することができないということの表現が「候得共」という言葉となって現れていると思われるのである。

一方、判例二〇は、享保二年一一月以後享保二〇年一一月以前の間の幕府においては乱心者と正常者とを区別しないことを基本方針とした時期の判例であり、前述したようにこの基本方針は米沢藩に影響を与えていた可能性があり、米沢藩の処罰はこの時期厳格なものとなっていたのである。したがって、乱心であったことの申し出があり乱心の事実が確認できても生命刑を科すことは原則の通りであり、むしろ、乱心の事実が確認できたからこそ、生命刑の中でも軽い刑である闇討が適用されたのであるということの表現が「付」という言葉となって現れていると思われるのである。なお、闇討が生命刑の中でも軽い刑であることについては、第一章第二節で述べた。

第五に、前述したように、享保二〇年（一七三五）一一月の書付の方針が『公事方御定書』における方針の骨子となっているので、享保二〇年一一月以後を『公事方御定書』の原理が通用していた時期とし、この享保二〇年一一月以後の米沢藩における乱心者の処罰の事例を考察してみることとしたい。

判例二八　切腹・家屋敷御取上・妻子手道具無御構　　鈴木澤太郎左衛門組御扶持方　上村清左衛門

右者、木ノ実廻横目ニ罷出ル所、深山村庄右衛門宅ニ而石坂九兵衛ヲ切殺候ニ付、延享元年十月廿二日、右之通

判例三〇　斬罪獄門　　上荻村牢舎　藤蔵

右者、従弟之政右衛門打殺シ、畢竟乱心者故、宝暦二年四月廿二日、右之通

判例三八　夫江御預・詰牢　　東寺町彦惣　妻

右者、乱心ニて継子を斧ニて切殺候ニ付、明和七年三月廿一日、右之通

ここにあげるべき判例としては、以上の『御呵附引合』の判例のほか、第二七表で紹介した『中典類聚』の中の次の判例がある。以下に紹介する判例の番号は、第二七表において判例を紹介した際に用いた番号である。乱心者による殺人に関係する判例としては、次の三件がある。

判例四八　文化十四年十二月廿五日
於村方・詰牢　　上伊佐沢村源太継父　右左衛門
右者、妻を殺し逃去候者

判例五一　文政五年三月四日
改易之上一類江御預・永囲入　　神保与惣右衛門
右者、乱心之上嫡子内約之妻を狐と見更（ママ）刺殺候者

判例五二　文政九年九月
死骸無御構・役無御構　　中村百姓長次郎聟　伊蔵
右者、乱心之上妻并娘を切殺候者

右の判例からまずわかることは、『御呵附引合』に収録されている延享元年一〇月二二日の判例（判例二八）と宝暦二年四月二二日の判例（判例三〇）においては生命刑が科されているが、同じく『御呵附引合』に収録されている明和七年三月二一日の判例（判例三八）においては、生命刑を科さず、『中典類聚』に収録されている文化一四年一二月二五日の判例（判例四八）と同様に詰牢という刑罰を適用している。

このことは、この時期の最初のうちはまだこの前の時期の乱心者に対する厳格な処罰という米沢藩の姿勢が残っていたのに対し、その米沢藩の姿勢が、その後、幕府の享保二〇年一一月の書付の方針や『公事方御定書』の方針に影響されて緩和されていったことを示しているのではないかと思われる。

ここでも、幕府の影響があった可能性を指摘できるのである。

さらに、ここからは殺人に関して『御呵附引合』に収録されている判例三八と『中典類聚』に収録され

ている判例四八、判例五一及び判例五二の三つの判例に関して詳しく考察していくこととする。

右に紹介した米沢藩の判例の中で、高橋豊氏によれば、詰牢というのは、乱心者・乱暴者のための独房に入れる刑罰であり、囲入というのは、部屋を囲いとしてその中に入れるのであるが、部屋からの出入はできたという刑罰である。[559] また、死骸無御構・役無御構とあるのは、この事案においては犯罪者が刑が確定する前に死亡したことを示していると考えられる。犯罪者が死亡した後であっても、磔等は死体に対しても執行されたし、死者の名誉を剥奪したこともあったので、[560] 死骸無御構・役無御構と記されていることは、本件に関しては、そのような措置がとられなかったことを示していると思われる。

さて、この米沢藩の扱いを前述した幕府の扱いと比較してみたいと思う。

幕府においては、乱心の確証がある上被害者の主人ならびに親類等が下手人御免を願い出た場合は、概ね親類へ永預となったのであった。

これに対して、右の四つの判例に記載されている米沢藩の扱いに関しては、乱心であったことが前提とされている判例なのであるから、一応乱心の確証があった場合であったと考えてよいと思われる。もちろん、米沢藩の判例の場合は下手人御免の願出の存否が問題にされていない点にも注意しなければならない。しかし、幕府における扱いでも、乱心の確証のあるときは被害者側の宥免願が事実上差し出されるのが通例となっており、幕府の取扱いにおいては宥免願は形式的なものとなっていたので、この点は米沢藩の取扱いと幕府の取扱いとの比較の障害とはならないものと考える。

まず、米沢藩の取扱いをみてみると、加害者が死亡した場合は別として、加害者に対して、判例三八と判例四八においては詰牢が科されており、判例五一においては永囲入が科されている。永囲入となった判例の場合は、「改易之上一類江御預」となっている。幕府の取扱いにおいて武士が乱心のうえ殺人を犯した場合は改易となったかについては検討を要するが、一類へ御預のうえ永囲入となった点は幕府における概ね親類へ永預という取扱いと同一であったと考えられる。一方、詰牢に処した判例の場合は、たしかに詰牢は独房に入れるものであるので、この点だけに着目すると幕府の取扱いよりも厳しい取扱いであるように思われる。しかし、詰牢の執行場所は、牢屋敷であることもあったが、この場合は、「夫江御預」とか「於村方」とされており、夫や居住していた村へ預けるという性格が強かったのではないかと考えられる。しかも、この判例の場合、永詰牢ではなく詰牢を適用している。このように考えてみると、一概にこの場合の取扱いが幕府の取扱いよりも厳しいとはいえないと思われる。

このように考察してくると、判例三八、判例四八及び判例五一に関しては、米沢藩の乱心者に対する刑罰は、幕府の刑罰と刑罰名は異なっていても、刑罰の種類と重さは概ね同一であったと考えられる。

以上のことから考えて、乱心者による殺人に対する処罰については、享保二〇年一一月以後の時期においては、前述のようにこの時期の最初のうちはまだこの前の時期の乱心者に対する厳格な処罰という幕府の方針に影響された米沢藩の厳格な姿勢が残っていたのに対し、その後は、いま検討したように米沢藩の処罰は、幕府の処罰に準じる形で緩和されていったのである。

以上に述べた殺人を犯した乱心者に対する処罰に関する説明は、親殺しを犯した乱心者に対する処罰に関しては当てはまらない。

次に、乱心者による親殺しに関する判例をあげることとする。次の三件は、第二六表で紹介した『御呵附引合』に収録されている判例である。

判例二六　於松原・磔　　入田澤村八右衛門子　久太郎

右者、致乱心親八右衛門鑓先にかけ突殺申ニ付、享保十五年二月廿七日、右之通

判例三五　磔　　塩野村甚兵衛子　松太郎

右者、鬱気之症ニて前後忘却いたし、両親を打殺候ニ付、宝暦十年十一月四日、右之通

判例三九　磔　　中伊佐沢村肝煎左内子　左助

此者村気ニて、父母并兄を切殺、居宅へ火を付候ニ付、明和八年五月廿七日、右之通

これらの判例が出された時期においての幕府の同種の事件に対する対応はどのようなものであったろうか。

まず、判例二六が出された享保一五年当時は、前述したように幕府においては、享保六年の書付において、主殺、親殺、火付等については、正常者の場合よりも軽い刑罰である死罪に処すことに定まっていた。また、判例三五・判例三九の判例が出された宝暦一〇年・明和八年当時は、幕府においてはすでに『公事方御定書』下巻が制定されており、そこにおいては、乱心者による親殺しに対して、正常者の場合よりも軽い刑罰である死罪を適用することが定められている。

以上のことから明らかなように、米沢藩が三件ともに磔を適用したことは、幕府の場合よりも非常に厳しい措置をとったことを示している。

親殺しを犯した乱心者に対して、米沢藩はなぜこのように厳しく処罰したのかについての理由は必ずしも明らかではない。布施彌平治氏は、米沢藩の刑法の特色の一つとして、道徳違反をあげたうえで、「数多くの家族道徳違反が、犯した罪に比較して重すぎると思われるような刑に処せられている」と述べられ

ている。(561) このことは、儒教思想の大きな影響によると思われるが、(562) このことが、米沢藩が親殺しを犯した乱心者を厳しく処罰したことの背景となっていたと思われる。

三　次に、『公事方御定書』制定以後における米沢藩の放火を犯した乱心者に関する判例と『公事方御定書』の規定とを比較することとする。

まず、『御呵附引合』に収録されている判例としては、前に親殺しを犯した乱心者の処罰に関して紹介した判例三九をあげることができる。ただし、この判例においては、磔というきわめて重い刑が科せられているが、それは父母及び兄を殺したことによると考えられるので、幕府の処罰との比較対象とする判例としては適当な判例ではない。

次に、『中典類聚』に収録されている放火を犯した乱心者に関する判例と『公事方御定書』における放火を犯した乱心者に関する規定とを比較・考察することとする。

そこで、『中典類聚』において「火付」という項目の下に分類されている乱心者による放火に関する判例について述べることにする。乱心者による放火に関係する判例としては、次の四件がある。

判例四二　寛政七年十月十四日

囲入　　　　　　　　　　　　　　　金山役人飯田与一右衛門留守居　つた

右者、乱心之上隣家江火を付候者

判例四七　文化十四年八月晦日

村方江御預・囲入　　　　　　　　　上玉庭村　藤右衛門

右ハ、乱心ニ及ひ悪業いたし藤六ゟ鍋を盗取被取返、且勘左衛門宅江火付之不審無申晴

者

判例五〇　文政四年八月八日

鍛冶町長左衛門父　徳左衛門

囲入

右者、乱心之上同町佐藤余市木小屋江火を付候者

判例五四　文政十年十一月廿九日

大町出口安兵衛母　りせ

町役并安兵衛江御預・囲入

右者、乱心囲入ニ相成居私ニ囲を出、柳町政蔵仮小屋江火を挾候者

以上にみられるがごとく、乱心者による放火に対しては、どのような条件の下でかは別として、四件ともすべて囲入が刑罰として科されていた。

さて、前述したように、幕府においては、乱心者の放火に関しては、第七八条第三項は、乱心の証拠が不確実なものである場合は死罪を科し、乱心の証拠が確実なものである場合には親類共へ預けて押込としておくこととしている。

放火に関しても、『中典類聚』に記載されている判例においては乱心による犯罪であったと認定されているのであるから、一応乱心の証拠が確実なものである場合であったと考えてよいであろう。そして、米沢藩の刑罰は、放火の場合は、囲入が科されることで統一されている。したがって、放火を犯した乱心者に対する米沢藩の処罰と幕府の処罰は、拘束刑を適用する点で類似しているといえる。

四　以上に述べてきたことをまとめると次のようになる。すなわち、元禄一〇年閏二月以前の時期においては殺人を犯した乱心者の処罰に関しては、幕府の方針は、米沢藩の方針に影響を与えていない。

ところが、元禄一〇年閏二月以後享保二年一一月以前の間においては、この時期の米沢藩の判例の記録において、乱心状態の確実性の一つの拠り所となる第三者からの乱心の申し出をあえて明記していることからわかるように、乱心の事実の確認に対する幕府の姿勢が慎重になったことの影響が米沢藩に及んだのではないかと思われるようになる。また、この時期は、前述のように幕府においては、乱心者に対しては正常者に対してより軽い刑罰を適用したのであるが、米沢藩においても生命刑を科した判例は一件のみであり、この点においても幕府の方針が影響を与えた可能性を考えることができる。

さらに、享保二年一一月以後享保二〇年一一月以前の間においては、幕府においては乱心者と正常者とを区別しないことを基本方針とした時期であったのであり、乱心者に対する処罰が厳格になった時期であったが、米沢藩の乱心者の処罰に対する姿勢も厳格なものとなっている。ここにおいても、幕府の影響があったのではないかと考えられるのである。

最後に、享保二〇年一一月以後は『公事方御定書』の原理が通用していた時期であるが、この時期においても幕府の影響が存在した可能性が考えられる。この時期、当初米沢藩はこの時期よりも前の幕府の方針と同様に殺人を犯した乱心者の処罰に関して厳格な姿勢をとっており、生命刑を科した判例が存在する。しかし、明和七年三月二一日の判例（判例三八）以降は、生命刑を科した判例はみられなくなり、処罰の形態も刑罰名こそ異なるが幕府の取り扱いと類似している。

ただし、以上の説明が親殺しを犯した乱心者に対する処罰に関しては当てはまらないことは前述したとおりである。

また、『公事方御定書』制定以後については、放火を犯した乱心者に対する処罰に関しても考察を加えた。この点に関しても、米沢藩の処罰と幕府の処罰は類似している。

第三項　他藩との比較

本項においては、米沢藩以外の藩において乱心者の処罰がどのようになされていたかを検討することにする。他藩の刑法典に関しては、先にあげた藩の刑法典（金沢藩は判例集。）における乱心者の処罰に関する規定を考察の対象とし、米沢藩における乱心者の処罰方針と比較してみることにしたいと思う。ただし、会津藩の刑法典である『刑則』は刑罰に関する規定のみが記されているので、本節において考察の対象とする刑法典からは除くことにする。

一　亀山藩（御定書系、親藩・譜代型）

この藩の刑法典である『領中刑律』においては、乱心者の処罰に関しては幕府の『公事方御定書』とほぼ同一の規定が第二五条として設けられている(563)。違いをあげるとすると、亀山藩の場合は、乱心状態で主人や親に傷害を負わせた場合も主殺、親殺と同一の処罰がなされるべき旨規定されていることぐらいである。

二　鳥取藩（御定書系、外様型）

鳥取藩の刑法典である『律』においては、乱心者の処罰に関して第一七条において形式的には『公事方御定書』の規定に類似した規定を設けている。[564] しかし、『公事方御定書』の規定と相違する程度は亀山藩の場合よりも大きい。

第一に、『律』においては、殺人を犯した乱心者に対して下手人ではなく死罪を適用しており、生命刑を免除する道を開いていない。第二に、乱心者が、人に傷害を負わせた場合、妻子を殺した場合、自害しそこなった場合についての規定を設けている。第三に、犯罪によっては、犯罪を犯したときに乱心状態であったとしても、その後正常な精神状態に戻ったかどうかを問題にする場合がある。正常な精神状態に戻った場合は、正常者と同様に処罰されることもある。

なお、放火を犯した乱心者を処罰する規定は、『公事方御定書』の規定と同様である。

三　盛岡藩（御定書系、外様型）

盛岡藩の刑法典である『文化律』[565]においては、乱心者の処罰に関して第七九条において『公事方御定書』の規定に酷似した規定を設けている。内容的に『公事方御定書』の規定と相違する点はない。

四　和歌山藩（明律系、親藩・譜代型）

和歌山藩の刑法典である『国律』では、その冒頭の名例律において乱心者の処罰等に関する総則的な規定を設けている。すなわち、第八条に次のような規定を設けている。[566]

一　三宥三赦　臨時に罪を宥赦するをいふ

一宥曰不識　不識ハ不審也、復讎の人甲を殺すへきを乙を見て甲と存し誤て殺すの類をいふ

二曰過失　刃を以て木抔を切らんとして誤って人に中る類をいふ
三曰遺忘　帷薄の外に人のあるのを忘れ、誤て兵矢を以て投射するの類をいふ
一赦曰幼弱　十五歳以下ハ刑を軽くし、七歳以下ハ全く赦すをいふ
二曰老耄　七十以上ハ刑を軽くし、八十以上ハ全く赦すをいふ
三曰惷愚　愚昧にて理を弁へさる者は刑を赦すをいふ、乱心者も愚昧同様なれは是亦赦すべし

さらに、これらの総則的な規定のほかに、人命律及び雑犯律に乱心者の処罰に関する規定を設けている。(567) すなわち、人命律の第一一条において、乱心状態で抜いた刀が親等に当たり親等が死亡した場合等に死罪（諸士は切腹）を適用することを規定し、同律の第四二条において乱心状態で人を殺した場合に牢腐（幕府刑罰の永牢にあたる刑罰。）を適用することを規定し、同律の第四三条において乱心状態で傷害を負わせた場合に「一類之方江引取急度押込置」を適用する。また、放火に関しては、雑犯律の第二条において『公事方御定書』の規定に類似した規定を設けている。すなわち、乱心の証拠が不確実なものである場合には死罪を科し、乱心の証拠が確実なものである場合には親類へ預けて急度押込に処すこととしている。名例律の乱心者の処罰に関する総則的な規定によれば、犯罪を犯した乱心者は処罰されないようにも思えるが、これは原則なのであって人命律及び雑犯律の規定が例外となる場合を定めている。

五　熊本藩（明律系、外様型）

熊本藩の刑法典である『御刑法草書』では、同じく明律を手本とした和歌山藩の『国律』とは違い、そ

の冒頭の「名例」においては乱心者の処罰に関する総則的な規定を設けていない。

殺人を犯した乱心者に対しては、「人命」の第一一条において、正常者が犯した傷害致死罪に関する規定である「人命」の第九条が準用され刎首が適用される。(568) ちなみに、正常者が殺人を犯した場合には刎首よりも重い斬罪が適用される。

また、祖父母父母を殺した乱心者に対しては、「人命」の第二条により正常者には磔が適用されるのに対し、乱心者に対してはより軽い刑罰である刎首が適用される。(569)

祖父母父母に関しては暴行に関しても規定がある。「闘殴」の第一二条によれば、祖父母父母、夫の祖父母父母を殴った乱心者に対しては「臨時斟酌」という措置がとられる。(570)

次に、放火を犯した乱心者に対しては、「盗賊」の第七条に規定があり、「臨時判決」という措置がとられる場合があることが定められている。(571)

六　新発田藩（明律系、外様型）

新発田藩の刑法典である『新律』においては、乱心者の処罰に関する規定としては「人命」の第三四条があるだけである。その条文によれば、殺人を犯した乱心者に対しては永牢を適用することとされている。(572)

七　弘前藩・安永律（一部御定書系、外様型）

弘前藩の刑法典である『安永律』においては、殺人を犯した乱心者の処罰に関して次のようなことを定めている。(573)

第一に、「一　主殺之者御仕置」の第二条において、主人を殺した乱心者に対して引廻し之上磔を適用することとしている。なお、正常者の場合は、鋸引が適用される。第二に、「二　親殺之者御仕置」の第二条において、親を殺した乱心者に対して引廻し之上磔を適用することとしている。なお、正常者の場合は、鋸引が適用される。第三に、「三　人殺御仕置」の第三条において、主人または親以外の者を殺した乱心者に対して斬罪または下手人を適用することとしている。この場合は正常者との間に相違はない。

次に、傷害を負わせた乱心者の処罰に関して次のようなことを定めている。[574]

第一に、「一　主殺之者御仕置」の第五条において、主人に傷害を負わせた乱心者に対して、正常者に対するのと同様に磔を適用することとしている。第二に、「二　親殺之者御仕置」の第三条においては、親に傷害を負わせた乱心者に対して磔を適用することとしている。この場合も正常者の場合と同様である。

また、放火を犯した乱心者に対する処罰に関しては、「四　火附御仕置」の第一条において正常者の場合と同様に火罪を適用することとしている。[575]

八　弘前藩・寛政律（明律系、外様型）

弘前藩において安永律に続く本格的な刑法典として作られた明律を手本とした『寛政律』では、その冒頭の「定例」において乱心者の処罰に関する総則的な規定を設けている。この点は、和歌山藩の『国律』の場合と似ている。すなわち、「定例」の第三条によれば、乱心者が死罪よりも軽い刑に処せられる犯罪を犯したときは「贖ニて用捨可致事」と定め、犯罪を犯した時点においては乱心者ではなかったとしても、犯罪が発覚した時点において乱心者になっていれば、乱心者として処罰されるべきであるとする。[576]犯罪を犯した時点のみではなく、犯罪が発覚した時点での精神状態も問題にしている点が注目される。

九　弘前藩・文化律（御定書系、外様型）

弘前藩の『寛政律』が明律を手本として作られたのに対し、同藩で次に作られた刑法典である『文化律』は『公事方御定書』を手本として作られた。しかし、その冒頭の「定例」において乱心者の処罰に関する総則的な規定を設けている点は、明律を手本として作られた同藩の『寛政律』や和歌山藩の『国律』と共通している。

弘前藩の『文化律』の第三条第一項及び同条第二項によれば、同藩の『寛政律』と同様に、乱心者が死罪よりも軽い刑に処せられる犯罪を犯したときは贖にて用捨すべきことと定め、犯罪を犯した時点においては乱心者ではなかったとしても、犯罪が発覚した時点において乱心者になっていれば、乱心者として処罰されるべきであるとする。[577]『文化律』の場合も『寛政律』の場合と同様に犯罪を犯した時点のみではなく、犯罪が発覚した時点での精神状態も問題にしている点が注目される。

一〇　金沢藩・公事場御刑法之品々（判例法系、外様型）

金沢藩の『公事場御刑法之品々』には、現に適用されている刑罰三一種が区別して掲げられ、これら三一種の刑罰の適用された犯罪（判例）が列挙されている。もっとも、判例は、個別の判例が引用されているわけではなく、過去の判例が要約された形で記されている。

この『公事場御刑法之品々』においては、「永牢」と「永ク御預之事」という二つの刑罰が適用された

判例を紹介している部分に、「乱心」とこれと同様の精神状態であると思われる「亡気」という文言が出てくる。(578)

一永牢之事

乱心なから、主人え不軽事を申懸公事場へ訴候者、或ハ不届之義有之御郡奉行申諭を背候上落文いたし候義有之者、あるひハ亡気同事ニて付火仕者、身柄之者へ対シ不法有之者等永牢ニ被仰付候、

一永ク御預之事

亡気ニて付火仕者、又ハ了簡違ニて訴状仕者等御預之義御座候、

さて、以上に紹介した各藩の刑法典・判例集に記されている乱心者の処罰と、これらの刑法典が施行されたり、判例集が作られたりした時期の判例を収録する米沢藩の『中典類聚』の判例における乱心者の処罰とを比較してみることにする。比較に際しては、幕府の処罰との比較の際に用いた殺人と放火に関する処罰に着目することとする。『中典類聚』においては、殺人または放火を犯した乱心者に対しては、判決の時点で乱心者が死亡している場合を除いて拘束刑が適用されているので、米沢藩では拘束刑が適用されるとして比較を行うこととする。

亀山藩、鳥取藩、盛岡藩の御定書系の刑法典の規定は、概ね幕府の『公事方御定書』の規定と似ており、前述したように『中典類聚』の判例が拘束刑を適用しているのは『公事方御定書』が定める処罰と似ているのであるから、これら御定書系の刑法典が定める処罰は概ね米沢藩の処罰に類似しているといえる。ただし、鳥取藩に関しては、殺人に関して生命刑を免除する道を開いていない点に注意することを要する。

和歌山藩、熊本藩、新発田藩の明律系の刑法典が定める処罰には、米沢藩の処罰との違いがみられる場

合がある。

和歌山藩の『国律』では、殺人を犯した乱心者に対して米沢藩や幕府の場合と同様に拘束刑を適用するとし、放火を犯した乱心者に対しては『公事方御定書』の規定に類似した規定を設けており、本稿で紹介する明律系の刑法典の中では最も米沢藩及び幕府の処罰に似ている処罰を定めている。この点は、それらの明律系の刑法典の中で『国律』のみが親藩・譜代型であることとの関係で注目すべき点であるといえる。

熊本藩の『御刑法草書』では、殺人を犯した乱心者に対して例外なく刎首を適用しており、米沢藩や幕府よりも厳しい対応をみせている。なお、放火を犯した乱心者に対する処罰は規定上では明らかではない。

新発田藩の『新律』では、殺人を犯した乱心者に対して米沢藩や幕府の場合と同様に拘束刑を適用するとしているが、放火を犯した乱心者に対する規定はおいていない。

弘前藩に関しては、『安永律』においては、殺人の場合も放火の場合も原則として正常者に対する処罰と乱心者に対する処罰の間に差異を設けていない。

次に、弘前藩の『寛政律』及び『文化律』においては、総則的な規定で乱心者が死罪よりも軽い刑に処せられる犯罪を犯したときは「贖ニて用捨可致事」と定められている。

まず、『寛政律』においては、殺人を犯した場合は獄門が適用されるので、殺人に関しては乱心者も正常者と同様に獄門に処せられることになる。この点は米沢藩の処罰とかなり異なる。なお、放火に関しては、『寛政律』は盗みのために放火を行った場合しか規定していないので、一般的に放火を犯した場合にどのように処罰されるのかは明らかではない。ちなみに、盗みのために放火をした場合の処罰は火刑であるので、この場合、乱心者も正常者と同様に火刑に処せられることになる。

次に、『文化律』においては、殺人を犯した場合は獄門が適用され、放火を犯した場合は引廻之上火罪となるので、殺人、放火に関しては乱心者も正常者と同様に処罰されることになる。この点は、米沢藩の処罰とは異なる。

金沢藩の『公事場御刑法之品々』では判例が要約されているため、詳しいことはわからないが、放火に関しては、「永牢」または「永ク御預」が適用されることになっている。放火を犯した乱心者に拘束刑を適用している点は、米沢藩及び幕府の処罰に似ている。

以上に考察した結果をまとめてみると、ここで比較の対象とした殺人や放火を犯した乱心者の処罰に関しては、米沢藩の処罰は、『公事方御定書』を手本とし幕府と処罰が類似している亀山藩と盛岡藩の刑法典における処罰及び和歌山藩の明律系・親藩・譜代型の刑法典における処罰と共通性を有する。

第二節　前期・中期の幼年者の処罰

第一項　米沢藩における処罰

本項においては、米沢藩における犯罪を犯した幼年者の取り扱いについて論じる。

まず、『御呵附引合』に収録されている判例について述べることとする。前述したように乱心者については、乱心者の処罰に関する判例の多くが「乱心」という項目の中に記載されている。しかし、幼年者に関しては、特に項目が設けられていない。したがって、幼年者の取り扱いを知るためには、『御呵附引合』に収録されている各々の判例をみていくしかない。そこで、『御呵附引合』に収録されているすべての判例を検討し、幼年者の処罰に関する判例を以下に紹介することにしたい。

判例一　郷替・田地家屋敷家財人頭ニ無御構[579]　　釈澤寺小者　次郎
福田村右親　名兵衛

宝永五年三月廿五日、右次郎火を付候段及白状候付、重ク可被　仰付処、悪心を以仕たるニ無之、幼少者故人々走寄候を面白存候而之儀ニ付、親同前、右之通

判例二　御城下拂[580]　　福王寺次右衛門組大岩傳四郎門前借権兵衛子
三之助

右者、少々小盗をいたし、其上火付ニ疑敷有之候得共不及白状、未歳十壱ニ罷成幼少者ニ付而、享保十三年四月五日、右之通

満應院　允若

判例三　追拂(581)

右者大正寺寺中にて付火いたし、尤幼少ニ付、同（享保）十四年八月廿八日、右之通

以上の三つの判例をみてわかることは、領外追放刑か領内追放刑かの違いはあるが、いずれも追放刑が科されているのが『御呵附引合』時代の幼年者に対する処罰の特徴であるということである。

判例三における処罰は、判例一及び判例二よりも重く、領外追放刑である追払が科せられている。これに対して、判例一及び判例二においては領外追放刑よりも軽い刑罰である領内追放刑が科せられている。判例一において領内追放刑が科せられているのは、放火を白状したことが理由となっていると思われる。また、判例二において領内追放刑が科せられているのは、盗みに関しては程度の小さい盗みを少々しただけで、放火に関しては犯人であるという確証があるわけではないことが理由となっていると思われる。

つづいて、『中典類聚』に基づき、米沢藩における犯罪を犯した幼年者の取扱いについて論じることとしたい。

『中典類聚』においても『御呵附引合』と同様に幼年者の処罰に関する項目を設けていない。したがって、幼年者の取り扱いを知るためには、『中典類聚』に収録されている各々の判例をみていくことが必要になる。そこで、『中典類聚』に収録されているすべての判例を検討し、幼年者の処罰に関する判例を以下に紹介することとする。

判例四　寛政三年六月廿二日(582)

一類江御預・囲入　　小国御役屋付御扶持方　丹西之助

右者、三度之火災不及白状候得共火付ニ相違無之者

判例五　寛政八年四月廿三日[583]

家内慎　　五十騎　賣間政次

右者、父隠居甚五左衛門囲を破り逃去ニ付、御呵

判例六　文政八年九月十七日[584]

御呵なし　　西方源十郎

（注）この判決では、佐藤九門（成人）が西方源十郎（幼年者）から屋敷を買い取る内約をしていた際、その屋敷の普請をしていた大工が博奕をしたことについて、佐藤九門を慎に処しているのであるが、その中で屋敷の売買の内約のもう一方の当事者である西方源十郎に対して、次のように言及している。

西方源十郎、幼少ニ付御呵なし

判例七　文政九年十月十四日[585]

追払　　中荒井村　芳作
　　　　同村　沢次

右者、幼少之節小盗致し出奔之者

以上の四判例のうち、判例四と判例五においては拘束刑が科されている。拘束刑が科された理由は、幼年者を追放刑に処した場合、慣れ親しんでいない土地で生活していくことが困難となることを憂慮したこ

とにあると思われる。これに対して、判例七の場合は、現在は幼少ではないため、追放刑を科しても生活していけるという判断が働いたものと思われる。

『中典類聚』の判例においてはこのような処罰がなされているのに対して、『御呵附引合』における幼年者の処罰に関する判例においてはすべて追放刑が科せられている。そして、これらの『御呵附引合』の判例は宝永五年（一七〇八）から享保一四年（一七二九）までの間の判例であり、『中典類聚』の判例は寛政三年（一七九一）から文政九年（一八二六）までの間の判例である。したがって、幕府の『公事方御定書』が寛保二年（一七四二）に制定されたことを考えれば、『中典類聚』の判例において判決の時点で幼年である者に対して拘束刑が科せられるようになったのは、幕府の幼年者に対する処罰方針が影響したのではないかと考えられる。

そこで、次項において幕府における幼年者に対する処罰について考察することとする。

第二項　幕府との比較

一　本項においては、幼年者に対する幕府の取扱いと米沢藩の取扱いとの比較について考察することにする。まず、幕府における『公事方御定書』が制定される以前の取扱いに関しては、石井良助氏がその論文において論じておられる。その論じられるところは概ね次のごとくである。[586]

幕府は、初期においては、少年の犯罪に関しては、今川仮名目録の制度を踏襲した。『御当家令条』第二六六号明暦元年一〇月一三日江戸町中定にみえる左記の規定がそれである。

一、童子之口論不及沙汰、双方之父母可加制詞之処、却而至令荷担者、可為曲事事、

一、童子誤而殺害朋友等、不可為死罪、但十三歳以上輩者不可遁其咎事

この規定は殺人に関するものであるが、その後幕府は享保八年に放火犯について規定を設けるに際して、一六歳以上と一五歳以下とを分かち、前者には火罪、後者には遠島を科することにした。『旧記拾葉集』に享保八卯年七月三日御用覚帳書抜として掲げるものがこれである。

一、附火いたし候もの、十五歳より内ハ遠島、十六歳以上ハ可為火罪候旨相極候間、向後其趣可被心得候、

卯七月

（後略）

したがって、『公事方御定書』が制定される前においても、幼年者に対して死刑を適用することを避けようとする思想があったのである。

以上、石井良助氏が説くところに従って、『公事方御定書』制定以前の犯罪を犯した幼年者の取り扱いについて述べてきた。ただ、ここで疑問が残るのは、前述の幼年者による殺人に関する規定の中の「誤而」という文言である。そもそも、この場合は過失による殺人にあたる場合である。過失による殺人に対しては、成人の場合でも被害者側の宥免意思が考慮されて赦免となった事例があるのであるから、石井良助氏が紹介する明暦元年一〇月一三日江戸町中定の規定は、幼年者による殺人の故意犯の取り扱いの根拠とするには不適当であるように思われる。この規定は、過失致死罪に関する幼年者に対する特例を定めたものであると解すべきであると思われる。

（587）

次に、『公事方御定書』が制定された以後の幼年者の取り扱いについて述べることとする。

『公事方御定書』は、殺人、放火及び盗みについてその下巻第七九条において次のような規定を設けている。(588)

七十九　拾五歳以下之者御仕置之事

寛保元年

一子心にて無辨人を殺候もの　十五歳迄親類江預置

遠　嶋

同

一子心にて無辨火を付候もの　右同断

遠　嶋

同

一盗いたし候もの　大人之御仕置より

一等輕可申付、

追加

寛保二年極

一十五歳以下之無宿者、途中其外

にて小盗いたし候においてハ、　非人手下

前述した『公事方御定書』制定以前の対応と比較すると、放火に関しては享保八年の制を基として、新たに一五歳までの親類預の制が附加され、殺人の場合は放火の場合と同様に取り扱われることになった。さらに盗みに関し新たに規定が設けられて、大人の刑よりも一等軽く罰することになったのである。

ここで注意すべきことは、放火に関する享保八年の制においては、「子心にて無辨」という文言がないのにもかかわらず、『公事方御定書』の規定にはこの文言がみえるということである。一見『公事方御定書』の時代においてはその前の時代よりも放火に関しては幼年者であるが故に刑罰が軽減される範囲が狭いように思える。しかし、そのような状況であった時期は極めて短かったのである。

すなわち、『公事方御定書』の規定に関しては、当初幼年者においては「格別深キ巧」をもって行った場合は個別にその処罰を検討することとしていたために「子心にて無辨」という文言が入っていたのである。しかし、寛保三年に「格別深キ巧」をもって行った場合に関する部分が削除された。このことにより、「子心にて無辨」きものと然らざるものとの区別を廃したものというべく、元来この改正と同時に、「子心にて無辨」という文言も削除するべきであったのである。したがって、「子心にて無辨」という文言が実質的に意味を有していたのは、『公事方御定書』が制定されてから寛保三年の改正に至るまでであり、それ以後はこの文言は冗文であったと解される。

以上に述べたことは、殺人に関しても該当する。一五歳未満の者の殺人及び放火は、事実上、「子心にて無辨」きや否やに関係なく、当然に「子心にて無辨」きものとみなされたものと解される(589)。

ここで問題になるのは、なぜ幼年者の殺人及び放火に対して遠島を科したかということである。これには二つの理由が考えられる。その一は、殺人及び放火のごときは極めての重罪であるから、当然死刑に処すべきであるが、幼年の者は心底を改める見込みがあるのであるから、死刑を除いての最重刑たる遠島を科して、これを懲戒せんとしたことである。その二は、幼年にしてすでに殺人、放火のごとき大罪を犯す者は末恐ろしい者であるから、この者を遠島に送るという形で社会より隔離しようとしたことである。

　次に、問題は、それでは遠島に処せられた幼年者を「十五歳迄親類江預」けた理由は何かということである。この点に関しては、一五歳未満の者では遠島者の苛酷な生活に耐えられないので、死刑を免除して遠島に処した趣旨を活かすために、一五歳に達したときに遠島の刑に処すことにしたと考えられる。

　また、盗みの場合に関しては、「一等輕可申付」ということであるから、例えば、幼年者にして追剥を行い、獄門に処せられるべきところ、幼年の故で一等を減ぜられて死罪に処せられた者もいた。しかしこの点に関しては、幕府は、寛政八年よりは、一等減軽してもなお死刑に処すべき場合には、これを更に減軽して遠島に処すことに改めた(590)。

　以上が、『公事方御定書』下巻第七九条に定められた幼年者に対する刑罰である。

二　前節において、米沢藩では、『御呵附引合』に収録されている宝永五年から享保一四年までの間の幼年者の処罰に関する判例においては、すべて追放刑が科せられているのに対して、『中典類聚』に収録されている寛政三年から文政九年までの間の幼年者の処罰に関する判例においては、判決の時点で幼年者である者に対して拘束刑が科せられるようになったことを述べた。

　私は、米沢藩の判例にこのような変化が起きたことに関しては、『公事方御定書』に定められた幕府の幼年者に対する処罰方針が影響した可能性があると考える。そう考える理由を説明するために、ここでは、米沢藩の判例にあらわれた幼年者に対する処罰の変化と幕府における幼年者に対する処罰方針との関係を考察の対象としたい。

前述したように、幕府においては、『公事方御定書』が制定される以前においても幼年者に対する死刑の適用を避けようとする思想があったのであるが、幼年者に遠島を科すことは避けられていなかった。ところが、『公事方御定書』が制定されると、幕府では、『公事方御定書』において、殺人及び放火のごとき重罪には当然死刑が科せられるべきであるが、幼年の者は心底を改める見込みがあるので、遠島を科してこれを懲戒せんとし、また、遠島を科すに際しても、遠島者の苛酷な生活に耐えられる年齢に達するまで待って遠島の刑を執行することにしたのである。

私は、この『公事方御定書』にみられる幕府の方針の影響が時を経て米沢藩に及び、米沢藩の幼年者の処罰方針が変化したのではないかと考える。『御呵附引合』の判例のように幼年者に追放刑を科してしまっては、生活力の乏しい幼年者が追放された先で生活していけるかどうか疑問であり、『御呵附引合』の判例にみられる米沢藩の処罰方針が、『公事方御定書』にみられる幕府の処罰方針に影響されて変更され、判決の時点で幼年である者に対して拘束刑が科せられるようになったのであろうと思われる。

ちなみに、判例七に示されているように、一人前の生活力があるものに対しては、たとえ幼年の際の犯罪に対する処罰であるにしても、追放刑が科せられているのである。

ただし、米沢藩の判例四及び判例五の場合は、拘束刑に処した後追放刑を科すことを予定していない。判例五は、拘束刑に処された自分の父を監視する役目でありながら、父が逃げてしまったという比較的軽い犯罪に関する判例であるが、判例四の場合は、三度にわたって放火をした事案であり、幕府の場合であれば、一五歳に達したときに遠島の刑に処せられることになる事案である。しかし、この判例四の場合でも、拘束刑に処した後追放刑を科すことを予定していない。この理由について、私は次のように考える。

すなわち、前述のように、幕府の場合においても、殺人及び放火のような極めて重い犯罪を犯した幼年者に対して死刑を適用していないのは、幼年の者は心底を改める見込みがあるからであるが、米沢藩の場合は、幕府の場合よりもさらにこの趣旨を徹底して、拘束刑を執行されている間に当該幼年者の人格が改善されることを期待し、拘束刑のみを科すこととし追放刑は科さないこととしたと思われる。

第三項　他藩との比較

本項においては、米沢藩以外の藩における幼年者の処罰との比較を行う。比較の対象は、本章第一節第三項と同じである。

一　亀山藩（御定書系、親藩・譜代型）

亀山藩の『領中刑律』においては、幼年者の処罰に関しては幕府の『公事方御定書』とほぼ同一の規定が第二六条として設けられている[591]。違いは、第一に、『公事方御定書』の場合は「遠嶋」となっている部分が『領中刑律』の場合は「永牢」となっていることと、第二に、「十五歳迄親類江預」となっているときに出家をする道を開いている条文が第二六条第六項として設けられていることぐらいである。

二　鳥取藩（御定書系、外様型）

鳥取藩の『律』においては、幼年者の処罰に関して第二九条において形式的には『公事方御定書』の規定に類似した規定を設けている[592]。しかし、以下の点において『公事方御定書』の規定と相違する。

第一に、『律』においては、殺人を犯した幼年者に対して、「欲に拘り殺し候」場合に「拾五歳を不待、死罪梟首」を適用している。第二に、『律』においては、放火を犯した幼年者に対して、「遺恨有之り又は盗之志ニて火を付候」場合に「拾五歳を不待、死罪梟首」を適用している。第三に、『公事方御定書』の場合は「遠嶋」となっている部分が『律』の場合は「永牢」となっている。第四に、盗みに関しては、程度が軽い場合は「親元え預ケ置、追て免之」としている。

三　盛岡藩（御定書系、外様型）

盛岡藩の『文化律』においては、幼年者の処罰に関して、第八〇条において『公事方御定書』の規定によく似ている規定を設けている[593]。『公事方御定書』の場合は「遠嶋」となっている部分が『文化律』の場合は「永篭」となっていること以外には内容的に『公事方御定書』の規定と大きく相違する点はない。

四　和歌山藩（明律系、親藩・譜代型）

和歌山藩の『国律』では、その冒頭の名例律の第八条において幼年者の処罰に関する総則的な規定を設けている[594]。この規定については、本章第一節第三項において引用しているが、幼年者の処罰に関しては、「十五歳以下ハ刑を軽くし、七歳以下ハ全く赦す」と規定されている。なお、「十五歳以下」というのは、現在の言い方でいえば一五歳未満のことである。

そして、幼年者の処罰に関する総則的規定として、同じ名例律の第一〇条において、第八条の規定をさ

らに具体化し次のことを定めている。(595)

第一に、一五歳未満の者は、一部の重大犯罪を除いて、「一等も二等も軽く咎むへし」とされている。第二に、一〇歳未満の者は、「反逆不道等の外ハ赦すへし」とする。第三に、七歳未満の者は、「死罪を犯し候ても全く刑を加へす」としている。第四に、犯罪を犯した時点において幼年者であれば、犯罪が発覚した時点において幼年者でなかったとしても、幼年者としての処罰がなされるとされている。

さらに、これらの総則的な規定のほかに、人命律、(596)雑犯律(597)及び捕亡律(598)に幼年者の処罰に関する規定を設けている。

すなわち、人命律の第四五条において幼年者が「子共心ニて口論いたし及刃傷候」ときは処罰しない旨定め、雑犯律の第四条において幼年者が「弁も無之火を附候」ときは「一命被助追放」に処すとし、捕亡律の第四条において牢からの脱出者がいた場合に番人が幼年者である場合には村追放を適用することとしている。

五　熊本藩（明律系、外様型）

熊本藩の『御刑法草書』では、同じく明律を手本とした和歌山藩の『国律』と同様に、その冒頭の「名例」第六条において幼年者の処罰に関する総則的な規定を設けている。(599)

第一に、一五歳未満の者に対しては、死刑よりも軽い刑に処せられる犯罪を犯したときは「贖刑を以宥之」と定め、死刑に処せられる犯罪を犯したときは「當罪を以論す」としている。第二に、一〇歳未満の者に対しては、死刑よりも軽い刑罰に処せられる犯罪を犯したときは「不加刑」とし、死刑に処せられる犯罪を犯したときは「臨時上裁を仰く」とする。第三に、七歳未満の者に対しては、「死刑を犯といへ共、不加刑」としている。

六　新発田藩（明律系、外様型）

新発田藩の『新律』においては、幼年者の処罰に関する規定は「新律取扱之覚」の部分にある。

その第一六条においては、一五歳以下（未満ではない。このことは、後述するように幼年者のときの犯罪が幼年者ではなくなってから発覚した場合の取扱いに関して定める際、幼年者ではなくなる年齢を一六歳としていることでわかる。）の者に対しては、「御領分払以下之罪」を犯した際は、「御追放不申付軽重之過料可申付」としており、また、一〇歳以下の者に対しては、「逆罪又ハ人殺」に関しては処罰を慎重になすべきものとし、「盗致候と人に疵付候」場合は「罪状軽重之無差別一同相当之過料申付」と定め、以上のほか「軽犯罪」に関しては「御咎方に不及事」としているが、父母を殺した者は「御用捨難成もの」であるとする。(600)

また、同第一七条によれば、七歳以下の者に対しては、「死罪を犯候共、御咎方御用捨被成下候」とされるが、「逆罪之者に引合有之候得ハ、相当之御咎方可申付事」とされている。(601)

さらに、同第一九条によれば、犯罪を犯した時点において一五歳以下であれば、犯罪が発覚した時点において一六歳以上であったとしても、幼年者として処罰を決めるべきであるとされる。(602)

七　弘前藩・安永律（一部御定書系、外様型）

弘前藩の『安永律』においては、「三　人殺御仕置」の第一二条で、喧嘩で相手の子供を打ち殺した幼年者の処罰に関して、出家または時宜御沙汰之事とされている。(603)

また、放火を犯した幼年者に対しては、「四　火附御仕置」の第一条において重鞭刑追放を適用することとしている。ただし、一五歳までは「親類江預置」としている。(604)

八　弘前藩・寛政律（明律系、外様型）

弘前藩の『安永律』に続く『寛政律』では、その冒頭の「定例」において幼年者の処罰に関する総則的な規定を設けている。この点は、和歌山藩の『国律』及び熊本藩の『御刑法草書』の場合と似ている。『寛政律』の「定例」の第三条によれば、幼年者の処罰に関して次のことが定められている。(605)

第一に、一五歳未満の者は、死罪よりも軽い刑に処せられる犯罪を犯したときは「贖ニて用捨可致事」と定めている。第二に、一〇歳未満の者は、死罪を犯したときは「上聞之上、時宜御沙汰可被仰付事」とし、「盗賊并人に疵付候者」は「贖を出せ可申事」としている。そして、これらの罪以外に関しては、処罰しないこととしている。第三に、七歳未満の者は、「死罪ニても、刑ヲ不可加事」とする。第四に、犯罪を犯した時点において幼年者であれば、犯罪が発覚した時点においては幼年者でなかったとしても、幼年者としての処罰がなされるとされている。

九　弘前藩・文化律（御定書系、外様型）

弘前藩の『寛政律』に続く『文化律』では、「定例」の第三条第一項において、幼年者の処罰に関して次のことが定められている。[606]

第一に、一五歳未満の者は、死罪よりも軽い刑に処せられる犯罪を犯したときは「あかなひ二而用捨可致事」と定めている。第二に、一〇歳以下の者は、死罪を犯したときは「上聞之上、時宜御沙汰可被仰付事」とし、「盗賊并人に疵付候者」は「あかなひを出させ可申事」としている。そして、これらの罪以外に関しては、処罰しないこととしている。第三に、七歳以下の者は、「死罪二而茂刑ヲ不可加事」とする。第四に、犯罪を犯した時点において幼年者であれば、犯罪が発覚した時点においては幼年者でなかったとしても、幼年者としての処罰がなされるとされている。

この第三条第一項に定められている幼年者の処罰に関する事柄は、内容的には『寛政律』の場合と似ている。しかし、『文化律』には、『安永律』にも『寛政律』にもみられない次のような内容の規定がある。すなわち、同条第三項においては、「歳十一以上十四歳迄之者」が死罪を犯した際は、一五歳まで親類へ預けておいて、一五歳になったら死罪を適用すべき旨定められている。[607]そして、この規定から、第三条第一項における「十歳ゟ以下」という表現が一〇歳以下を意味していることがわかる。また、同条同項における「七歳ゟ以下」という表現は七歳以下を意味していると考えられる。しかし、同条同項が定める幼年者の年齢の上限に関しては、「十五歳以下（「ゟ」がない。）」と表現されており、同条第三項の規定の内容から考えて、これは一五歳未満のことを意味していると思う。

一〇　金沢藩・公事場御刑法之品々（判例法系、外様型）

金沢藩の『公事場御刑法之品々』においては、「斬罪」が適用された判例を紹介している部分に、「幼少者」という文言が出てくる。(608)

一斬罪之事

右往古より賊并取逃人・謀書謀言・似せ金・人殺等、種々色々科人斬罪被仰付候、数多之事故何之科人は斬罪ニ被仰付候と申義、調之義ハ略仕候、

但、女之火付町中引廻之上斬罪、幼少者火付両橋ニさらし斬罪被仰付候、

なお、成人の場合の放火罪に対しては、金沢藩では磔が科されるとされている。(609)したがって、右の条項は、幼少者の放火罪に対しては刑罰が軽減されることを示している。

さて、以上に紹介した各藩の刑法典に定められている幼年者の処罰とこれらの刑法典が施行されていた時期の判例を収録する米沢藩の『中典類聚』時代の判例における幼年者の処罰とを比較してみることにする。前述したように『中典類聚』には四件の判例が収録されているが、判決時に幼年者ではない事案、事件内容が特殊な事案を除くと、他藩の処罰との比較に適するのは放火をした幼年者に一類江御預・囲入を適用した判例であるので、放火の事案に関して比較することにする。

亀山藩、鳥取藩、盛岡藩の御定書系の刑法典の規定は、概ね幕府の『公事方御定書』の規定と似ており、前述したように『中典類聚』の放火に関する判例が拘束刑を適用する点は、『公事方御定書』が一五歳になると遠島に処す点とは異なるがそれまでは親類へ預けておくとするのに似ているのであるから、これら各藩の御定書系の刑法典の処罰は概ね『中典類聚』の処罰に類似しているといえよう。ただし、鳥取藩だ

けに関しては、「遺恨有之り又は盗之志ニて火を付候」場合に「拾五歳を不待、死罪梟首」を適用している点に注意する必要がある。

和歌山藩、熊本藩、新発田藩の明律系の刑法典が定める処罰には、米沢藩の処罰との違いがみられる場合がある。

和歌山藩の『国律』では、犯した犯罪の種類に関係なく幼年者の処罰を減免する総則的規定を設けているが、同時にいくつかの個別の犯罪を幼年者が犯した場合についても規定を設けている。そして、放火に関しては、幼年者が「弁も無之火を附候」ときは「一命被助追放」に処すと規定しているが、拘束刑を適用しない点は米沢藩の処罰とは異なる。

熊本藩の『御刑法草書』では、犯した犯罪の種類に関係なく幼年者の処罰を減免する総則的規定を設けているが、和歌山藩のように個別の犯罪を幼年者が犯した場合の規定を設けていない。そこで、放火については総則的な規定に従って処罰がなされ、七歳未満の者は処罰されず、一五歳未満一〇歳以上の者は放火の対象物によっては焚（死刑の一種。）が適用されることになる。この点は、拘束刑を用いる米沢藩の処罰と異なる。なお、一〇歳未満七歳以上の者に対する処罰は規定上では明らかではない。

新発田藩でも熊本藩のように幼年者の処罰に関しては総則的規定しか設けていない。『新律』は放火に関しては、放火し盗みを行った場合しか規定していないので、一般的に放火を犯した幼年者がどのように処罰されるのかは明らかではない。そこで、被害が最も少ない放火と盗みをした場合の処罰を考えると、七歳以下の者は処罰されず、一五歳以下一一歳以上の者には刑は減軽されず永牢が適用される。一見永牢という拘束刑が適用される点は、『中典類聚』の処罰と似ているようにみえるが、『新律』の場合は成人にも永牢が適用されるのであり、幼年者であることを考慮して拘束刑が適用されているのではない。なお、一〇歳以下八歳以上の者に対する処罰は規定上明白ではない。

弘前藩に関しては、『安永律』においては、放火を犯した幼年者に対しては、重鞭刑追放を適用することとし、一五歳までは「親類江預置」とする。一五歳まで「親類江預置」としている点は、拘束刑を適用するという意味で『中典類聚』における処罰と似ているが、その後重鞭刑追放を科す点は『中典類聚』における処罰とは異なる。

弘前藩の『寛政律』と『文化律』では、熊本藩や新発田藩の場合のように総則的な規定により処罰されることになる。

まず、『寛政律』は放火に関しては、盗みのために放火を行った場合しか規定していないので、一般的に放火を犯した場合にどのように処罰されるのかは明らかではない。そこで、盗みのために放火をした場合の処罰を考えると、七歳未満の者は処罰されず、一五歳未満一〇歳以上の者は刑は減軽されず火刑が適用される。この点は、拘束刑を用いる米沢藩の処罰と異なる。なお、一〇歳未満七歳以上の者に対する処罰は規定上では明らかではない。

次に、『文化律』は放火に関しては、一般的な放火に関する規定を定めている。文化律は七歳以下の者は処罰されず、一五歳未満一一歳以上の者は刑は減軽されず引廻之上火罪が適用される。この点は、拘束刑を用いる米沢藩の処罰と異なる。なお、一〇歳以下八歳以上の者に対する処罰は規定上では明らかではない。

金沢藩の『公事場御刑法之品々』では判例が要約されているため、詳しいことはわからないが、放火に関しては、「両橋ニさらし斬罪」が適用されることとなっており、『中典類聚』における処罰とは異なる。

以上に考察した結果をまとめてみると、ここで比較の対象とした放火を犯した幼年者の処罰に関しては、米沢藩の処罰は『公事方御定書』を手本とし幕府と処罰が類似している亀山藩と盛岡藩の刑法典における処罰と共通性を有する。

おわりに

本章においては、米沢藩前期・中期に、乱心者や幼年者に対する処罰がどのように扱われてきたかを考察し、幕府及び他藩の場合と比較してみた。

第一節第一項においては、米沢藩における犯罪を犯した乱心者の取り扱いについて、『御呵附引合』と『中典類聚』を利用して考察した。また、両判例集の記述を比較することにより、米沢藩における乱心者に対する処罰の変化について論じた。

その結果、特に、『御呵附引合』の判例に比べ『中典類聚』の判例が、生命刑に関しては減少し、拘束刑に関しては増加していることが判明した。このことは、乱心者に対する処罰が緩和されたことを示している。

次に、第二項においては、幕府における乱心者に対する処罰について述べ、米沢藩における乱心者に対する処罰を幕府のそれと比較した。

その結果、元禄一〇年閏二月以降の時期においては、乱心者による殺人の事例に関しては、米沢藩の判例は幕府の方針の変化に準じた変化を示しており、幕府の方針の影響の下にあったことが推測される。また、乱心者による放火の事例に関しても、考察の対象とした『公事方御定書』制定以後の時期においては、米沢藩の判例は幕府の取扱いと類似している。

第三項では、他藩の刑法典における処罰と比較した結果、米沢藩の処罰は『公事方御定書』を手本とした亀山藩・盛岡藩の刑法典と和歌山藩の刑法典の処罰に似ていることが明らかとなった。

第二節第一項においては、米沢藩における犯罪を犯した幼年者の取扱いについて、『御呵附引合』と『中典類聚』を利用して考察した。また、両判例集の記述を比較することにより、米沢藩における幼年者に対する処罰の変化について論じた。

その結果、『御呵附引合』の判例においてはすべて追放刑が科せられているのに対して、『中典類聚』の判例においては判決の時点で幼年者である者に対して拘束刑が科せられていることが判明した。このことは、乱心者に対する処罰の場合と同様に幼年者に対する処罰が緩和されたことを示している。

第二項においては、幕府における幼年者に対する処罰について述べ、米沢藩における幼年者に対する処罰を幕府のそれと比較した。

その結果、『御呵附引合』の判例では、すべて追放刑が科せられていたのが、『中典類聚』の判例では、判決の時点で幼年である者に対して拘束刑が科せられることになったという米沢藩の判例の変化が起きたことに関しては、『公事方御定書』に定められた幕府の幼年者に対する処罰方針が影響した可能性を考えることができることを明らかにした。

第三項では、他藩の刑法典における処罰と比較した結果、米沢藩の処罰は『公事方御定書』を手本とした亀山藩及び盛岡藩の刑法典の処罰と似ていることがわかった。

以上のように、私は、乱心者の処罰に関しても、幼年者の処罰に関しても、幕府の処罰の影響があったのではないかということを指摘したのであるが、今後は、米沢藩の記録の中に幕府の処罰を参照した旨の記述を発見することに努め、この指摘をより確かなものとしたいと思っている。

第七章　米沢藩後期における責任能力

第一節　後期の乱心者の処罰

前章で、米沢藩前期・中期における乱心者の処罰に関して論じた。そこで、本節では、『御裁許鈔』に収録されている乱心者の処罰に関する判例について論じることにしたい。

『御裁許鈔』には、犯罪を犯した乱心者の処罰に関する判例が、全部で一〇件収録されている。次に、第二九表においてそれらの判例を紹介することにしたいと思う。なお、第二九表の「番号」は、本節において当該判例を引用するときの判例の番号として用いることとする。

さらに、これらの判例で適用された刑罰に着目し、適用された刑罰の種類を基準とした一覧表を示すことしたいと思う。第三〇表がそれであるが、同表においては、『御裁許鈔』のみでなく、『御呵附引合』及び『中典類聚』に収録されている乱心者を処罰した判例をも含めて分類している。また、第三〇表を用いて三判例集に収録されている判例の比較をするに際しては、それぞれの判例集に収録されている乱心者の処罰に関する判例数が異なるため、判例数による比較のみでは正確な比較ができない点を考慮し、乱心者を処罰した総数に対する各刑罰の数の割合をそれぞれの判例集ごとに計算し、それらを比較することもできるようにしてある。

第二九表においては、親殺しに関する判例が注目される。

前章で述べたように、米沢藩における乱心者の処罰は、元禄一〇年閏二月以降の時期においては幕府の

事　件　の　概　要
自分の子の不孝の罪を捏造する（610）。
自家へ火を付け焼き払う（611）。
往来人にうちかかり、人家へ火を投げ上げる（612）。
居宅へ火を付ける（613）。
父を鎌で殺害する（614）。
家出をする（615）。
妻を鎌で殺害する（616）。
乱心状態のため囲入に処せられていたところ、囲いを破り出て盗み食いをし、また囲入に処せられないように囲いを焼き払おうとして、家を焼失させる（617）。
急に他所修行を思い付いて、仙台領に行く（618）。
人に手疵を負わせる（619）。

第二九表

番　号	年　月　日	刑　　　罰
1	天保９年10月	梨次江御預・永囲入
2	天保13年11月	永牢・手道具欠所
3	天保14年12月	中山口追拂・手道具欠所
4	安政元年11月	村方幷判頭十右衛門江御渡囲入
5	安政元年12月	於松原磔・手道具欠所・但牢死ニ付死骸塩漬之上於松原斬罪獄門
6	安政元年12月	一類江御預永囲入
7	安政２年10月	一類江御預・改易永囲入・但牢死ニ付無御構
8	安政３年８月	村方幷判頭与市江御預丈夫ニ補理
9	安政７年閏３月	嫡子除親江御預・永囲入
10	弘化元年５月	死骸無御構

（注）「事件の概要」欄の括弧内の数字は、本稿末尾にある注の番号である。

第三〇表

刑罰名	『御呵附引合』		『中典類聚』		『御裁許鈔』	
	件　数	割　合	件　　数	割　　合	件　数	割　合
生命刑	11件	25.0%	1又は0件	7.7～0%	1件	6.7%
身体刑	0件	0%	0件	0%	0件	0%
身分刑	21件	47.7%	2件	16.7～14.3%	2件	13.3%
領外追放刑	0件	0%	1件	8.3～7.1%	1件	6.7%
領内追放刑	1件	2.3%	0件	0%	0件	0%
拘束刑	9件	20.5%	10又は9件	76.9～69.2%	7件	46.7%
労役刑	0件	0%	0件	0%	0件	0%
財産刑	2件	4.5%	0件	0%	4件	26.7%
その他	0件	0%	0件	0%	0件	0%
計	44件		14～12件		15件	

処罰の影響の下にあったのではないかと考えられ、幕府において『公事方御定書』が制定された後の明和期になると、米沢藩では殺人罪に対し生命刑は科さないことが原則となり、一般的には拘束刑が科せられるようになったのにもかかわらず、親殺しに対しては磔を適用していたのであった。もっとも、この判例は『御呵附引合』に収録されている判例であり、『御呵附引合』と『御裁許鈔』のそれぞれが収録対象としている時代の中間の時代を埋める『中典類聚』には乱心者の親殺しに関する判例がないので、この間に親殺しに関しても幕府刑法の影響を受け、米沢藩では最も重い生命刑である磔から『公事方御定書』が規定する死罪の線まで生命刑の程度がゆるめられた可能性も考えられるわけである。

しかしながら、『御裁許鈔』の親殺しに対する判例は、『御呵附引合』の判例と同様であった。判例五を紹介することにする。

判例五　安政元年十二月　　上荻村亡右蔵子

於松原磔・手道具闕所　　亡

但牢死ニ付死骸塩漬之上於松原斬罪獄門　　金五郎

右者、乱心之上父を鎌ニ而及殺害候者ニ付

右一条金五郎妻并村役組合随而一類御呵禁足被　仰付之

この判例から、米沢藩においては安政元年に至っても親殺しに対しては、最も重い生命刑である磔を適用していたことがわかる。しかも、「牢死ニ付死骸塩漬之上於松原斬罪獄門」という完璧さである。

残念ながら、乱心者による主殺しに対する判例は、米沢藩の場合は、『御呵附引合』、『中典類聚』及び『御裁許鈔』のいずれにも収録されていないのであるが、米沢藩では重要な封建道徳である忠と孝に対する違反の中、少なくとも親殺しに関しては特別扱いをし、極刑をもって臨んでいたわけである。

第三〇表をみてわかることは、『御裁許鈔』に関しては、最も多く適用されているのは拘束刑であり、以下、財産刑、身分刑、領外追放刑の順で続く。ただし、財産刑の四件は、そのすべてが手道具欠所であり、これは附加刑としての性質を有する。

まず、生命刑については、『御呵附引合』では一一件あったのが、『中典類聚』では犯罪を犯した際に乱心していたかどうか疑問である判例の一件だけにみられ、『御裁許鈔』においても一件だけとなる。米沢藩に於ける乱心者の処罰が寛刑化傾向にあるのは確かであると思われる。

次に、身分刑に関しては、『御呵附引合』に比べると、『中典類聚』でみられた減少傾向は、『御裁許鈔』においても維持されている。『御呵附引合』にみられる身分刑の中には、断絶が七件、苗字断絶が七件あるのに対し、『中典類聚』にみられる身分刑の中には、断絶も苗字断絶もない。『御裁許鈔』の判例においても、身分刑は二件あるが、その内訳は改易一件、嫡子除一件であり、断絶や苗字断絶はみられない。乱心者に対してこれらの刑罰を適用することは、避けられていたと思われる。もっとも、ここにおいて、そもそも乱心者の処罰以外の一般的な場合でも、『御裁許鈔』の判例では断絶や苗字断絶という刑罰が用いられていないのではないかという疑問が生じる。たしかに、『中典類聚』には断絶はみられず、苗字断絶のみが出てくる。しかしながら、『御裁許鈔』においても、断絶こそみられないが、苗字断絶は一〇件の適用例があり、乱心者の処罰に対しても適用しようと思えば適用できたはずである。やはり、前章で述べたような方針の下で断絶及び苗字断絶の適用が避けられたと考えるのが妥当であろう。

領外追放刑は、『御呵附引合』ではみられなかったのに、『中典類聚』では一件、『御裁許鈔』でも一件みられる。その意味では増加傾向にあるといってもよいであろう。たしかに、領外追放刑がそれぞれの判例集において全体に占める割合は少ない。しかし、領外追放刑の増加という現象には、重要な問題が存在している。すなわち、見知らぬ他領では正常者でも生活していくには相当な困難が伴ったと思われる。ましてや乱心者となれば、生活していけるかどうか疑問である。米沢藩は、その点を考慮せずに、単に犯罪を犯した危険な乱心者であるというので、自領から追放して厄介払いをしたのであろうか。もし、そうであったとしたら、乱心者の処罰に領外追放刑を用いることとしたのは、重要な方針の変更であり、しかも、その変更の方向は生命刑の適用数の減少にみられるような乱心者の処罰の近代化の流れに逆行するものであるといわなければならない。

そこで、この問題を検討するために、次に乱心者の処罰に領外追放刑を適用している『中典類聚』と『御裁許鈔』の判例をそれぞれ紹介することにしたいと思う。

まず、『中典類聚』の判例を紹介する。

寛政十年十月廿七日(620)　　越後長岡

一、本国帰　　　　四郎兵衛

右ハ、狐ニ犯され、山中ニ居り自ら陰囊・陰茎をきり咽を払候者

この『中典類聚』の判例では、犯罪者が米沢藩の者ではない点が注目される。犯罪者は、越後長岡の者であり、しかも帳外者とはなっていない。また、科せられた刑は、領外追放刑であるといっても、本国帰であり、見知らぬ土地に追いやり米沢藩としては厄介払いをするというような趣旨で科した領外追放刑であるとは思われない。実際の刑の執行においては、次の判例が示唆しているように、米沢藩から追放され

た際に身寄りの者に引き取られたと思われる。

次に、『御裁許鈔』の判例三を紹介する。

判例三　天保十四年十二月　　所生御代官領庄内大山領帳外

中山口追拂　　弥七

右者、致狂乱妄乱之上、往来人ニ取懸り、又ハ店々江立寄荒廻り、又ハ火を人家江投上ケ、手餘者ニ付、病躰しつまり候節取糺候処、国許ニハ身寄之者も有之由ニ付、問合之上可引取段申越候処、一家死果可引取様無之、尤帳外之者挨拶ニ付、可帰者なれとも、乱心とハ申条跡不届之至候者ニ付、右之通

この判例は、本国帰を科す『中典類聚』の判例とは異なり、追払という米沢藩刑罰における典型的な領外追放刑を適用している。しかし、判例の中身を読んでみると、米沢藩としては、当初から追払を適用しようとしたわけではなく、最初は、犯人を取り糺したところ身寄りの者がいるということなので、引き取ってもらうための手配をしたが、一家の者が死亡してしまったとの情報を得、また、犯人が出身地において帳外者とされていることを伝えられ、本来は、出身地に帰るべきであるが、やむをえず追払を適用したのであることがわかる。

以上のように、乱心者の処罰に領外追放刑を用いた判例は、乱心者が他領者や帳外者である場合に限られ、乱心者が自領の者である場合には領外追放刑を適用しなかったと考えられる。やはり、米沢藩では、乱心者を社会から隔離するにしても、その生活に配慮せず単に厄介払いができればよいというような方針はとっていなかったのである。

犯罪を犯した乱心者の生活にも配慮しながら、乱心者を社会から隔離するのに効果的な刑罰として米沢藩が選択したのは拘束刑であった。

『中典類聚』における判例と同様、『御裁許鈔』においても、拘束刑が最も多く用いられている。この拘束刑が乱心者の処罰の中心的刑罰になったわけである。拘束刑に処す場合も、乱心者の生活に対する配慮のあとがみられ、第二九表でわかるように、刑罰の執行にあたっては、多くの場合に親、孫、判頭、一類、村方というような乱心者にゆかりがある人のもとへ預けている。ちなみに、判例一（天保九年一〇月）の刑罰である「梨次江御預・永囲入」の梨次とは、この事件の犯人である乱心者の孫である。

ところで、『御裁許鈔』における乱心者の処罰を幕府の乱心者の処罰と比較してみた場合、どのようなことがいえるであろうか。

前章において、私は、殺人の事例に関しては、幕府の乱心者の処罰は厳格になったり緩和されたりと変化するのであるが、元禄一〇年閏二月以降においては、米沢藩の判例は幕府の方針の変化に準じた変化を示しており、幕府の方針の影響の下にあったのではないかと考えられるとし、放火の事例に関しても、『公事方御定書』制定以後においては、米沢藩の判例は幕府の取扱いと類似しているとした。

そこで、今度は『御裁許鈔』の判例に関して第二九表の中で殺人事件を探すと、判例五と判例七が該当するが、判例五は親殺しに関するものであり、前述のように親殺しをした乱心者は米沢藩では特別に重く罰せられたので、ここでの比較の対象からはずし、判例七について検討することにする。『公事方御定書』の規定及び幕府によるその規定の運用によれば、殺人を犯した乱心者は、概ね親類へ永預となる。判例七でも、結局乱心者が牢死してしまったため無御構ということになったが、執行されることとなっていた刑罰は、一類江御預・改易永囲入という拘束刑であり、この処罰は、幕府の処罰の傾向に合致すると考えられる。

なお、三判例集を通じて、乱心者の処罰に関しては、労役刑は全く適用されていない。犯罪を犯した乱心者は、生活に配慮はするが、社会からは隔離するというのが米沢藩の方針である。米沢藩では、乱心者の症状が改善された際に社会復帰が容易にできるように教育刑的機能を有する労役刑を適用しようとする方針は採用されなかった。

第二節　後期の幼年者の処罰

本節では、『御裁許鈔』に収録されている幼年者の処罰に関する判例について論じることにしたい。『御裁許鈔』には、幼年者の犯した犯罪に関する判例が、全部で六件収録されている。次に、第三一表においてそれらの判例を紹介することにしたいと思う。なお、第三一表の「番号」は、本稿において当該判例を引用するときの判例の番号として用いることとする。

さらに、これらの判例で適用された刑罰に着目し、適用された刑罰の数を基準とした一覧表を示すこととしたいと思う。第三二表がそれであるが、同表においては、『御裁許鈔』のみでなく、『御呵附引合』及び『中典類聚』に収録されている幼年者が犯した犯罪に適用された刑罰をも含めて分類している。また、第三二表を用いて三判例集に収録されている判例の比較をするに際しては、それぞれの判例集に収録されている幼年者の処罰に関する判例数が異なるため、判例数による比較のみでは正確な比較ができない点を考慮し、幼年者を処罰した総数に対する各刑罰の数の割合をそれぞれの判例集ごとに計算し、それらを比較することもできるようにしてある。

前章で、追放刑が科されているのが、『御呵附引合』の判例の特徴であり、これに対して、判決の時点で幼年者である者に対する処罰には拘束刑を適用しているのが『中典類聚』の判例の特徴であると述べた。ところが、『御裁許鈔』の判例に関する第三一表によれば、判例二と判例四で追放刑が適用されている。

事 件 の 概 要
数ヶ所で小盗みをする。11歳（621）。
父初め盗賊共に随い、もっぱら小盗みをする。14歳（622）。
宿屋を母任せにし、売春宿とさせる（623）。
偽りをもって百姓に銭を出させる。14歳（624）。
盗物を買い取る。14歳（625）。
発声の花火を6月中に玩ぶ（626）。

このことだけをみれば、幼年者を追放刑に処した場合、慣れ親しんでいない土地で生活していくことが困難となることが憂慮される点を考慮した『中典類聚』の判例の意図が否定され、『御呵附引合』の判例の態度に戻ってしまったようにも思われる。しかしながら、この二つの判例を詳しくみてみると、そうではないことが明らかとなる。

そこで、判例二と判例四を次に紹介することにしたいと思う。

第三一表

番　号	年　月　日	刑　　罰
1	天保8年8月	藤吉江御預・囲入・手道具欠所
2	天保10年9月	中山口追拂・手道具闕所
3	天保11年7月	苗字帯刀御取上宿屋株被　召放
4	天保13年9月	送出し
5	弘化2年12月	御構無之
6	嘉永5年7月	屹御呵

（注1）「事件の概要」欄の括弧内の数字は、本稿末尾にある注の番号である。
（注2）年齢が判明している者については、年齢を記してある。

第三二表

刑罰名	『御呵附引合』		『中典類聚』		『御裁許鈔』	
	件　数	割　合	件　数	割　合	件　数	割　合
生命刑	0件	0%	0件	0%	0件	0%
身体刑	0件	0%	0件	0%	0件	0%
身分刑	0件	0%	0件	0%	1件	14.3%
領外追放刑	1件	33.3%	1件	33.3%	2件	28.6%
領内追放刑	2件	66.7%	0件	0%	0件	0%
拘束刑	0件	0%	2件	66.7%	1件	14.3%
労役刑	0件	0%	0件	0%	0件	0%
財産刑	0件	0%	0件	0%	2件	28.6%
その他	0件	0%	0件	0%	1件	14.3%
計	3件		3件		7件	

判例二　天保十年九月　　小国原村藤左衛門孫

中山口追拂・手道具闕所　十四　本蔵

右者、小童之身として、父初盗賊共ニ随ひ、小盗を事といたし居候者

判例四　天保十三年九月　　寒河江者之子

送出し　　歳拾四　留蔵

右者、年ニも不似合、乞食先於時田村、大宝家使之者と偽、百姓ゟ銭少々取立候者之処、幼少者ニ付右之通

以上のように、具体的に判例にあたると一見して明白なように、これらの判例には、両方とも幼年者の年齢が一四歳であると明記されている。ちなみに、『御裁許鈔』の判例には、原則として犯罪者の年齢は明記されていない。

そうすると、判例二と判例四において一四歳の者に領外追放刑を適用していることは何を意味しているのであろうか。『中典類聚』には、幼年者のときに小盗をして出奔し、判決時には幼年者ではない者に対して領外追放刑を適用している判例がある。しかしながら、判例二、判例四には、それぞれ「小童」とか「幼少者」というような表現があり、これらは判決時においても幼年者である点を考慮に入れた判例であると考えられる。

ここで、想起されなければならないことは、幕府の『公事方御定書』では幼年者とそうでない者を、一五歳未満と一五歳以上で区別していたことである。したがって、米沢藩でも一四歳を幼年者の年齢の上限としているが、判例二については、「小盗を事といたし居候者」であったこと、すなわち小盗みの習慣が

あったこと、判例四については、「年ニも不似合」、すなわち幼年者には似合わない大胆な犯罪であったことに着目して、もはや、一四歳であり、犯した犯罪の重大性を考えると、幼年者として特別扱いをするよりも、大人の場合と同様に処罰する方が妥当であると考えられたのであると思われる。

米沢藩でも、幼年者とそうでない者を、一五歳未満と一五歳以上で区別していたとする私の解釈については、これを裏付ける判例がある。次に、この『御裁許鈔』の判例を紹介することとする。

安政元年十二月[627]　入田村惣右衛門三男
於松原斬罪獄門・手道具闕所　拾五　亀弥
同村後藤弥惣左衛門子弥惣次妻
但、ちゑ致牢死候付、死骸無御構　弐拾九　ちゑ
右者、不義客通之上、相對死を企、死兼候者共ニ付
右ニ付、判頭両人禁足、但し、此節ハちゑ夫弥惣次御叱ニ付、判頭弥惣左衛門御呵無之

この判例では、亀弥につき、わざわざ「拾五」と明記されていることが注目される。亀弥については「斬罪獄門」という極めて重い生命刑が科されていること、判決文に幼年者であることを斟酌したとする表現がみられないことから、一五歳の亀弥は幼年者として扱われていなかったことがわかる。

なお、ここで、もう一つの疑問が生じるかもしれない。それは、一五歳の者を幼年者とみないのは明らかになったとして、逆に、一四歳の者を大人と同様とせず、幼年者であることを斟酌した判例があるのかという疑問である。この疑問についても、『御裁許鈔』は回答を与えてくれている。すなわち、第三一表の判例五においては、盗物を買い取った一四歳の者に関し、幼年者であること考慮して刑罰を科さないこ

ととしている。

右に述べたところから、判例二及び判例四の処罰は、『御裁許鈔』の判例における幼年者の処罰の例外であり、複数の場所で小盗みをしたという、判例二の犯罪に類似した犯罪を犯した一一歳の幼年者に「藤吉（犯罪者の祖父）江御預・囲入・手道具欠所」を科した判例一が、『御裁許鈔』における幼年者の処罰を代表する判例であるということができる。

前章で、『中典類聚』の幼年者処罰を代表する刑罰が拘束刑であったことを述べた。したがって、『中典類聚』の判例において確立された幼年者処罰の刑罰についての原則は、『御裁許鈔』の判例においても維持されていると考えられる。

おわりに

以上、『御裁許鈔』を用いて、乱心者の処罰、幼年者の処罰について考察した。

まず、『中典類聚』の場合と同様に、『御裁許鈔』においても、乱心者の処罰に拘束刑が最も多く用いられていることを明らかにした。ただし、『御呵附引合』では、乱心者には領外追放刑を適用していないのに、『中典類聚』や『御裁許鈔』には領外追放刑を適用している判例があるので、検討を加えたところ、それらの判例は、乱心者が他領者や帳外者である場合の判例であり、乱心者が自領の者である場合には領外追放刑を適用しなかったと考えられる。米沢藩では、乱心者を社会から隔離するにしても、その生活に配慮せず単に厄介払いができればよいというような方針はとっていなかったことを指摘した。

次に、『御裁許鈔』にみられる幼年者の処罰について論じた。そうしてみると、追放刑を科しているのが『御呵附引合』の判例の特徴であり、判決の時点で幼年者である者に対する処罰には拘束刑を適用しているのが『中典類聚』の判例の特徴であるのに、『御裁許鈔』には追放刑が適用している二つの判例があることを問題にした。このことだけをみれば、幼年者を追放刑に処した場合、慣れ親しんでいない土地で生活していくことが困難となることが憂慮される点を考慮した『中典類聚』の判例の意図が否定され、『御呵附引合』の判例の態度に戻ってしまったようにも思われる。しかしながら、幼年者の年齢が一四歳であると明記されているこれら二つの判例を詳しく検討し、これらの判例が、幼年者には似合わない悪質な犯罪であったことに着目して、もはや、一四歳であり、犯した犯罪の重大性を考えると、幼年者として特別扱いをするよりも、大人の場合と同様に処罰する方が妥当であると考えられた例外的な判例であったことを明らかにした。ただし、通常の場合は、一四歳でも幼年者であることを考慮した判例があり、米沢藩では幕府の『公事方御定書』と同様に、幼年者とそうでない者を、一五歳未満と一五歳以上で区別していたことも指摘した。

以上のことから、『中典類聚』の判例において確立された幼年者には拘束刑を用いるという原則は、『御裁許鈔』の判例においても維持されていると考えられると論じた。

第八章　他領民・大名預所領民に対する刑罰

第一節　他領民に対する刑罰

本節では、他領民の処罰について考察することにしたいと思う。米沢藩の他領民処罰に関しては、次の二つの問題点がある。

第一の問題点としては、御国払・御国出入差塞・御国出入留・本国帰という他領民に対する専用の刑罰が用意されていたことが、当時の藩に認められていた自分仕置の原則に反するのではないかということが問題になる。この点については、すでに第一章第二節において米沢藩刑罰の種類と特徴を述べた際に、それらの刑罰に、本来米沢藩の者ではない他領民に国外退去または入国禁止を求める点では出入国管理に伴う行政処分的な面が認められ、この点がこれらの刑罰が自分仕置の原則の例外として存在し得た理由であろうと思われると論じた。

第二の問題点としては、米沢藩では、前述の他領民専用刑罰以外の、自領民にも一般的に適用する刑罰を他領民にも科している。例えば他領民に対して、焼印、入墨等の身体刑を科している。このことは、第一の問題以上に自分仕置の原則に反する疑いが濃いと考えられる。

では、米沢藩以外の藩では、他領民を実際にはどのように処罰していたのであろうか。この点の研究は、必ずしも進んでいるとはいえないと思われるが、他領民に対して追放刑を適用することに関して、平松義郎氏による『江戸の罪と罰』の中に名古屋藩の場合についての記述がある。

名古屋藩では、他領民に対して、追放刑との関係で整備された規定を設けていた[628]。名古屋藩は、享保七年（一七二二）一〇月、刑法の大改革を行い、追放刑を改正した。このことは、第二章で米沢藩の追放刑を論じた際にも言及したが、ここでは、専ら他領民に対する処罰という観点から述べる。このときの改正では、他領の者が、名古屋藩の領分内においてなした犯罪が追放刑に該当する場合は、「在所江可罷帰候、御領分中江重而来候はゞ死罪に可申付旨急度叱之、御領分境迄送出追払可遣候」とされた。すなわち、他領の者に対しては、今後再び名古屋藩の領分に入り来った場合は死罪に処すべき旨を厳重に叱告し、領分境まで送り出して追払い、その者の在所に帰らしめたのである。

この享保七年の取扱いは、延享二年（一七四五）に大きな改正を被った。その改正の際、「他所者令盗候御仕置御定」が制定され、重追放以下木戸内払村払まで、追放刑に該当する場合は敲の上領分から追払い、敲の数は重追放以下追放刑の段階に応じて差等づけられたのであった。

この取扱いは、基本的にはその後も維持されることになったが、寛政六年の改正で規定が簡単になって、「一他所者ハ敲之上御領分中追払ヘシ」と、処罰規定は一本にまとめられた。

以上が、名古屋藩の他領民に対する追放刑の規定である。ここでは、追放刑はもちろん敲という身体刑も科すことを規定している。当然「他領者」の範囲には、他領出生にして無宿である者の外、他領人別である者も含まれるのである。

また、平松義郎氏は、この名古屋藩以外の場合について、『近世刑事訴訟法の研究』[629]において、他領民を幕府による裁判にかけずに自分の藩で裁判をして処罰した例を紹介されておられる。その例の中には、その他領民の人別地領主に無断で処罰してしまった場合とそうでない場合とがある。以下、平松義郎氏が紹介された例を参考に、米沢藩以外の場合の他領民の処罰について論じることにする。

他領民の処罰の問題は、小藩の場合と大藩の場合とに分けて考察するのが妥当である。(630)

第一に、小藩の場合は、通常の場合、幕府に対して奉行所吟味願をなすか、大藩が犯人の引き渡しを要請してきたときにこれに応じるかのいずれかを選んだと思われるのであって、小藩が、他領他支配人別の者を処罰して紛議を醸した例は見出しがたく、奉行所吟味願の実例は、小藩より出されたものが比較的豊富に伝存しているのである。

しかし、詳細にみていくと、幕府が定めた自分仕置のルールに忠実であった程度は、小藩の中でも様々であり、高崎藩のようにそのルールに比較的忠実であった藩もあったが、高崎藩と同じ譜代の小藩であった亀山藩の対応は趣を異にしていた。その『領中刑律』は、ここで扱っている問題について詳細かつ統一的な規定をおいた希有の例である。『領中刑律』には、亀山藩内で犯罪を犯した他領民について次のような規定がある。(631)

一他領もの御領分之内ニをいて悪事有之、盗賊又は狼藉其外不得止事節は、同心又は番人等ニ為召捕其所ニ預置、盗賊方又は町目付、水道目付等差遣一通相糺、不届之筋大概ニ相分り候上は入牢可申付、不分明ニ候者其所之役人江先預ケ置可申候、其上住所得と承糺、先方之領主役人江懸ケ合、帳内之者ニ候者江戸表ニをいて御老中江被　仰達、御指図之上御奉行所江可被差出候、帳外之趣返答有之候者、縦取繕候事ニ相聞候共強て不及牢（穿カ）鑿、無宿もの、取扱ニいたし御手限ニて相当之御仕置申付可然候、併先方取繕事有之は、事品ニより難捨置儀も可有之歟、其時宜によるへき事、

但他領もの於御領中悪事有之候共、至て事軽き品ニ候者召捕候共、一応承糺候上番人限ニて早々

追はなち可申事、

一悪事いたし候もの、他領帳内ニ候共、於御領分中悪事有之召捕置候上、御老中江御達有之上は、他領御地頭江は難引渡筋にて其儘此方より御差出ニ可相成事、

以上によれば、他領民が無宿者ではなく他領人別の者(「帳内」)であれば、老中に達し、江戸の奉行所に出す。また、これは亀山藩より差し出すのであって、人別地には引き渡さない。これらの部分は、幕府の定めた自分仕置に関するルールに反しない。しかし、注目すべきは、他領民が亀山藩で犯罪をなしても、至って軽い場合は早々に追い払うべきこととしている点である。ここにおいては、限られた場合であるとはいえ、米沢藩と同様に他領民に対して領外追放刑を適用しているのである。

次に、大藩の場合について検討することとする。ここでは、大藩のうち米沢藩と同様の外様藩に関して述べることにする。外様大藩は、幕府領人別の者に対しては自分仕置を抑制したが、私領の者に対しては自分仕置令はそのままの形では守られなかったのである。

仙台藩の『評定所格式』には、次のような規定がある。(632)

他國者御仕置之格

一他國ゟ参候者、死罪牢朽等、前々ゟ無御届被仰付候、乍去他所江引張候儀ハ、被成御届候格ニ候事、

但、他所江承合候儀、御町奉行方ゟ、飛脚ヲ以其所之町奉行江申遣候事、

一他領ゟ参、いたつら仕候者御仕置之儀、元禄十一年阿部豊後守殿江被相達候趣、古格式帳ニ存り、

すなわち、他国者であっても処罰をするが、「他所」に関係ある事件のときは、先方人別地ないし出身地の町奉行に通達、照会するというのである。このような制度の基礎となった、右文中、元禄一一年(一

六九八）阿部豊後守への伺というのは、次にみられるごときものである。

但、他領ゟ参、いたつら仕候者御仕置之儀、元禄十壹年二月廿二日淺井隼人正被遣、阿部豊後守殿江相達候趣ハ、陸奥守領内江他領之者参り候而いたつら仕候節、前々ゟ本國江付届不仕、仕置ニ申付來候、為念御國持方衆江内々承合候處、大形ハ左様之者仕置ニ被仰付候節、本國江御付屆被成候様子ニ御座候、松平薩摩守様ハ御國境ニ而他領之者むさと領内江入込不申候様ニ被仰付由ニ御座候、松平加賀様ハ本國江御付屆不被成御仕置ニ被仰付由ニ御座候、陸奥守儀、前々ゟ申付來候儀ニも御座候、他領江付屆仕候而ハ埒も明兼可申候間、無構手前ニ而仕置申付候半かと存し、内々為念之御内意を得被申候由、秋山惣右衛門を以奉伺候處、返答ニ被仰聞趣致承知候、先ハ従前々被仰付來候通、本國江無御付屆仕置可被仰付候、乍去品ニゟ他領江ひゝき申事も有之物ニ御座候故、一向ニ無御付屆仕置被成候様ニと御挨拶ハ申かたく候由、豊後守殿御挨拶御座候、

「阿部豊後守」は、幕府の老中阿部正武である。この史料によれば、仙台藩では、元禄一一年以前は他国者でもすべて本国に照会することなく自分仕置を行っていたのであるが、老中から、「他領江ひゝき申事」すなわち関連あることは、そこへ届けるのが適当であると教示され、以後は、少なくとも他領他支配引合事件は原則として本国に届けることになった。

また、仙台藩では、老中に照会する前に外の国持大名への照会を行っているが、大方の大名は処罰の際に本国に連絡すると回答している。ただし、鹿児島藩からは他領民がむさと入り込まないようにしているとの回答があり、金沢藩からは本国に連絡することなく処罰しているとの回答があった。

このように、金沢藩は、元禄の頃は他領民を本国に届けずに処罰していたが、後にはこの藩も本国への

連絡を行うようになっている。

さらに、盛岡藩の場合は、『文化律』第九三条において次のような規定を設けている。(633)

他向ニ拘（拘カ）候出入取捌之事

一他領者於御国中重罪有之、糺之上本国出所明白ニ候ハヽ、罪之次第向々江申断、請取度旨申候ハヽ、請取人江相渡遣候事、尤向（々脱カ）ニて人分不相知旨ニ候ハヽ、無宿者ニ付、其罪相当御仕置可相伺事、

但御国者於他領右体之儀有之、向々ゟ申来候ハヽ、人分糺之上、本文ニ准可相伺、且他領者追放以下之罪有之候ハヽ、入来候於御境、目明并乞食共ニ面体為見知置、追払遣候、

すなわち、盛岡藩では、他領民の追放を越えるごとき重罪は本国に通達し、先方が引き取りを希望すればこれを引き渡し、先方が人別不明と返答すれば、無宿として自分仕置をなしたのである。また、他領民の犯罪が追放以下の刑罰に該当する場合は、追い払うこととしている。したがって、米沢藩と同様に他領民に対して領内追放刑を適用しているのである。しかもその対象となる犯罪の範囲は、前述の小藩であった亀山藩が犯罪が至って軽い場合は早々に追い払うべきこととしている場合よりも広かったと思われる。

以上のように、たとえ、他領民の本国へ通知したうえとはいえ、本来であれば他領民が犯罪者である以上、自藩で処罰することは許されず幕府に対して奉行所吟味願をなすべきであったのに、複数の外様大藩においては自分仕置をなしていた。幕府もこのことは知っていたと考えられ、御料人別の者に対する大名の自分仕置については厳重にこれを禁止したが、私領間の事件における自分仕置令違反についてはこれを

黙過していたのである。幕府の強制力は、それをなすには、なお不足であったとみてよいと思われる。(634)

そのような幕府の自分仕置に対する姿勢を背景として、米沢藩当局では、大藩意識を有していたが故、自藩で犯罪を犯した他領民に対する処罰の問題では、他の大藩と同じ姿勢で臨んだと考えられる。

米沢藩の場合、判例集上他領民の本国へ通知していたかどうかは不明であるが、判例集に他領人別である者か無宿者かが明記されているのは、本国への照会の結果であったと考えられる。しかし、第三三表からもわかるように、闇討という米沢藩独特の刑罰が他領民に科されていることは、他領民に米沢藩が独自に科刑していたことを示している。

ただし、注意すべきは、米沢藩三判例集に他領民処罰の判例はあっても、米沢藩大名預所領民以外の幕府領民を処罰している判例はないことである。この理由は、幕府が幕府領民に対する大名の自分仕置については厳重にこれを禁止していたことにある。自分仕置の原則の逸脱は、原則として幕府領民以外の他領民の場合に限定されていたのである。その例外が、次節で論じる米沢藩大名預所領民の場合である。

以下、第三三表を使用して、米沢藩の他領民処罰について述べることにする。

まず、『御呵附引合』、『中典類聚』及び『御裁許鈔』のそれぞれの判例集が収録している判例の時代によって、処罰の内容は異なっているのではないかと思われる。

生命刑に関しては、『御呵附引合』及び『中典類聚』の判例では、他領民に対しても適用している。これらの判例には、磔や斬罪獄門という生命刑の中でも重い刑罰が適用されているとともに、前述のように闇討という米沢藩独特の刑罰も適用されており、他領民にも米沢藩領民と同様の刑罰が適用されているということができよう。これに対して、『御裁許鈔』の判例では、他領民に生命刑を適用している判例はみ

役儀召放	給地給米召上	欠所	脱衣擯罰	追払	本国帰	御国払	御国出入差塞	御国出入留	永牢	蟄居
1	1	0	0	3	1	0	0	0	1	0
0	0	2	0	54	18	2	6	4	3	0
0	0	0	0	31	19	1	10	2	0	1
1	1	2	0	88	38	3	16	6	4	1

役儀召放	給地給米召上	欠所	脱衣擯罰	追払	本国帰	御国払	御国出入差塞	御国出入留	永牢	蟄居
0	0	0	0	0	0	0	0	0	0	0
0	0	0	0	8	0	0	0	0	2	0
0	0	0	0	1	1	0	2	0	0	0
0	0	0	0	9	1	0	2	0	2	0

役儀召放	給地給米召上	欠所	脱衣擯罰	追払	本国帰	御国払	御国出入差塞	御国出入留	永牢	蟄居
0	0	0	0	2	0	0	0	0	0	0
0	0	0	0	17	1	0	0	0	0	0
0	0	0	1	109	1	2	0	0	1	0
0	0	0	1	128	2	2	0	0	1	0

役儀召放	給地給米召上	欠所	脱衣擯罰	追払	本国帰	御国払	御国出入差塞	御国出入留	永牢	蟄居
0	0	0	0	0	0	0	0	0	0	0
0	0	0	0	2	0	0	0	0	0	0
0	0	0	1	22	0	0	0	0	1	0
0	0	0	1	24	0	0	0	0	1	0

第三三表

他領民										
身分・刑罰名	磔	斬罪獄門	火罪	斬罪	討首	闇討	打捨	焼印	入墨	焼印入墨
『御呵附引合』	0	5	0	0	0	2	0	0	0	0
『中典類聚』	1	6	0	1	3	4	0	24	6	0
『御裁許鈔』	0	0	0	0	0	0	0	7	1	6
計	1	11	0	1	3	6	0	31	7	6
大名預所領民										
身分・刑罰名	磔	斬罪獄門	火罪	斬罪	討首	闇討	打捨	焼印	入墨	焼印入墨
『御呵附引合』	0	0	0	0	0	1	0	0	0	0
『中典類聚』	0	0	0	0	0	2	0	5	0	1
『御裁許鈔』	0	0	0	0	0	0	0	1	0	0
計	0	0	0	0	0	3	0	6	0	1
他領出身・無宿者										
身分・刑罰名	磔	斬罪獄門	火罪	斬罪	討首	闇討	打捨	焼印	入墨	焼印入墨
『御呵附引合』	1	0	1	0	0	1	1	0	0	0
『中典類聚』	0	2	0	0	1	4	0	7	1	1
『御裁許鈔』	0	5	1	6	16	0	0	54	8	11
計	1	7	2	6	17	5	1	61	9	12
大名預所出身・無宿者										
身分・刑罰名	磔	斬罪獄門	火罪	斬罪	討首	闇討	打捨	焼印	入墨	焼印入墨
『御呵附引合』	1	0	0	0	0	0	0	0	0	0
『中典類聚』	0	0	0	0	0	0	0	1	0	0
『御裁許鈔』	0	1	0	0	3	0	0	8	1	1
計	1	1	0	0	3	0	0	9	1	1

(注)　1判例で複数の刑罰が適用されている場合は、その数があげられている。

再焼印	入墨再焼印	再焼印入墨	公領私領出入差塞	払出し	元口返	元口払出	その他
0	0	0	0	0	0	0	0
0	0	0	0	0	0	0	2
1	0	0	0	1	1	0	2
1	0	0	0	1	1	0	4

再焼印	入墨再焼印	再焼印入墨	公領私領出入差塞	払出し	元口返	元口払出	その他
0	0	0	0	0	0	0	0
0	0	0	0	0	0	0	1
0	0	0	0	0	0	0	2
0	0	0	0	0	0	0	3

再焼印	入墨再焼印	再焼印入墨	公領私領出入差塞	払出し	元口返	元口払出	その他
0	0	0	0	0	0	0	0
0	0	0	0	0	0	0	0
0	1	0	0	3	0	2	0
0	1	0	0	3	0	2	0

再焼印	入墨再焼印	再焼印入墨	公領私領出入差塞	払出し	元口返	元口払出	その他
0	0	0	0	0	0	0	0
0	0	0	0	0	0	0	0
0	0	1	1	0	0	0	0
0	0	1	1	0	0	0	0

禁足	座敷牢入	定価屋渡	田地家屋敷欠所等	過料	屹御呵	永囲入	郡奉行所江御渡相当之御叱可申渡旨申達之
0	0	0	2	0	0	0	0
5	0	2	4	1	0	0	0
2	0	0	35	0	1	1	0
7	0	2	41	1	1	1	0

禁足	座敷牢入	定価屋渡	田地家屋敷欠所等	過料	屹御呵	永囲入	郡奉行所江御渡相当之御叱可申渡旨申達之
0	1	0	0	0	0	0	0
0	0	0	1	4	0	0	0
10	0	0	5	7	0	1	3
10	1	0	6	11	0	1	3

禁足	座敷牢入	定価屋渡	田地家屋敷欠所等	過料	屹御呵	永囲入	郡奉行所江御渡相当之御叱可申渡旨申達之
0	0	0	1	0	0	0	0
0	0	0	2	0	0	0	0
0	0	0	129	0	0	0	0
0	0	0	132	0	0	0	0

禁足	座敷牢入	定価屋渡	田地家屋敷欠所等	過料	屹御呵	永囲入	郡奉行所江御渡相当之御叱可申渡旨申達之
0	0	0	0	0	0	0	0
0	0	0	0	0	0	0	0
0	0	0	28	0	0	0	0
0	0	0	28	0	0	0	0

られない。『御呵附引合』には斬罪獄門五件、闇討二件の適用例があり、『中典類聚』には磔一件、斬罪獄門六件、斬罪一件、討首三件、闇討四件の適用例があるのであるが、なぜ『御裁許鈔』には生命刑を適用している判例がないのであろうか。ここでは、この謎の解明を留保したいと思う。この謎の解明は、大名預所領民に対する刑罰をも考察の対象に入れて試みたいと考える。

身体刑に関しては、『中典類聚』で焼印、入墨が登場してからこれらの刑罰を適用する判例がみられるようになった。

名古屋藩の他領民に対する規定では、追放刑はもちろん敲という身体刑も科すことを定めていることは前述したが、他領民に対して身体刑は、他藩でも公然と適用されているのであり、米沢藩の場合も含めて、瞬間的ないしは短時間のうちに刑の執行が終了してしまう身体刑については、江戸時代において事実上他領民に科すことが認められていたものと考えられる。

また、他領民に対して焼印、入墨等の身体刑を科すことには、重要な効用があるのである。すなわち、焼印や入墨は、米沢藩にとって有害な他領民を再度領内に入れないようにするための目印とすることができたのである。

他藩でも、他領民に対して同様な意味で身体刑を科している。例えば、弘前藩では、盛岡藩の者が「又々御当地江罷越徒致候付、（中略）額ニ入墨致候而本国江相返候、（後略）」という措置をとっている。[635] この場合も、入墨が今後同人を藩内に入れることのないようにするための目印となることが期待されていると思う。

ところで、身分刑に関しては、第一章第二節で述べた脱衣擯罰という袈裟を取り上げて返さないという刑罰が、三判例集を通して他領民には全く適用されていないことが特徴としてあげられる。他領民の僧侶に対しては、袈裟を返さないという効果をもつこの刑の適用は差し控えられ、外の刑罰で対応したのではないかと思われる。

さて、米沢藩の領外追放刑には、前述したように他領民専用の刑罰がある。これらの刑罰に関しては、すでに、本稿において米沢藩の特色ある刑罰として論じている。したがって、以下に前述した部分は要点のみを記すとともに、以前に触れなかった点についての論述を行いたいと思う。

他領民専用刑罰としては、『御呵附引合』に本国帰があり、『中典類聚』及び『御裁許鈔』に本国帰の外、御国払・御国出入差塞・御国出入留がある。刑罰名に「御国」という米沢藩のことを意味する言葉を用いる刑罰が後の二判例集にのみみられるが、他領民専用刑罰の種類が増加した理由としては、時代の推移によって他藩との流通がますます盛んになり、それに伴って統制を破る他領民も増加したという事情が背後に存在したことが考えられる。

ちなみに、本国帰が初めてあらわれた判例は、『御呵附引合』に収録されている。この判例に関しては以前に紹介しなかったので、次に示すこととする。(636)

本国帰　　越後　玄守

右者、偽を以盗賊押入候段申出、且出家ニ不似合慈非（ママ）之殺生之儀有之、同九年十二月十六日、右之通

本国帰に関しては、『御呵附引合』の適用例はこの一件のみである。これに対して、『中典類聚』には一

八件、『御裁許鈔』には一九件の本国帰の適用例がある。件数も増加しているが、判例の内容の変化にも特色があらわれている。『中典類聚』と『御裁許鈔』の次の判例を検討してみたい。

同年（文政二年九月十四日）(637)

一、本国帰　　　　　所生最上

　　右ハ、隠蠟買請売払候者　　　　多吉

（中略）

弘化二年二月(638)　　　　柳町山内□助手代最上山形

本国帰　　　　　　　　　　　仁吉

　持入候蝋御取上

右者、御締を犯高畑ゟ長州蝋を持入、人足被取押候節、金子を差出身を為繕追落之方ニ可為致工ミニ相及候者

『御呵附引合』の判例は、盗賊犯罪を捏造したり出家として不相応な行為があったことが処罰の理由となっているのに対し、本国帰を適用する『中典類聚』、『御裁許鈔』のすべての判例が密輸に関するものではないが、ここで示した二判例は、いずれも密輸がからむ判例である。このことは、『御呵附引合』収録対象時代に比べて、『中典類聚』、『御裁許鈔』収録対象時代の方が他領との経済交流が活発となり、密輸犯が増加したことを示していると思われる。

以上に述べた領外追放刑とは逆に、領内の人別に属しない他領民には、領内追放刑は全く適用されていない。

拘束刑については、三判例集で他領民に適用されているのは、永牢（四件）、蟄居（一件）、禁足（七件）である。他領民に関しては、身分が不明である場合が多いので、どのような身分の他領民にどのような刑罰が適用されたのかを明らかにすることは困難である。しかし、蟄居を適用している判例には身分が明記されているので、次に紹介することとしたい。米沢藩領民の処罰において、蟄居は武士・僧侶を中心として適用される刑罰であることは前述したが、次に示す判例では、他領民の場合も僧侶に蟄居が適用されている。(639)

（弘化二年二月）

浄土真宗善光寺養子所生最上

蟄居　半年　　　　　　　　　　　　　辰之進

右同断之節何儀とは不存、儀七処江参呉候様、右両人ニ被相頼罷越、詰り胡乱者共の揺と乍気付立加り、銭揺取密し置、初弥ゟも大儀料取受候者

「右同断之節」とは、この判例の前に記載されている判例の事件内容であり、上小松村の「熊五郎」と上玉庭村の「初弥」が「儀七」へ喧嘩をしかけ銭をゆすり取ったときのことをさしている。

労役刑は、他領民には適用されないのが一般的であった。自領民に対してさえ、前述したように、藩の施設に収容して使役する狭義の徒罪には財政上の問題があるうえ、定価屋渡、御家中出奉公、出奉公という武士や庶民に使役させる労役刑にしても、使用人を必要とし、使用人に賃金を払う資力があり、しかも、前科者を使用人とすることを了承できる者の存在が前提となるという、需要面からの制限があった。まさに、このために米沢藩は領外追放刑を活用せざるを得なかったのであり、他領民まで引き受ける需要は全くなかったのである。したがって、他領民に労役刑を適用する余地は見出し難かったのである。

ところが、厳密には三判例集中、『中典類聚』に他領民に定価屋渡を適用する判例が二つある。これはどうしたことであろうか。

この二つの判例のうち、一つは第一章第二節で、他領民であっても、米沢藩にいた期間が長くなったために、本来は他領民に対する刑罰である本国帰を科すべきところ、そうではなく米沢藩の者と同様の刑罰を科した判例として、すでに紹介している。この判例の場合は、他領出身ではあるが米沢藩永住者として定価屋渡を適用したということができると考えられる。

もう一つの判例は、次の判例である。(640)

同（文化）十三年四月四日

三ケ年

一、其身欠所定価屋渡

寄宿　禁足　五日

大町寄宿抱越後岩船

伊右衛門

右ハ、同郷之平六を以、博奕場へ立入見物いたし候所、人数ニ不加候而ハ不宜ニ付金子差出勝負共ニ引受候者　但、今町喜七後家へ養子内約

この者の場合は、領内今町喜七後家の養子となることが内約されていたことが理由となって、他領民であるにもかかわらず定価屋渡が適用されている。

ところで、米沢藩にいる他領民が他領で犯罪を犯した場合どのような措置がとられたのであろうか。本稿で考察対象にしている三判例集は、当然のことながら米沢藩が処罰をなした判例を収録しているのであるから、他領民が他領で犯罪を犯した場合については、本来収録対象外である。それにもかかわらず、適

用刑罰名欄を空欄とし、他領民をその者の本国ではなく犯罪地当局者へ引き渡したことを記す記述がある。この判例が収録された理由は、連坐の部分を記録することにあったと思われる。次にこの判例を紹介するが、この種の判例はこれ一件のみであり、他領での米沢藩内の他領民の犯罪に対する対応の解明については今後の課題としたいと思う。(641)

同（文化）十二年七月廿九日

所生越後新発田

一、　　　　　　　　　　　　　　　　　　　　まし

右者、井上伊左衛門口入を以浄圓寺養娘分として赤津賀名衛門処江内々妾ニ罷越居諸所江忍入致盗賊候処、会津において盗賊いたし候者ニ付会津役目之者江相渡

大小姓　浄圓寺

遠慮　赤津賀名衛門　慎　弓順

竹股家来

慎　井上伊左衛門

さて、他領民とは反対に、他領出身であっても無宿者であれば自領民と同じに処罰できたはずであった。実際、第三三表をみればわかるように、他領民に対しては、前述したように『御呵附引合』・『中典類聚』の判例では生命刑を適用している一方、『御裁許鈔』の判例では生命刑を適用していない。これに対して、他領出身の無宿者には『御裁許鈔』にも生命刑を適用している判例がある。

また、身分刑に関しても、前述のように脱衣擯罰が、三判例集を通して他領民には全く適用されていないのに対して、他領出身の無宿者には適用している判例(642)がある。

このように他領出身の無宿者は、自領民と同一の刑罰が科されているが、他領民専用の領外追放刑が科せられている点は見落とせない。『中典類聚』に本国帰を科す判例が一件、『御裁許鈔』に本国帰を科す判例が一件、御国払を科す判例が二件ある。まず、本国帰を科す判例から検討することにしたいと思う。

次の判例は、『中典類聚』に収録されているものである。[643]

文化七年四月三日　　越後無宿　勝次郎

一、本国帰

右者、度々大罪を犯し、殊ニ主人と頼大恩有之家江忍入盗賊いたし候者

『御裁許鈔』には、次の判例が収録されている。[644]

天保一五年一二月　　所生越後上関村帳外　又蔵

本国帰

右者、御当領ニ鋳懸渡世ニ入込、異り古銭を翫物ニ鋳立、子供等之慰物ニ呉渡候者

右のうち『中典類聚』の判例の犯罪は、相当重いように思え、『御裁許鈔』の判例の犯罪はかなり軽いように思える。他領出身の無宿者に領外追放刑を科す多くの判例は追払を適用しており、なぜこの二件だけに本国帰が適用されたのかは不明である。

次に、御国払を適用した『御裁許鈔』の判例を示すこととする。[645]

嘉永元年十一月　　所生白川帳外　せき

御国拂

右者、吉弥と及不義、永年馴染候夫同様之者を見捨、吉弥ニ随ひ来候者

天保十三年十二月(646)　所生最上天童帳外

御国拂　さき

右同断（木ノ実通いたし候者）被見怪候者

「右同断」とは、この判例の前に記載されている判例の事件内容であり、「木ノ実通いたし候」という行為のことをさしている。

この二件の犯罪はかなり軽い。前者の判例の場合、不義といっても、正式に結婚していたわけではなく、しかも、他領でのことであり、後者の判例の場合、木の実の密輸を疑われたにすぎない。

以上のことから、少なくとも『御裁許鈔』収録対象時代には、本国帰、御国払という他領民専用刑罰は、他領出身の無宿者のかなり軽い犯罪に対して適用されたということができると考えられる。

第二節　大名預所領民に対する刑罰

前節では、他領民に適用した刑罰について論じたが、本節では大名預所領民に適用した刑罰について論じることにしたいと思う。大名預所とは、第二章第二節で述べたように、幕府がその直轄地を大名に預けて統治させるという支配形態またはその統治の対象地のことである。

大名預所領民の処罰に関しては、すでに第二章第二節で「郡奉行所江御渡相当之御叱可申渡旨申達之」に関して言及したが、ここではさらなる詳述を試みたいと思う。前にも述べたように、大名預所領民の処罰といった場合、米沢藩大名預所領民が米沢藩内で犯罪を犯した場合と、同領民が同大名預所内で犯罪を犯した場合とは区別しなければならない。本節で論じるのは、前者の場合である。

しかし、前者の場合を論じるためには、後者の問題を考察しなければならないのである。米沢藩大名預所領民といえども、幕府領民としての性格も有している。この者に対して米沢藩が処罰できるのかが問題となる。ただし、大名預所領民の幕府領民としての性格の強弱は、大名預所の種類によって異なる。換言すれば、大名預所の種類により預り大名の預所領民に対する処罰権が異なるのである。もちろん、それは大名預所内に関しての処罰権であるが、仮に大名預所内での同領民の犯罪に対して、預り大名が自領内での自領民の犯罪と同一の処罰ができるとすれば、預所領民が自領内で犯罪を犯した場合も、当然自領民に対するのと同一の処罰ができるわけである。したがって、米沢藩大名預所領民が米沢藩内で犯罪を犯した場合の処罰を論じるにあたっても、その前提として、米沢藩が同藩大名預所での同預所領民の犯罪に対していかなる処罰権を有していたかを考察する必要があるのである。服藤弘司氏は、その著書、『大名預所の研究』の中で、「大名預所は、時代によりその数にかなりの増減がみられたが、大雑把にいって、一〇〜三〇件前後存したと解して差支えない。ところが、これらの預所は決して一様ではなく、預り大名にこれが支配につき如何なる権限が付与されたかなどを基準に、」「四種に大別できる」とされている。[647]服藤弘司氏があげているのは、当分預所、通常預所、私領同様預所、私領打込預高の四種類である。

幕府は、大名の改易・転封、代官の更迭に際し、一・二年の短期間幕府領の支配を大名に委ねることがあった。とくに前二者の、大名の改易・転封に伴う暫定的な大名預所の設定は、大名統制（改易・転封）の嵐が吹きまくった近世初期には全国的にみられたといわれる。しかし、かかる種類の預所は、当分預所と称せられ、大名領や幕府領における統治の空白を排除する臨時的、一時的なものにすぎず、近世期の大名預所としてはあくまで傍系的なものにすぎない。

一方、原則として自領と同様に統治できる大名預所が、私領同様預所である。ただし、私領同様預所の場合、預り大名に領分と同一の自分統治権が付与されたとはいえ、それはあくまで建前論にすぎず、現実には、近世初頭の会津藩南山預所についてみられた事例を除けば、完全な自分統治権を行使し得たわけではない。私領同様預所とはいえ、幕府領という制約を完全に止揚できず、私領と全く同一の統治権は付与されなかった。次に述べる私領打込預高なる類型の預所が誕生したことは、私領同様預所では、決して完全な自分統治権が保証されず、預り大名が領分通りに藩法を適用することが不可能であったことを示している。

私領打込高というのは、預所なる幕府領を私領のなかに解消してしまい、もはや特定の預所領村は存在せず、ただ、預所の石高に相当する高を預り、それに見合った年貢金を支払うというものである。したがって、実際に預所領民というものがいるわけではない。

以上の三類型以外の何等の特権をも付与されない通常の預所が通常預所である。米沢藩大名預所は、この通常預所に属するといってよい。厳密には、文久三年（一八六三）二月四日に屋代郷大名預所が私領同様預所となっているが、米沢藩私領同様預所が成立して以降の預所領民に対する判例は、『御裁許鈔』には収録されていない。

それでは、通常預所預り大名に対して、大名預所領民に対する処罰権はどの程度与えられていたであろうか。全国的にこの問題を研究された服藤弘司氏の論述を参考に、一般的な場合をみてみよう。

大名預所の支配に関しては、正徳期の新井白石による大名預所全廃の前後で、近世前半期、近世後半期に分けることができる。

近世前半期に関しては、大名預所に対する幕府権力の干渉はそれほど厳しくなく、通常預所についても広範な自分仕置権が、預り大名に付与されたと解されている(648)。この点についての服藤弘司氏の論述で注目すべき点は、近世前半期の大名預所領民の処罰に関する米沢藩の史料を紹介されている点である。それによれば、「御法度道犯罪之ものハ勿論、国制不相用仕置相背候族有之節」、「准国法夫々仕置裁断申付、死刑ニも可相当与存候程之義ハ奉伺候」とされており、服藤弘司氏はこの史料を基にして米沢藩では、「死刑についてはは勘定所の指示を待ったが、それ以下は、『国法』（藩法）に準じ刑罰を申し付け、大幅に手限仕置権を行使し得た」と述べている。

これに対して、近世後半期においては、幕府は預り大名の自分仕置権制限の挙に出ていた[649]。たとえ近世前半期死刑以外一切の手限仕置権を有した諸家に対しても、それを先例としては認めず、預り大名の自分仕置権を所払までに制限した[650]。服藤弘司氏は、近世後半期の米沢藩大名預所支配に関する幕府からの指令を紹介されている。それによれば、「追放以上之御仕置ハ、其度々可被相伺候」とされている。なお、ここでいっている「追放」とは、「公事方御定書を例にとれば、重・中・軽の三追放は勿論、江戸十里四方追放・江戸払をも含めた最広義の追放を意味する」のである[651]。

以上のように、近世前半期についても近世後半期についても、程度に差はあったが、制約が大名預所領民の処罰に付けられていた。このことは、大名預所領民を自領民と同様に処罰することは禁止されていたことを示している。そして、大名預所領民に自藩刑法を無制限に適用できないことと表裏一体のこととして、自藩内での大名預所領民の犯罪についても手限仕置権はなく、勘定奉行の指示を待ち判決を下さねばならなかった[652]。

しかし、米沢藩の三判例集の判例をみる限り、大名預所領民の犯罪に関して勘定奉行の指示を受けた形跡はない。特に、闇討という米沢藩独特の刑罰が大名預所領民に科されていることは、米沢藩が独自に処罰をしていたことを示している。同様のことは、すでに前節で幕府領民以外の他領民に対する処罰に関しても指摘した。他領民の処罰に関しては、たとえ、他領民の本国へ通知したうえとはいえ、本来であれば他領民が犯罪者である以上、自藩で処罰することは許されず、幕府に対して奉行所吟味願をなすべきであったのに、米沢藩を含む複数の外様藩において自分仕置をなしていたことは前述した。そこでは、米沢藩が処罰している他領民は、原則として幕府領民以外の場合に限定されていたことを指摘した。

それにもかかわらず、三判例集には大名預所領民を処罰している判例がある。大名預所領民は幕府領民である。しかも、米沢藩の大名預所は、三判例集が扱っている時代を通じて通常預所であり、支配を任されていた大名預所内で同領民が犯した犯罪に対してさえ、前述した手限仕置権の制限があった。なぜ、幕府領民である大名預所領民が米沢藩内で犯した犯罪に対する判例が三判例集にあるのであろうか。

この問題に答える前に、米沢藩は、そもそも大名預所領内における犯罪に対する自分仕置権を逸脱していたのではないかと思われることを述べておかなければならない。服藤弘司氏は次のようにいう。「認められた自分統治権の範囲を大幅に逸脱」し、「独自の藩法を強引に適用」した大名が全く存しなかったわけではないと論じ、金沢藩に関して次のように述べる。「金沢藩では能登幕府領が預所に指定された際、その統治方針の審議にあたっては、万端勘定所の格に合致することをモットーとし、松本藩同様、代官支配時代の法令をそのまま継承するとの態度を打ち出した」。「しかし、実際に支配する段階では、預所に対しても、独自性の強い藩法として有名な改作法の一部適用に乗り出し、これに対しても、金沢藩権力の浸透を図らんと試みた」[653]。

私は、室町以来の名家を藩主にいただき、大藩意識がすこぶる強かった[654]米沢藩も、表向きは幕府の方針に従う態度をみせつつ、実際には定められた自分仕置権の範囲を逸脱して大名預所領内での同領民の犯罪に対し、米沢藩内での自領民の犯罪に対するのと同様の処罰を行っていたのではないかと思う。私は、それだからこそ三判例集に米沢藩領内で犯罪を犯した大名預所領民を処罰する判例があるのであり、後述するように、『御裁許鈔』の場合を除いて、生命刑それも米沢藩独自の刑罰である闇討を科す判例があるのであると思う。

そして、以上のような私の考えを裏付ける記述が平松義郎氏の著書に見出される。すなわち、平松義郎氏は、三浦周行氏の研究成果を引用されて、米沢藩が、大名預所領内での同領民の犯罪に対し私領通りの仕置を行ったところ、幕府はこれを不可としたことが『御仕置例類集』天保一二年（一八四一）の評議にあるが、この『御仕置例類集』は、関東大震災で焼けた、いわゆる第五集なので、いまや詳細はわからない旨述べられている[655]。詳細が不明である点は残念であるが、米沢藩が通常預所であるにもかかわらず私領通りの仕置をしていたことを否定した評議が、天保一二年に出されたことがもつ意味は極めて重い。

もともと、近世後半期における米沢藩の大名預所における自分仕置権は所払までであったのである。また、近世前半期においてさえ米沢藩は、死刑については自分仕置権をもっていなかったのである。この天保一二年の評議によって、米沢藩は定められた自分仕置権を逸脱し難くなったものと思われる。

そして、幕府に米沢藩の自分仕置権の行使を問題とされた結果、米沢藩は大名預所領民が自藩内で犯した犯罪に関しても、自分仕置権の行使を所払いまでに制限せざるを得なくなったものと考えられる。

そのことは、大名預所領民に生命刑を適用する判例が『御呵附引合』と『中典類聚』にはみられるのに天保期からの判例を収録している『御裁許鈔』にはみられないことにあらわれていると思う。

ここに至って、他領民に生命刑を科す判例が外の二判例集にはあるのに『御裁許鈔』にはないという第一節で指摘した謎を解明することができる。すなわち、天保一二年の評議で幕府に米沢藩の大名預所における自分仕置権の行使を問題にされたため、自領内での他領民の犯罪に対する処罰という面でも自分仕置権の行使を制限せざるを得なくなったため、『御裁許鈔』には生命刑を科す判例がみられなくなったものと私は考える。

永牢（この刑罰は、米沢藩では、生命刑より軽く領外追放刑より重い幕府刑罰の遠島に代わるべき刑罰であった。）に関しても、生命刑と同様の現象がはっきりとみられる。すなわち、他領民については『御呵附引合』に一件、『中典類聚』に三件、大名預所領民については『中典類聚』に二件の適用例があるのに、『御裁許鈔』には他領民にも大名預所領民にも適用例がない。この現象が生じた理由としても天保一二年の幕府の評議の存在を考えることができる。

ところが、領外追放刑については若干右の評議の影響のあらわれ方が異なる。この点について以下に考察するが、前述したように本国帰・御国払・御国出入差塞・御国出入留は自分仕置の原則の例外として存在していた他領民専用の刑罰であるので、ここでは除外して考察する。

領外追放刑の適用例としては、大名預所領民については、『中典類聚』に八件あるのに、『御裁許鈔』には一件しかない。しかし、他領民については、『中典類聚』に五四件あるだけではなく、『御裁許鈔』にも三一件ある。このことについては、次のように考えられる。大名預所領民は幕府領民であるが、もともと他領民として米沢藩が処罰していた者には前述したように幕府領民は含まれていなかったので、大名預所領民程には幕府に気を使う必要はない。したがって、『御裁許鈔』には、大名預所領民に関しては一件の適用例しかないが、他領民に関しては三一件もの適用例があるのである。

ただし、右のように考えても、一件とはいえ『御裁許鈔』に領外追放刑を適用する判例があるのは問題になる。この判例は、嘉永四年（一八五一）七月のものであるが、前述のように、天保一二年の幕府の評議で、米沢藩は大名預所領民への自分仕置権の行使を所払までに制限していたはずである。そこで、次にこの判例について検討したいと思う。(656)

嘉永四年七月　　　　　　　　　　　　　御預所中嶋村喜惣次兄北村金太郎内約

　　　　　　　　　　　　　　　　　　　聟　　　　　　　辰五郎

焼印玉川同（追拂）

右者、金子九両三分餘并衣類諸品諸所ゟ五拾三品盗取候者

右の判例では、被処罰者は、米沢藩内にある北村の村民の聟となることが内約されていた。したがって、大名預所領民ではあるものの米沢藩領民に準じて、領外追放刑である追払が適用されたものと考えられる。さらに、『御裁許鈔』には今までの私の論述のよりどころとなる決定的な判例がある。次の判例をみていただきたい。(657)

嘉永三年十月　　　　　　　　　　　　御預所相之森村清兵衛子

　　　　　　　　　　　　　　　　　　　　　　　　　才太

中山口追拂　但、差支之筋有之ニ付、永囲入被　仰付度よし御

　　預所郡奉行ゟ申出ニ付、伺之通被　仰付有之

右者、於赤湯同浴之者之脱置候着服ゟ七両三分ト百銭九枚抜取候者

この判例では、米沢藩当局が当初追払を科そうとしたところ、預所郡奉行から自分仕置権の行使として追払を科すことに支障があることを申し出たため、領外追放刑を科すことをやめ、拘束刑としても比較的軽い囲入を、ただし刑期については永囲入という形で科したものと思われる。

なお、追払以外の領外追放刑の適用例は、『御呵附引合』、『中典類聚』にはなく、『御裁許鈔』に本国帰（一件）、御国出入差塞（二件）という自分仕置の原則の例外として存在していた他領民専用の刑罰の適用

例がある。

三判例集の大名預所領民を処罰する判例においては、右に紹介した判例以外は、主に、禁足という比較的軽い拘束刑、財産刑、第二章第二節で扱った「郡奉行所江御渡相当之御叱可申渡旨申達之」という刑罰のどれかが適用されている。

ところで、他領出身の無宿者には他領民専用の領外追放刑である本国帰や御国払を科す判例があることは前述した。大名預所領民には本国帰や御国出入差塞を科す判例があるが、それでは、三判例集に大名預所出身の無宿者に他領民専用の領外追放刑を適用する判例はあるのであろうか。

結論をいえば、大名預所出身の無宿者に他領民専用の領外追放刑を適用する判例はない。また、第三三表をみればわかるように、大名預所出身の無宿者には『御裁許鈔』にも生命刑を適用している判例がある。大名預所出身の無宿者は、自領民と同一の刑罰が科されていると考えられる。

第九章　支藩に対する刑罰権

米沢藩は、米沢新田藩という支藩を有していた。支藩といえども、一つの藩として、幕府の自分仕置令上、自藩の刑罰権を行使し得たはずである。そこで、ここでは、刑罰権をめぐる米沢藩とその支藩米沢新田藩の関係について論じたいと思う。

米沢新田藩は、米沢藩藩主上杉吉憲が享保四年（一七一九）二月、弟勝周に新田高の内一万石を分知することが許されて成立した。形式的には独立の藩として認められ、米沢藩上杉氏の支藩の形をとっているが、すべて宗家米沢藩の支配機構及び財政機構に依存し、特定の領地や城地をもたなかった。家臣は、すべて米沢藩の家臣が駿河守様付として仕える体制であった。また、米沢新田藩の屋敷は、勝周が宗家米沢城の二の丸においてから代々これを受け継ぎ、藩主は以後廃藩まで五代続き、代々駿河守を称し、駿府城の加番役を勤めている。江戸屋敷は、享保一〇年（一七二五）九月、米沢藩の中屋敷麻布（一万二八〇〇坪）の内二八〇〇坪を与えられた。家臣団のない同藩は、分限帳も宗家のそれに含まれ、その筆頭に駿河守一万石と記入されている。したがって、支藩の運営も独自のものはなく、支侯御供として小姓・用人・留守居など数人がおかれている程度であった。財政の面でも、宗家米沢藩の払方帳に、米沢及び江戸における駿河様分の項が設けられ、知行米・仕切米高を記している。幕末の戊辰の役にあたっても、独自の行動はなく、藩主勝道は米沢藩主斉憲に従い、又その謝罪に奔走している[658]。

以上が、米沢新田藩の概要である。特定の領地がなく、領民はいなかったわけであるから、領民に対する刑罰権の行使の問題が生じる余地はないが、たとえ現実には米沢藩の家臣が駿河守様付として米沢新田藩藩主に仕えるのであったとしても、仕えている間は、米沢新田藩の家臣なのであるから、これらの家臣が犯罪を犯した場合の米沢新田藩藩主の刑罰権の有無が問題となる。

さて、ここで、まず米沢藩新田藩について考察する前に、他藩の支藩の場合をみてみよう。この点に関しては、平松義郎氏の研究(659)があるので、参照することにする。

平松義郎氏は、大名に「末家」、すなわち分家として成立した大名のうち、支藩と呼ばれるべきものは、幕府に対してはもちろん、対内的にも、また他領に対しても、通常の大名と異ならない権利義務をもつのが原則で、刑罰権についても同様である。ただ本家たる藩との関係においては、本家分家に基づく特別な法制が存し、とくに、本藩支藩の関連事件の処理につき、本藩が優越的裁判権を保有することがあったと述べておられる。そして、仙台藩と一関藩、名古屋藩と高須藩、佐賀藩と蓮池藩、金沢藩と富山藩・大聖寺藩及び庄内藩と松山藩を例とされて、本支藩引合事件における本藩の優越的主導的地位は、名古屋及び佐賀、金沢及び庄内、仙台の順で弱くなることを明らかにされた。以上の支藩は、いずれも領地を有している藩であるが、領地を有していない支藩に関しては、平松義郎氏は、「後者は大名ではあっても支藩とは呼びにくい」。「藩とは、大名の統治機關とともに行政区劃をも併せ意味する語であるからである。」と述べておられる。この平松義郎氏の立場からすると、米沢新田藩は、支藩とは呼びにくい存在となってしまう。しかし、仮に米沢新田藩が支藩ではないとしても、自分仕置令による刑罰権を有する存在であったことは否定されない。なぜならば、自分仕置令は「藩主」に対してではなく「萬石以上」の領主に触れられたのであったからである。ここでは、その領主が領地をもっているかどうかは問題にされていない。

ちなみに、本藩支藩の関連事件ではない支藩のみに関する事件については、本藩が吟味、仕置することはなかったとしている(660)。そして、旗本の本家と末家の間では、末家たる旗本知行所の事件まで本家が吟味、仕置することもあり、「これは、支藩たる大名においては見られなかったところで、旗本に特徴的であるといえる」と述べておられる。しかし、次の米沢藩の判例をみてみると、この指摘には疑問を感じざるを得ないと思われる。

本藩が支藩の事件に対して刑罰権を行使する判例を考察の対象とした先学の研究は多くはないと思われるので、以下には三判例集に収録されている米沢新田藩に関する判例を紹介し、検討することとしたい。

江戸勤差塞(661)　駿河守様御加籠脇
米沢江御差下　諸橋弥内
逼塞
右者、麻布御屋敷小屋二階おひて置火燵ゟ火洩候ニ付、同（享保）十五年十二月廿七日、右之通

遠慮(662)　駿河守様下足軽
大瀧善右衛門
右者、腹痛当番失念不参ニ付、宝暦五年七月、右之通

閉門(663)　駿河守様御小者
佐藤久蔵
右者、於御城内帽子を以貌を包、安田若狭と摺通、其上、差繕之及答候ニ付、宝暦八年、右之通

御馬廻善左衛門嫡子
駿河守様御駕籠脇
御駕籠脇被　召放(664)　石栗藤右衛門
遠慮

右者、駿河守様御駕籠脇相勤、歳暮御配之御使者相勤候節、家城頭席江之御目録五百文被遣候内、三百文と有之由先方ゟ申聞、其上請取書をも不取出、且取次之名前も失念重畳不届之儀ニ付、安永二年壬三月廿二日、右之通

嘉永元年十月(665)　　駿河守様御家老

以後之心得　　松木彦左衛門

右者、役馬改之節、毛付落支致候者之処、いまた江戸江御馬渡前ニ付、右之通

安政四年二月(666)　　駿河守様御家老三左衛門嫡子

同（慎）　同（十日）　　原駒之丞

右者、小鳥狩ニ罷越漆とハ不気付差障ニ相成候小漆之枯枝を伐取候ニ付

これらの判例から、米沢新田藩では、上位のものである自藩の家老の職務上の失態に関しても、下位の者の職務怠慢に関しても、また、米沢新田藩成立後それほど時間が経過していない享保の時点でも、幕末の安政の時点でも、自藩で処罰せず、米沢藩で処罰していたことがわかるのである。また、これらの事件は、宝暦八年の判例の場合を除いていずれも本藩支藩の関連事件ではなく支藩のみに関する事件である。したがって、米沢新田藩は刑罰権の行使に関しては全面的に米沢藩に依存していたと考えられる。

おわりに

以上、米沢藩の刑法に関して、刑罰面、博奕を例としての犯罪処罰面、責任能力面、刑法の地域的適用範囲面等を中心として米沢藩刑法の実態について論じてきた。

まず、刑罰の種類と特徴については、時代区分を『御呵附引合』、『中典類聚』、『御裁許鈔』の三判例集のそれぞれの判例収録対象時期を基準に前期・中期・後期の三期に分け、典型的刑罰がほぼ定着した中期までに関して第一章で論じた。

第一節では、『御呵附引合』と『中典類聚』を紹介し、第二節で刑罰の種類を明らかにし、特色のある刑罰を取り上げて論じた。米沢藩刑罰には闇討、定価屋渡等の幕府刑罰や他藩刑罰にはみられない独特の刑罰があり、これらの刑罰に対する従来の見解を再検討した。このことにより、闇討が幕府刑罰の下手人の一種であること、定価屋渡は有償で御家中諸士に対して奉公させる刑罰であること等いくつかの点で独自の新見解を示した。また、定価屋渡、御家中出奉公、出奉公、狭義の徒罪を含む広義の徒罪という概念を設け、この労役刑には、教育刑思想の影響があったことを明らかにした。

また、第三節では、『中典類聚』を取り上げて、米沢藩刑罰を御定書制定以後の幕府刑罰、御定書系・親藩・譜代型刑法典、御定書系・外様型刑法典、明律系・親藩・譜代型刑法典、明律系・外様型刑法典の刑罰と比較した。米沢藩刑罰に労役刑がある点は、明律系刑法典の刑罰と共通点をもつ。明律系の刑法典の中にも徒罪等の労役刑を採用したのに追放刑を廃止しなかったものもあったが、領内追放刑よりも領外追放刑を重視して、領外追放刑を多く用い、領内追放刑には段階的区別を設けなかった点は、それらの明律系の刑法典の場合とは大きく異なるし、幕府の政策にも逆行する。また、幕府の政策に従って領外追放刑のみを廃止した同じ外様藩である新発田藩とは、刑政の方向が正反対である。そして、定価屋渡、御家中出奉公、出奉公は、受刑者を武士や庶民の家に渡して働かせるという他藩の刑法典にはない独自性をもつ。ただし、入墨のように、米沢藩刑罰には幕府刑罰を取り入れた可能性がある刑罰も存在する。

以上の点から米沢藩刑罰には、米沢藩独自の刑罰、御定書制定以後の幕府刑罰、御定書系・親藩・譜代型刑法典の刑罰、御定書系・外様型刑法典、明律系・親藩・譜代型刑法典、明律系・外様型刑法典の刑罰が混在しており、この背後には、米沢藩が自己の刑罰体系を整備しようとした際、御定書、明律、さらにいくつかの他藩の刑法典を参照し得たとしても、それらの刑罰体系自体を取り入れるのではなく、それらの刑罰の中から米沢藩刑罰にとって必要な刑罰だけを取り入れ、また、同時に現実の必要に応じて独自の刑罰を考案して用いることにより、同じ判例法系・外様型刑罰体系の金沢藩と比較しても、幕府の政策に遠慮せずに、米沢藩独自の判例法系・外様型刑罰体系を築こうとした同藩の姿勢がみられる。

さて、第二章では、第一節で『御裁許鈔』の刑罰で、『御裁許鈔』にしかみられない刑罰として、まず「再焼印」、「入墨再焼印」及び「再焼印入墨」について論じた。これらの刑罰の出現によって、処罰の程度を犯罪に応じて一層緻密に調整できるようになり、また、犯罪を繰り返す者が生命刑の適用に至るのを遅延させることが可能になったことを指摘した。次に、「欠所者永く御渡無之」が適用されることとなったのは、近世後期には、刑の執行者である私人に対して、その適切な執行を刑罰をもって確保することが、それ以前の時代に比べてより強く要請されていたことを示しているとした。

第二節では、『御裁許鈔』に出てくる「郡奉行所江御渡相当之御叱可申渡旨申達之」について論じた。私は、ここでいう「郡奉行所」は、農村支配機構整備の中心として設置された「郡奉行所」ではなく、「預所郡奉行所」のことを意味していることを明らかにした。そして、この刑罰は、大名預所の者に対して用いられる刑罰であり、具体的な刑罰の決定は郡奉行所に委任する刑罰であることを指摘した。そして、当時米沢藩は屋代郷の一括米沢藩無年期大名預所化をもくろんでおり、屋代郷住民の動揺を防ぐため、大名預所住民を特別扱いする「郡奉行所江御渡相当之御叱可申渡旨申達之」があらわれたことを論じた。藩刑罰と大名預所との関係については、従来あまり論じられることがなかったが、幕府領である大名預所への藩の心配りの一例を明らかにしたといい得ると思う。

ところで、近世後期に至っても、領外追放刑が労役刑に取って代わられるという現象は米沢藩ではみられなかった。私は、第三節でその理由を探求し、経費のかかる徒罪を積極的に施行できる財政力がなかったことが、米沢藩が領外追放刑を廃止できず、むしろその適用を増加させた理由であると論じた。こう考えると、米沢藩の労役刑に、定価屋渡、御家中出奉公、出奉公という武士や庶民に使役させ藩の費用負担を減少させる労役刑があることが理解できる。また、労役刑で対応できず追放刑を科すこととなる者に領内追放刑ではなく、幕府が嫌った領外追放刑を適用した点に言及し、領内追放刑にすれば、無宿化した危険人物達は、領内の治安、特に城下町米沢の治安をおびやかす点がその理由となっていることを解明した。

そして、第四節では、二重以上仕置について考察した。幕府では、刑法典である『公事方御定書』を利用するため、犯罪と刑罰との関係が定型化されたが、そのためには、刑罰はなるべくシンプルな形が望ましい。したがって、幕府では単一刑主義が原則となった。これに対して、判例法主義をとる米沢藩では、同種の事件でも具体的な事件の態様によって刑罰を異にさせ、きめ細かい処罰をしようとしており、この傾向は強まっていった。そこで、処罰に微妙な差をつけるために、刑罰を様々に組み合わせることが不可欠になり、二重以上仕置の処罰がかなり用いられ、その数は増加していったと論じた。

ところで、近世では、身分秩序が法秩序と不可分に確立されていた。したがって、この身分を基準として適用刑罰を分類・考察することの意義は大きい。私は、このことに鑑み第三章で、諸士、陪臣、門屋借・台所借・名子借、出家沙門、禰宜神主、町家、百姓等に分類した考察を実施した。

特徴的なことを述べれば、まず、生命刑に関しては、諸士については、身分が高くなるに従い死刑刑種が少なくなること、三扶持方並階級以上の者には磔を適用しなかったこと、三手組階級等以上の者に対しては斬罪獄門を適用しなかったのではないかと思われることを明らかにした。また、出家沙門には、生命刑は原則として用いられなかったことを指摘した。さらに、諸士と町家・百姓について、磔、斬罪獄門、斬罪、討首、闇討の五種類を選んで検討すると、討首は町家・百姓よりも諸士により多く適用されるが、磔、斬罪獄門、斬罪、闇討は、町家・百姓により多く用いられていることを明らかにした。

拘束刑については、逼塞のようにほぼ全身分に用いられるものもあるが、身分によって適用状況が異なるものもある。閉門、遠慮、慎は、武士と出家沙門を対象としている。また、町家・百姓に多く適用された戸〆は、特に町家に多く適用されている。

さて、代表的労役刑である定価屋渡、御家中出奉公、出奉公、狭義の徒罪についても考察した。諸士には圧倒的に徒罪が適用されており、定価屋渡、御家中出奉公の適用がわずかにみられ、出奉公の適用例はみられない。出奉公は、庶民に対して無償で奉公させられる刑罰であるので諸士には用いられなかったと考えられる。ただし、陪臣には適用される余地があった。出家沙門には、徒罪のみが適用された。禰宜神主には定価屋渡が適用されているので、労役刑適用上出家沙門よりも町家・百姓に近い。門屋借・台所借・名子借、町家、百姓の場合は、定価屋渡、御家中出奉公、出奉公、狭義の徒罪のすべてに適用例を見出すことができる。

第四章では、男女の性別による刑罰の違いを考察した。まず、三判例集における全刑罰適用数中の女性の割合を調査し、いずれにおいても六パーセント以下であることが明らかとなった。そして、この数字は、女性の社会的活動が限定されていたことの反映であると論じた。

身体刑は、性別による差が顕著である。女性に適用した焼印はなく、入墨は例外的な一件を除いて女性には適用されていない。剃髪は男性にも適用されたが、断髪は女性にのみ用いられている。私は、米沢藩に関しては、女性に対しては苦痛を伴い跡が長期にわたって残存する身体刑は一般には用いられず、髪という女性にとって重要な外見的要素を対象とした身体刑が採用されたとし、このことは、身体刑の適用にあたって性の相違に応じた刑罰の効果が熟慮されていたことを表していると指摘した。

さて、追放刑では、男性に比べると女性の場合は領内追放刑の適用が重視された。この理由は、女性の保護というよりは、女性の社会に対する危険性を低くみた結果と考えられる。

労役刑では、狭義の徒罪が女性には適用されていない。この理由に関しては、直接的にはその労役が女性向きではないとされたことによるが、藩が女性の処罰を軽視したため女性向きの仕事を考案しなかったこと、藩の費用をかけて女性を更生させることに消極的であったことが背景にあると論じた。

第五章では博奕犯処罰を様々な角度から論じた。

第一節では、従来その概要しか紹介されることがなかった『博奕改革刑』に関して、博奕犯処罰に関する精緻な刑法典としての重要性に鑑み、その全文を翻刻・紹介し、制定された背景を論じた。

次に、第二節では、『公事方御定書』の博奕に関する条文を紹介し、『博奕改革刑』の条文と比較するとともに、様々な賭博の内容について述べた。『公事方御定書』の規定と『博奕改革刑』の規定を比較してみた場合、『博奕改革刑』においては『公事方御定書』のように、博奕の種類を細かく分けて規定していないが、身分ごとに処罰を規定しており、この点は『公事方御定書』と異なる。近世では、身分秩序と法秩序とが不可分の関係にあったのであるから、この『博奕改革刑』の規定のしかたは、当時の社会体制にふさわしいものということができると思われる。ここに、『博奕改革刑』を当時の社会の実態になじむ刑法典とし、その実効性を確保させようとした米沢藩の姿勢がみられると指摘した。

第三節では、『博奕改革刑』と『中典類聚』を比較することにより、どの程度刑法典にもとづいて判決がなされていたかを、身分別、博奕犯の形態別に考察した。『博奕改革刑』の規定は概ね守られており、同法通りの処罰がなされていない身分や博奕犯の形態についても、判例上一定の処罰のルールが確立されていたことが明らかとなった。

さて、『御呵附引合』を用いて『博奕改革刑』以前の博奕死刑制の実効性を考察したのが第四節である。博奕死刑制は一定の実効性を有していたが、処罰が弛緩した時代もあったことを明らかにした。

そして、その時代による処罰の差の実態を解明するために、『御代々御式目』を用いて博奕犯処罰の変遷を考察したのが第五節である。まず、天和三年の死刑を科すことを明記した禁令の発令理由を検討し、背景に綱吉の政策があることを明らかにした。また、享保期、寛保期の博奕禁止令発令後、宝暦七年の禁令以降明和六年まで『御代々御式目』には原則として博奕禁止令がみられなくなる。私は、この空白期間は古来の国風の重視よりも、積極的な商業政策等により財政再建をはかろうとした森平右衛門政治によってもたらされたことを指摘した。しかし、平右衛門政治が否定されると、明和六年一〇月、博奕犯に「死罪」を科すことを明記した禁令が発せられたが、天和三年の禁令と同様に刑罰を明記した点に着目して、ここには、天和三年の禁令と同様に、刑罰を「民は依らしむべし、知らしむべからず」という当時の一般的な立法姿勢とは逆の「知らしめること」による犯罪予防効果をねらった立法姿勢がみられると論じた。また、博奕死刑制に基づく禁令が天明六年四月にも発令されたが、この文面には、藩当局内の厳罰主義に対する疑問の声が垣間見られ、それは寛政三年一二月に死刑を廃止し、広義の徒罪を中心とした刑罰を科す方針転換を導いたことを論じた。このことは上杉鷹山の仁政思想の実践でもあるが、米沢藩の寛政改革の重要な柱である農村復興策と不可分の関係にある生産者人口増加策にも関連し、教育刑的側面をもつ広義の徒罪の有効性に目が向けられていたこととも繋がりがある。この新方針が『博奕改革刑』が寛政四年二月に出された背景にある。

第六節及び第七節では、他藩刑法典の博奕処罰規定や『公事方御定書』の博奕処罰規定の変更について論じ、諸藩刑法の影響による幕府刑法の変更という論点の重要性を指摘した。

第六章では、近世前期・中期の米沢藩における乱心者や幼年者に対する処罰を考察し、幕府及び他藩の場合と比較した。両者の処罰に関しては、幕府刑法に関しては従来の研究でも取り上げられていたが、藩刑法に関する本格的な研究はなかった。

第一節第一項においては、乱心者に関して『御呵附引合』の判例に比べ『中典類聚』では、生命刑が減少し、拘束刑が増加しており、乱心者に対する処罰が緩和されたことを明らかにした。

第二項においては、幕府の乱心者の処罰と米沢藩のそれを比較した。その結果、元禄一〇年閏二月以降は、殺人に関しては、米沢藩の判例は幕府の方針の変化に準じて変化しており、幕府の方針の影響の下にあった可能性を指摘した。また、放火に関しても、『公事方御定書』制定以後は、米沢藩の判例は幕府の取扱いと類似していることを示した。

第三項では、他藩の刑法典の処罰と比較した結果、米沢藩の処罰は『公事方御定書』を手本とした亀山藩・盛岡藩及び和歌山藩の刑法典の処罰と似ていることを明らかにした。

第二節第一項では、幼年者の処罰について『御呵附引合』と『中典類聚』を比較して、前者ではすべて追放刑が科せられているのに、後者では判決の時点で幼年者である者に拘束刑が科せられており、幼年者の処罰が緩和されたことを示した。

第二項では、幕府の幼年者の処罰と米沢藩の幼年者のそれを比較した。その結果、追放刑から拘束刑へと変化したのは、幕府の処罰方針が影響した可能性を考えることができることを論じた。

第三項では、他藩の刑法典の処罰と比較した結果、米沢藩の処罰は亀山藩及び盛岡藩の刑法典の処罰と似ていることがわかった。

第七章では、『御裁許鈔』により乱心者、幼年者の処罰について考察した。そして、『中典類聚』における両者の処罰の原則が『御裁許鈔』でも維持されていると論じた。

第八章第一節においては、米沢藩の他領民の処罰について考察した。

御国払等の他領民専用の刑罰には、出入国管理に伴う行政処分的な面が認められ、この点が自分仕置の原則の例外として存在し得た理由であろうと指摘したが、問題は、自領民に一般的に適用する刑罰を他領民にも科していることである。このことは、自分仕置の原則に違反する疑いが濃い。そこで、他藩の場合を調べると、他領民の本国へ通知のうえとはいえ、本来であれば他領民が犯罪者である以上、自藩で処罰せず幕府に奉行所吟味願をなすべきであったのに、複数の外様大藩において自分仕置をしていた。幕府は、御料人別の者に対する大名の自分仕置については厳重にこれを禁止したが、私領間の事件における自分仕置令違反についてはこれを黙過していた。私は、そのような幕府の自分仕置に対する姿勢を背景として、米沢藩では大藩意識を有していたが故、他の大藩と同じ姿勢で臨んだと考える。この事実は、幕藩体制の下での刑事裁判権という統治機能をめぐる幕府と諸藩の力関係を表現している点に特に大きな意味があると思う。

他領民については、生命刑を科す判例が外の二判例集にはあるのに『御裁許鈔』にはない。この謎を私は解明し、天保一二年の評議で、幕府に米沢藩が大名預所であるのに私領通りの仕置をしていたことを否定されたため、自領内での他領民の犯罪に対する自分仕置権の行使をも制限せざるを得なくなったのが理由であると論じた。すなわち、天保一二年という、まさに幕府権力の最後の復興策天保改革の開始年に、幕府は、幕藩体制下の藩の刑事裁判権に対する締め付けを行ったのである。

第二節においては大名預所領民に対する刑罰について論じた。大名預所の支配に関しては、正徳期の新井白石による大名預所全廃の前後で、近世前半期、後半期に分けることができる。近世前半期に関しては、米沢藩を含むほとんどの藩では死刑以外の刑罰については大幅に手限仕置権を行使し得た。しかし、近世後半期になると、前半期から大名預所を有していた諸藩の自分仕置権は所払までに制限された。米沢藩では、判例上大名預所領民の犯罪に関して幕府の指示を受けた形跡はない。私は、大藩意識が強かった米沢藩は、自分仕置権の範囲を逸脱して大名預所内での犯罪に対し、藩内での自領民の犯罪に対するのと同様の処罰を行っていたのではないかと思われることを指摘した。ところが、前述した幕府の天保一二年の評議が出されたため、米沢藩は大名預所領民が大名預所内で犯した犯罪についてはもとより、自藩内で犯した犯罪に関しても、自分仕置権の行使を制限せざるを得なくなったと考えられる。

さて、米沢藩は、米沢新田藩という支藩を有していたが、支藩も自分仕置令上自藩の刑罰権を行使し得た。そこで、第九章では支藩の刑罰権について論じた。米沢新田藩には、特定の領地がなく領民はおらず、米沢藩の家臣が駿河守様付として米沢新田藩藩主に仕えるのであったが、仕えている間は米沢新田藩の家臣であるから、犯罪を犯した場合の同藩藩主の刑罰権の有無が問題となる。判例を調べてみると、米沢新田藩は刑罰権の行使に関しては全面的に米沢藩に依存していたことが明らかになった。

以上、本稿についての概略を記した。幸いに、多くの判決を収録した複数の判例集の分析が可能であったため、米沢藩の全時期にわたって同藩刑法の変遷を位置付けることができたと思う。最後に、今後の課題となる点をあげておきたい。

第一に、本稿で比較の対象とした藩は限られており、厳密な比較のためには、さらに多くの藩と比較する必要があると考える。

第二に、米沢藩の刑罰には、藩の財政状況・経済状況の影響がみられる。米沢藩が領外追放刑を廃止できず、その適用を増加させた理由は、徒罪を積極的に施行できる財政力がなかったことにあり、米沢藩の労役刑に、定価屋渡、御家中出奉公、出奉公という武士や庶民に使役させ藩の費用負担を減少させる労役刑があったことも藩の財政力が弱かったことに起因する。一方、武士・庶民自体も貧しかったから、定価屋渡等の刑もそれほど多く適用されず、領外追放刑の適用が減少するということもなかった。

したがって、米沢藩の財政状況、経済状況の変遷にも目を向け、その刑罰との関係をより深く考察する必要があると思う。

注

（1）平松義郎『江戸の罪と罰』、一一一頁。
（2）平松義郎『近世刑事訴訟法の研究』、三頁。
（3）同右。
（4）法制史学会編・石井良助校訂『徳川禁令考』別巻、四一頁。
（5）前掲平松義郎『近世刑事訴訟法の研究』、六〇頁。
（6）前掲平松義郎『江戸の罪と罰』、一一二頁。
（7）石井良助『江戸の刑罰』、八頁。
（8）布施彌平治「米沢藩刑法の特色」（『日本法学』第三三巻第三号所収）、鈴井正孝・武田正「江戸時代に於ける米沢藩の刑罰」（山形県立米沢東高等学校『研究紀要』第二号所収）、鈴井正孝「米沢藩に於ける追放刑について」（山形県立山形北高等学校『研究紀要』第二号所収）、武田正「江戸時代に於ける米沢藩の刑罰Ⅱ―『御裁許鈔』を中心として―」（山形県立米沢東高等学校『研究紀要』第三号所収）、同「寛政の博奕改革刑について―米沢藩の場合―」（山形県立米沢東高等学校『研究紀要』第四号所収）、同「米沢藩の博奕刑の改革」（『日本歴史二六八』）。
（9）米沢市史編さん委員会編『米沢市史　資料篇二』、二九二頁。
（10）高橋豊「中典類聚について」（前掲『米沢市史　資料篇二』所収）、七〇六頁。
（11）同右、七〇八～七一一頁。
（12）前掲鈴井正孝・武田正「江戸時代に於ける米沢藩の刑罰」、九〇頁。
（13）『御呵附引合』（上杉文書、整理番号・四九六・一〇―八）。
（14）前掲高橋豊「中典類聚について」、七〇八頁。
（15）前掲布施彌平治「米沢藩刑法の特色」、七四頁。
（16）前掲『御呵附引合』（上杉文書、整理番号・四九六・一〇―九）。
（17）前掲高橋豊「中典類聚について」、七〇八頁。
（18）前掲『御呵附引合』（上杉文書、整理番号・四九六・一〇―八）。
（19）前掲布施彌平治「米沢藩刑法の特色」、七四頁、前掲高橋豊「中典類聚について」、七〇八頁、前掲鈴井正孝・武田正「江戸時代に於ける米沢藩の刑罰」、九七頁。
（20）前掲鈴井正孝・武田正「江戸時代に於ける米沢藩の刑罰」、九七頁。
（21）前掲『御呵附引合』（上杉文書、整理番号・四九六・一〇―八）。
（22）石井良助『刑罰の歴史』、一二九頁。
（23）前掲米沢市史編さん委員会編『米沢市史　資料篇二』、三五九～三六〇頁。
（24）同右、三二一～三六九頁。
（25）前掲平松義郎『近世刑事訴訟法の研究』、五一頁。
（26）前掲石井良助『江戸の刑罰』、八一頁。
（27）同右。
（28）中澤巷一監修京都大学日本法史研究会編『藩法史料集成』、

三三六頁。
(29) 石井良助『日本法制史概説』、四九四頁。
(30) 前掲米沢市史編さん委員会編『米沢市史　資料篇二』、四三一頁。同、四五五頁。
(31) 前掲鈴井正孝・武田正「江戸時代に於ける米沢藩の刑罰」、一二三～一二五頁、鈴井正孝「米沢藩に於ける追放刑について」、一八頁。
(32) 前掲米沢市史編さん委員会編『米沢市史　資料篇二』、四三三頁、同、四三八頁。
(33) 前掲米沢市史編さん委員会編『米沢市史　資料篇二』には、その三一九頁において「御国帰」という刑罰の記述がある(文化八年四月二九日判決)。もしこのような刑罰があったとしたら、そこにおいては、「御国」という言葉は処罰者の本国等という意味になり、本文の私の説明と矛盾すると思われる。しかし、この部分をマイクロフィルムにより原本と比較してみると、原本では「本国帰」となっており、前述の記述の「御国帰」は誤りであり、「本国帰」が正しい。
(34) 前掲米沢市史編さん委員会編『米沢市史　資料篇二』、六三五頁。
(35) 前掲平松義郎『近世刑事訴訟法の研究』、二一頁。
(36) 前掲米沢市史編さん委員会編『米沢市史　資料篇二』、四三六頁。
(37) 前掲布施彌平治「米沢藩刑法の特色」、七五頁。
(38) 同右、七六頁。
(39) 前掲鈴井正孝・武田正「江戸時代に於ける米沢藩の刑罰」、一〇七頁。
(40) 前掲石井良助『日本法制史概説』、一四七頁。
(41) 前掲米沢市史編さん委員会編『米沢市史　資料篇二』、六一七頁。
(42) 前掲『御呵附引合』(上杉文書、整理番号・四九六・一〇—八)。
(43) 同右(上杉文書、整理番号・四九六・一〇—四)。
(44) 前掲平松義郎『江戸の罪と罰』、一一二～一一三頁。
(45) 同右、一五一頁。
(46) 前掲鈴井正孝「米沢藩に於ける追放刑について」、七～一〇頁。
(47) 前掲平松義郎『江戸の罪と罰』、一六二頁。
(48) 同右、一二八～一二九頁。
(49) 前掲中澤巷一監修京都大学日本法史研究会編『藩法史料集成』、四五頁。
(50)『徳川禁令考』V、四六一～四六二頁。
(51) 前掲高橋豊「中典類聚について」、七一一頁。
(52) 同右、七一一頁。
(53) 前掲布施彌平治「米沢藩刑法の特色」、七七頁。
(54) 布施彌平治「米沢藩法と刑罰」(『マイクロ　フィルム版上杉文書目録』所収)、四頁。
(55) 横山昭男『上杉鷹山』、一九三～一九四頁。
(56) 渡邊與五郎『近世日本経済史—上杉鷹山と米沢藩政史—』、

四三頁。
(57)前掲米沢市史編さん委員会編『米沢市史　近世編一』、三一五頁。
(58)前掲武田正「江戸時代における米沢藩の刑罰Ⅱ―『御裁許鈔』を中心として―」、九～一一頁。
(59)前掲鈴井正孝・武田正「江戸時代に於ける米沢藩の刑罰」
(60)『諸廳根元記』(山形県編『山形県史　資料篇四』)、五三六～五四〇頁。
(61)前掲『御呵附引合』(上杉文書、整理番号・四九六・一〇―一〇)。
(62)同右(上杉文書、整理番号・四九六・一〇―九)。
(63)池田成章編著『鷹山公世紀』、四七七～四七九頁。
(64)前掲米沢市史編さん委員会編『米沢市史　資料篇二』、五八二～五八三頁。
(65)前掲『諸廳根元記』、五三六頁。
(66)同右、五四三頁。
(67)前掲高橋豊「中典類聚について」、七一一頁。
(68)同右。
(69)牧英正・藤原明久編『日本法制史』、二二六頁。
(70)鎌田浩「熊本藩における刑政の展開」(服藤弘司・小山貞夫編『法と権力の史的考察』所収)、六二六頁。
(71)前掲鎌田浩「熊本藩における刑政の展開」、六二六頁。
(72)小林宏・高塩博『熊本藩法制史料集』、一一六頁によれば、津山藩主松平康哉は、当時、すでに名君と称された諸侯と交友があり、とりわけ米沢藩主上杉治憲(鷹山)や白河藩主松平定信、細川重賢とは親しかった。康哉は重賢の人物とその施政には敬服していたから、藩主としての心構えや藩政について、重賢にしばしば教えを乞うているとされている。この指摘に基づき私は本文のように考えた。
(73)前掲牧英正・藤原明久編『日本法制史』、二二五頁。
(74)前掲米沢市史編さん委員会編『米沢市史　資料篇二』、三四九頁。
(75)前掲『御代々御式目』(上杉文書、整理番号・四四七・一八)、一八三～一八四頁。
(76)前掲石井良助『日本法制史概説』、四九三頁。
(77)前掲米沢市史編さん委員会編『米沢市史　資料篇二』、四一八頁。
(78)前掲石井良助『江戸の刑罰』、六二～六五頁。
(79)前掲米沢市史編さん委員会編『米沢市史　資料篇二』、四四九頁。
(80)前掲石井良助『江戸の刑罰』、六五頁。
(81)前掲『御呵附引合』(上杉文書、整理番号・四九六・一〇―九)。
なお、本節では『中典類聚』に収録されている判例と幕府の判例との比較を行っているのであるが、この寛政九年の判例は、第一章第一節で述べたように、『中典類聚』が収録を開始している寛政三年正月二日後の判例として、本稿においては『中典類聚』時代の判例と称することになる判例である。

(82) 前掲石井良助『江戸の刑罰』、八七頁。
(83) 同右、七〇頁。
(84) 同右、八五頁。
(85) 前掲米沢市史編さん委員会編『米沢市史　資料篇二』、三一一頁。
(86) 前掲石井良助『江戸の刑罰』、八四〜八五頁。
(87) 同右、一八三〜一八五頁。
(88) 前掲平松義郎『江戸の罪と罰』、一八三頁・二〇七頁。
(89) 平松義郎氏は、この記述を裏付ける取り扱いとして、『御證文引合帳』の文久三年分から次の二つの事例を紹介している（平松義郎「幕末期における犯罪と刑罰の実態―江戸小伝馬町牢屋記録による―」（『国家学会雑誌』第七一巻第三号所収）、一〇六〜一〇七頁。）。

まず、佐州水替人足に関する事例は、次の通りである。

右同掛（大久保雄之助殿―筆者註―）

下谷無宿長之助事幸四郎當時增入墨
佐州入墨
（朱書）
八丈島
幸太
三十五歳

一戌十一月十二日入
亥七月廿五日遠島申渡在牢

右之もの遂吟味候處、先達而盗致し候依科入墨之上重敲、又は、博奕致候ニ付重敲、或は、入墨を消紛し博奕致し候依科如元入墨之上江戸拂、其後御構場所江立入博奕致し候ニ付增入墨敲重追放之上佐州水替人足ニ差遣候處、同所敷内小屋場ゟ逃去、入墨を消紛し、其上盗致し候依科彼地ニおゐて猶又入墨重敲之上敷内江追込被申付、其後水替業出精致し候ニ付平人他國出申渡受候身分ニ而御構場所江立入、其上神田川通地名不存河岸物陰ニ而無宿躰之もの七八人手合ニ加リ筒ニ而七八拾錢賭之賽博奕壹度致し打勝候錢之代り怪敷品と乍心付衣類其外請取候段不届ニ付遠島

（中略）

亥十月廿六日

次に、江戸の人足寄場に関する事例は、以下のものである。

都筑駿河守殿掛

一寅四月十三日入
小野袋村無宿
又吉
四拾歳

右之もの儀、先達而博奕其外悪事いたし候依科中追放御仕置請、人足寄場江入同所差免相成候身分、下野國は御構之地と乍辨立入、其上手強之盗可致旨、誰発意ともなく大荷場村無宿外貳人申合銘々拔刄携同國石塚村源蔵方江押込、家内之もの共を縛り上ケ、所持之金錢可差出、聲立候ハ、可切殺抔申威、金錢、脇差、鎗、長刀奪取、同國北武井村久右衞門宅江は、同類之もの

共信州無宿德太郎一同押込候節、外見いたし居候段、久右衛門方ニ而は物不取得候とも、右如末不届至極ニ付、松平豊前上殿依御差圖於淺草獄門申付令出牢もの也

亥七月廿七日

(90) 石井良助「日本刑罰史における人足寄場の地位」(人足寄場顕彰会編『人足寄場史』所収)、四六頁・五二頁。

(91) 前掲石井良助『江戸の刑罰』、八六頁。

(92) 同右、八九頁。

(93) 服藤弘司『幕府法と藩法』、七一頁。

(94) 前掲中澤巷一監修京都大学日本法史研究会編『藩法史料集成』、二八九～三五六頁。

(95) 藩法研究会編『藩法集Ⅱ』、四九九～五三一頁。

(96) 前掲中澤巷一監修京都大学日本法史研究会編『藩法史料集成』、五一～一一一頁。

(97) 同右、二四一～二八八頁。

(98) 高塩博「会津藩「刑則」」(『国学院大学日本文化研究所紀要』第五七輯所収)、四五～六九頁。

(99) 前掲小林宏・高塩博『熊本藩法制史料集』、四〇九～五七七頁。

(100) 前掲中澤巷一監修京都大学日本法史研究会編『藩法史料集成』、一六〇～一八〇頁。

(101) 同右、一八一～一八二頁。

(102) 橋本久「弘前藩の刑法典(一)—安永律—」(『法学論集』第六号所収)、一八五～一九九頁。

(103) 前掲中澤巷一監修京都大学日本法史研究会編『藩法史料集成』、三一～五〇頁。

(104) 橋本久「弘前藩の刑法典(六)—寛政律—」(『法学論集』第一四号所収)、一五九～一九〇頁。

(105) 橋本久「弘前藩の刑法典(一八)—文化律—」(『法学論集』第三二号所収)、一三五～二〇〇頁。

(106) 服藤弘司「「公事場御刑法之品々」—加賀藩法制資料(二)—」(『金沢法学』第一二巻第一・二合併号所収)、二九六～三〇四頁。

(107) 前掲米沢市史編さん委員会編『米沢市史　資料篇二』。

(108) 法制史学会編・石井良助校訂『徳川禁令考』、前掲石井良助『日本法制史概説』、前掲石井良助『江戸の刑罰』。

(109) 木村礎・藤野保・村上直『藩史大事典』第五巻、三八四～三八五頁、国史大辞典編集委員会編『国史大辞典』第三巻、六〇三～六〇四頁。

(110) 前掲中澤巷一監修京都大学日本法史研究会編『藩法史料集成』、六九頁。

(111) 前掲木村礎・藤野保・村上直『藩史大事典』第六巻、四～七頁、前掲国史大辞典編集委員会編『国史大辞典』第一〇巻、三八八～三八九頁。

(112) 前田正治「鳥取藩「律」考」(『法と政治』第二三巻第三・四号所収)、一～五四頁。

(113) 前掲木村礎・藤野保・村上直『藩史大事典』第一巻、五六

～八〇頁、前掲国史大辞典編集委員会編『国史大辞典』第一三巻、八六二～八六三頁。
(114) 前掲中澤巷一監修京都大学日本法史研究会編『藩法史料集成』、一七～一八頁。
(115) 牧英正・藤原明久編『日本法制史』、二三〇頁、手塚豊「和歌山藩國律―村田本―」（『法学研究』第二六巻第六号所収）、三四頁、前掲中澤巷一監修京都大学日本法史研究会編『藩法史料集成』、五八頁。
(116) 高塩博「会津藩「刑則」」（『国学院大学日本文化研究所紀要』第五七輯所収）、四五～四八頁。
(117) 前掲木村礎・藤野保・村上直『藩史大事典』第七巻、二七七～二七八頁、前掲国史大辞典編集委員会編『国史大辞典』第四巻、八八三～八八五頁。
(118) 鎌田浩「熊本藩における刑政の展開」（服藤弘司・小山貞夫編『法と権力の史的考察』所収）、六二五～六二六頁。
(119) 前掲木村礎・藤野保・村上直『藩史大事典』第三巻、三七～三八頁、前掲国史大辞典編集委員会編『国史大辞典』第七巻、四九～五〇頁。
(120) 前掲中澤巷一監修京都大学日本法史研究会編『藩法史料集成』、六九頁。
(121) 前掲中澤巷一監修京都大学日本法史研究会編『藩法史料集成』、四四頁。
(122) 黒瀧十二郎『日本近世の法と民衆』、七七～一三二頁。
(123) 黒瀧十二郎『津軽藩の犯罪と刑罰』、三～五頁、前掲『日本近世の方と民衆』、一四〇頁。
(124) 前掲黒瀧十二郎『日本近世の法と民衆』、一八六頁、前掲木村礎・藤野保・村上直『藩史大事典』第一巻、三一～三二頁、前掲国史大辞典編集委員会編『国史大辞典』第一一巻、一〇八六～一〇八八頁。
(125) 前掲服藤弘司「「公事場御刑法之品々」―加賀藩法制資料（二）―」、二七八～三〇四頁。
(126) 前掲中澤巷一監修京都大学日本法史研究会編『藩法史料集成』、四五頁。
(127) 前掲高橋豊「中典類聚について」、七一〇頁。
(128) 手塚豊「明治初年の和歌山藩刑法―「徒刑之法」及び「刑法内則」を中心として―」（『法学研究』第二五巻第三号所収）、三三頁。
(129) 前掲服藤弘司「「公事場御刑法之品々」―加賀藩法制資料（二）―」、二七八～三〇四頁。
(130) 同右、三〇二頁。
(131) 前掲平松義郎『江戸の罪と罰』、一七七～一八〇頁。
(132) 前掲武田正「江戸時代に於ける米沢藩の刑罰Ⅱ―『御裁許鈔』を中心として―」、三頁。
(133) 『御裁許鈔』（上杉文書、整理番号・四八七・七―一）。
(134) 同右（上杉文書、整理番号・四八七・七―三）。
(135) 同右（上杉文書、整理番号・四八七・七―一）。
(136) 同右（上杉文書、整理番号・四八七・七―三）。
(137) 同右。

(138) 前掲『御裁許鈔』（上杉文書、整理番号・四八七・七―一）。
(139) 前掲布施彌平治「米沢藩刑法の特色」、七八頁。
(140) 『御代々御式目』（上杉文書、整理番号・四四七・廿二）。
(141) 前掲『御裁許鈔』（上杉文書、整理番号・四八七・七―六）。
(142) 前掲木村礎・藤野保・村上直編『藩史大事典』第一巻、五〇六頁。
(143) 登坂又藏編『米澤市史』、一二一〇頁。
(144) 米沢藩には評定所が存在し、二の丸に近い評定所前町に町奉行所と共にあったことが知られている（米沢市史編さん委員会編『米沢市史　近世編二』、三一八頁。）。また、重大犯人や藩の重臣・名家の処遇を評議裁決するに当たっては、三人の奉行（国家老）が判断を下したとされている（前掲高橋豊「中典類聚について」、七〇六頁。）。これらのことを考慮すると、刑事訴訟に関わることのすべての権限を町奉行がもっていたわけではないと考えられる。いずれにしても、米沢藩における裁判機構の解明については、今後の課題としたいと思う。
(145) 前掲米沢市史編さん委員会編『米沢市史　近世編二』、三九一～三九二頁。
(146) 横山昭夫『上杉鷹山』、七四頁。
(147) 前掲米沢市史編さん委員会編『米沢市史　近世編二』、六〇頁。
(148) 同右、四二五～四二六頁。
(149) 米沢市史編さん委員会編『米沢市史　近世編一』、四四四～四四五頁。
(150) 『御裁許鈔』（上杉文書、整理番号・四八七・七―七）。
(151) 同右（上杉文書、整理番号・四八七・七―一）。
(152) 同右。
(153) 同右（上杉文書、整理番号・四八七・七―七）。
(154) 同右。
(155) 服藤弘司『大名預所の研究』、一三頁。
(156) 前掲米沢市史編さん委員会編『米沢市史　資料篇二』、三三一頁。
(157) 前掲服藤弘司『大名預所の研究』、五二頁。
(158) 同右、一一三頁。
(159) 同右、一二七頁。
(160) 同右、二一〇頁。
(161) 前掲登坂又藏編『米澤市史』、三三三頁。
(162) 前掲米沢市史編さん委員会編『米沢市史　近世編一』、四四七頁。
(163) 同右、四四七頁、米沢市史編さん委員会編『米沢市史　大年表・索引』、一六〇頁。
(164) 前掲米沢市史編さん委員会編『米沢市史　大年表・索引』、一九四頁。
(165) 前掲服藤弘司『大名預所の研究』、一二一頁。
(166) 同右、一四四頁。
(167) 前掲米沢市史編さん委員会編『米沢市史　近世編一』、四四四頁。

(168) 文久三年（一八六三）二月四日、米沢藩は、幕府から屋代郷の政治向を私領同様に扱うことを許可されたが、これに反対する屋代郷住民により引き起こされた騒動が屋代郷騒動である（前掲米沢市史編さん委員会編『米沢市史　近世編二』、五六〇～五七五頁。）。

(169) 前掲平松義郎『江戸の罪と罰』、一〇七～一六八頁。

(170) 同右、一一五頁。

(171) 同右、一四二頁。

(172) 同右、一六八頁。

(173) 前掲平松義郎『近世刑事訴訟法の研究』、八七九～八八〇頁。

(174) 法制史学会編・石井良助校訂『徳川禁令考　別巻』、一三四頁。

(175) 前掲平松義郎『近世刑事訴訟法の研究』、八七九～八八〇頁。

(176) 同右、八六七頁。

(177) 前掲平松義郎『江戸の罪と罰』、五六～五七頁。

(178) 前掲石井良助『日本法制史概説』、三八五頁。

(179) 前掲布施彌平治「米沢藩刑法の特色」。

(180) 武田正「寛政の博奕改革刑について―米沢藩の場合―」（山形県立米沢東高等学校『研究紀要』第四号所収）、同「米沢藩の博奕刑の改革」（『日本歴史２６８』）。

(181) 前掲平松義郎『近世刑事訴訟法の研究』、一〇〇四頁。

(182) 同右、一〇〇五～一〇〇六頁。

(183) 同右、一〇〇五～一〇〇六頁、前掲平松義郎『江戸の罪と罰』、一七〇～一七二頁。

(184) 『米沢市史』第二巻、一二三～一三三頁。

(185) 前掲米沢市史編さん委員会編『米沢市史　大年表・索引』、二三五頁。

(186) 前掲木村礎・藤野保・村上直『藩史大事典』第一巻、五〇六～五〇七頁。

(187) 前掲米沢市史編さん委員会編『米沢市史　資料篇二』、三四〇～三四一頁。

(188) 同右、三三八頁。

(189) 前掲石井良助『江戸の刑罰』、六五頁。

(190) 前掲黒瀧十二郎「日本近世の法と民衆」、二七四頁。

(191) 前掲石井良助『江戸の刑罰』、八一頁。

(192) 同右、八一頁。

(193) 同右。

(194) 前掲『御呵附引合』（上杉文書、整理番号・四九六・一〇一五。）。

(195) 前掲米沢市史編さん委員会編『米沢市史　資料篇二』、四九六頁。

(196) 同右、六六六頁。

(197) 前掲米沢市史編さん委員会編『米沢市史　第三巻』、三九一～三九二頁。

(198) 前掲米沢市史編さん委員会編『米沢市史　資料篇二』、五四〇頁。

(199) 前掲平松義郎『近世刑事訴訟法の研究』、一七三〜一八一頁。
(200) 前掲『御呵附引合』（上杉文書、整理番号・四九六・一〇—一）。
(201) 同右、前掲『御裁許鈔』（上杉文書、整理番号・四八七・七—壱）、『御裁許鈔』（上杉文書、整理番号・四八七・七—五）。
(202) 前掲『御裁許鈔』（上杉文書、整理番号・四八七・七—五）。
(203) 前掲米沢市史編さん委員会編『米沢市史　第二巻』、三三二頁、三八〇頁。
(204) 前掲平松義郎『近世刑事訴訟法の研究』、三二四〜三二五頁。
(205) 前掲米沢市史編さん委員会編『米沢市史　大年表・索引』、二一八〜二二七頁。
(206) 前掲平松義郎『近世刑事訴訟法の研究』、三三七頁。
(207) 同右、三三九〜三四〇頁。
(208) 前掲石井良助『江戸の刑罰』、八二頁。
(209) 法制史学会編・石井良助校訂『徳川禁令考　別巻』、六七〜六八頁。
(210) 前掲『御代々御式目』（上杉文書、整理番号・四四七・二二）。
(211) 前掲米沢市史編さん委員会編『米沢市史　近世編二』、四一八頁。
(212) 同右、一四五頁。
(213) 同右、一三一頁。
(214) 平松義郎「幕末期における犯罪と刑罰の実態—江戸小伝馬町牢屋記録による—」（『国家学会雑誌』第七一巻第三号所収）、三三八頁、前掲平松義郎『近世刑事訴訟法の研究』、一〇六一頁。
(215) 前掲石井良助『江戸の刑罰』、五三〜五五頁。
(216) 前掲『御裁許鈔』（上杉文書、整理番号・四九六・七—二）。
(217) 前掲石井良助『江戸の刑罰』、六四〜六五頁。
(218) 前掲鈴井正孝・武田正「江戸時代に於ける米沢藩の刑罰」、九九〜一〇〇頁。
(219) 前掲米沢市史編さん委員会編『米沢市史　資料篇二』、四四九頁。
(220) 前掲法制史学会編・石井良助校訂『徳川禁令考』、一三四頁。
(221) 同右、一三一頁。
(222) 前掲米沢市史編さん委員会編『米沢市史　資料篇二』、五〇八頁。
(223) 前掲米沢市史編さん委員会編『米沢市史　資料篇二』、五九六頁。
(224) 前掲『御裁許鈔』（上杉文書、整理番号・四八七・七—一）。
(225) 前掲武田正「寛政の博奕改革刑について—米沢藩の場合—」。

(226) 前掲布施彌平治「米沢藩刑法の特色」。
(227) 武田正「米沢藩の博奕刑の改革」（『日本歴史二六八』所収）。
(228) 石井良助『第三江戸時代漫筆』、七六〜一五八頁。
(229) 増川宏一『賭博Ⅰ』、同『賭博Ⅱ』、同『賭博Ⅲ』、同『賭博の日本史』。
(230) 前掲『御呵附引合』（上杉文書、整理番号・四九六・一〇—九）。
(231) 前掲武田正「寛政の博奕改革刑について—米沢藩の場合—」、二八頁。
(232) 池田成章編著『鷹山公世紀』、四七七〜四七八頁。
(233) 前掲『御代々御式目』（上杉文書、整理番号・四四七・弐拾）。
(234) 前掲横山昭男『上杉鷹山』、一九四頁。
(235) 池田成章編著『鷹山公世紀』、五六二頁。
(236) 前掲『御代々御式目』（上杉文書、整理番号・四四七・廿二。一七七頁。）。
(237) 法制史学会編・石井良助校訂『徳川禁令考』、九四〜九七頁、前掲石井良助『第三江戸時代漫筆』、九五〜九六頁。
(238) 前掲石井良助『第三江戸時代漫筆』、七六〜一五八頁。
(239) 米沢市史編さん委員会編『米沢市史　資料篇二』、二九二頁。
(240) 『広辞苑』、三九五頁。
(241) 前掲石井良助『第三江戸時代漫筆』、七六〜一五八頁。
(242) 前掲黒瀧十二郎『日本近世の法と民衆』、一四一〜一六〇頁。
(243) 前掲武田正「寛政の博奕改革刑について—米沢藩の場合—」、同「米沢藩の博奕刑の改革」。
(244) 例えば、天保五年七月二日の判例は、博奕を犯すとともに、「御停止之糀相拵候者」を処罰している（前掲米沢市史編さん委員会編『米沢市史　資料篇二』、四三七頁。）。
(245) 同右、四三九頁。
(246) 同右、四四〇頁。
(247) 同右。
(248) 同右。
(249) 前掲米沢市史編さん委員会編『米沢市史　資料篇二』、四四五頁。
(250) 同右、四四二頁。
(251) 同右、四四五頁。
(252) 同右、四二九頁。
(253) 同右。
(254) 前掲米沢市史編さん委員会編『米沢市史　資料篇二』、四三一頁。
(255) 同右、四三九頁。
(256) 同右、四四三頁。
(257) 同右、四二九頁。
(258) 同右。
(259) 前掲米沢市史編さん委員会編『米沢市史　資料篇二』、四三〇頁。
(260)同右、四三六頁。
(261)同右、四二九頁。
(262)同右、四二九頁。
(263)同右、四四一頁。
(264)同右、四四六頁。
(265)同右、四三七頁。
(266)同右、四三一頁。
(267)同右、四三三頁。
(268)同右。
(269)同右。
(270)前掲米沢市史編さん委員会編『米沢市史　資料篇二』、四三七頁。
(271)同右、四三六頁。
(272)同右、四三二頁。
(273)同右、四二九頁。
(274)同右、四三四頁。
(275)同右、四三七頁。
(276)同右。
(277)前掲米沢市史編さん委員会編『米沢市史　資料篇二』、四四一頁。
(278)同右、四四三頁。
(279)前掲武田正「江戸時代に於ける米沢藩の刑罰Ⅱ――『御裁許鈔』を中心として――」、五～六頁。
(280)前掲『御呵附引合』（上杉文書、整理番号・四九六・一〇―九。）。
(281)同右。
(282)同右。
(283)同右。
(284)同右。
(285)同右。
(286)同右。
(287)同右。
(288)同右。
(289)前掲米沢市史編さん委員会編『米沢市史　第二巻』、一三三頁。
(290)前掲『御代々御式目』（上杉文書、整理番号・四四七・一。）。
(291)同右、五六～五七頁。
(292)同右、五八～五九頁。
(293)同右、六二～六三頁。
(294)前掲米沢市史編さん委員会編『米沢市史　第二巻』、一三三頁。
(295)前掲『御代々御式目』（上杉文書、整理番号・四四七・一。）。
(296)同右（上杉文書、整理番号・四四七・二。）。
(297)同右。
(298)前掲米沢市史編さん委員会編『米沢市史　第二巻』、三四六～三四七頁。
(299) 同右、三三三頁。
(300) 同右、三四七頁。
(301) 同右、三五四頁。
(302) 前掲『御代々御式目』(上杉文書、整理番号・四四七・二)。
(303) 前掲米沢市史編さん委員会編『米沢市史　第二巻』、三六六頁。
(304) 前掲『御代々御式目』(上杉文書、整理番号・四四七・二)。
(305) 前掲米沢市史編さん委員会編『米沢市史　第二巻』、二七九頁。
(306) 前掲『御代々御式目』(上杉文書、整理番号・四四七・二)。
(307) 同右。
(308) 同右。
(309) 同右。
(310) 同右。
(311) 同右。
(312) 前掲『御代々御式目』(上杉文書、整理番号・四四七・三)。
(313) 前掲『御代々御式目』(上杉文書、整理番号・四四八)。
(314) 同右(上杉文書、整理番号・四四七・三)。
(315) 井上光貞・永原慶二・児玉幸多・大久保利兼編『日本歴史大系』三、四八七頁。
(316) 前掲『御代々御式目』(上杉文書、整理番号・四四七・三)。
(317) 同右。
(318) 前掲『御代々御式目』(上杉文書、整理番号・四四七・四)。
(319) 同右(上杉文書、整理番号・四四八)。
(320) 『御代々御式目』(上杉文書、整理番号・四四七・四)。
(321) 同右。
(322) 同右。
(323) 前掲『御代々御式目』(上杉文書、整理番号・四四七・五)。
(324) 同右(上杉文書、整理番号・四四七・六)。
(325) 前掲『御代々御式目』(上杉文書、整理番号・四四七・七)。
(326) 同右。
(327) 登坂又藏『米澤市史』、三三二頁。
(328) 前掲米沢市史編さん委員会編『米沢市史　近世編一』、四四四頁。
(329) 前掲『御代々御式目』(上杉文書、整理番号・四四七・七)。
(330) 前掲米沢市史編さん委員会編『米沢市史　第二巻』、三八四頁。)
(331) 前掲『御代々御式目』(上杉文書、整理番号・四四七・

七〇）。
(332) 同右（上杉文書、整理番号・四四七・八〇）。
(333) 同右。
(334) 同右。
(335) 前掲米沢市史編さん委員会編『米沢市史　第三巻』、一三四頁。
(336) 前掲『御代々御式目』（上杉文書、整理番号・四四七・八〇）。
(337) 同右。
(338) 同右。
(339) 前掲『御代々御式目』（上杉文書、整理番号・四四八〇）。
(340) 前掲『御代々御式目』（上杉文書、整理番号・四四七・九〇）。
(341) 同右。
(342) 同右。
(343) 同右。
(344) 同右。
(345) 前掲『御代々御式目』（上杉文書、整理番号・四四七・八〇）。
(346) 同右（上杉文書、整理番号・四四七・九〇）。
(347) 同右。
(348) 前掲『御代々御式目』（上杉文書、整理番号・四四七・一〇〇）。
(349) 同右。
(350) 同右。
(351) 前掲『御代々御式目』（上杉文書、整理番号・四四七・一一〇）。
(352) 同右（上杉文書、整理番号・四四八〇）。
(353) 同右（上杉文書、整理番号・四四七・一〇〇）。
(354) 同右（上杉文書、整理番号・四四七・一一〇）。
(355) 同右（上杉文書、整理番号・四四七・一二〇）。
(356) 同右（上杉文書、整理番号・四四七・一三〇）。
(357) 同右。
(358) 『御代々御式目』（上杉文書、整理番号・四四七・一四〇）。
(359) 服藤弘司『大名預所の研究』、二六一頁。
(360) 同右、二三〇～二三一頁。
(361) 同右、五一～五二頁。
(362) 同右、二四六～二四七頁。
(363) 同右、八一八頁。
(364) 同右、八四頁。
(365) 同右、四六四～四六六頁。
(366) 前掲『御代々御式目』（上杉文書、整理番号・四四七・一一～一三〇）。
(367) 同右（上杉文書、整理番号・四四七・一四〇）。
(368) 同右。
(369) 前掲『御代々御式目』（上杉文書、整理番号・四四七・一五〇）。
(370) 前掲横山昭男『上杉鷹山』、二七～三五頁、前掲米沢市史編さん委員会編『米沢市史　第三巻』、二九～四〇頁、米沢市史編さん委員会編『米沢市史　大年表・索引』、一四二～一四八頁。

(371) 今泉亨吉『上杉鷹山公』、四三～四五頁。

(372) 前掲横山昭男『上杉鷹山』、四二～四五頁。

(373) 前掲米沢市史編さん委員会編『米沢市史　第三巻』、五四頁。

(374) 前掲『御代々御式目』（上杉文書、整理番号・四四七・一五。）。

(375) 同右（上杉文書、整理番号・四四七・一六。）。

(376) 同右。

(377) 牧英正・藤原明久編『日本法制史』、一八七頁。

(378) 平松義郎『江戸の罪と罰』、二七頁。

(379) 澤壽郎編『鎌倉近世史料　手広編（一）　内海（上）』、四七～六七頁。

(380) 前掲鎌田浩「熊本藩における刑政の展開」、六二五～六二六頁。

(381) 竹俣當綱『国政談』上（『山形県史』資料篇四、七〇八～七〇九頁。）。

(382) 前掲『御代々御式目』（上杉文書、整理番号・四四七・一六。）。

(383) 前掲『御呵附引合』（上杉文書、整理番号・四九六・一〇一九。）。

(384) 前掲『御代々御式目』（上杉文書、整理番号・四四七・一六。）。

(385) 同右。

(386) 前掲『御代々御式目』（上杉文書、整理番号・四四八。）。

(387) 前掲米沢市史編さん委員会編『米沢市史　第二巻』、一五〇～一五一頁。

(388) 前掲米沢市史編さん委員会編『米沢市史　大年表・索引』、一六二頁。

(389) 前掲『御代々御式目』（上杉文書、整理番号・四四七・二〇。）。

(390) 前掲横山昭男『上杉鷹山』、一六九頁。

(391) 同右、一七五～一七六頁。

(392) 前掲『御代々御式目』（上杉文書、整理番号・四四七・二一。）。

(393) 前掲米沢市史編さん委員会編『米沢市史　大年表・索引』、一六七頁。

(394) 前掲『御代々御式目』（上杉文書、整理番号・四四七・二二。）。

(395) 前掲武田正「寛政の博奕改革刑について―米沢藩の場合―」、一二八頁。

(396) 横山昭男『上杉鷹山』、一九四～一九五頁。

(397) 前掲米沢市史編さん委員会編『米沢市史　第三巻』、一二四～一二五頁。

(398) 前掲『御代々御式目』（上杉文書、整理番号・四四七・二二。）。

(399) 同右。
(400) 前掲『御代々御式目』(上杉文書、整理番号・四四八。)。
(401) 前掲石井良助『第三江戸時代漫筆』、一三三頁。
(402) 前掲『御代々御式目』(上杉文書、整理番号・四四七・二七。)。
(403) 前掲米沢市史編さん委員会編『米沢市史 第三巻』、一二一~一二四頁。
(404) 前掲『御代々御式目』(上杉文書、整理番号・四四七・二八。)。
(405) 同右。
(406) 前掲『御代々御式目』(上杉文書、整理番号・四四七・三〇。)。
(407) 同右(上杉文書、整理番号・四四七・二九。)。
(408) 前掲米沢市史編さん委員会編『米沢市史 資料篇二』、二九二頁。
(409) 同右、四〇二頁。
(410) 同右。
(411) 同右。
(412) 同右。
(413) 同右。
(414) 同右。
(415) 前掲米沢市史編さん委員会編『米沢市史 資料篇二』、四〇三頁。
(416) 同右。
(417) 同右。
(418) 同右。
(419) 同右。
(420) 前掲米沢市史編さん委員会編『米沢市史 資料篇二』、四〇四頁。
(421) 同右。
(422) 前掲『御代々御式目』(上杉文書、整理番号・四四七・三〇。)。
(423) 同右(上杉文書、整理番号・四四七・三一。)。
(424) 水林彪『封建制の再編と日本的社会の確立』、四一五~四一六頁。
(425) 前掲『御代々御式目』(上杉文書、整理番号・四四七・三二。)。
(426) 同右。
(427) 同右。
(428) 前掲『御代々御式目』(上杉文書、整理番号・四四七・三三。)。
(429) 同右(上杉文書、整理番号・四四七・三四。)。
(430) 前掲米沢市史編さん委員会編『米沢市史 資料篇二』、四〇三頁。
(431) 同右、四三五頁。
(432) 前掲『御裁許鈔』(上杉文書、整理番号・四八七・七―七。)。
(433) 同右。

(434) 同右。
(435) 同右。
(436) 同右。
(437) 同右。
(438) 同右。
(439) 同右。
(440) 同右。
(441) 同右。
(442) 同右。
(443) 同右。
(444) 同右。
(445) 同右。
(446) 同右。
(447) 前掲米沢市史編さん委員会編『米沢市史　資料篇二』、四〇四頁。
(448) 前掲『御裁許鈔』（上杉文書、整理番号・四八七・七―七）。
(449) 前掲『御代々御式目』（上杉文書、整理番号・四四七・三四）。
(450) 前掲中澤巷一監修京都大学日本法史研究会編『藩法史料集成』、三三一～三三二頁。
(451) 同右、三〇二頁。
(452) 同右、三三二頁。
(453) 同右、三二八頁。
(454) 同右、三五一頁。
(455) 同右、三〇〇頁。
(456) 石井良助編『藩法Ⅱ』、五〇一～五〇二頁。
(457) 前掲増川宏一『賭博Ⅲ』、一二〇～一二一頁。
(458) 前掲中澤巷一監修京都大学日本法史研究会編『藩法史料集成』、七八～七九頁。
(459) 同右、六六頁。
(460) 同右、二八一頁。
(461) 同右、二五七頁。
(462) 同右、二五八頁。
(463) 同右、二六六頁。
(464) 同右、二八六頁。
(465) 同右、一七五頁。
(466) 同右。
(467) 前掲中澤巷一監修京都大学日本法史研究会編『藩法史料集成』、一七六頁。
(468) 同右。
(469) 前掲小林宏・高塩博『熊本藩法制史料集』、五六二～五六三頁。
(470) 前掲橋本久「弘前藩の刑法典（一）―安永律―」、一九二頁。
(471) 前掲中澤巷一監修京都大学日本法史研究会編『藩法史料集成』、一一七頁。
(472) 前掲橋本久「弘前藩の刑法典（一八）―文化律―」、一九〇頁。

(473) 前掲服藤弘司「「公事場御刑法之品々」―加賀藩法制資料(二)―」、二九九頁。

(474) 同右、三〇〇頁。

(475) 同右、三〇一頁。

(476) 同右、三〇三頁。

(477) 石井良助編『徳川禁令考　後集第三』、一六〇頁。前掲石井良助『第三江戸時代漫筆』、一〇一～一〇二頁。)。

(478) 前掲牧英正・藤原明久編『日本法制史』、二二五頁。

(479) 前掲中澤巷一監修京都大学日本法史研究会編『藩法史料集成』、六九頁。

(480) 同右、六九～七〇頁。

(481) 前掲石井良助『第三江戸時代漫筆』、一〇二頁。

(482) 前掲水林彪『封建制の再編と日本的社会の確立』、四〇八頁。

(483) 前掲中澤巷一監修京都大学日本法史研究会編『藩法史料集成』、六九頁。

(484) 石塚英夫「徳川幕府刑法における刑事責任能力―乱心者を中心として―」(『石井良助先生還暦祝賀　法制史論集』所収)、高柳真三「江戸時代の乱心者の刑事責任」(『法学』第二〇巻第二号所収)、山中至「江戸幕府法における御仕置御免の制度(一)」(『熊本法学』第四六号所収)、同「日本近世刑事法の法構造の一側面―江戸幕府法における御仕置御免願の制度(二・完)―」(『熊本法学』第七四号所収)、石井良助『刑罰の歴史』、同『第四江戸時代漫筆』。

(485) 石井良助「わが古法における少年保護」(『日本刑事法史』所収)、同『刑罰の歴史』、同『第四江戸時代漫筆』、高柳真三「徳川時代における幼年者の刑事責任能力」(『法学』第一〇巻第三号所収)、前掲石塚英夫「徳川幕府刑法における刑事責任能力―乱心者を中心として―」。

(486) 前掲石井良助「わが古法における少年保護」、一一五頁。

(487) (7) 参照。

(488) 前掲『御呵附引合』(上杉文書、整理番号・四九六・一〇―四)。

(489) 同右(上杉文書、整理番号・四九六・一〇―五)。

(490) 同右。

(491) 同右。

(492) 同右。

(493) 前掲『御呵附引合』(上杉文書、整理番号・四九六・一〇―六)。

(494) 同右(上杉文書、整理番号・四九六・一〇―五)。

(495) 同右。

(496) 同右。

(497) 同右。

(498) 同右。

(499) 同右。

(500) 同右。

(501) 同右。

(502) 同右。
(503)『御呵附引合』(上杉文書、整理番号・四九六・一〇―八)。
(504) 同右。
(505) 前掲『御呵附引合』(上杉文書、整理番号・四九六・一〇―五)。
(506) 同右。
(507) 前掲『御呵附引合』(上杉文書、整理番号・四九六・一〇―八)。
(508) 同右(上杉文書、整理番号・四九六・一〇―五)。
(509) 同右。
(510) 同右。
(511) 同右。
(512) 同右。
(513) 前掲『御呵附引合』(上杉文書、整理番号・四九六・一〇―八)。
(514) 同右(上杉文書、整理番号・四九六・一〇―五)。
(515) 同右。
(516) 同右。
(517) 同右。
(518) 同右。
(519) 同右。
(520) 同右。
(521) 同右。
(522) 前掲『御呵附引合』(上杉文書、整理番号・四九六・一〇―八)。
(523) 同右(上杉文書、整理番号・四九六・一〇―五)。
(524) 同右。
(525) 同右。
(526) 前掲『御呵附引合』(上杉文書、整理番号・四九六・一〇―八)。
(527) 同右(上杉文書、整理番号・四九六・一〇―五)。
(528) 前掲米沢市史編さん委員会編『米沢市史 資料篇二』、二八九頁。
(529) 同右、六五〇頁。
(530) 同右、三一五頁。
(531) 同右、六五二頁。
(532) 同右、六五〇頁。
(533) 同右。
(534) 前掲米沢市史編さん委員会編『米沢市史 資料篇二』、三三八頁。
(535) 同右、三一九〜三二〇頁。
(536) 同右、三〇二頁。
(537) 同右。
(538) 前掲米沢市史編さん委員会編『米沢市史 資料篇二』、三一六頁。
(539) 同右、三〇二頁。
(540) 同右。
(541) 前掲米沢市史編さん委員会編『米沢市史 資料篇二』、三六九頁。
(542) 同右、三一六頁。
(543) 同右、三〇〇～三〇一頁。
(544) 前掲石井良助『刑罰の歴史』、一一一頁。
(545) 同右、一一二頁。
(546) 同右。
(547) 前掲石塚英夫「徳川幕府刑法における刑事責任能力―乱心者を中心として―」、二六五～二六六頁。
(548) 前掲山中至「江戸幕府法における御仕置御免の制度（一）」、七頁。
(549) 前掲石井良助『日本法制史概説』、四九〇頁。
(550) 前掲石塚英夫「徳川幕府刑法における刑事責任能力―乱心者を中心として―」、二六三～二六五頁。
(551) 前掲山中至「江戸幕府法における御仕置御免の制度（一）」、六～九頁。
(552) 前掲石井良助『刑罰の歴史』、一一三頁。
(553) 前掲法制史学会編・石井良助校訂『徳川禁令考』、一一六～一一七頁。
(554) 前掲石塚英夫「徳川幕府刑法における刑事責任能力―乱心者を中心として―」、二六八頁。
(555) 同右、二七一～二七二頁。
(556) 同右、二七六～二七八頁。
(557) 同右、二七一～二七六頁。
(558) 同右、二七八頁。
(559) 前掲高橋豊「中典類聚について」、七一一頁。
(560) 前掲鈴井正孝・武田正「江戸時代に於ける米沢藩の刑罰」、一二四～一二五頁。
(561) 前掲布施彌平治「米沢藩刑法の特色」、八〇～八一頁。
(562) 前掲布施彌平治「米沢藩法と刑罰」、二頁。
(563) 前掲中澤巷一監修京都大学日本法史研究会編『藩法史料集成』、三四三頁。
(564) 前掲藩法研究会編『藩法集Ⅱ』、五一〇～五一一頁。
(565) 前掲中澤巷一監修京都大学日本法史研究会編『藩法史料集成』、九〇～九一頁。
(566) 同右、二四四～二四五頁。
(567) 同右、二六二～二八四頁。
(568) 前掲小林宏・高塩博『熊本藩法制史料集』、五四五～五五一頁。
(569) 同右、五四一～五四二頁。
(570) 同右、五三七頁。
(571) 同右、四九二～四九三頁。
(572) 前掲中澤巷一監修京都大学日本法史研究会編『藩法史料集成』、一七四頁。
(573) 前掲橋本久「弘前藩の刑法典（一）―安永律―」、一八七～一八九頁。
(574) 同右。
(575) 前掲橋本久「弘前藩の刑法典（一）―安永律―」、一九〇頁。

(576) 前掲中澤巷一監修京都大学日本法史研究会編『藩法史料集成』、九頁。
(577) 橋本久「弘前藩の刑法典（一八）—文化律—」、一四三～一四四頁。
(578) 前掲服藤弘司「「公事場御刑法之品々」—加賀藩法制資料（二）—」、三〇一頁。
(579) 前掲『御呵附引合』（上杉文書、整理番号・四九六・一〇—九）。
(580) 同右。
(581) 同右。
(582) 前掲米沢市史編さん委員会編『米沢市史　資料篇二』、三一四頁。
(583) 同右、六〇四頁。
(584) 同右、四四五頁。
(585) 同右、三五五頁。
(586) 前掲石井良助「わが古法における少年保護」、一一四～一一六頁。
(587) 前掲山中至「江戸幕府法における御仕置御免の制度（一）」、九頁。
(588) 前掲法制史学会編・石井良助校訂『徳川禁令考』、一一七頁。
(589) 前掲石井良助「わが古法における少年保護」、一一六～一一八頁。
(590) 同右、一二八～一二九頁。
(591) 前掲中澤巷一監修京都大学日本法史研究会編『藩法史料集成』、三四四頁。
(592) 前掲藩法研究会編『藩法集Ⅱ』、五一四頁。
(593) 前掲中澤巷一監修京都大学日本法史研究会編『藩法史料集成』、九一頁。
(594) 同右、二四四～二四五頁。
(595) 同右、二四五頁。
(596) 同右、二六二～二六九頁。
(597) 同右、二七八～二八四頁。
(598) 同右、二八四～二八五頁。
(599) 前掲小林宏・高塩博『熊本藩法制史料集』、四二三～四二六頁。
(600) 前掲中澤巷一監修京都大学日本法史研究会編『藩法史料集成』、一七八頁。
(601) 同右、一七八～一七九頁。
(602) 同右、一七九頁。
(603) 前掲橋本久「弘前藩の刑法典（一）—安永律—」、一八九頁。
(604) 同右、一九〇頁。
(605) 前掲中澤巷一監修京都大学日本法史研究会編『藩法史料集成』、九頁。
(606) 前掲橋本久「弘前藩の刑法典（一八）—文化律—」、一四三～一四四頁。
(607) 同右、一四四頁。

(608) 前掲服藤弘司「「公事場御刑法之品々」―加賀藩法制資料(二)―」、三〇一頁。
(609) 同右、二九八～二九九頁。
(610) 前掲『御裁許鈔』(上杉文書、整理番号・四八七・七―一)。
(611) 同右(上杉文書、整理番号・四八七・七―二)。
(612) 同右(上杉文書、整理番号・四八七・七―七)。
(613) 同右(上杉文書、整理番号・四八七・七―二)。
(614) 同右(上杉文書、整理番号・四八七・七―一)。
(615) 同右(上杉文書、整理番号・四八七・七―四)。
(616) 同右(上杉文書、整理番号・四八七・七―一)。
(617) 同右(上杉文書、整理番号・四八七・七―二)。
(618) 同右(上杉文書、整理番号・四八七・七―四)。
(619) 同右。
(620) 前掲米沢市史編さん委員会編『米沢市史　資料篇二』、六五〇頁。
(621) 前掲『御裁許鈔』(上杉文書、整理番号・四八七・七―三)。
(622) 同右。
(623) 前掲『御裁許鈔』(上杉文書、整理番号・四八七・七―五)。
(624) 同右(上杉文書、整理番号・四八七・七―二)。
(625) 同右(上杉文書、整理番号・四八七・七―七)。
(626) 同右(上杉文書、整理番号・四八七・七―二)。
(627) 同右(上杉文書、整理番号・四八七・七―五)。
(628) 前掲平松義郎『江戸の罪と罰』、一一六～一二六頁。
(629) 前掲平松義郎『近世刑事訴訟法の研究』、二一四～二四四頁。
(630) 同右、二一六頁。
(631) 前掲中澤巷一監修京都大学日本法史研究会編『藩法史料集成』、三一二頁。
(632) 前掲平松義郎『近世刑事訴訟法の研究』、二三六頁。
(633) 前掲中澤巷一監修京都大学日本法史研究会編『藩法史料集成』、一〇二頁。
(634) 前掲平松義郎『近世刑事訴訟法の研究』、二四三頁。
(635) 前掲黒瀧十二郎『日本近世の法と民衆』、八七頁。
(636) 前掲『御呵附引合』(上杉文書、整理番号・四九六・一〇―五)。
(637) 前掲米沢市史編さん委員会編『米沢市史　資料篇二』、四〇八頁。
(638) 前掲『御裁許鈔』(上杉文書、整理番号・四八七・七―二)。
(639) 同右。
(640) 前掲米沢市史編さん委員会編『米沢市史　資料篇二』、四六二頁。
(641) 同右、三二六頁。
(642) 前掲『御裁許鈔』(上杉文書、整理番号・四八七・七―二)。
(643) 前掲米沢市史編さん委員会編『米沢市史　資料篇二』、三二五頁。
(644) 前掲『御裁許鈔』(上杉文書、整理番号・四八七・七―

五）。

(645) 同右。

(646) 前掲『御裁許鈔』（上杉文書、整理番号・四八七・七―七）。

(647) 前掲服藤弘司『大名預所の研究』、二一九頁。

(648) 同右、二四六頁。

(649) 同右、二五二頁。

(650) 同右、二四九～二六五頁。

(651) 同右、二五三頁。

(652) 同右、二五七～二五八頁。

(653) 同右、二六〇～二六一頁。

(654) 前掲布施彌平治「米沢藩刑法の特色」、一頁。

(655) 前掲平松義郎『近世刑事訴訟法の研究』、四八七頁。

(656) 前掲『御裁許鈔』（上杉文書、整理番号・四八七・七―三）。

(657) 同右。

(658) 前掲木村礎・藤野保・村上直『藩史大事典』第一巻、五一二～五一三頁、前掲『米沢市史　近世編一』、四二四頁。

(659) 前掲平松義郎『近世刑事訴訟法の研究』、一八九～一九五頁。

(660) 同右、二八五～二八六頁。

(661) 前掲『御呵附引合』（上杉文書、整理番号・四九六・一〇―一二）。

(662) 同右。

(663) 前掲『御呵附引合』（上杉文書、整理番号・四九六・一〇―五）。

(664) 同右（上杉文書、整理番号・四九六・一〇―一二）。

(665) 前掲『御裁許鈔』（上杉文書、整理番号・四八七・七―六）。

(666) 同右（上杉文書、整理番号・四八七・七―三）。

あとがき

本書は、平成一四年三月二五日専修大学大学院法学研究科公法学専攻博士後期課程において博士（法学）の学位を取得した際の学位論文「米沢藩刑法の考察」に、必要最小限の修正を加えたものである。

この本が完成するに至る過程には、私の研究を支えてくださった多くの方々の存在があった。

まず、本書が成立するにあたって感謝しなければならないのは、専修大学大学院博士後期課程で御指導いただいた同大学名誉教授鎌田浩先生である。先生には、法制史を一から教えていただいた。私が、学位を取得でき、本書を出版できるのも先生の御指導があったからである。厚く感謝申し上げるしだいである。

また、法政大学大学院修士課程で御指導いただいた同大学名誉教授村上直先生には、歴史研究とは何かを教わった。心からお礼を申し上げたい。

また、ここまでの道程で、加藤由衣、岡田佳子、横井理恵、北村公美の各氏には、格別の御支援をいただいた。ここに特に記して感謝したい。

さらに、早稲田大学法学部二四組の学者仲間、北村隆憲（法社会学）、岡田昭夫（日本法制史）、山田明紀（哲学）の各先生との交流は、今日の私を形作った。また、一堂に会して議論を交えたいものである。

そして、日頃私の研究を支援してくれる両親、妻子にも心からお礼をいいたい。

なお、本書の出版にあたっては、専修大学出版局の笹岡五郎氏、森井直子氏に大変お世話になった。感謝したい。

平成一五年二月

古城　正佳

本書は、専修大学より博士論文刊行助成を受けたものである。

古城 正佳（ふるじょう・まさよし）

1955年　東京都に生まれる。
1981年　早稲田大学法学部卒業。
1995年　法政大学大学院人文科学研究科日本史学専攻修士課程修了。
2002年　専修大学大学院法学研究科公法学専攻博士後期課程（日本法制史専修）修了。
法学博士（専修大学）。

米沢藩刑法

2003年2月26日　第1版第1刷

著　者　古城　正佳
発行者　原田　敏行
発行所　専修大学出版局
〒101-0051　東京都千代田区神田神保町3－8－3
㈱専大センチュリー内
電話　03-3263-4230㈹
印刷
製本　電算印刷株式会社

ISBN 4-88125-137-6